程旺 ○ 编著

企业数据治理与 SAP MDG实现

ENTERPRISE DATA GOVERNANCE AND IMPLEMENTATION OF

SAP MDG

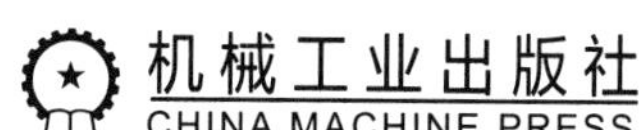

机械工业出版社
CHINA MACHINE PRESS

本书从讲解大数据与企业数据治理之间的重要关系出发，首先阐述数据治理在企业数字化转型过程中的定位与作用。然后通过讲述数据治理框架以及企业数据管理规划等方面的基础内容来阐述数据治理相关内容在企业中推进的顶层方向、推行范围与落地方式。通过概念解析、方案实例等方式讲述了主数据管理维度在数据管理中的定位、作用、目标以及某行业中此类项目建设的部分实际内容，如对数据管控方案和相关主数据平台产品（SAP MDG）进行了重点介绍。接着对企业数字化转型中的数字化共享平台，尤其是企业中台（包括业务中台、数据中台）的概念、内容与核心目标等方面进行了阐述。最后通过大数据平台规划与大数据应用层面的内容，详细讲述了数字化转型的特点和大数据平台规划与建设的手段与实例，让读者从点到面了解企业数字化的整个脉络。

本书适合从事企业数据管理咨询的管理人员、技术人员与从事企业信息化、数字化工作的各类工程师等读者阅读。对从事信息化咨询与实施工作，尤其是数据类产品开发与规划方面的从业人员也有一定的帮助。

图书在版编目（CIP）数据

企业数据治理与 SAP MDG 实现/程旺编著. —北京：机械工业出版社，2020.9

ISBN 978-7-111-66684-4

Ⅰ.①企…　Ⅱ.①程…　Ⅲ.①数据处理—应用—企业管理　Ⅳ.①F272.7

中国版本图书馆 CIP 数据核字（2020）第 185823 号

机械工业出版社（北京市百万庄大街 22 号　邮政编码 100037）

策划编辑：张淑谦　责任编辑：张淑谦　赵小花

责任校对：秦红喜

责任印制：郜　敏

北京圣夫亚美印刷有限公司印刷

2020 年 11 月第 1 版第 1 次印刷

184mm×260mm · 20 印张 · 496 千字

0001—2000 册

标准书号：ISBN 978-7-111-66684-4

定价：109.00 元

电话服务	网络服务
客服电话：010-88361066	机　工　官　网：www.cmpbook.com
010-88379833	机　工　官　博：weibo.com/cmp1952
010-68326294	金　　书　　网：www.golden-book.com
封底无防伪标均为盗版	机工教育服务网：www.cmpedu.com

前　言

为何编写本书

如今数字化浪潮正在推动商业社会真正进入数字经济时代，企业的数字化转型需求也日益强烈。与此同时，A（人工智能）、B（大数据）、C（云计算）等技术的发展给企业数字化转型带来了新契机，驱动企业加速构建数字体系，实现从粗放式管理向精细化运营、从单一模式向技术驱动、从经验主义向数据决策的交替。通过流程精益、数据互通以及平台共享，让企业的业务运转更加优化，通过数据洞察，把多业态、多系统产生的数据进行统一和分析，真正为业务赋能，为管理决策提供有力支撑。

由此，基于业务中台、数据中台等共享中心的建设，可以鼓励衍生由业务部门主导的多种 SaaS 层应用，落实应用创新（武器制造）、赋能一线（交付战场）等具体 IT 价值实现应运而生。业务数据化、用户数据化、内容数据化、场景数据化促使传统业态升级，从而通过智能化推动产品力提升、运营力提升与数据价值输出。

而头部企业在数字化转型过程中也逐渐通过应用数据分析来提升运营效率，以大数据分析和应用来辅助商业决策。对此，需要从用户、企业的实际业务需求出发来做好标准顶层设计与相应的技术支持，搭建统一的智能化标准平台；然后，通过适当的强管控统一大数据平台建设，并在此基础上鼓励多种数据应用的开发，各环节严格执行，落实到各业务场景中；最终，建立全业态整体解决方案。

企业是否一定要进行转型？有人说，有的企业没转型，好像也做得挺好。我们知道，对正常发展中的社会而言，与外界脱离就会停滞不前，因为只有接触与开放才能带来融合，融合才会带来改变和发展。所以企业的转型是必然的，企业转型的方向自然是信息化、数字化，以实现业务与技术的深度融合。它并非一个纯技术的问题，因为企业的转型涉及企业的各个方面，对传统企业而言，需要寻求外界的成功经验、认识本企业的现状、寻求适合自身的解决方案。

而数字化转型的历程也不是几个项目或几个系统再或几个平台的搭建就能完成的，它涉及的是一个数据战略逐步落地的过程，这个战略包含从业务模式与流程出发，到数据治理标准、框架、流程、组织，再到大数据中心、共享中心的建设，各类大数据应用与分析平台等工程的推进，最后到成功提炼数据价值从而反哺业务、辅助业务模式的转变等方方面面的战略步骤。

不少技术人员不重视企业数字战略，认为其战略与技术开发无关，这种想法是大错特错的。如果一个企业的战略使得员工觉得与自己无关，那么只能说明这个战略本身是失败的。不落实到流程中的战略是无法被执行的。与战略落地无关的流程到底在干什么？创造的价值是什么？为这样的流程开发的系统又是在干什么？如果一个企业花费了上千万甚至上亿的成本开发了业务系统或数据分析系统，其设计人员、技术人员连其在战略中的定位都不知道，那么这个系统真的能支持企业的发展吗？又谈何业务与技术的融合？

本书主要内容

本书从讲解大数据与企业数据治理之间的重要关系出发，首先阐述数据治理在企业数字化转型过程中的定位与作用。然后通过讲述数据治理框架以及企业数据管理规划等方面的基础内容来阐述数据治理相关内容在企业中推进的顶层方向、推行范围与落地方式。通过概念解析、方案实例等方式讲述了主数据管理维度在数据管理中的定位、作用、目标以及某行业中此类项目建设的部分实际内容。接着对企业数字化转型中的数字化共享平台，尤其是企业中台（包括业务中台、数据中台）的概念、内容与核心目标等方面进行了阐述。最后通过大数据平台规划与大数据应用层面的内容，详细讲述了数字化转型的特点和大数据平台规划与建设的手段与实例，让读者从点到面了解企业数字化的整个脉络。

本书读者对象

本书适合从事企业数据管理咨询的管理人员、技术人员与从事企业信息化、数字化工作的各类工程师等读者阅读。对从事信息化咨询与实施工作，尤其是数据类产品开发与规划方面的从业人员也有一定的帮助。

技术支持

技术的发展日新月异，由于编者水平有限，书中难免有不妥之处，还望广大读者批评指正。读者在学习过程中有任何疑问，可以添加编者的QQ（2951261919）一起讨论。

编　者

目　录

第 1 章 大数据与数据治理

近年来，随着人类进入信息化、数字化社会的层次逐渐加深，伴随人类活动产生的数据增长速度也愈发加快，而且随着国家全面实施大数据战略、构建数字经济以及 5G 时代的来临，各行各业产生的数据量也开始爆炸式增长，大数据由此也渐渐到了从概念到实际应用的阶段。世界各国均高度重视大数据方面的研究与产业发展，纷纷在大数据技术研发、规划与推进方面加大投入，以期在数字化浪潮中占得先机、引领市场，而如何推动大数据在各行各业中被真正利用、真正发挥它对各行业的支撑作用，也成为当前所有行业工作者的重点和挑战。随着各企业对数据的重视程度以及对数据价值预期的提升，数据治理的相关问题也得到了业界的关注和探讨。众所周知，对企业进行合理的数据治理可以建立规范的数据应用标准，消除数据异构，提升数据质量，推动数据在全集团的共享、管理，并为高层战略决策提供重要的支撑作用。本章首先介绍大数据的概念以及应用场景、应用方式，然后初步介绍数据治理，最后介绍如何整合数据资源，推进大数据平台建设。

1.1 关于大数据

大数据，顾名思义，即海量的数据。人类社会从古至今一直同数据的存储与提炼打交道，如古代政府机构对各类公文案牍的处理，某影视剧中出现的“大案牍术”便是一种数据梳理、加载、提炼的原始场景。案牍，是中国古代官府的公文案卷。大，指数量多、范围广。术，则指方法能力。据考证，类似于今天大数据分析的“大案牍术”在唐代确实有一定的史实依据。照此分析起来，剧中关于“大案牍术”的一些情节设置，对做好国防动员潜力数据的调查和运用不无启发意义。现代最早大规模地管理和使用数据是从数据库的诞生开始的，如企业信息化阶段各种管理经营类系统的建设都是建立在数据库基础之上的，数据库中保存了大量结构化的企业关键信息，用来满足企业的各种业务需求。在这个阶段，数据的产生方式是被动的，只有当实际的企业业务发生时，才会产生新的记录并有数据存入数据库。而面对移动互联网等技术和模式的飞速革新，企业业务也正在发生巨大的变革，我们已经步入了一个“数据爆炸”的时代。随着物联网的普及，各种数据获取方式遍布人类活动的各个角落，这些渠道每时每刻都在产生着大量的数据。而企业层面，大数据的数据来源众多，企业应用和各类 Web 应用都在源源不断地生成新的交易数据，也需要运用各类网络媒介的数据，如社交媒体大数据、搜索大数据、交通大数据、医疗大数据、电信大数据、金融大数据等，数据量已经从 TB 级别跃升至 PB 级别。大数据不仅仅是指数据量大，更主要的是包含非常规的数据结构，导致其数据类型丰富。这些数据包括结构化和非结构化数据，其中，结构化数据一般存储在关系数据库（如 Oracle、MySQL 等）中，而大量的非结构化数据种类繁多，主要包括图片、视频、语音、位置等，广泛存在于邮件、微信、微博、新闻、日志文件等媒介中。如此繁多的异构数据对数据处理和分析技术都提出了新的挑战，也带来了新的机遇，这些机遇促使我们将数据挖掘、统计、机器学习、云计算、大数据处理技术相结合对海量数据进行深度处理与提炼以充分利用其价值，其宏观上主要体现在大数据决策、大数据应用与各行业的深度融合以及大数据开发推动新型应用等方面。

1.1.1 大数据应用场景

大数据决策可以面向种类繁多、非结构化的海量数据进行分析，应用在政府机构、互联网、金融（银行、证券、保险等）、交通、能源以及服务等领域。例如，政府机构可以把大数据技术融入“舆情分析”，通过对论坛、微博、微信、社区等多种来源的数据进行综合分析后理解当下趋势，提炼其中有价值的内容，对社会发展做出正确的预测，协助政府决策应对突发事件，还可以利用大数据处理交通、环保监测、城市规划等方面的建设。再如银行业，可以利用大数据分析技术构建客户画像，包括个人画像、企业画像，在构建画像的基础上开展运营优化、风险管控、精准营销、业务创新等服务；业务上可以精简流程快速放贷、为客户提供各种理财产品组合与相关升级服务。在风险管控方面可以进行事先反欺诈、小微企业贷款评估。在业务创新方面，可实现批量获客、跨界融合以实现产业升级。又如互联网行业，可以借助大数据分析客户行为进行商品推荐和有针对性的广告投放（精准营销）。在生物医学行业，大数据可以帮助实现流行病预测与疫情防控（如COVID-19疫情下我们的大数据体系便对实时疫情数据分析展示、病毒溯源等方面做出了非常积极的贡献）。物流行业中（供应链），可以利用大数据优化物流网络，提高物流效率，降低物流成本，也可以基于实时数据分析实现全企业的供应体系状态可视化。当然，相关应用行业与场景不胜枚举，在此不一一阐述。

1.1.2 大数据应用方式

大数据分析已广泛应用于各个领域，很多智能的、隐藏的、有价值的信息只有通过深入的数据挖掘才能获取。毫无疑问，在企业各业务部门中数据分析已经占据了越来越重要的地位。随着企业集成的数据源不断增多、海量数据不断累积、数据更新频率不断加快、业务维度不断增多，传统的数据存储、处理、读取以及分析技术能力面对大数据洪流下的各方面需求显然已捉襟见肘。因此，对大批量、复杂的各类业务数据的存储、处理和分析能力就显得尤为重要，它直接影响了企业最终能否获得有价值的信息。在大数据时代，企业要想有效利用数据中的价值，就要紧跟大数据技术的发展步伐，提升复杂数据分析能力。复杂数据分析（Sophisticated Data Analysis）是通过整合各种功能强大的数据处理工具，以高性能的数据处理方式来采集、整合和分析复杂数据，并快速从中挖掘出有效信息的技术。

企业数据通常来自内外部的多个数据源，具有体量大、维度多、更新快、价值密度低和数据形式多样的特点。其面对的数据库有传统的关系型数据库（如MySQL、Oracle等），也有适用于处理大量数据的高访问负载以及日志系统的键值数据库、适用于分布式大数据管理的列存储数据库、适用于Web应用的文档型数据库和适用于社交网络的图形数据库等非关系型数据库。可处理的数据分为结构化数据和文本、图像、音频、视频等非结构化数据。大量的、复杂的数据增加了处理的难度，但也提供了更大的信息量。复杂数据分析可以从大量数据中发现其蕴含的模式和规律，进而产生更多的价值。复杂数据分析所涉及的技术包括数据采集、数据处理、数据建模和统计分析等。

1. 数据采集（SQL & NoSQL、网络爬虫等）

复杂数据分析的数据源可以是传统的内部数据库，也可以是来自网络上的外部数据。内部数据采集可使用SQL将内部关系型数据库中的数据提取出来，或使用NoSQL将分布的异构数据源中的数据文件（如图片、文本等）抽取出来。外部数据采集通常会用到网络爬虫技术，从Web中获取所需的海量数据，如研究机构或新闻网站上发布的信息等。数据获取后，对其进行清洗、转换、集成，最后加载到数据仓库或数据集市中使用。

2. 数据处理（Hadoop/MapReduce & Spark、HDFS、数据抽取 & NLP）

由于复杂数据分析所面对的数据通常体量巨大且形式多样，一般需要使用更高性能的计算架构和存储系统。例如，使用Hadoop大数据处理平台处理用户App浏览记录等数据时，使用分布式计算的MapReduce、Spark计算框架可以提升计算能力，从而应对更复杂的数据并减少数据处理时间，使用分布式文件存储HDFS进行大规模数据协同工作来提升数据的吞吐能力和速度。针对非结构化的数据，往往需要对数据进行深入理解，并通过复杂数据分析将结构多样、语义多样的数据进行结构化处理，提取出可以直接进行分析的数据，如针对半结构化数据的数据抽取（Information Extraction）和用于非结构化数据的自然语言处理。

3. 数据建模（分类、聚类、预测等）

数据建模是复杂数据分析的核心技术，它能从大量数据中通过算法搜索隐藏于其中的信息，主要的算法包括分类（Classification）、聚类（Clustering）、预测（Prediction）、估计（Estimation）和复杂数据类型挖掘（text、Web、图形图像、视频、音频等）等。数据建模可基于用户行为数据实现对人群特征的分类、根据历史数据预测行业走势和基于对海量图片的深度学习做到对图形图像的识别。

4. 统计分析（假设检验、显著性检验、相关性分析等）

统计分析是复杂数据分析的常规武器，运用统计方法进行定性和定量的分析，对研究对象产生更为深刻的认识。主要的分析技术如下。

- 假设检验（Hypothesis Test）：用来推断假设是否成立。
- 显著性检验（Significance Test）：用来检验变量对目标的影响程度。
- 相关性分析（Correlation Analysis）：用来分析变量之间的关系。
- T检验（T Test）：用来比较两组数据是否存在显著差异。

- 其他统计分析方法，如方差分析（ANOVA）等。

在应用层面，无论对政府机构还是对各个企业而言，目前大数据在客户需求分析、大数据精准营销、大数据企业运营决策、大数据信用评估体系、大数据社会治理与科学研究等各方面都发挥着重大的作用。

1.1.3 数据管理与数据治理的关系

前文中大体讲述了大数据如今或未来的各种应用场景和应用方式，而本节将主要定位于企业级大数据应用层面。企业大数据是一个现代革命性的愿景，能将整个集团和下属子公司、控股公司、各个部门、各个业务之间分散的数据源进行整合，支持计算容量爆炸的数据增长，能够显著改进企业经营效率，并按照企业需求进行相关扩展，为业务拓展提供动力，所以企业级大数据建设应始终围绕“如何管理数据”“如何分析数据”“如何更好地应用数据”等重点展开讨论。其中，“如何管理数据”之“数据治理”便成了下文阐述的重点。

数据是信息化应用的基础，所有的企业资料最终都会在各系统中汇集成各类数据，保存在各数据库中，企业用户通过各种业务或非业务相关的系统创建数据、获取数据，而数据的准确性、完整性都直接决定了信息化在企业战略中的成效。

数据管理（Data Management）是指通过规划、控制与提供数据和信息资产职能，以获取、控制和提高数据和信息资产价值的过程，所以对数据的科学管理便是数据准确、完整的基础保障。

数据治理在一定程度上是对数据管理的细化，它通过明确相关管理组织、工作责任和管理流程来确保数据资产能长期有效、可持续地得到管理，进而使企业获得高质量的数据。高质量的数据对任何企业来说都是十分重要的战略性资产，尤其是伴随着企业的数字化转型进程，高质量的数据正快速成为一个关键的业务差异。企业要使数据具有价值，就要确保数据的高可信度、安全性、可访问性、准确性、共享性和及时性。数据治理有助于增强企业的灵活性，以最小化决策的相关成本和风险，特别是在数字经济中，数据治理比以往任何时候都显得重要。

目前，数据治理在很多企业实践的过程中也遇到了各种各样的问题，如缺乏企业高层领导的支持、系统间的数据壁垒、整个治理项目缺乏明确的流程和数据标准、治理流程和问责机制不明确等。数据治理效果不佳，自然也影响到了企业中所有跨功能和跨业务的决策机制。数据治理具有战略性、长期性、艰巨性、系统性，需要持续进行企业内部数据环境优化治理工作，因此数据治理不是一蹴而就、一竿见影的，它是一个漫长、持续方见成效的过程，所以要避免仅仅对数据治理工作有粗浅的认识。

数据治理与企业大数据分析与应用之间的关系如下。

大数据分析是基于商业目的对海量数据进行采集、整理、加工和多维度分析并提炼数据价值的过程，越来越多的企业也开始推行适合自身的“大数据分析”相关规划，当然，其中重要的推动力是许多企业目前面临数字化转型的巨大压力，而数字化转型的基础则是打通数据，如果数据不通、标准不一致、质量不高，就无法做数据分析。那应该如何打通企业内部数据呢？这就必须要做数据治理。

企业做数据治理，其中很重要的目的是解决应用与应用间的信息共享问题，尤其是重要业务领域之间的数据共享能使各业务领域相互联通。企业中很多数据使用场景（如信用数据、智能物流以及精准营销等），也都是通过数据治理以及各种数据管控、管理措施在后续大数据平台的启动之下构成了业务数据联通以及数据分析提炼、可视化等数据消费的闭环，使企业整体的数字化水平得以提高。

所以在数字化转型宏观体系中，数据治理是基础。企业通过数据治理提升数据质量，建立可靠的数据制度与规范，为各类大数据应用提供源源不断的“优质能源”，才能为业务提供智能化的数据工作环境和数据价值挖掘。

1.2 数据治理与使用现状

目前，很多企业在数据治理与使用方面存在诸多不足。

1. 数据多头管理

缺少专门对数据管理进行监督和控制的组织。信息系统的建设和管理分散在各部门，导致数据管理职责分散，权责不明确。企业内各个组织与部门关注数据的维度不统一，缺少一个组织从集团（或子单位）全局视角对数据进行管理，导致无法建立统一的数据管理章程与标准，相应的数据管理监督措施无法得到落实，企业内各个组织与部门的数据考核体系自然也就很难落实，无法保障数据管理相关标准得到有效执行。

2. 系统分散

没有规范统一的数据标准与数据模型。企业内各个组织与部门为应对迅速变化的市场和业务需求，逐步建立了各自的信息系统，各部门站在各自的视角使用和管理数据，使得数据分散在不同信息系统中，缺乏统一的数据规划、可信的数据来源和数据标准，导致数据不规范、不一致、冗余、无法共享的孤岛式弊病。企业内各个组织与部门对数据难以用相同的维度与语言来描述，从而导致对数据的理解无法达到有效的沟通。

3. 缺少统一的数据治理框架

缺少统一的数据治理框架，尤其是在数据质量管理流程体系方面，当前的数据质量管理主要由各组织、各部门分头进行。跨部门的数据质量沟通机制不完善，缺乏清晰的跨部门数据质量管控规范和标准，数据分析随机性强，存在业务需求不清楚的现象，影响数据质量。数据的自动采集尚未全面实现，处理过程存在人为干预的问题。很多部门存在数据质量管理人员不足、经验缺乏、监管方式不全面、考核方式不严格的问题，缺乏完善的数据管控体制与能力。

4. 缺乏统一的主数据

主数据是核心业务的载体，是能被企业共享复用于多个业务流程的关键数据，也是数据治理和企业信息、数字战略的基础。很多企业缺少全局视角的主数据标准，组织机构核心系统间的人员、组织、物料、客商等主要信息并不是存储在一个独立的系统中，或者不是通过统一的业务管理流程在系统间维护的。缺乏一体化的主数据管理，就无法使主数据在整个业务范围内保持一致、完整和可控。所以全局视角的主数据可信度不高，进而导致业务数据的正确性无法得到保障。

5. 数据生命周期管理不完整

数据产生、使用、维护、备份到失效的生命周期管理规范和流程不完善，缺乏过期与无效的数据识别条件，且非结构化数据尚未纳入数据生命周期的管理范畴，无信息化工具与平台支撑数据生命周期状态查询，未有效利用元数据管理。

1.3 企业信息资源整合措施，推进大数据平台建设

前面阐述了当前大多数企业的数据治理与使用现状，虽然弊病较多，但很多企业仍然开始重视这一块的整合与建设，并已开始规划对数据资源进行整合的相关战略与措施，以掌握数据资产与大数据建设方面的优势，进而为数字化转型打好基础，以求在同行中获得先机。这些措施大体可分为统一数据资源模式、消除数据异构以及部署大数据应用与平台等方面。

1. 统一数据资源模式

企业信息资源整合的关键就是依托企业的数据治理框架来强化数据标准化建设，实现信息资源模式的统一。如主数据管理中，企业将多个业务系统中最核心、最需要共享的数据集中进行清洗，且以服务的方式把统一、完整、准确的主数据分发给企业内需要使用这些数据的应用系统。在这个过程中，企业可以通过识别、诊断、规划、实施、维护等阶段实现主数据管理。

2. 消除数据异构

企业可以将结构化数据和非结构化数据进行融合统一，达到消除异构的目标。纸质信息与数字化的视频、音频、邮件、图片等非结构化的数据在企业信息资源中的比重逐步攀升，其中也蕴含了丰富的潜在价值，所以企业需要推进结构化和非结构化数据的融合式发展，将超文本、超媒体数据模型和面向对象数据模型进行融合，构建一个企业独有的科学数据模型。

3. 部署大数据应用与平台

企业应该在组件大数据应用方面加大技术投入，即组建自己的大数据团队或提供整合平台，最终搭建一个大数据平台。主数据平台可为大数据平台提供多角度、多层级的分析视角，也是支撑大数据分析的“地基工程”，而大数据平台可集数据采集、存储、搜索、

加工、分析为一体，融合结构化数据、非结构化数据，实现了数据架构统一，以及对海量异构数据的存储归档、信息组织、搜索访问、安全控制、分析可视化，以及数据挖掘、数据治理等，如图 1-1 所示。

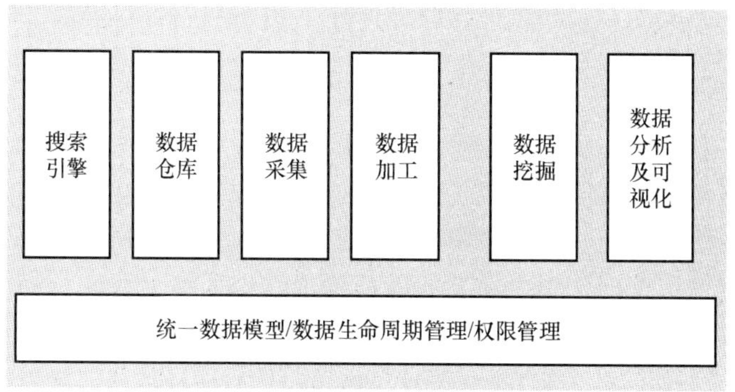

图 1-1　大数据平台数据治理方案

知识扩展：业务部门与信息技术部门之间的联动矛盾。

首先是业务部门对信息技术部门的需求方面的矛盾，具体表现在以下几点。

1）数据口径与标准不统一，无法进行有效的数据分析。

2）数据质量不高且不可控，缺少统一的数据质量流程管理体系，导致数据可信度不高。

3）数据分散，集成关联性差（孤岛式 + 总线的伪 SOA 架构不能解决架构扩展的问题，而微服务架构虽然充分解耦，但事务一致性又很难保证，且维护难度很大，对技术、运维人员要求均很高，所以不是所有的关联性问题都可以用某种架构完全解决，而是需要充分分析与调研），缺少全局管理视角导致无法反映业务全貌。

4）需求缺少统筹规划，重复建设现象普遍存在，业务响应速度慢、效率不高。

其次是信息技术部门对需求响应能力方面的矛盾，具体表现在以下几点。

1）系统架构无法顺应时代的发展，普遍存在性能瓶颈。

2）系统可扩展能力不佳，无法满足业务上快速增加的需求。

3）系统设计不甚合理，导致开发层面的返工与运维成本增加。

4）数据架构（含模型）应用效率不高。

5）无稳定的数据中台，而后台整合又不足，前端展现落后，数据指标综合展示效果差。

所以，既需要通过标准规范的制度来确定集团层面需要管理的标准化信息，又要通过信息系统的建设，确保标准化管理规范的执行，以便于收集、整理数据，进行横向和纵向的比较来达到对资源的有效利用和整体风险的控制，从而解决数据口径方面的问题。而后续还需要通过对高质量数据进行数据中心的主题分类，让贴源层数据能以主题区分类别，再以业务指标标签化来为外部展现层应用提供数据支撑，为决策层提供及时、便于查看的内/外部状态信息，针对需要关注的指标数据进行深入探查和重点管理，最终提高管理运营效率，所以这时有一个稳定、可扩展的高质量大数据应用平台来承担“以数据分析驱动业务创新”的任务就显得十分重要了。

1.4 小结

由于目前很多企业相关领导更重视业务系统或其他短期可视的“政绩”工程，使得数据类项目在某种程度上对比业务直接相关的工程而言不受重视。而数据运营类项目在当前时代背景下，又必将成为企业组织间协调与管理性质的重要工程，忽视数据治理将给大数据平台或其他数据分析挖掘应用方面的数据运营工程带来不少隐患。随处可见的便是数据标准缺失、质量参差不齐、缺少部门级和企业级数据联动运营与管控手段等，导致各类相关应用不能有效地应用数据并展示应有的效果，即使展示了也是领导需要时由各类一线人员临时改补以满足突击需求。所以企业应当重新审视数据类项目，摆脱其“脏活累活”的定位。企业更要对建设大数据时代下新的数据治理能力有足够的重视，以联动企业内部数据，做到数据与业务、数据与人、数据与组织之间的密切关联，通过有效的数据治理，最终建立起企业完整的数据资产体系以服务业务，管理好数据的同时为用户提供自主获取大数据的能力，以助力企业实现数字化转型。

第 2 章　数据治理框架解析

数据治理的发展可以分为三个阶段。第一阶段是早期探索，1988 年由麻省理工学院的两位教授启动了全面数据质量管理计划（TDQM），可以认为这是数据治理的雏形，同年，国际数据管理组织协会（DAMA）成立。2002 年，“数据治理”概念首次出现在学术界，美国两位学者发表题为《数据仓库治理》的文章探讨了 Blue Cross 和 Blue Shield of North Carolina 两家公司的最佳实践，由此拉开了数据治理在企业管理中的序幕。第二阶段是理论研究，在美国学者发表《数据仓库治理》的第二年，即 2003 年，国际数据治理研究所（DGI）成立，研究数据治理理论框架，与 ISO 对数据管理和数据治理进行定义。直到 2009 年，DAMA 发布了数据管理知识体系指南（DMBOK），数据治理的理论框架基本固定。第三阶段是被广泛接受与应用，伴随着数据仓库建设、主数据管理与 BI 的实施，国内也开始逐步接受并利用数据治理的概念进行推广实践。我国数据治理之路在 DMBOK 基础上不断延伸和扩展，里程碑事件为在 2015 年提出了《数据治理白皮书》国际标准研究报告。而数据治理工程不仅需要完善的组织保障推动机制，还需要有明确的规划体系与落地的措施协同展开，如建立数据治理委员会、指定数据治理的框架与策略等。本章主要内容是数据治理框架，包括治理战略规划的目标与实施方式，以及如何协同相关组织架构进行企业级实践。

2.1　数据治理的必要性

通过前文可以对数据治理有一个初步认识，但对目前大型企业中数据管理、运营等各方面存在的问题不够深入。下面对企业中数据应用方面存在的典型问题进行阐述。

1. 存在信息孤岛，有数不能用

当前，很多企业在进行数据治理过程中普遍存在“不愿、不敢、不能”共享的问题，导致海量数据散落在众多机构和信息系统中，形成一个个“数据烟囱”。一是不愿共享，多数分/子公司、业务部门都将数据作为战略性资源，认为拥有数据就拥有客户资源和市场竞争力，主观上不愿意共享数据。另外，各组织内部数据涉及权属分割，数据所有权和事权密切相关，部门宁愿将数据“束之高阁”，也不愿轻易拿出来共享。二是不敢共享，如有些数据具有一定敏感性，涉及用户个人隐私、商业秘密，数据共享可能存在法律风险，客观上给机构间共享数据带来了障碍。三是不能共享，由于各组织拥有的数据接口不统一，不同组织的数据难以互联互通，严重阻碍数据开放共享，导致数据资产相互割裂、自成体系。

2. 数据质量不高，有数不好用

众所周知，高质量数据是企业业务创新的重要基础，也是大数据提升管理层决策能力的关键前提。然而，当前各个企业的整体数据质量普遍不高，给数据深入挖掘与高效应用带来困难。在完整性、准确性方面，由于缺乏统一的数据治理体系，有些企业在数据采集、存储、处理等环节可能存在不科学、不规范等问题，导致错误数据、异常数据、缺失数据等“脏数据”产生。在一致性方面，由于大型企业业务条线繁杂、业务种类多样，多个部门往往数据采集标准不一、统计口径各异，同一数据源在不同部门的表述可能完全不同，看似相同的数据实际含义也可能大相径庭，数据一致性难以保障。这给全局数据建模、分析和运用造成了障碍，数据挖掘效果大打折扣。

3. 融合应用困难，有数不会用

互联网数据来源五花八门，面对来源众多、体量庞大、结构各异、关系复杂的各类结构、非结构化数据，想要从中挖掘出高价值、关联性强的高质量数据，需要高效的信息技术支撑和可靠的基础设施保障。然而，部分企业对科技研发投入显得相对不足、科技人员占比失调，利用数据建模分析解决实际问题的能力有待提高；信息资源利用大多停留在表面，数据应用尚不深入、应用领域相对较窄、数据与场景融合不够，导致数据之“沙”难以汇聚成“塔”，海量数据资源无法盘活，数据潜力得不到充分释放。

4. 治理体系缺失，有数不善用

人们常说，技术本身是中性的，技术运用的善恶完全取决于人，这一结论对数据同样适用。科技要向善，数据也要向善。然而，由于法律法规尚不健全、数据治理体系还不完善、机构合规意识不足，数据“不善用”的问题较为突出。从业机构违法违规成本低，为谋求商业利益而置现有管理规定于不顾，过度采集数据、违规使用数据、非法交易数据等问题屡见不鲜。例如，某些APP、网站中，用户不授权提供手机号、通讯录、地理位置等信息，就无法继续使用和浏览，通过“服务胁迫”来达成“数据绑架”。此外，部分机构数据保护意识和内部管理、技防能力薄弱，数据泄露事件时有发生，用户成为“透明人”，电信欺诈、骚扰电话、暴力催收等屡禁不止，严重侵害用户权益。

面对上述常见的数据治理类问题，企业既要想办法解决各类障碍，树立原则，按规行事，也要把框架和脉络梳理好，稳步推进数据治理工程，稳中求进，步步为营，最终取得规划中的效果。下面简单介绍一下数据治理的原则与框架体系。

2.2 数据治理的原则

首先，遵守相关法规，保障安全。数据作为重要的生产要素，确保数据安全应是始终恪守的底线。企业应建立健全数据安全管理长效机制和防护措施，严防数据泄露、篡改、损毁与不当使用，依法依规保护数据主体隐私权在数据治理过程中不受侵害。

其次，物理分散，逻辑集中。由于历史原因，部分企业中存在很多体量大的部门或分公司，甚至存在多个数据中心（数据源），呈现出多个业务条线数据分散存储、分散运行的局面，若采用“推倒重来”的方式显然成本太高、阻力太大。因此，应在保持现有数据中心职能不变的前提下，维持当前数据物理存放位置和运行主体不变，充分利用各数据中心的 IT 设施和人才资源，构建“1 个数据交换管理平台 + N 个数据中心（数据源）”的数据架构。在此基础上，制订、实施统一的数据管理规则，实现数据的集中管理。

另外，数据治理的一大难点就是如何在保障数据所有权的基础上实现数据的融合应用。应消除数据所有方因信息共享导致的权力问题顾虑，所以企业要规范数据使用行为，严控数据获取和应用范围，确保数据专事专用、未经许可不得留存，杜绝数据被误用、滥用。在满足各方合理需求的前提下，最大限度地保障数据所有方权益，确保数据使用合规、范围可控。

最后，数据源头问题也是各方考虑的重点，因为当下很多业务部门都认为源头即权力。当前，无论什么行业，当企业达到一定的体量时，各业务条线数据分散现象或多或少都会存在，数据多头收集时有发生。这不但增加了信息报送、采集、存储成本，也导致数据责任主体不明，数据安全、数据质量难以保障。站在公司集团层，应明确源数据管理的唯一主体，保障数据完整性、准确性和一致性，减少重复收集造成的资源浪费和数据冗余。同时，建立数据规范共享机制，提升数据利用效率和应用水平，实现数据多向赋能。

2.3 数据治理框架与支撑

数据治理框架一般包括数据治理顶层设计、数据管理体系、加强安全管控、强化科技赋能和数据应用与服务，是一种从上至下指导、从下而上推进的多层次、多维度、多视角框架，如图 2-1 所示。

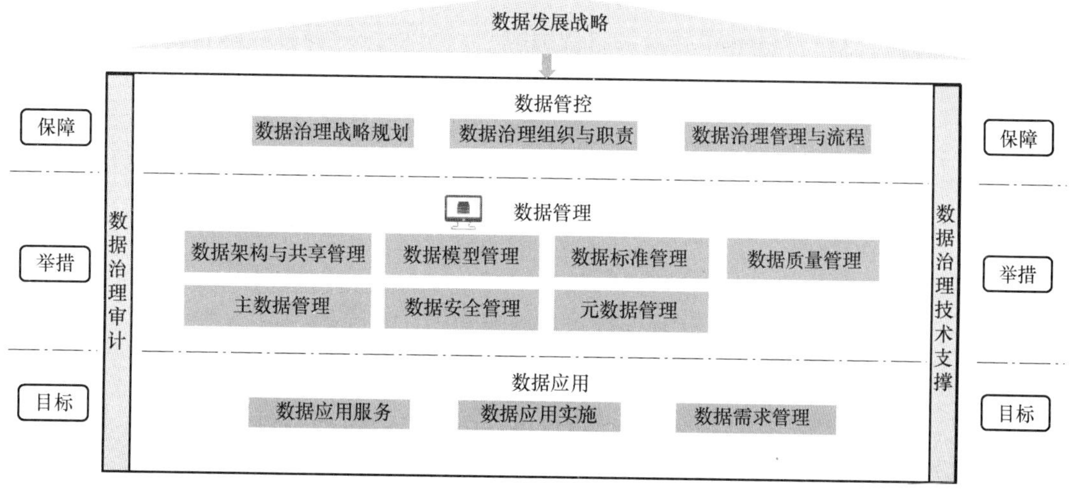

图 2-1　数据治理框架

通过图 2-1 不难看出，数据治理框架宏观上可以理解为三个方面的核心内容：数据管控、数据管理与数据应用。其中，数据管控是各类数据管理组织架构、管理制度以及管理流程，主要作用是使各类管理有据可循、有章可守，且包含完整的管理组织；数据管理包含数据模型、数据标准、主数据、数据质量、数据安全管理等方面的内容；数据应用主要是在数据管理等相关措施落地形成企业数据资产后加以利用，为各类业务应用提供有效支撑。

2.3.1 数据战略顶层设计

数据战略顶层设计是企业发展战略的重要组成部分，是指导数据治理的最高原则，数据治理各项工作均应在此之下进行。做好顶层设计、把数据规划好意义重大。数据治理是一项长期、复杂的系统工程，要在组织、机制和标准等方面加强统筹谋划。企业进行数据战略顶层设计时一般需要考虑以下几个方面的内容。

1. 优化组织架构

充分认识数据的重要战略意义，将数据治理纳入企业的长期发展规划，及时调整组织架构，明确内部数据管理职责，理清数据权属关系，自上而下推动数据治理工作。

2. 完善应用机制

在保障各方数据所有权不变的前提下，统筹规划全局数据架构，完善跨机构、跨领域数据融合应用机制，实现数据规范共享和高效应用。

3. 构建标准体系

建立涵盖企业数据采集、处理、使用等全流程的标准体系，打造企业数据的“通用语言”，提升企业数据质量，为数据互通、信息共享和业务协同奠定坚实基础。

4. 整体推进

在数据战略预测、结合企业自身制订数据战略、制订数据目标、制订计划、制订实施措施、回顾与考核等方面都要有相应的产物以配合顶层设计的推进。

2.3.2 数据战略的推进模式与方法

当完成了数据战略的顶层设计初步轮廓后，就需要将战略与配套的管理制度等方面的推进方式进行归纳，在这个过程中，需要考虑企业以下两方面的内容。

1. 现有业务管理数字化模式

面对海量的数据，企业决策者们已经利用数据辅助商业决策，将数据应用于识别业务问题，并协助提供完整解决方案，如通过对客户数据进行分析可以解决客户细分、市场和竞争者分析等问题，提升业务运营效率和收益。通过业务数字化，利用平台工具将数据结构化、智能化、可视化，融合内外部数据、图片与声音、虚拟和现实，可以洞见未来。这种战略模式的主要特点如下。

1）告别纸质、线下等一切非数据化、系统化的业务形式，控制前置提升审批效率，实现绩效可视化。

2）通过对网点运营、市场营销、费用成本、绩效管理等方面的数据分析，帮助企业识别低效的流程环节，进行资源配置优化，提高运营效率、降低成本。例如对客户、产品、渠道等方面进行智能化地细分，提高营销精准度，通过个性化、差异化提升服务质量；提前进行授信评价，实现对客户授信的快速审批。

3）通过利用大数据、图像识别、自然语言处理提升企业风险控制的能力。例如在传统信用风险管理中，利用语义识别技术实现自动客户电话回访。

2. 创造新的数字化业务模式

除了基于现有业务管理需求，通过数据赋能让数据服务于企业，帮助企业提高日常运作和管理效率，数据也可以作为战略资产帮助企业高层决策，从而决定未来的业务方向。能拥有什么样的数据、拥有什么样的技术能力来使用数据将决定企业未来能提供什么样的服务。这种战略模式的主要特点如下。

1）管理层借助高质量的数据进行挖掘、分析，实现以客户为中心的业务转型，对企业未来的战略方向进行更准确的前瞻性预测，提升企业竞争力。

2）成立科技子公司，开发机器人流程自动化应用（RPA）或其他科技服务产品进行能力输出，例如银行行业中，目前 RPA 已应用于智能客服、信贷管理、开户、对账、资金流向监控等业务领域。

当然，不同模式的数据战略下，企业需要配置不同结构资源支持战略的落地实施，如 CDO 的设置、各部门的职责等。

2.3.3 如何制订战略

如前所述，数据战略是企业发展战略的重要组成部分，是指导数据治理的最高原则，数据治理各项工作均应在此之下进行设计和执行，那么本节将对其中各个步骤进行详细阐述。

1. 分析和预测战略环境

战略环境分外部宏观环境和内部微观环境，如图 2-2 所示。

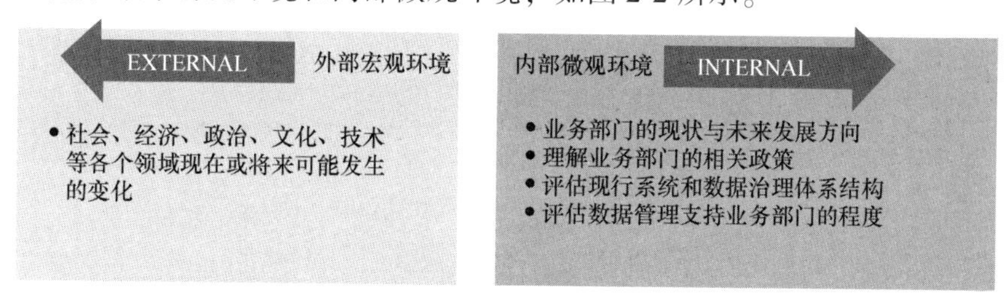

图 2-2 战略环境

一般来说，对内外部环境的分析主要是为了寻求改进业务、消除投资回报较小的业务机会。内部环境重点评估数据管理支持业务部门的程度、数据治理计划是否适合业务部门、数据治理供应的效能与效率。例如，在业务部门各自推进数据应用的管理现状下，应考虑增设数据应用统括管理的机制，在实现数据应用标准化管理的同时，提升数据应用评估效率、确保数据应用合规性。

2. 结合企业自身发展战略

企业还需根据自身发展战略的要求来制订数据战略，例如，一家旨在发展零售业务的银行，其数据战略应围绕零售业务展开，利用零售客户数据，提升零售客户服务水平，从而建立对零售客户进行精准营销、行为预测等的一系列能力，结合这些内容再对数据战略进行思考，而一家将金融科技发展作为战略的银行，则需要以开放能力、服务生态的数据基础作为数据战略的要点进行定义。

3. 制订目标

数据是企业各部门共同拥有的资源和资产，对数据资产的使用目标应集中管理，集团（或子单位）层面需要整合数据使用的资源投入，使数据资产的效用最大化。

现阶段，很多企业的数据资产管理仍是分散模式，由各个部门在自己的业务领域内推进不同的应用场景，缺乏牵头部门对不同应用场景的整合管理。

4. 制订实施计划

有了明确目标后，还需要制订具体的实施推进计划。企业中一般需要按部门进行战略细化，并按具体时间段制订详细的行动计划，然后对照战略目标实现日期，确定每个节点步骤的起始时间，再以各部门的职责分工为基础，确定行动步骤的负责人，最后明确分界点的短期任务与目标。

5. 制订实施战略的措施

要制订资源的分配方案，规划制订后要针对侧重点进行排序，要选择执行过程的衡量、审查及控制方法。

6. 回顾和考核

要对各相关单位或部门及分/子公司的数据治理情况充分把握，可以使用打分卡的方式进行定量和定性衡量，并公布打分的结果。对数据治理工作突出的单位或部门等设置相关奖项予以表彰，对数据治理工作成果低于预期的单位或部门等进行培训。

2.4 组织架构

数据治理是一项需要集团**高层领导支持，各相关部门高度配合**的全体性工作，为此，能否制订合理的组织架构是数据治理工作能否贯彻的关键，为了达到前面所述的战略目标，建立成体系的组织架构并明确定位决策、管理、执行层职责分工，明确各数据归口部门是必要举措。

企业需要根据数据战略、自身组织架构特征，构建数据治理组织架构，其集中程度各有不同。组织管理分散且数据需求较少或复杂程度较低的企业，一般采用“分散模式”，各部门负责本领域的数据管理和应用；数据需求较多且复杂程度较高的企业，可采用“归口管理模式”“集中＋派驻模式”“全集中模式”，具体选择哪种方式，在企业数据发展的阶段中同时也取决于归口管理部门的人力投入与专业能力，专业能力主要涉及组织沟通、业务理解、技术开发等方面，如图 2-3 所示。

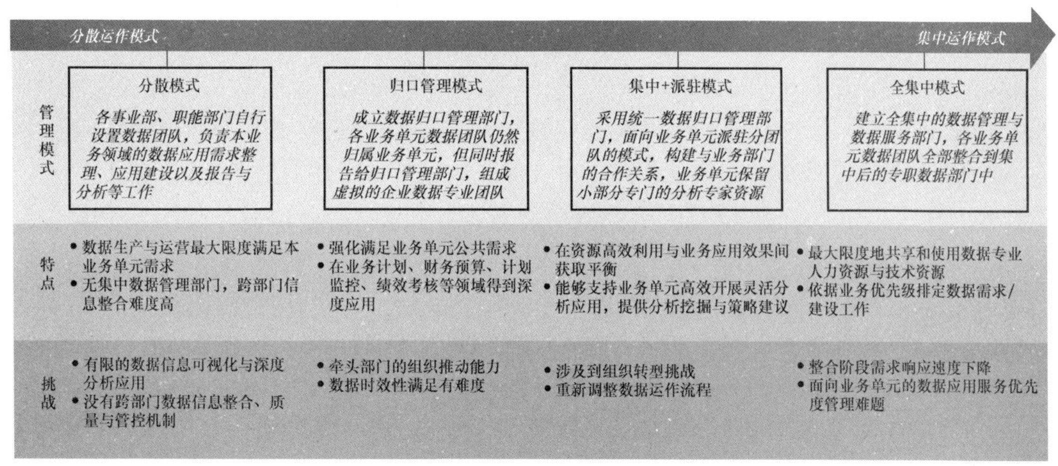

图 2-3　数据治理组织架构模式

2.4.1　归口管理模式的数据治理组织架构实践

数据的归口管理组织架构一般分为治理层、决策层与执行层。

1. 治理层

一般由集团数据治理委员会制订数据战略，审批或授权审批与数据治理相关的重大事项，督促高级管理层提升数据治理有效性，对数据治理承担最终责任。监事会负责对董事会和高级管理层在数据治理方面的履职尽责情况进行监督评价。

2. 决策层

高级管理层负责建立数据治理体系，确保数据治理资源合理配置，制订和实施问责、激励机制，建立数据质量控制机制，组织评估数据治理的有效性和执行情况，并定期向集团数据治理委员会报告。

高级管理层也可下设数据管理委员会，授权其履行高级管理层的日常数据管理决策职责，也可视实际情况设置首席数据官（CDO）。

为此，决策层的设置可能存在多种不同的方式，例如：某企业数据管理工作由集团总经理负总责，分管领导亲自抓，将数据管理工作纳入全企业或归口部门的目标任务进行考核，并保证工作必备的工作条件；某企业专门成立数据管理委员会，由总经理亲自挂帅担任委员会主任，关键业务部门总经理作为常任委员，其他部门总经理作为非常任委员，通过定期和不定期委员会会议形式讨论、审议数据治理重要事项；某企业通过设置首席数据官，作为全集团数据管理工作的主管，全面统筹、统一安排、组织推动数据管理各项工作。

3. 执行层

归口管理部门牵头负责实施数据治理体系建设，协调落实数据管理运行机制，组织推动数据在经营管理流程中发挥作用。业务部门负责本业务领域的数据治理，管理业务条线数据源，确保准确记录和及时维护，落实数据质量控制机制，执行数据监管相关工作要求，加强数据应用，实现数据价值。集团在数据治理归口管理部门设立专职岗位、在其他相关业务部门设置专职或兼职岗位，建立一支满足数据治理工作需要的专业队伍。

2.4.2 归口管理模式的演变与设置

伴随企业数据积累及数据需求的增加，原先的数据分散管理已不能满足用数需求，且数据质量问题频发、未得到有效解决，企业需要从全集团整合资源投入，以更为有效地改善数据管理局面。企业可能在问题凸显早期形成“数据管理工作小组”，作为归口管理的形式，由相关业务部门骨干和 IT 人员组成，按需召集会议，共同讨论解决方案并呈报管理层决策。无论出于自身发展需要还是外部监管压力，小组议事形式固有的部门间推诿和资源投入不均/不足等弊端会不断显现，其效力和效率已不能满足数据管理的急切需要。独立统一的“归口管理部门”应运而生，作为全企业数据治理的牵头部门，明确并落实其职责，要求其牵头实施数据治理体系、协调落实运行、组织推动工作。

由哪个部门作为归口管理部门是业界关注的热点。各企业都需要根据自己的实际情况进行考量，确定的部门也各有不同。从当前实践来看，有因为考虑科技属性较强，与各信息系统强相关而归口在信息科技部门的，也有越来越多的企业会独立设置一个数据部门来对数据相关的工作进行归口管理，当然，由业务部门和技术部门共同作为“归口管理部门”也是当前的实践方式之一。

不同的设计方式各有优劣，企业均在自己实际情况中权衡利弊、找到最优解决方案。一般来说，归口管理部门设置的课题需要多长的决策过程与时间，很大程度上取决于决策层对于数据治理的决心。数据治理归口管理部门设计方式如图 2-4 所示，以银行业为例。

业务部门专职或兼职人员的设置，除了上述提到的集中 + 派驻模式，另一种较理想化的是采用专职人员。一些中小企业考虑岗位编制等问题，在短期内采用兼岗的方式设置本部门的数据管理人员，而该人员除需要保持与数据治理归口管理部门的沟通之外，还需要负责本部门数据管理各项工作的宣贯，跟踪解决本部门的数据质量问题，对本部门的数据

数据治理归口管理部门设计方式			
	以计财为代表的业务部门	科技部门	独立的数据部门
优势	• 业务部门牵头数据治理工作的推动力较强 • 与现有的部门职能保持一致，对监管数据相关工作较为熟悉	• 科技部门推动元数据管理、主数据管理、数据安全管理等技术性强的管理工作时难度更小 • 对新技术、新管理方式接受程度更高	• 同时设置数据治理、数据监管相关职能，满足监管指引要求与提升数据效能相得益彰，还可以牵头负责数据应用的工作 • 独立的数据部门可以体现数据时代对数据应用、监管报送、数据管理的重视
劣势	• 对数据应用的理解相对有限，更多局限在报表统计领域 • 推动技术性强的管理工作难度较大	• 业务部门是数据的生产和使用部门，科技部门对数据应用的理解较难触达业务痛点，推动力较弱 • 与现有的部门职能可能有一定的冲突	• 需要对现有的组织架构进行变革 • 企业数据文化意识要求较高

图 2-4　数据治理归口管理部门设计方式（以银行业为例）

标准进行定义确认。为此，需要对本部门的业务和信息系统都有一定了解的复合型人才来担任该职位，一般可以对原有的统计岗、信息系统管理员、业务需求管理员等相应的角色进行转换培养。

即使是成立一级部门，不同企业的设置方式也不尽相同，如某银行总行成立一级部门，负责组织、推动、协调全行数据治理相关工作，并按照数据管理职责分工细化设置不同的二级部门，分别负责数据标准、数据质量、数据应用、数据平台等相关专职工作，充分运用其专精知识与技术开展数据治理工作。另外，该银行在总行各部门和各分行均设立了数据管理岗，作为归口管理部门的窗口，组织、推动、协调本机构内的数据治理工作。

2.5　小结

在人工智能、区块链、云计算、大数据等相关技术的创新驱动下，越来越多的企业开始了自身的数字化转型之路，而数字化转型的一切都围绕着数据，包括但不限于数据的获取、沉淀、运用和洞察。有效的数据治理体系是保障，健全统一的数据标准是基础，不断完善的数据质量控制是方法，持续优化的数据应用是目标。有效的数据质量控制有利于客观的分析和决策，有效的数据管理是企业实现数字化转型的基础。

另一方面，数据治理以数据生产要素为对象，以释放数据价值为目标，以守住数据安全为底线，以建立健全数据全生命周期秩序规则为核心，以推动数据有序管理与流转为主要活动，具有综合性、复杂性、长期性等特征。企业数据治理的过程，也是企业围绕数据这一新型生产要素进行制度建设和执行落实的重要活动。从这个意义上讲，数据治理对企业数字化转型和企业数字化建设起到了重要的推动作用。

第3章　企业数据管理规划

数据管理作为数据关联战略规划中重要的基础步骤，也是开展主数据、数据资产管理等方面的基础工作，能够为公司数据工作整体的建设内容、步骤、目标、方法论等方面提供全面的指引，以便于整个集团层面更好地开展主数据、数据治理以及大数据应用分析方面的工作，进而为企业的数字化转型奠定基础，最终达到支持决策、提升高层洞察力、流程质量与效率得到改善以及数据价值得以提升等方面的目标。本章将对数据管理规划的各组成部分进行阐述。

3.1　数据管理规划框架

数据管理规划框架是从管控管理与应用层面进行总体架构提炼，是后期稳步推进各项工作的参考图谱，如图3-1所示。

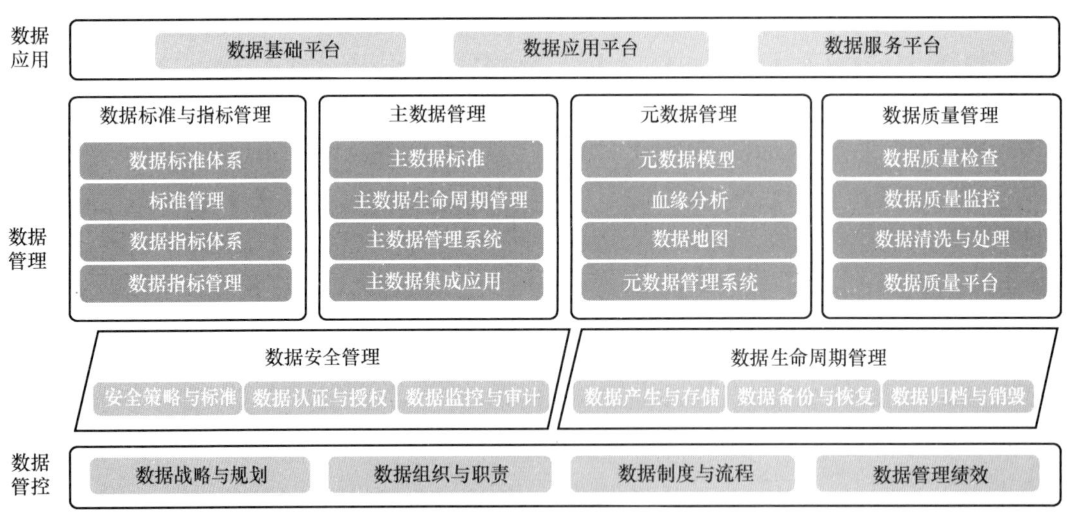

图3-1　企业数据管理规划框架

而最终在企业中推行时，需要明确以下目标。

1）明确企业对数据管理规划的目标与期望。

2）制订企业数据管理业务架构蓝图，其中涉及数据管理的需求与痛点分析和当前企业在数据管理方面面临的其他挑战与未来的解决思路。包括数据架构管理、主数据管理、数据标准与指标管理、元数据管理、数据运营管理、资产目录以及数据质量管理和数据安全管理等方面。

3）制订企业数据管理应用架构蓝图，包括未来企业针对上述业务蓝图的落地需要搭建哪些相关的数据平台，并针对各个平台的定位和组成进行分析与描述。

4）制订企业数据管理集成与技术架构，从企业数据集成方面，制订能满足未来需求的数据集成方案与技术框架。

5）针对企业数据管理规划的实现方式与计划，制订配套的资源投入方案。

3.2 数据管控

数据管控作为企业数据管理规划的基础，主要包括数据组织与职责、数据制度与流程以及数据管理绩效等保驾措施。数据战略的规划过程中，可能会在企业内部遭遇各部门的阻力，如有的部门领导担心自己失去访问某些数据的权限，而有的领导也不愿和其他部门共享数据。这种问题的出现也有其必然性，因为大企业内部部门之间会展开对数据资源的争夺，各部门只关注自身的业务情况，缺乏全局观念，很难在没有调解和高层推动的情况下达成一致的妥协，所以从规划落地上，要努力解决这些问题，让各方面的人都可接受。很多企业已经习惯了过去的数据壁垒的模式，在适应新的数据管理策略上会有困难，但面对对大型数据集的依赖、诸多共享需求以及数据协同管理上的诸多弊端，从上至下建立一套完整的数据管控措施也成了企业的必选项。

当企业建立了完善的组织与数据管理职责后，其主要工作是围绕执行现有数据策略、挖掘未被满足的需求以及潜在的数据安全问题等，使得数据的申请、采集、管控、存储、访问、应用整条脉络有章可循，有准可依，同时还会考虑各个部门与岗位的不同需求，平衡不同部门之间存在的冲突需求，在安全性与访问需求之间充当“交警”的角色，确保数据被企业高效、安全地管理与应用。

3.3 数据管理

数据管理作为企业数据管理规划的核心组成部分与方式举措，其主要包括数据标准与指标管理、主数据管理、元数据管理以及数据质量管理等方面的内容，如图 3-2 所示。

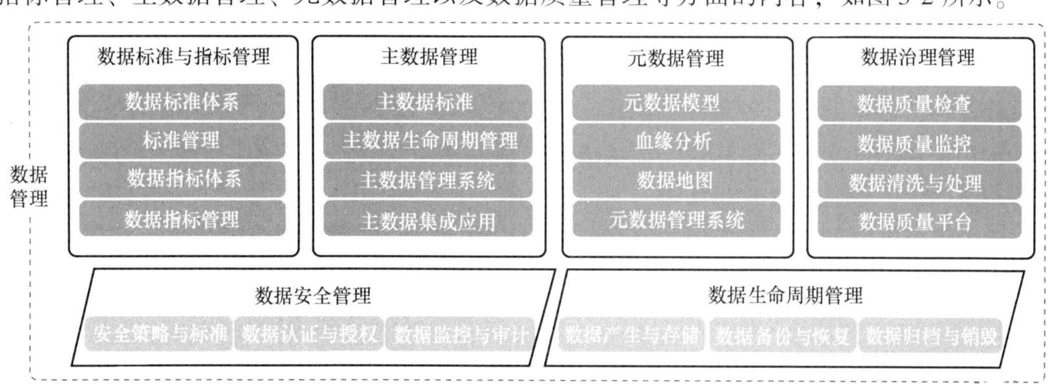

图 3-2　企业数据管理架构

下面依次对其中的内容进行阐述。

1. 主数据管理

主数据作为企业数据的核心业务载体（如物料、分类、客户、供应商、科目、组织、岗位、人员等），在多个业务流程中被反复利用与共享，所以在过去的信息化历程中，各个企业都有多个业务系统中存在相同主数据入口与维护方式的问题，其关注点在如何将线下流程搬至线上各部门的业务活动，而忽视了从企业统一视角管理主数据的口径、标准、质量、组织、流程等方面的内容。作为企业数据管理的基础，主数据的管理规划自然成为排头兵。其主要建设内容包括主数据标准、模型、管理组织流程与职责、管理制度与规范、数据清理方案、生命周期闭环管理以及主数据平台建设与集成应用等方面。

2. 数据标准与指标管理

从价值管理的角度看，数据标准主要分为两大类：基础数据标准及指标数据标准。其中，基础数据标准管理的主要是主数据与交易数据，作为支撑数据为指标服务，而指标数据标准则对应管理人员相对关注的指标部分，通常为管理人员提供辅助决策分析。在整个数据标准建设过程中，不仅包含数据标准本身，还包含制订标准的组织、标准维护的流程、绩效考核体系、技术平台建设等一系列的内容。后续在数据标准与指标体系规划章节重点讲解。

3. 元数据管理

元数据是描述其他数据的数据（Data about Other Data），或者说是用于提供某种资源的有关信息的结构数据（Structured Data）。根据 NISO（国家信息标准组织）的定义，元数据是描述、解释、定位或以其他方式使信息资源更容易检索、使用或管理的结构化信息，不需要维护各种工具之间的双向连接来交换数据。其使用目的在于：识别资源；评价资源；追踪资源在使用过程中的变化；实现简单高效的大量网络化数据管理；实现信息资源的有效发现、查找、一体化组织和对使用资源的有效管理。

由于元数据也是数据，因此可以用类似数据的方法在数据库中进行存储和获取。如果提供数据元的组织同时提供描述数据元的元数据，将会使数据元的使用变得准确而高效。用户在使用数据时可以首先查看其元数据以便能够获取自己所需的信息。

元数据分为业务元数据、技术元数据和操作元数据。业务元数据指导技术元数据，是定义业务相关数据的信息，用于辅助定位、理解与访问数据信息。其主要包括业务指标、规则、数据质量规则、专业术语、数据标准、实体与属性等。技术元数据以业务元数据为参考，如数据的存放位置、数据的存储类型、数据的血缘关系等，其中，关联性技术元数据描述了数据之间的关联和数据在信息技术环境中的流转情况，包括技术规则、质量规则的技术描述、字段、衍生字段、维度、统计指标等。操作元数据为两者提供管理支撑，主要包括与元数据管理相关的组织、岗位、职责、流程、版本以及系统生产运行的操作记录等。

元数据的建设内容主要分为三个方面：元数据模型、元数据生命周期管理及元数据治理。其中，元数据模型用于描述内容管理系统中内容的所有元数据属性及相关定义，定义的过程应尽可能实现自动化并简化用户输入。元数据生命周期管理即管理元数据从产生到消亡的全过程，跨越了定义、校核、批准、创建、更新等一系列环节。而元数据治理过程应首先成立相应的元数据治理组织，并明确各主体相应的责任，整个组织建议由三个部分组成：元数据管理委员会、元数据管理工作小组和元数据管理员。

4. 数据质量管理

数据质量管理是数据管理的重要组成部分，高质量的数据是企业管理报表和管理驾驶舱建设的重要保证。数据质量的标准见表3-1。

表3-1 数据质量标准

维　度	说　明
准确性	将数值与来自数据库或其他数据表的正确数据集比较，根据动态计算的数值进行检查
唯一性	一个数据集中没有实体多于一次出现
合理性	使用数据合理性考察与一些特定运营场景相关的数据一致性
时效性	度量数据的“新鲜程度”，以及在时间变化中的正确程度，可根据数据元素的刷新频率度量数据的时效性
完整性	数据集的特定属性都被赋予了数值。如必填属性，有条件可选值的数据元素，以及不使用的属性值
一致性	一个数据集的数值与另一个数据集的数值一致

为了保证上述质量标准在企业中得到推行与保障，需要对数据质量的管理方法与建设内容进行梳理。

（1）关于数据质量管理方法

数据质量管理方法有多种，如按需启动项目，对数据质量采取主动保证措施，为未来数据质量的提升提供支持，主要包括明确业务需求、反推数据管理需求、进行设计与实施。也可以对存量数据进行剖析和清洗，提升既有数据质量，具体包括发现问题、分析问题、提升质量和动态验证，最后在检查的过程中发现问题，然后进行问题的原因分析，进而提升数据质量。发现问题以后，针对问题进行整改，需要明确管理组织、管理制度和管理流程。

（2）关于数据质量建设内容

数据质量建设内容主要包括三个方面，即数据质量预防过程、数据质量管理过程和数据质量保障。其中，数据质量预防是指事前控制数据质量，主动发现数据质量问题，减少对后续数据使用的影响。数据质量预防是问题解决驱动和业务需求驱动，需要分析问题产生的根源和业务的真实需求，然后进行相应的系统改造和流程优化，在数据产生的前端进行控制。

数据质量管理过程具体是指针对企业当前的数据应用现状进行质量剖析，确定数据质量的提升范围和提升目标以及与之相配套的质量提升计划；根据数据质量剖析的结果评估数据质量问题的严重性，出具数据质量报告，评估对下游的影响以及可能带来的数据风险；针对不同的问题或者风险进行数据质量整改方案设计，制订相应的数据清洗规则，然后集中进行数据清洗，并对清洗的结果进行监控和持续优化。数据质量的提升需要一定的保障措施，主要是建立数据质量管理组织，制订数据质量管理标准和管理流程，并制订数据质量度量规则，方能有效保证数据质量提升能够顺利落地。

当然，数据质量的提升不是一蹴而就的，而是伴随数据质量工程的逐步迭代与相关组织人员的不断努力以最终达到企业数据质量管理的目标。

5. 数据生命周期管理

数据生命周期管理是一种数据管理策略型方法论，用于管理信息系统或企业业务运营、职能管理的数据在整个生命周期内的流动：从创建和初始存储，到它过时被删除。完整的数据生命周期包含创建、存储、使用、共享、归档、销毁等阶段。

数据是企业的资产，其生命周期往往大于硬件设备与系统应用的生命周期。数据的爆发式增长，使企业在数据安全、法规遵从、服务质量等方面均面临着极大的挑战。

（1）数据安全

首先，海量数据的备份、恢复成为难题，系统的高可用性难以保证；其次，客户信息、企业信息等隐私数据在测试、开发、维护等外包环节中面临恶意泄露或意外发布；然后，出于审计等要求的历史数据访问与提供难以保证数据的正确性与不可更新性；最后，多个数据克隆直接导致数据安全环节的增加，数据的访问、发布与获取更加难以控制、跟踪。

（2）法规遵从

集团与行政规范对数据的可用性、安全性与可追溯性提出要求；因不符法规而造成的潜在经济、行政处罚损失往往大大高于系统建设成本；审计、公安、司法等部门对于历史数据的审计均提出了指标性要求；敏感数据的安全性与企业最高领导者的责任直接挂钩，存在触犯法律与企业形象受损的风险。

（3）服务质量

由于海量数据导致的新业务上线难以保证按时、按质交付，系统性能难以保证；数据泄露与系统宕机等事故可能直接导致现有客户的流失、工程的停工，甚至合同违约责任等。

针对上述需要关注的内容，企业面对未来数据管理可能面临的各类挑战，就需要建立起完善的数据生命周期管理机制。具体分为以下几个方面。

（1）组织内部知识体系建设

提高整个集团的数据生命周期管理意识。管理层要首先对数据生命周期管理有较高的认识及推动力，无论是信息化管理抑或是在业务管理过程中不断增强各级单位、各部门对数据全生命周期管理的意识。集团需要有专人或专业组织处理不可预测的数据问题，灵活、高效地应对集团可能出现的数据阻断性问题。每个业务单元的危机处理团队能够用标准的计划和程序向集团级的中央危机处理团队报告。培养内部技术专家，提高对信息人员的技能要求。信息化工作人员对当前企业信息化基础设施以及行业趋势和新技术应具有广泛、深入的了解，并能够定期培训业务用户，使用户具有引入和影响新兴技术在企业中广泛应用的能力（或机制）。

（2）流程及制度建设

建立各类数据（结构化、非结构化）生命周期管理的标准流程。对于数据产生、存储、使用、存档、检索、清除这一系列管理过程，应进行标准化管理，并对集团内各类项目提出统一的管理框架要求。在未来，能够将集团的数据生命周期管理流程推广至施工总承包行业，成为行业范本。优化数据需求提出流程。信息化部门能够准确捕获、评估业务管理及职能管理中的利益相关方所提出的数据需求，并在各类项目的建设中通过信息化部门及业务部门的双向合作，不断优化业务部门提出数据需求至信息化部门进行需求评估的流程。

（3）提出容量规划建设要求

集团层面需对呈爆发式增长的数据量进行提前预测，使整个集团能够作为一个数据集合整体进行容量规划建设。新兴技术不断发展，传感器、社交媒体等外部大数据的存储也需纳入考虑范围。集团应建立起完善的流程，对各级单位、各部门容量规划进行监督、指导并汇总。

（4）合规性建设

对数据从产生到清除的一系列过程，集团均需对下属公司提出要求，并定期监控各级单位的合规性建设执行情况，对相应指标进行考核。对于整个集团所涉及的信息系统建设，需要有官方渠道发布的变革管理措施，例如集团统建的官方公文发布渠道，而不仅仅是用邮件或内部通信工具传递。

（5）技术支撑

开发数据资产库存管理工具。集团未来应逐步推动，将各级单位、各部门的各类项目及日常工作、业务运营过程中所产生的数据进行统一管理，而不是将数据资产局限于项目级管理或公司级管理。集团可通过开发成熟的工具，在提供保密机制的同时提高数据资产在集团内部的流通性。

6. 数据安全管理

数据安全管理是企业整体信息化与数字化的基本要求，每个公司都有自己的一套安全体系要求，在大数据平台或其他数据系统中更多的是安全制度的落实、安全制度的提升和安全能力的加强。

通过计划、发展并执行数据安全策略和措施，为数据和信息提供适当的认证、授权、访问和审计。

数据安全有对立的两方面的含义：一是数据本身的安全，主要是指采用现代密码算法对数据进行主动保护，如数据保密、数据完整性保障、双向强身份认证等；二是数据防护的安全，主要是采用现代信息存储手段对数据进行主动防护，如通过磁盘阵列、数据备份、异地容灾等手段保证数据的安全。数据安全是一种主动的保护措施，数据本身的安全必须基于可靠的加密算法与安全体系，主要有对称算法与公开密钥密码体系两种。

数据处理的安全是指如何有效地防止数据在录入、处理、统计或打印中由于硬件故障、断电、死机、人为的误操作、程序缺陷、病毒或黑客等造成的数据库损坏或数据丢失现象，某些敏感或保密的数据可能由不具备资格的人员或操作员阅读，而造成数据泄密等后果。而数据存储的安全是指数据库在系统运行之外的可读性。一旦数据库被盗，即使没有原来的系统程序，照样可以另外编写程序对盗取的数据库进行查看或修改。从这个角度看，不加密的数据库是不安全的，容易造成商业泄密，所以便衍生出数据防泄密这一概念，这就涉及计算机网络通信的保密、安全及软件保护等问题。

针对数据安全管理体系，笔者梳理了以下几个方面的内容。

数据安全管理目标如下。

1）为数据资产读取和变更提供合适的方法、阻止不合适的方法。

2）实现监管对因素性和机密性的要求。

3）确保实现所有利益相关者的隐私性和机密性需求。

数据安全管理具体包括数据安全策略、数据安全技术和数据安全组织建设。

（1）数据安全策略

1）确定数据安全策略框架。

2）制订数据分级规范。

3）制订数据安全保护标准。

4）明确数据安全管理制度及流程。

（2）数据安全技术

1）用户身份认证。

2）角色分工。

3）系统版本管理。

4）系统日志管理。

（3）数据安全组织

1）建立数据安全组织。

2）落实岗位职责。

3）建立安全考核机制。

上面对数据安全管理中安全策略、技术与组织等方面所包含的内容进行了讲解，而关于管理体系的定义与联系，如图3-3所示。

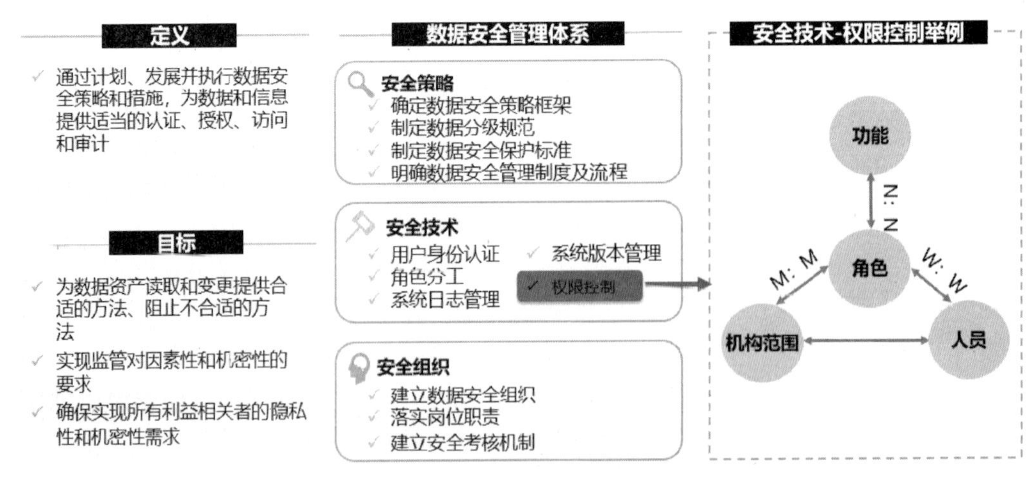

图3-3　数据安全管理体系说明

3.4 数据应用

数据应用平台是数据具有落地价值的体现，一般包含大数据应用与数据分析挖掘的各种图像展示工具，作为企业的数据价值展现和结果层，主要以数据中心和集市为数据支撑（将各源头数据以 ETL 的方式汇聚到 ODS 贴源层，并按业务主体归拢到数据集市，最终将业务数据颗粒化、指标数据标签化，从而提升数据的可用性）。在应用平台中可以用各种 BI 平台如管理驾驶舱、数据大屏进行可视化，或其他大数据应用对数据进行挖掘分析以提炼数据价值。例如数据可视化的部分，一般是数据分析师将数据观点展示给高层或业务的过程。数据展现除遵循各公司统一规范原则之外，具体形式还要根据实际需求和场景而定。如某些场景中可以使用成熟产品，如 Tablau、FineBI、PowerBI、管理驾驶舱、数据大屏等，也可以是各种基于完整大数据平台的分析型系统，最终以可视化的形式体现趋势图表、分布以及各类热图等结论性质的维度分析（有价值的数据形成报告才是关键，所以有成熟数据指标梳理很重要）。

3.5 小结

通过本章内容，我们了解了企业数据管理方面的规划框架设计方式以及落地目标，针对业务管控、风险管理以及数字化转型等方面的需求，对整体数据管理从管控体系保障到主数据、元数据、数据安全等方面的管理推进内容以及形成有价值的数据资产后为数据应用提供支撑的脉络，使之进一步成为业务赋能的举措。后续将对其中企业数据标准方面的内容进行详细阐述。

第 4 章　数据标准与指标体系规划

前面的章节通过对数据治理框架以及其中数据管理部分相关内容的介绍，我们知道数据治理很重要的一个目的，是通过提升数据质量驱动科学决策和业务发展。在此过程中，数据标准的制订是提升数据质量最关键的前提。数据标准与指标体系是其中的重要组成内容，本章首先讲述数据标准与指标体系的主要内容与作用，然后通过数据标准的方案规划与落地策略对落实方式以及组织架构配套建设方面进行详细阐述。

4.1　数据标准与指标体系的主要内容与作用

首先，数据标准是进行企业数据标准化的主要依据。数据标准实现了企业对数据统一理解的定义规范。数据标准通过对业务属性、技术属性、管理属性的规范化，可统一企业在业务过程中的业务术语定义、报表口径规范、数据交互标准。同时数据标准还可作为数据质量控制的准则、数据模型设计以及信息系统设计的参考依据以及企业信息系统之间交互集成优化的重要参考。

所以构建一套完整的数据标准体系是开展企业数据标准管理工作的良好基础，也有利于打通数据底层的互通性，提升数据的可用性，并保障数据内外部使用和交换的一致性和准确性的规范性约束。在数字化过程中，数据是业务活动在信息系统中的真实反映。由于业务对象在信息系统中以数据的形式存在，数据标准相关管理活动均需以业务为基础，并以标准的形式规范业务对象在各信息系统中的统一定义和应用，以提升企业在业务协同、监管合规、数据共享开放、数据分析应用等各方面的能力。

从第 2 章中我们已经了解到当前企业在以往信息化项目实施过程中造成的数据独立、缺乏标准等问题在未来信息化的整体战略和数字化转型工作中造成的阻碍和影响，以及统一数据标准可以帮助企业从不同的业务系统中统一高价值的、需要共享的数据，从而提高数据质量为企业应对快速的市场变化提供决策支持。完整的数据标准体系应结合当前企业的数据战略背景、企业已有的标准管理体系以及企业当前的业务特点和需求现状与未来的发展方向，从业务标准、技术标准以及管理标准上来综合构建企业数据标准的规划，并通过它来为相关标准的制订提供具体的策略方法，阐述如何从数据管理组织及制度方面将数据标准体系真正落地，从而推动企业精细化运营及数字化转型。

4.2　建设框架——战略与期望

数据标准指在一定范围内维护最佳秩序，经协商一致制订并公开颁布认定、共同遵循的一种规范性要求。制订数据标准是一项长期且复杂的协调性与专业性工作，牵动着企业各部门、各信息化系统的现状与未来，所以存在很强的战略指导作用。推行期间势必会涉及许多相关方之间的壁垒与冲突甚至阻拦。为了从企业集团层推进标准制订工作，重点在于制订有效、稳定、各方充分认可的管理组织与管理制度，所以，需要具有一定的科学性与可行性。制定数据标准需要注意以下几个方面。

1）针对影响制订数据标准的各相关方，均需考虑其自身业务领域对数据标准制订的需求、未来业务发展需要以及不同层级单位的数据应用背景，站在集团整体层面的统一体系下考量不同领域的数据特点与应用情况对整体战略的影响。同时需要考虑已有的国家标准和行业标准，认识到孤立的数据标准对集团整体的影响，明确整体的数据标准对各方的作用（相互作用、相互制约、相互依赖）。只有站在整体科学性的角度，才能获得各方认可的、科学的集团层数据标准。

2）数据标准最终要被推广到各业务部门与相关系统应用，要合理控制流程节点的设置并避免冗余。在以提高业务处理效率为目标，以为各业务部门制订出完整高效的应用服务，能有效地为各方提供高质量的数据为导向，使数据标准合理且高效。

3）制订数据标准的过程中，需要规划好各项规范、统一的管理流程与组织，确保标准具有得到有效落实的可行性。

4）数据标准制订前应加强与各方的调研与充分沟通，并不断交换意见，还需要得到各个业务部门、相关项目对此工作的认可与支持。由主数据项目组进行相关协调制订数据标准后，需要保证其在企业中的推广与应用，应确保数据标准的准确性并安排一定的资源对其进行组织与宣贯培训，加强各方对数据标准的理解与认识。

4.3 数据标准规划方案

在数据标准规划方案中，数据标准可分为基础数据标准和指标数据标准。基础数据标准是针对业务开展过程中直接产生的数据制订的标准化规范，包括数据项的分类标准、业务标准、技术标准和管理标准等；指标数据标准是为满足内部分析管理需求以及外部监管需求，对基础数据加工产生的数据制订的标准化规范，包括对指标的一致定义、规范对指标的理解和统计角度的含义。

4.3.1 基础数据标准

基础数据中包含两部分内容：一是主数据，主数据是描述核心业务对象的数据，其在企业内会被重复、共享，应用于多个业务流程、应用单元以及信息系统中，属于相对稳定的数据，如物料、客户、供应商、组织、人员、科目等主数据；二是交易类事务数据，它们是企业由于经营活动产生的各种订单、凭证记录等相关信息。

从内容上看，基础数据标准通过业务属性（含代码信息）、技术属性来描述数据规范化要求，例如在业务属性中需要定义标准中文名、业务定义；在技术属性中明确数据类型、长度、精度等。所以它是对每一个数据项制订一套企业通用的语言描述，并分配数据项标准编号作为唯一标识，不仅包含数据项的基本信息（如数据标准项编号、名称），还包含数据项的分类（可按业务主题、对象分类等维度划分）、业务标准（业务定义）、技术标准（数据类型、数据长度等）及管理标准（主责部门、归口管理部门、业务管理部门、信息技术部门各职能）。

基础数据标准制订不仅需要包含上文介绍的标准本身的内容，还要包含标准的各组织、标准实施的策略、标准维护的流程以及平台等相关内容。因基础数据标准制订几乎涉及企业所有的关键业务环节及信息系统，所以首先需要梳理基础数据分类。数据分类是对日常业务工作中具有共同业务特征的数据进行归类，包括数据业务主题、业务子主题、业务对象及其下的各层级细化分类。然后对现有集团层信息系统和子单位个性系统中涉及数据项的数据库表信息进行梳理，以形成基础数据业务系统盘点表，并依据相关指标数据需求对其进行必要的细化重分类，最后编制出包含基础数据业务标准、技术标准、管控标准的基础数据标准。

关于基础数据梳理其他维度的重点内容，接下来进行专门解析。

1. 基础数据梳理细节解析

1）业务梳理。业务人员基于企业的业务流程及管理经验，结合企业的管理办法与制度，识别业务对象；将识别的业务对象结合业务系统盘点结果，梳理业态分类、业务分类及业务数据项。

2）业务系统梳理。以应用系统界面及操作手册为输入，综合考虑指标计算公式涉及的数据项及指标维度，梳理技术数据项。

3）数据字典梳理。根据各业务系统的数据字典，明确收集的字段信息，梳理元数据相关的属性信息（如数据库、表信息、字段信息等）。

4）数据项与数据库关联关系梳理。整合技术数据项与元数据属性信息，将系统界面属性与数据库表属性字段对应。

2. 基础数据重新分类细节解析

1）基础数据分布。借助技术工具，筛选重复的业务对象属性；根据筛选结果，识别跨多个系统流转的业务对象属性，并记录其分布情况，以明确跨系统共享的数据源头及流向，形成基础数据分布图。

2）基础数据重分类。根据数据分布图及盘点的数据项筛选主数据，作为数据标准项的输入之一（数据标准项包括主数据项、指标维度及计算公式涉及的数据项、跨系统分布的数据项、业务流程中核心的数据项）；梳理基础数据标准定义（含业态分类、业务分类、基础信息、代码编号、代码名称、管控信息，以及业务责任部门与参与编制部门）。

4.3.2 指标数据标准

指标数据作为企业分析应用的基础，是反映企业经营管理在一定时间和条件下的规模、程度、比例、结构等的概念和数值。指标数据一般由业务维度描述和技术维度描述组成，是用来量化事务的一个工具。它可以帮助企业去除一些抽象的事件得出一个轮廓上的描述，常常被用于内部统计、分析管理等场景。指标数据一般通过包含主数据的各类交易数据计算、整合分析而成，并在各个管理报表中存在，是高层进行管理、决策的重要依据之一，如通过日常业务活动去判断整个产品的用户量，从而反映出这个产品的健康程度，是否处于增长中，另外还有资产利润率、资产闲置率等也为高层或管理人员对相关财务信息进行决策与把握提供依据。所以，统一指标数据标准可以规范业务统计分析语言，帮助企业提升分析应用的数据质量，进而提高企业数据质量和数据资产价值。

从内容方面看，指标数据标准管理整个企业对指标的统一定义、规范，确保集团层和各级单位在同一维度对指标进行统计的口径一致。指标数据标准不仅包含指标数据项的基本信息，还包含数据项的分类（业务主题、指标类别与等级）、业务标准（指标口径、计算公式、度量单位）、技术标准（数据类型、精度、最小颗粒度、算法解析）以及管理标准（指标用途、业务价值、管理办法）等信息。

从标准制订方法层面，指标数据标准通过基础属性、业务属性、技术属性和管理属性来描述指标数据规范化要求。指标数据标准的梳理应依托企业指标体系，从企业管理报告、岗位报告、现有报表等方面进行梳理，尤其在集团层与各级单位的运营指标方面，不同业态可能有不同指标，应整体考量，共同盘点出完整的指标数据及其维度属性，以形成指标数据盘点表，并以指标数据盘点结果为输入，对指标数据进行重分类，梳理指标标准统计规则，进而编制相应的指标数据标准，包括指标数据业务标准、技术标准、管控标准等。

而目前指标数据标准在企业中的应用和管理方面，一般存在哪些问题？

（1）指标口径不一致

在企业管理和业务活动中，经常存在指标数据的名称相同，但统计口径、计算方法却有较大差异的情形；或者反过来，指标数据的计算方式相同，但名称却各异。定义不统一的指标会带来极大的沟通障碍，让沟通效率降低，甚至“差之毫厘，谬以千里”。

（2）指标体系不完整

企业各部门根据自身业务需求，都有一部分的量化指标，但不够全面，也缺乏方法论指导，对于企业整体数据分析应用能力提升的指导作用有限，且在使用过程中孤立强调某些指标的趋势，而忽略综合分析、长期跟踪与定期指标比对的重要性。还存在缺乏整体考量而设置的指标体系，以及错误的指标分析方法，会产生错误的分析结果，进而影响运营层面、产品改进方面的决策。

（3）指标问题难追溯

指标数据大多经过多重计算得到，有些指标需要经过很长的加工过程才能得出，若无法追溯指标的加工过程，就不知道指标所用的数据来源，无法快速找出指标出错的原因和对应的责任部门。指标的一致性、完整性、准确性和可追溯性得不到保证，出现问题时各部门间相互推诿的情况时有发生，导致指标问题难以得到解决。

针对指标数据进行梳理的方法，笔者梳理了以下几点内容。

1）业务指标梳理。在管理分析类指标数据标准的设计梳理工作中，以定义统一、口径统一、名称统一、参照统一、来源统一、分类框架作为指标数据标准化的要求和依据来推进指标数据盘点工作，见表 4-1。

表 4-1　统一维度与说明

统一维度	说　明
定义统一	指标数据的业务含义和所使用的业务场景保持一致
口径统一	指标数据标准的业务取值范围、计算方法和编码规则等业务规则保持一致
名称统一	指标数据标准名称统一，表示相同业务含义的信息名称应保持一致
参照统一	各指标数据标准项标准化所参考的外部标准（包括国际标准、国家标准和行业标准等）、内部业务制度和业务规范均保持一致
来源统一	每个指标数据标准都应有来源系统，其他系统使用该信息时直接取用此结果，保持来源一致
分类框架	按照企业业务维度对指标标准进行分类，如财务类指标、客户类指标、产品类指标、风险类指标等

2）指标整合。从计算方法、业务维度等方面对各类指标进行合并。

3）指标规范化。包含指标名称、业务含义、加工信息、统计信息、指标属性等方面的规范化。

经过以上疏理过程，最终在大数据平台形成指标层，完成基础指标的统一加工和输出，实现对全集团数据应用需求的规范管理。

指标属性标准侧重于对指标的规范定义，并要求按照规范执行，如图 4-1 所示。

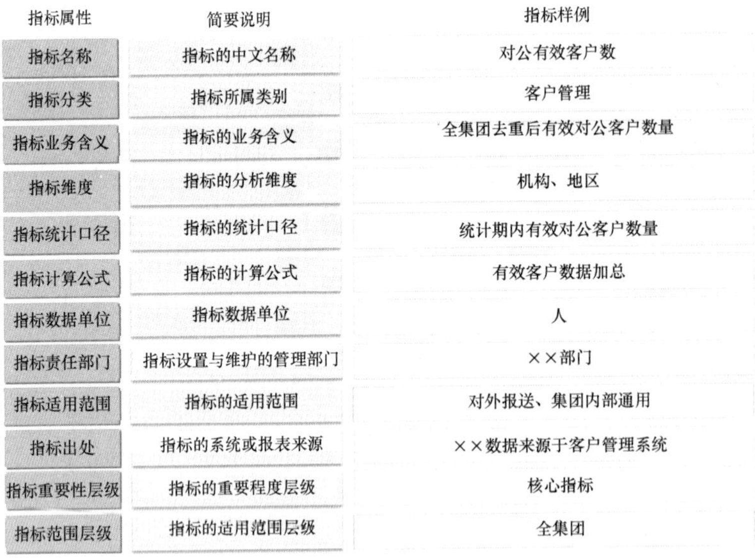

指标属性	简要说明	指标样例
指标名称	指标的中文名称	对公有效客户数
指标分类	指标所属类别	客户管理
指标业务含义	指标的业务含义	全集团去重后有效对公客户数量
指标维度	指标的分析维度	机构、地区
指标统计口径	指标的统计口径	统计期内有效对公客户数量
指标计算公式	指标的计算公式	有效客户数据加总
指标数据单位	指标数据单位	人
指标责任部门	指标设置与维护的管理部门	××部门
指标适用范围	指标的适用范围	对外报送、集团内部通用
指标出处	指标的系统或报表来源	××数据来源于客户管理系统
指标重要性层级	指标的重要程度层级	核心指标
指标范围层级	指标的适用范围层级	全集团

图 4-1　指标属性标准示例

4.3.3　管理标准规划方案

数据管理标准规划一般包含规划责任组织与数据管理细化流程。

1. 规划责任组织

知道数据标准制订的工作是什么之后，还需要知道到底由谁来制订数据标准。

企业集团层的统一数据标准是必须执行下去的，而且需要做到长期有效和可落地执行的程度。关于谁来负责、谁来管理、谁来执行，各行各业均有不同实践，但从实践效果来看，不同的职责分工带来的权责问题也是五花八门的。例如由信息技术部门负责，其他部门配合制订的数据标准，在业务使用时存在诸多不便：标准名称不符合业务日常使用习惯、定义内容缺少专业输入等；业务部门通常认为数据标准属于基础性的技术工作，因自己负责的业务范围有限而拒绝制订。也有一些企业由财务部门或风险部门牵头制订，但往往也容易受部门职能导向，只关注各自领域的数据标准化需求，而集团层面的统一化标准做不深，也做不全。

在整体的数据治理工作中，如之前所提及的组织架构方面，也需要有一个归口管理部门来统筹安排数据治理工作，包括牵头数据标准的制订工作。但是，无论牵头部门是财务部门、信息技术部门、业务部门还是独立的数据管理部门，数据标准的制订过程都离不开业务部门与技术部门的共同探讨、共同商榷，这时需要的是一个机制，而不是任何一个部门的“单打独斗”。

因此，笔者建议在数据标准制订过程中将角色划分为三类。

1）归口管理部门：前面已经从实践角度提出，企业可能将数据治理归口管理部门设置在战略部门、财务部门、信息科技部门或独立数据治理部门，甚至是业务+技术双牵头的形式。对于数据标准管理工作而言，数据治理归口管理部门是作为牵头者，需要做到组织数据治理小组，将技术管理与业务管理的相关人员协同起来，完成数据标准制订工作，为数据标准制订提供资源协调、统筹安排等便利。

2）业务管理部门：此处的业务管理部门包括前台业务部门以及中台管理部门。业务管理部门在数据标准制订中承担着业务规范者的角色。这些部门在数据标准制订过程中承担着提供权威业务定义和数据标准业务含义管理的多重职责。如果企业将数据治理归口管理部门确定在某一业务管理部门，则该部门需要同时承担起工作牵头和规范定义双重责任。业务管理部门不仅能够提出业务规范的要求，同时对技术属性也可以提出初步的建议方案，与信息技术部门协同商榷。

3）信息技术部门：信息技术部门包括信息技术管理部门及部分已成立的专门的数据管理部门。信息技术部门作为数据标准的技术规范执行者，其职责不仅在于制订过程中确认技术属性具有可落地性，符合已建信息系统现状，还在于将确认后的数据标准实际落实在信息系统中，确保数据标准能够得到有效执行。

2. 数据管理细化流程

当权责有效落实后，就该考虑数据管理流程的标准化如何能够对数据管理起到有效的指导和监管作用，从而有助于数据质量的维护，有效提高数据管理的工作效率。数据管理流程标准覆盖数据的全生命周期过程，以及数据使用申请流程，全面支撑数据的日常运营，满足企业对数据管理的需要。数据管理流程如图 4-2 所示。

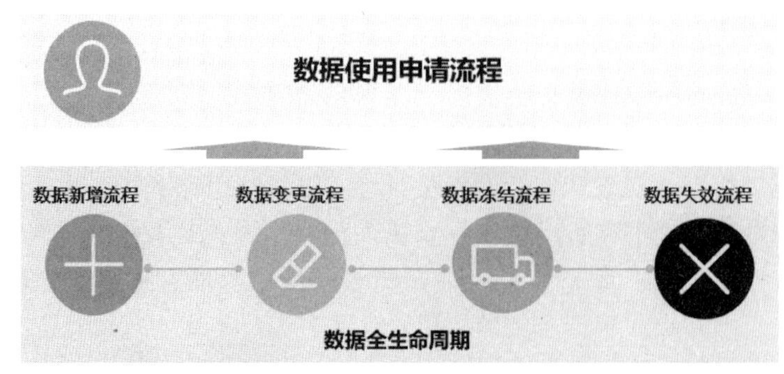

图 4-2　数据管理流程

（1）数据新增流程

数据新增流程是指在业务运行过程中出现了新的数据需求。新增流程应遵循“谁使用，谁申请”的原则，由使用方提出需求，经过必要的审批后发布使用。

（2）数据变更流程

发起数据变更时应充分了解数据的使用情况，业务发生变更后，通过变更流程实现数据的同步，变更流程发起后，需经过必要的审核，在审核时评估数据变更的必要性和影响，严禁随意对数据进行不必要的变更。

（3）数据冻结流程

数据冻结流程一般需要设置一定的触发条件，当条件发生后，数据自动冻结，数据冻结的状态则同步分发至各业务系统，禁止数据的再使用，但在现有业务环节的数据仍可以继续流转，不影响现有业务的运行。

（4）数据失效流程

数据失效流程使用相对较少，一般在出现数据风险或法律风险后才会触发。数据失效流程影响面比较广，不仅影响未来数据的使用，同时也会影响当前业务流程中正在使用的数据，禁止所有业务运行。因而，数据失效流程发起后，需要相关方一起讨论应对策略。

（5）数据使用申请流程

从管理的角度来看，数据的所有权属于数据的归口部门，当其他部门需要使用非归口数据时，应当发起数据使用申请流程，由数据归口部门审批，审批通过后方可使用。

4.3.4　数据标准与数据质量协同

数据标准与数据质量之间的关系非常紧密，数据标准是数据质量得到保证的前提条件之一，所以，它们之间若能形成良好的协同，将会对企业数据运营与管理的提升起到重要作用。在这个过程中需要注意以下几个方面。

1）根据数据使用过程中遇到的标准相关问题和需求，进行数据标准的不断更新与完善。

2）通过数据质量管理保证数据标准的执行，并不断完善数据标准。

3）基于数据标准确定数据质量管理原则，制订数据质量管理的评估维度。

4）通过业务管理及技术检查手段，控制并保证数据信息的准确性、完整性、一致性等，提高数据的可用性。

4.4 落地策略

前文分别介绍了数据标准体系规划编制的框架与方案等内容，对于已经完成或即将完成数据标准编制工作的企业，将面临另一个巨大的挑战，即如何才能有效地落地和应用数据标准。其难点有以下几个方面。

1）标准本身：数据标准的定义不契合业务实际，或后续缺乏有效的维护更新。

2）系统方面：外购系统难以按照企业数据标准改造；为了落地而改造系统的影响范围过大。

3）流程方面：数据标准落地管控不严格、不受重视，业务部门在业务需求中很少提及数据标准落地要求，技术部门在开发流程中往往将业务功能开发的重要程度排在标准落地前。

4）人员意识：缺乏对业务人员和技术人员的培训，业务人员不知如何提出数据标准落地要求，技术人员无落地意识。

那么如何才能解决这些难点？在优秀的企业实践中，数据标准落地需要把握关键落地契机，也需要将落地的工作通过相关数据标准管理组织的设置来得到保障。

4.4.1 数据标准管理组织

数据标准管理组织是企业建立的以推动企业数据标准化工作为目标，负责并落实数据标准管理工作全过程的组织体系。数据标准管理组织的设置应遵循数据资产管理组织体系的相关规定，并依据数据标准管理所涉及的不同工作职责，将数据标准管理组织划分为数据标准决策层、数据标准管理层、数据标准执行层。

1）数据标准决策层是企业数据标准管理的最高决策组织，主要职责是组织制订和批准数据标准规划，审核和批准拟正式发布的数据标准，协调业务和 IT 资源，解决在数据分类规划、体系建设、评审发布、执行落地中的全局性和方向性问题，推进企业整体开展数据标准化工作。

2）数据标准管理层是企业数据标准管理的组织协调部门，主要职责是根据业务需求，组织业务和 IT 部门开展数据标准落地工作，组织业务部门和 IT 部门参与数据标准管理相关工作，并推进数据管理工作的执行，同时及时将数据标准管理过程中的成果或问题报决策层审批。

3）数据标准执行层是指具体开展数据标准编制和体系建设的数据标准管理部门，通常由数据标准管理专家、相关业务专家和 IT 专家组成，主要职责是编制数据标准，推进数据标准落地工作中各类具体业务问题和技术问题的解决。

4.4.2 数据标准管理制度

除了相关组织，还需要建立管理制度来对各项工作进行严格规范。数据标准管理制度就是企业为开展数据标准管理工作而制订的一系列规章制度。数据标准管理应遵循企业数据资产管理的相关制度和原则。数据标准管理制度应确定数据管理模式并明确数据管理主责单位，明确数据管理组织并设定职责范围，明确数据管理角色、运维机制、绩效考核等相关部分。

4.4.3 数据标准施行

根据现有的项目经验，我们也总结出了一套数据标准推广与施行的行之有效的方法。首先是制度保障先行，即企业需要构建层次分明的制度体系，形成从章程、专项管理办法到工作细则三个梯度的制度层级。在数据标准管理中，针对数据标准的专项管理办法和工作细则必须首先予以明确。应在制度中明确各个角色以及定义相应的分工界面，通过工作细则和相关的模板细化管理方式，固化管理流程，为制订数据标准、管理数据标准提供指导性意见。

1）归口管理部门应发挥牵头作用：归口管理部门需要积极发挥带头作用，推动和监督流程执行，为数据标准制订工作提供人力、技术、资金等关键资源，并获得管理层的行政支持和充分授权，通过激励和问责考核体系，推进数据标准工作的制订与落地执行。

2）自下而上归纳与由上而下演绎相结合：数据标准梳理需要首先梳理内外部需求，细化形成对业务属性、技术属性的要求；一方面需要自下而上整理信息系统中的数据情况，另一方面需要自上而下定义数据主题、细化分类，两者结合才能够实现全面的整体数据视图，形成有效的数据规范要求。

3）以企业实际需求为根本：在数据标准制订过程中，需要以企业实际需求为根本，避免制订出的标准表面上虽能形成规范化要求，实际上却是“空中楼阁”，难以在企业中落地执行。比如有的实践中，组织者盲目要求各系统均按照删繁就简的规范化要求来修改相关数据标准字段，而忽略了各个系统可能需要针对不同业务情形进行细化或个性化。如此做法，就失去了标准化的意义，因为企业各板块、各业务部门的业务范围、业务视角与维度、个性需求不同是常见且合理的。

如何使用基础数据标准？首先企业不仅要制订标准，还要确保数据标准被有效执行，具体的执行一般为在信息系统中根据数据标准规范进行开发，具体的代码类数据标准的码值含义与数据标准保持一致，这个过程也称为“落标”；其次，数据标准落标根据不同的策略分别对应不同的场景，企业可以根据自己相适应的场景来匹配不同的策略，如图4-3所示（以银行场景为例）。

落标策略	策略描述	适用场景
问题驱动的落地策略	根据风险管理、监管报关和统计分析工作对重要行业代码、机构信息、产品信息的一致性要求，进行相应的数据标准落地	从问题出发，推动相应数据标准在IT系统中的同步落地，主动推动相关IT系统的升级改造
业务精细化管理驱动的落标策略	以数据标准内容为出发点，分析相应数据项对加强业务管理精细化的作用，如客户信息、资产信息、产品特征信息等，推动相应数据标准的落地	结合相关IT系统改造的契机，丰富其数据结构，推动相应的数据标准落地，以及管理分析系统的功能完善
全行数据一致性驱动的落标策略	全面推动数据标准在各类IT系统中的落地实施，实现全行数据定义的一致性	以重要IT系统（如信贷）重建为契机，推动数据标准的落地实施，同时覆盖相关的周边IT系统

图 4-3　数据标准推广策略

4.5 小结

在数字化时代的标准规范中，数据标准化无疑是重要根基之一，因此，企业在数据管理规划的过程中也需要对数据标准保持高度重视，制订标准化规范、进行标准化考核、落实标准化要求。很多企业不重视这方面的工作，各种力量都被投入到了可视化的任务中，因为炫目的可视化总能体现各方面人员的工作量和业绩。当然也不是说可视化的工作不重要，只是企业在短期内无法体现成绩但在长远看来能给企业带来益处的方面也应投入足够的重视。

第 5 章　主数据管理标准与方案体系

通过前几章的学习能够了解企业数字化转型中建立的数据治理体系需要包含的几个方面，大致可以分为建立数据治理组织委员会，从而明确人员职责；制订数据治理管理制度，有了制度才能保障相关工作的顺利开展；制订数据规范作为统一的依据，一般包括元数据、数据标准、数据模型、业务规则、主数据和参考数据等；根据企业实际情况，确定适合自身的数据治理活动范围、目标、内容；选择或开发数据治理软件，从而提升治理效能，便于治理成果的统一管理。

本章将对数据治理体系中的主数据管理进行详细解析。主数据管理是企业整个数据管理乃至数据运营相关战略中的基础步骤，本章将首先对主数据管理的概念与管理方法、核心目标等方面的内容进行阐述，再通过讲解主数据项目开展的方法论对主数据管理的原则、方式、标准以及管控组织与职责进行详细介绍。

5.1　主数据管理

5.1.1　主数据概念与主数据管理

主数据是企业核心业务的承载对象，是企业信息化的基础血液，是用来描述、存储核心业务的实体，它们在企业整个价值链和异构系统中被重复、共享使用，也是企业信息化战略与管理的必要前提。主数据在企业中经常被称为数据“黄金记录”或“公共数据”，如物料、客户、供应商、科目、员工、组织主数据等。一般来说，有 ERP 相关经验的读者可能对此概念比较熟悉，但 ERP 中主数据一般指该 ERP 业务口径下的业务对象，如 ERP 采购与物料管理模块的物料主数据、供应商主数据，销售模块的客户主数据，财务模块的科目主数据，人力资源模块的员工、组织等主数据。这些主数据承担了 ERP 管理套件的核心业务对象载体。就管理范围来看，不管是其他应用系统还是 ERP 管理系统，在对应企业没有建立完整的集团层主数据标准与管理制度时，往往视角有限，仍然会出现各方数据标准、口径与含义、数据入口等各方面的差异，如同样的主数据项在多系统存在、同一个编码的数据名称等属性不一致。这些或多或少的问题都会对企业在整体视角分析、应用数据造成一定的困难。

主数据管理（Master Data Management，MDM）不是个别系统对企业主数据的简单存储，而是一整套用于生成和维护企业主数据的标准规范、管理组织与流程、数据管理平台来共同长期保证主数据资产的完整性、一致性和准确性，从而提高主数据质量的方案。作为数据治理或数据资产管理规范中的一个重要环节，其核心是管理组织、流程和数据标准，主体对象则是主数据。

5.1.2 企业进行主数据管理的背景和原因

前面的内容明确了数据管理、主数据管理在数据治理框架下的定位与联系，如图 5-1 所示。

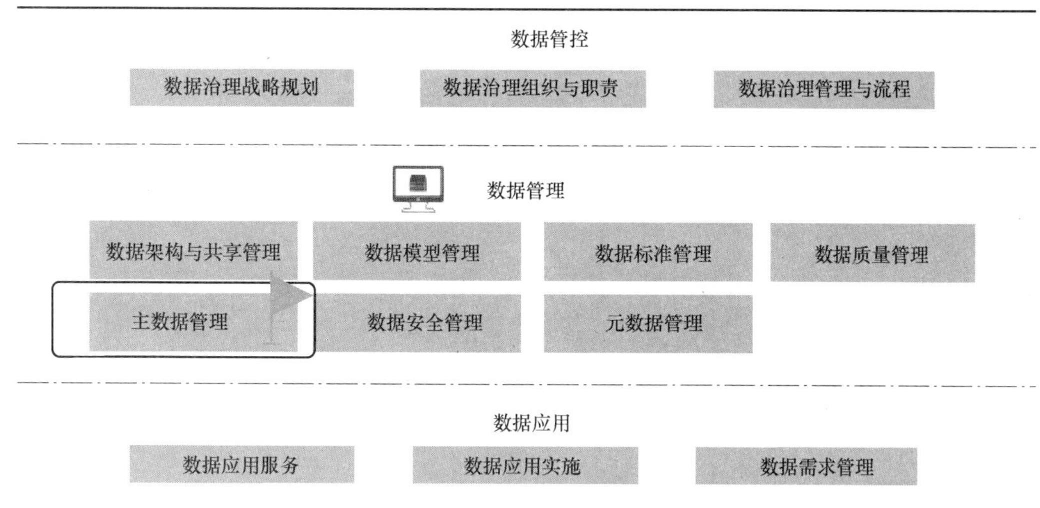

图 5-1 主数据管理在企业数据治理框架中的定位

过去大多数企业均以项目制和项目管理的方式推动各类信息化建设，当企业中各业务部门提出较为迫切的业务需求时，企业信息技术中心等相关部门如无法单独解决此需求，则需进行 IT 咨询或系统实施方面的招标，自身或配合信息咨询类供应商一起立项，进入需求收集、现状分析、蓝图规划、系统实施与开发测试、系统上线的标准化项目周期方式进行项目建设。随着各个企业的业务壮大，越来越多的系统在企业中出现。系统的建设一定程度上解决了企业当下的迫切需求，也帮助企业积累了大量事务或业务数据，这些数据是公司业务运行的描述和记录，是公司生产经营活动的重要资源，也是信息化工作的主要对象和重要内容。但大量不同标准、不同口径的数据却无法被企业合理提炼价值，因为空有体量而没有质量的“大数据”形同鸡肋，甚至成为这些企业在数据治理乃至后续整个数字化转型道路上的绊脚石。

大量系统的仓促建设无法很好地避免相同功能与业务在多个系统中同时存在的问题，这在一定程度上也是对企业资源的浪费。另外，对于本章所述的主数据层面，在信息系统项目实施过程中，往往会因为项目之间的主数据都相对独立、缺乏统一的标准，而导致各信息系统形成相对独立的孤岛（这一点不只在主数据层面，在其他数据层面也有体现）。打通这些已存在的数据壁垒成本高昂，且缺乏集团层主数据治理体系的整体架构设计，主数据标准不明确、界限不清晰，缺乏成形的集团级数据标准，不同业务系统中的同一主数据存在不一致，管理流程与职责定位不明确，大部分主数据问题只能靠事后发现，可能造成企业运营效率低下、业务分析可信度低、系统集成错综复杂，数据准确性受到挑战、企业创新能力受到制约。

如能得到管理、架构、IT 三方面的企业高层支持，开展主数据标准化管理便成为规范企业数据的协同工作之一，也是提高企业信息系统建设质量的基础举措。企业应解决主数据口径、标准的问题以更好地支撑业务运营和提高数据分析质量，开展主数据管理从而为后续数据战略其他方面的稳步推进打好基础，也能通过统一主数据标准来从不同的业务系统中统一高价值、需要共享的核心数据，方便未来进行数据处理和分析，为应对快速的市场变化提供决策支持。

企业主数据管理中存在的问题见表 5-1。

表 5-1　企业主数据管理中存在的问题

问　题	说　明
标准不统一	不同系统中的同一项主数据属性及规范不统一
重复录入	碎片化的主数据信息在多个业务系统中维护
信息不一致	不同业务中同一主数据存在不一致的情况，同一系统内也存在一物多码/一户多码、信息项不一致的情况
信息滞后	大部分数据的问题都只能靠事后发现
数据分析质量不高	分析阶段缺少有效的管控手段来保证运营分析的准确性

5.1.3　主数据管理的核心目标

主数据管理的核心目标就是在整个企业内部制订并执行统一的、符合业务要求的、科学合理的主数据标准，并通过有效的执行使得企业内部各个业务环节使用的主数据完整统一、只有一个真实的版本并且质量较高，以提高主数据的使用率和用户对企业主数据质量的信任度，保持各系统应用间数据通畅，避免形成主数据层面的数据孤岛，最终满足企业的各方面业务管理以及信息化战略目标上对主数据管理的需求，以支持企业完整业务流程的运转。同时，通过建章立制完善主数据管理标准、制度、流程，使得主数据管理有法可依、有据可循，也为企业推行企业分析、交易数据的统一工程打好基础。

5.1.4　主数据管理工程的建设要点与核心内容

要打好企业主数据管理工程的基础，必须明确以下几点核心内容。

1. 集团主数据管理战略

定义主数据的管控模式，包括数据标准管理模式以及数据体系管理模式，通过主数据建设来支撑整个公司的数据管理战略与规划，为后续工程打好充分的基础。

2. 管理组织形式与管理流程

通过管理组织的搭建，确保数据管理组织的成立与有效运作。通过主数据管理组织建设以及业务变革，推动各部门在数据流程中各司其职，按流程规范有效运行，并对数据维护的源头、整合方式、分发流程等方面进行梳理与管控，真正在日常工作中确保数据信息的准确性、唯一性，并培养数据管理组织所需的专业人才，满足未来主数据管理的工作需求。

3. 数据对象和标准

对数据对象中包含的编码、唯一性、属性定义等各方面做出规范。通过制订集团主数据相关的编码规则、属性等方面的数据标准，形成数据质量的保障前提，使得数据对象管理有据可循。

4. 数据架构与技术

对整个企业的主数据相关业务和信息化现状进行梳理并沟通，以达成数据源系统、管控系统、消费系统等方面的统一口径。

5. 主数据平台搭建

搭建主数据管理平台，系统固化主数据管理流程和数据标准，实现主数据系统与周边系统的集成与整合。

5.2 主数据管理的原则

首先，企业的主数据管理应明确管理需求、管理目标、管理内容与范围，以加强对相关工作的驱动。其次需要依托当前痛点，对数据管理组织、管理流程、数据分类、属性项、数据流向、编码规则等方面进行梳理。然后通过对业务现状与规划的综合考量编制数据标准以及管理组织与流程方案。当然，其间最好借鉴同类数据的管理经验以及国内外同行业数据标准的制订经验。

以下对主数据管理的部分原则进行了详细解析。

1. 基本原则与管理范围界定

针对主数据管理，企业首先需要以统一规划、标准先行、分步实施作为基本纲领，并从集团主数据管理范围出发，基于全集团整体业务视角考虑各方诉求，再从数据角度来确定集团主数据管理的范围。这个过程中，要明确优先管理全集团整体业务共性需求较高、统计分析需求较高、占集团整体业务比重较大的主数据，在此基础上建立起基础管理班子，以确认集团主数据管理的初始范围，然后在后续迭代中综合考虑数据、集成、组织等维度的现状和目标，陆续增加其他数据项的管理。

2. 主数据分类原则

企业中各项主数据的分类应基于行业或企业通用标准，且需符合日常业务管理的习惯和理解，考虑分类标准未来的拓展因素，并能够在一定程度上满足未来的统计分析以及预测研判等需求。同时分类也需要考虑到相对的稳定性和未来的可扩展性，尽量做到每种分类相互独立（无业务重合）、完全穷尽和可追溯。另外，针对部分行业在分类方面的差异性，可以综合企业本身的业务特点，进行个性化分类。

3. 主数据属性梳理原则

企业各项主数据属性的梳理基于各项主数据中不同类别的不同特点进行，并尽可能地满足全集团关键统计分析需求，充分考虑各业务板块的共享程度以及各方业务范围的差异，还需要考虑未来各级次业务人员维护信息的工作量及审核数据人员的工作强度，在能够达到整体数据质量管控目标的前提下尽量精简。从系统集成维度看，需要综合考量业务诉求与系统层面的改造成本来确定加入主数据属性标准的内容，以做到优化筛选、合理梳理。

5.3 主数据管控范围与管控模式

1. 管控范围

管控范围主要依据各主数据项在集团中所指的具体业务对象是什么，再从主营业务角度看集团中本业务对象主要包含哪些维度的分类，然后从业务涉及范围看哪些分类需要纳入主数据管理、未来哪些分类需要纳入主数据管理，最后从组织范围看未来集团的各主数据项应包括哪些组织，如集团层、集团 & 分/子公司等。

2. 管控模式

主数据的管控模式主要有集中型管理、联邦型管理、协同型管理、分散型管理。

- 集中型管理是指主数据都由集团统一的某个部门进行维护和实质性审批；该部门对全集团主数据负主要管理责任，以保证数据的一致性、时效性、准确性、完整性。
- 联邦型管理是指集团总部和各业务部门共同管理；大部分的主数据由集团总部统一管理，发挥总部的集中和协同优势。
- 协同型管理是指集团总部和业务板块/子公司共同管理；大部分主数据由业务板块/子公司管理，突出行业特点、管理要求以及提高管理效率。
- 分散型管理是指所有的主数据都不由集团管理或仅仅进行备案；业务板块/子公司对主数据负主要管理责任，基于集团总体管理原则进行管理。

各企业需要根据集团以及下属公司的业务管理方式和特点、未来集团对主数据的管控目标，以及在主数据和全局数据治理发展阶段中归口管理部门的人力投入与专业能力来确定管理模式，专业能力主要涉及组织沟通、业务理解、技术开发等方面。

5.4 主数据模型与标准

主数据模型与标准首先包含管理属性规范梳理，即梳理各类别的主数据需纳入主数据管理的唯一性属性、运营性属性以及不同分类场景下的分析属性。其次是明确各属性的规范，如主数据编码的组成和规范以及不同分类下主数据的名称、类别、性质等其他主要属性的规范与定义，并需梳理出不同申请场景与节点中，各属性的校验逻辑等。最后是属性值域梳理，这个过程中，各个主数据项或多或少都会有值域项需要纳入主数据管理，如类别、单位、语言或一些关键性质的配置性基础属性，甚至对它们的值域内容在集团或各板块层面进行统一，以免影响整体数据质量。

5.5 管理组织与职责

前一章已经讲过数据标准管理组织的定义、组成和落实权责，而本节要讲的是主数据管理的组织架构与职责。企业需要根据自身数据战略以及现有组织架构特征，构建主数据管理组织架构。下面是主数据管理组织的一般架构与职责。

集团层主数据主责部门的主要职责如下。

1）负责收集并协调主数据的关键问题及新增需求，并组织相关主数据标准确认、变更等工作。

2）负责监督集团各级单位、各部门的主数据管理情况。

3）负责制订主数据考核办法。

4）设置主数据管理岗，负责企业总部的相关主数据质量审核（是否符合属性规范等）。

集团其他业务部门的主要职责如下。

1）参与相关数据标准的确认、变更等工作。

2）负责执行主数据考核办法中的相关规定和要求。

3）负责所属领域相关主数据的新增、变更及业务审核。

各板块、分/子公司等子单位的职责如下。

1）参与制定相关主数据的管理流程和制度规范。

2）负责执行主数据考核办法中的相关规定和要求。

3）各子单位业务部门负责按数据标准执行其所属领域相关主数据的新增、变更、业务审核等日常任务。

4）明确相关主数据的维护、审核人员。

5）各子单位信息化管理部门应设置相关的主数据管理岗，负责二级单位及其下属单位的主数据质量审核工作。

5.6 规范数据标准的管理流程

为了实现主数据标准管理的常态化，确保主数据标准建设满足集团管控需求，同时与业务发展保持同步，应规范数据标准的管理流程，在实际运营过程中，保证数据标准的版本不断完善。主数据管理流程设计一般遵循分级授权原则，集团层的主数据管理岗负责审核以集团主数据系统为源头新增或变更的、集团层相关主数据的数据质量，各子单位的主数据管理岗负责审核子单位及其下属单位相关主数据的数据质量，集团层可根据企业的具体业务特点和现状适当增设人工审核节点来进行把控。数据标准的管理流程如下。

（1）数据标准提出

企业可以基于集团的一般管控需求、各部门的管理需求以及各级子单位的实际业务运营情况来确定数据标准的提出方是集团层数据治理委员会、集团各部门还是各级子单位。

（2）数据标准制订及确认

由相关数据运营组织根据初步识别的需求协调相关部门参与数据标准的制订与确认，然后由各事业部（或职能部门）在各所属板块的带领下协同各方共同制订并确认数据标准。

（3）数据标准批准及颁布

最终由数据治理委员会批准并颁布数据标准。

5.7　管理制度与规范

针对主数据的管理制度与规范，需要企业搭建相应的数据管理组织来起到决策、管理、执行的作用，如图 5-2 所示。

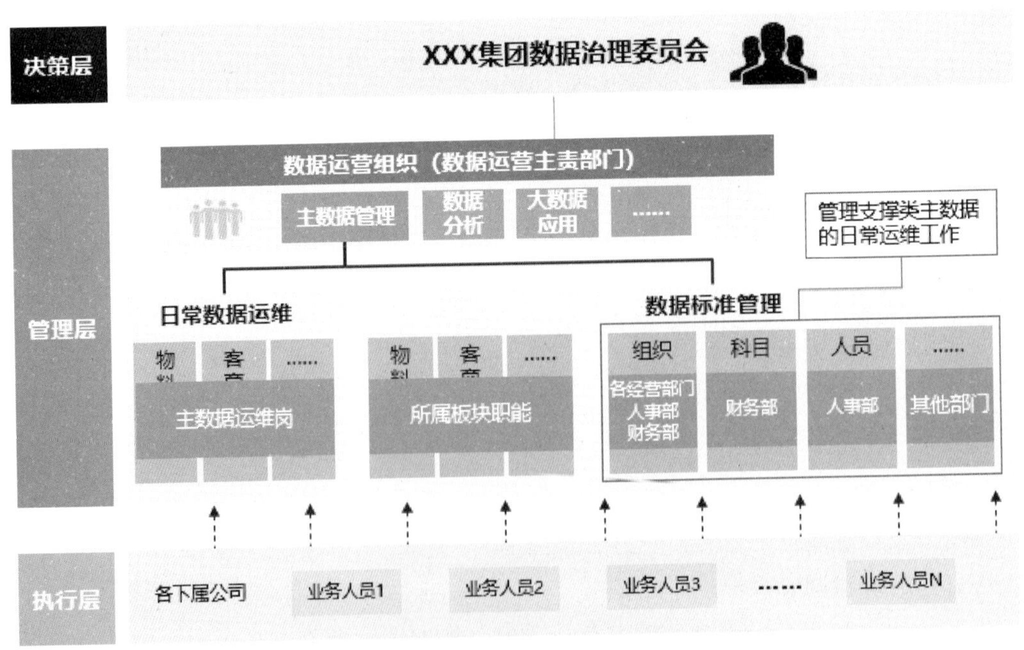

图 5-2　主数据管理组织示例

5.7.1 主数据标准制订管理制度与规范

由数据变更申请人提出主数据标准制订、变更申请需求，然后由主责部门的数据标准工作组对其进行讨论，决定是否变更主数据相关标准，最后由各部门共同制订相关变更的规则，并提交领导组审批，审批完成后发布新的主数据标准。

5.7.2 主数据质量管理考核制度与规范

依据以下四个方面定义主数据质量管理考核制度。

- 及时性：在特定的业务环节及时更新（创建/变更）主数据，以体现当前事实。
- 真实性：主数据正确体现了真实情况。
- 唯一性：描述同一业务主体的主数据只有一条。
- 规范性：主数据的录入符合已定义的规则。

5.8 系统与应用

为了将主数据管理沉淀到信息化系统层以满足企业业务发展需求，提高集团信息化管理水平，需搭建一个真正的主数据管理平台。主数据管理平台旨在将人员、流程和技术相结合，以信息系统的方式落实主数据管理方案，保证主数据成为企业的重要资产，从而有效解决异构系统的主数据唯一性、一致性和共享性相关问题。

5.9 主数据项目的一般过程

下面以集团层为例介绍主数据项目的一般过程。

1. 现状分析与诊断

收集项目相关方现状并对其进行梳理，然后提前对各相关部门下发调研问题，组织会议进行现状调研。调研维度一般有相关部门的业务模式、业务流程、数据管理现状、数据清理现状以及管理痛点。收集和整理待讨论事项与问题后分别进行记录与逻辑整理，最终输出各部门的现状调研报告。

2. 主数据蓝图方案规划与设计

项目组经过充分的讨论沟通与分析，针对各数据、各组织的痛点编写解决方案，解决方案一般包含数据范围、数据标准以及管理组织、数据申请维护流程、系统平台搭建建议和集成方案等方面的内容。项目组需要与集团、各子单位、各相关部门进行充分沟通、留利去弊（但不可能面面俱到且各方满意，针对部分问题，最佳方案不一定是最合适的方案，需要有的部门有所退让，站在集团整体层面予以考量），最终得出集团层的主数据蓝图方案。

3. 蓝图方案汇报

向领导汇报，由领导提出修改意见，项目组提供解答并进行必要的方案调整。

4. 方案培训与宣贯

集团、各级子单位、各相关部门的数据管理小组人员对新的管理方案接受宣贯并充分学习。

5. 系统选型、实施与开发

经过项目组推荐，对各厂商的产品（或自开发）进行充分的 POC 测试与验证，选择最适合本企业信息化以及后续数字化战略的主数据基础平台，既需要考虑产品本身的稳定性、实用性、集成效率、审批流程设置、数据申请维护界面、数据版本管理方式和数据分发等维度的特点，又要兼顾集团内的成本预算，最终得出合适的产品选型。后续实施、开发则与一般信息化项目无异，正常进行即可。

6. 系统集成测试

测试阶段，由于集团层主数据平台需要集成众多系统，属于协调者的角色，一般情况下各数据源头、消费系统都会和主数据平台有所交互，所以项目要充分考虑沟通成本以及开发量以编制合适的进度计划与测试计划。

7. 系统试点上线

由于相关方众多，一般不仅要考虑本系统的可上线性，还要考虑众多其他系统的上线顺序与各方数据类别（如数据与数据之间的依赖关系等），综合得出上线方案，汇报领导得到批准后开始实施。

8. 推广与提升

在前期试点实施的基础上，通过管理核心内容的逐步扩展，将更多的数据内容加入管理范围中并落地实现，并对前期从数据标准规范、流程到系统功能以及组织架构升级等各方面进行优化与提升。

5.10 小结

通过主数据管理各方面内容的推进与落地，企业将为数据治理工程其他层面的内容以及后续数字化运营的推广打好坚实的基础。企业通过管理方面的提升，逐步实施符合自身的数据管控、数据管理举措以持续提升企业数据资产价值，提升企业对数据的信任度。企业高层需要对此长期进行方能看到效果的基础工程投入较多的关注与重视，不要为了追求短期见效的各类可视化项目以及业务应用系统而加剧数据孤岛以及壁垒的累积。下一章将对主数据管理的实际案例进行阐述，以加深读者在此方面的体会与认识。

第6章　某房地产企业主数据管理案例分析

通过上一章的讲解，大家已经对主数据的概念和主数据管理方法与内容都有了一定的认识，也知晓了主数据在企业中的作用以及管理方法在实际落地过程中的管理方案体系。而本章将对主数据管理方案体系在房地产企业中的应用案例进行阐述，以便让大家了解房地产企业中的数据运营战略、部分核心数据项的管理方式以及最终的应用目标。

某房地产企业随着数字化转型的逐步深入，对内部管理提出了更高的要求。但当前支撑其业务发展的数据信息分散存储在各个异构的信息系统中，这些信息系统中的数据在数据管理标准、数据管理流程、数据管理颗粒度等方面都存在着不同程度的差异，且分属于不同的业务领域，形成了一个个“主数据信息孤岛”，给日常运维带来一定障碍，影响了运营效率和决策支持。

因此企业亟需对主数据标准、管理流程、数据管理组织架构以及数据管理平台建设等方面的内容进行统一推进，以逐渐打破信息化壁垒，实现横向贯通。为支撑房地产企业的进一步发展，亟需对企业沉淀的数据进行治理，保证基础数据统一、标准、准确，提高数据管理质量，为企业运营决策提供可靠的、高质量的数据支撑，让企业更好地利用数据产生价值，使数据管理和分析成为公司实现业务目标和可持续发展的关键举措。

本章将先对该房地产企业的组织、会计科目、银行账户、项目分期等主数据管理现状进行分析，再通过梳理相应的数据管理解决方案进行阐述。这几项主数据都比较重要，组织数据是各个企业进行人力资源管理、财务核算管理以及股权、项目等管理的核心数据；会计科目、银行账户数据是企业财务在成本、利润等方面进行核算的基础数据；项目分期等数据则是房地产行业的绝对重点。拿项目数据来说，在房地产行业的发展过程中，业务环节均围绕着地产项目，项目是支撑企业发展的重中之重，因为在房地产项目的全生命周期中，项目的投拓、立项、设计、销售、核算都需要由不同的专业部门进行统计，每一个业务系统中均有项目信息，而同一个项目在不同的阶段或系统中存在的形式均有差异，所以对房地产项目的统一是房地产企业迫在眉睫的核心需求之一。如何统一项目在不同业务部门中的叫法、不同的业务维度关心的指标信息以及各业务部门相同项目的指标数值，标准化管理项目的业务环节分期，是房地产企业共同的难题。

6.1　管理现状与痛点分析

针对主数据管理的现状与痛点，本节将从管理范围、管理组织与管理办法、管理流程、主数据标准以及系统应用与集成等方面进行梳理与分析。

6.1.1 管理范围现状

首先需要基于集团 IT 战略规划的主数据主题域深入分析，结合各业务板块的主数据建设材料以及现场访谈，归纳总结出集团层的主数据全景图，然后确定管理范围中的数据项是哪些、在企业中这些数据代表的业务对象是什么、有哪些划分的形式。这里列举房地产行业常见的核心数据，如组织主数据、会计科目主数据、银行账号主数据、项目分期主数据进行阐述。

1. 组织主数据管理范围现状

企业当前的管理组织类型包括法人、机构、大区、城市公司、职能部门（或成本中心）、项目公司等，其中项目公司严格意义上属于项目管理的范畴。因此，实际上的管理组织仅包括法人及机构、大区、城市公司、职能部门（或成本中心）。

企业的组织管理分为两个口径：法人架构和管理架构。法人架构主要包括法人和机构；管理架构包括各职能部门、大区、城市公司、职能部门（或成本中心）。

- 法人架构：包括法人和机构，即具有独立承担法律责任的实体或需要独立核算的分/子公司、项目公司，以及在此基础上衍生的虚拟机构。
- 管理架构：根据内部管理需要设置、用于管理分析和控制的管理单元。根据组织管控范围及隶属关系，企业对管理口径的组织机构进行分级管理。

HR 职能部门按以下层级划分。

1）一级组织为公司直接设立并管辖的组织机构，包括集团公司部门、大区。

2）二级组织为一级组织直接管辖的组织机构，包括大区部门、城市公司、大区物业总公司（大区物业管理部）。

3）三级组织为二级组织直接管辖的组织机构，包括城市公司各部门（含项目部）、物业公司、商管公司、商业运营管理中心等。三级组织应扁平化管理，根据业务需要可下设业务组织机构。HR 职能部门及其部门范围见表 6-1。

表 6-1 HR 职能部门及其部门范围

HR 职能部门层级	HR 职能部门范围
一级组织	公司部门、大区
二级组织	大区部门、城市公司、大区物业总公司（大区物业管理部）
三级组织	城市公司各部门（含项目部）、物业公司、商管公司、商业运营管理中心

综合来看，企业的管理架构分为六个层级。

- 第一层：集团公司。
- 第二层：集团公司部门、大区。
- 第三层：大区部门、城市公司、大区物业总公司（大区物业管理部）等。
- 第四层：城市公司各部门（含项目部）、物业公司、商管公司、商业运营管理中心等。

- 第五层：财务核算实体。
- 第六层：财务核算实体下属的职能部门。

综上所述，组织管理主数据的管理范围是法人及机构、大区、城市公司、职能部门（或成本中心）。

2. 会计科目主数据管理范围现状

目前企业管理的科目包括成本费用科目、收入收款科目、财务核算科目、法定合并科目、管理合并科目和预算管理科目等类型，见表 6-2。

表 6-2　科目管理范围

系　统	涉 及 科 目	主数据管理范围	主数据范畴
明源	明源售楼系统只作为会计科目的使用方，不产生新的会计科目信息；科目只涉及核算系统	成本费用、收入收款科目	
财务核算	会计科目	核算系统科目	Y
法定合并	根据法定合并自身需求，建设及设计法定合并科目 法定合并科目与核算系统科目存在映射	法定合并科目	Y
管理合并	根据管理需求，建设及设计管理合并科目 管理合并科目与核算系统科目存在映射	管理合并科目	Y
预算管理	根据自身需求，建设及设计预算科目 预算系统科目与管理合并系统存在映射	预算管理科目	Y

因此，将以上系统所涉及的科目总结为表 6-3。

表 6-3　科目类型管理范围

科 目 类 型	明　　源	财 务 核 算	法 定 合 并	管 理 合 并	预 算 管 理
财务核算科目	Y	Y	Y	Y	
法定合并科目			Y		
管理合并科目				Y	Y
预算管理科目					Y

综上所述，目前企业的科目主数据涉及的系统有 5 个：明源系统、财务核算系统、法定合并系统、管理合并系统、预算管理系统。会计科目主数据的管理范围是财务核算系统中的会计科目、法定合并系统中的会计科目、管理合并系统中的会计科目、预算管理系统中的科目。

3. 银行账户主数据管理范围现状

银行账户主数据的管理范围是集团各级公司自有的银行账户，不包括供应商、客户的银行账户。当前银行账户主要在资金管理系统、财务核算系统中使用，故本次银行账户主数据的管理范围是各级公司所自有的银行账户。

4. 项目分期楼栋主数据管理范围现状

企业管理的项目包括公司的开发物业项目和商业运营项目，也包括建筑事业部对外的项目、IT 建设项目等，但纳入本期主数据管理的范围建议仅包含开发物业项目和商业运营项目，建筑事业部对外的项目、IT 建设项目均不纳入本期主数据管理范围。项目对应的分期主数据，目前仅指的是开发物业项目、商业运营项目下的分期。关于楼栋主数据，目前企业在各业务环节中主要记录销售物业相关的楼栋，因此仅建议将销售物业相关的楼栋纳入主数据管理范围。

6.1.2 管理组织与管理办法现状

管理组织指各项主数据涉及的各个管理口径、管理部门、主责与归口部门以及它们针对各项主数据的管理方式。

1. 组织主数据管理组织现状

目前企业的组织管理主数据分为两大口径，即法人架构和管理架构。法人架构由财务部及总部法律部主导，在财务主数据系统中进行管理和维护，根据需要分发到财务核算系统等对法人架构有所需求的管理系统。管理架构由人事行政部主导，在人力资源管理系统进行管理和维护，其他部门对管理架构的使用以人力资源部为准，自行在各自的系统中搭建。

针对管理办法，可以进行如下概括。

- 管理决策团队：是企业组织管理的最高决策机构，负责审批管控权限范围内的组织管理方案，并负责组织管理方案执行情况的监督、检查工作。
- 人事行政部：企业组织管理的归口管理部门，负责开展企业组织管理方案的规划与调整工作，并推动实施；根据管理权限审核组织管理方案，报企业管理决策团队审批；开展组织管理方案执行情况的监督、检查工作。
- 项目公司负责人：为项目公司组织管理的第一责任人，根据管理权限审批组织管理方案，并推动项目公司组织管理方案执行情况的监督、检查工作。
- 项目公司人事行政部：负责推动落实项目公司组织管理方案，根据管理权限审核组织管理方案，报至本单位一把手或上级组织审批。

2. 会计科目主数据管理组织现状

目前会计科目主数据的主管部门是财务部门，使用部门也是财务部。

3. 银行账户主数据管理组织现状

目前银行账户主数据的业务主管部门是资金部和财务部。资金部管理资金管理系统中的银行账户，财务部管理财务核算系统中的银行账户及映射的银行科目、明细科目。

4. 项目分期楼栋主数据管理组织现状

目前项目分期楼栋主数据的管理部门有战略部、商业地产事业部、酒店事业部。

对于项目、分期、楼栋主数据，目前是各大区提交申请，公司战略部、商业地产事业部、酒店事业部审核的方式。

6.1.3 管理流程现状

管理流程指各项主数据在数据管理生命周期中生成、维护与失效的流程分别如何被管理。

1. 组织主数据管理流程现状

（1）新增流程

1）战略部的组织新增流程如下。

由战略部根据企业统一管控的需求，填写相关申请，提请财务部在财务主数据系统进行维护，同时分发至相关系统。

2）人事行政部的组织新增流程具体如下。

- 一级组织：由总部人事行政部负责组织相关部门，根据业务发展需要和组织设计原则共同研究提出，提交企业管理决策团队会议审议，经董事会审批同意后执行，然后由总部人事行政部发布相应通知，所在单位应进行公示。
- 二级组织：由总部人事行政部牵头组织各单位参与，形成组织管理方案，报企业管理团队会议审议。方案获批后，各单位应按照方案执行。当根据业务需要需调整二级组织时，由所属一级组织提出申请方案，由总部人事行政部会同相关总部部门提出审核意见和建议，报企业管理决策团队会议审议批准后执行，然后由总部人事行政部发布相应通知，所在单位应进行公示。
- 三级组织：由所属二级组织根据组织管理方案提出申请，报一级组织（大区）审批，并报总部人事行政部备案后执行。

3）其他部门的组织新增流程具体如下。

- 财务部：财务核算系统、法定合并系统每月由财务主数据系统进行同步新增；管理合并、预算管理系统根据管理需求进行手工新增。
- 商业运营部：根据人力资源系统的数据在商业运营系统进行机构创建，同时根据 HR 管理构架进行管理组织的创建。
- 营销管理部：根据人力资源系统的数据在明源系统中进行机构创建，同时根据 HR 管理构架在明源系统中进行管理组织的创建。

（2）变更流程

1）战略部的组织变更流程如下。

由战略部根据需求填写相关申请，提请财务部在财务主数据系统进行维护，同时分发至相关系统。

2）人事行政部的组织变更流程具体如下。

- 一级组织：由总部人事行政部负责组织相关部门，根据企业业务发展需要和组织设计原则共同研究提出，提交企业管理决策团队会议审议，经董事会审批同意后执行，然后由总部人事行政部发布相应通知，所在单位应进行公示。
- 二级组织：由总部人事行政部牵头组织各单位参与，形成企业组织管理方案，报企业管理决策团队会议审议批准。方案获批后，各单位应按照方案执行。当根据业务需要调整二级组织时，由所属一级组织提出申请方案，由总部人事行政部会同相关总部部门提出审核意见和建议，报企业管理决策团队会议审议批准后执行，然后由总部人事行政部发布相应通知，所在单位应进行公示。
- 三级组织：由所属二级组织根据组织管理方案提出申请，报一级组织（大区）审批，并报总部人事行政部备案后执行。

3）其他部门的组织变更流程具体如下。

- 财务部：财务核算系统、法定合并系统每月由财务主数据系统进行同步新增；管理合并、预算管理系统根据管理需求进行手工变更。
- 商业运营系统：根据人力资源系统的数据在商业运行系统中进行机构创建，同时根据 HR 管理构架进行管理组织的变更。
- 营销管理部：根据人力资源系统的数据在明源系统中进行机构创建，同时根据 HR 管理构架在明源系统中进行管理组织的变更。

（3）失效流程

1）战略部的组织失效流程如下。

由战略部根据具体需求填写相关申请，提请财务部在财务主数据系统进行维护，同时分发至相关系统。

2）人事行政部的组织失效流程如下。

- 一级组织：由总部人事行政部负责组织相关部门，根据企业业务发展需要和组织设计原则共同研究提出，提交企业管理决策团队会议审议，经董事会审批同意后执行，然后由总部人事行政部发布相应通知，所在单位应进行公示。
- 二级组织：由总部人事行政部牵头组织各单位参与，形成集团组织管理方案，报企业管理决策团队会议审议批准。方案获批后，各单位应按照方案执行。当根据业务需要调整二级组织时，由所属一级组织提出申请方案，由总部人事行政部会同相关总部部门提出审核意见和建议，报企业管理决策团队会议审议批准后执行，然后由总部人事行政部发布相应通知，所在单位应进行公示。
- 三级组织：由所属二级组织根据组织管理方案提出申请，报一级组织（大区）审批，并报总部人事行政部备案后执行。

3）其他部门的组织失效流程如下。

- 财务部：财务核算系统、法定合并系统每月由财务主数据平台进行同步失效；管理合并、预算管理系统根据管理需求进行失效处理。
- 商业运营系统：根据人力资源系统的数据在商业运营系统中进行机构创建，同时根据 HR 管理构架进行管理组织的失效处理。

- 营销管理部：根据人力资源系统的数据在明源系统中进行机构创建，同时根据HR管理构架在明源系统中进行管理组织的失效处理。

2. 会计科目主数据管理流程现状

（1）新增流程

1）财务核算系统的核算科目新增流程如下。

财务部门每年会梳理核算规范，并根据最新的核算规范提出批量新增的需求，由财务部门在财务主数据系统进行批量维护，同时分发至财务核算系统。

日常核算无法满足业务需求时，下属公司财务部门根据具体核算需求填写相关明细科目新增申请，提请城市公司财务、大区财务、集团公司财务部门审批，审批通过后，由集团公司财务部在财务主数据系统中进行维护，同时分发至财务核算系统。

2）法定合并系统的法定合并科目新增流程如下。

财务部门根据具体合并需求填写相关科目新增申请，提请财务部门领导审批，审批通过后，在财务主数据系统中进行维护并建立与核算科目的映射，同时分发至法定合并系统。

3）管理合并系统的管理合并科目新增流程如下。

财务部门根据具体合并需求填写相关科目新增申请，提请财务部门领导审批，审批通过后，在财务主数据系统中进行维护并建立与核算科目的映射，同时分发至管理合并系统。

4）明源系统的管理合并科目新增流程如下。

明源系统主要提供的是成本费用、收入收款等科目。该系统的科目通过业务类型与财务核算系统的科目进行对应。如果明源系统有新增业务类型，且确定需要新增科目时，由下属公司财务部门提交需求至相应城市公司财务部、大区财务部、集团公司财务部进行审核，审核通过后由集团公司财务部在财务主数据系统进行维护，最后下属公司财务部门在明源系统中维护对应的映射关系。

（2）变更流程

1）财务核算系统的核算科目变更流程如下。

财务部门每年会梳理核算规范，并根据最新的核算规范提出批量变更需求，由财务部门在财务主数据系统中进行批量维护，同时分发至财务核算系统。

日常核算中无法满足业务需求时，下属公司财务部门根据具体核算需求填写相关科目变更申请，提请城市公司财务、大区财务、集团公司财务部门审批，审批通过后，由集团公司财务部在财务主数据系统中进行维护，同时分发至财务核算系统。

2）法定合并系统的法定合并科目变更流程如下。

财务部门根据具体合并需求填写相关科目变更申请，提请财务部门领导审批，审批通过后，在财务主数据系统中进行维护并建立与核算科目的映射，同时分发至法定合并系统。

3）管理合并系统的管理合并科目变更流程如下。

财务部门根据具体合并需求填写相关科目变更申请，提请财务部门领导审批，审批通过后，在财务主数据系统中进行维护并建立与核算科目的映射，同时分发至管理合并系统。

4）明源系统的管理合并科目变更流程如下。

明源系统主要提供的是成本费用、收入收款等科目。该系统的科目通过业务类型与财务核算系统的科目进行对应。如果明源系统有变更业务类型，且确定需要变更科目，则由下属公司财务部门提交需求至相应城市公司财务部、大区财务部、集团公司财务部进行审核，审核通过后由集团公司财务部在财务主数据系统进行维护，最后下属公司财务部门在明源系统中维护对应的映射关系。

（3）失效流程

1）财务核算系统的核算科目失效流程如下。

财务部门每年会梳理核算规范，并根据最新的核算规范提出批量失效的申请，由财务部门在财务主数据系统中进行批量维护，同时分发至财务核算系统。

日常核算时，下属公司财务部门根据具体核算需求填写相关科目失效申请，提请城市公司财务、大区财务、集团公司财务部门审批，审批通过后，由集团公司财务部在财务主数据系统进行维护，同时分发至财务核算系统。

2）法定合并系统的法定合并科目失效流程如下。

财务部门根据具体合并需求填写相关科目失效申请，提请财务部门领导审批，审批通过后，在财务主数据系统中进行维护并建立与核算科目的映射，同时分发至法定合并系统。

3）管理合并系统的管理合并科目失效流程如下。

财务部门根据具体合并需求填写相关科目失效申请，提请财务部门领导审批，审批通过后，在财务主数据系统中进行维护并建立与核算科目的映射，同时分发至管理合并系统。

4）明源系统的管理合并科目失效流程如下。

明源系统主要提供的是成本费用、收入收款等科目。该系统的科目通过业务类型与财务核算系统的科目进行对应。如果明源系统有失效业务类型，且确定需要失效科目，则由下属公司财务部门提交需求至相应城市公司财务部、大区财务部、集团公司财务部进行审核，审核通过后由集团公司财务部在财务主数据系统进行维护，最后下属公司财务部门在明源系统中维护对应的映射关系。

3. 银行账户主数据管理流程现状

（1）新增流程

1）资金管理系统的银行账户新增流程如下。

下属公司财务部根据具体开户需求填写开户申请表，提请城市公司财务部、大区财务部、集团公司财务部审批，审批通过后，下属公司财务人员去银行开户。开户后将银行账户信息填入资金系统中，并上传附件，提请所属公司财务负责人审核银行账户信息填写是否规范。

2）财务核算系统的银行账户新增流程如下。

下属公司财务部根据具体核算需求填写申请表，提请城市公司财务部、大区财务部、集团公司财务部审批，审批通过后，由集团公司财务人员在财务核算系统中新增银行账户信息以及对应的银行科目及明细科目。

（2）变更流程

1）资金管理系统的银行账户变更流程如下。

下属公司财务部根据具体需求填写变更申请表，提请城市公司财务部、大区财务部、集团公司财务部审批，审批通过后，下属公司财务人员去银行变更。变更后在资金管理系统中修改银行账户相关信息，并上传附件，提请所属公司财务负责人审核。

2）财务核算系统的银行账户变更流程如下。

下属公司财务部根据具体变更需求填写变更申请表，提请城市公司财务部、大区财务部、集团公司财务部审批，审批通过后，由集团公司财务人员在财务核算系统中修改银行账户相关属性。

（3）失效流程

1）资金管理系统的银行账户失效流程如下。

下属公司财务部根据具体销户需求填写销户申请表，提请城市公司财务部、大区财务部、集团公司财务部审批，审批通过后，下属公司财务人员去银行销户。销户后在资金管理系统中进行销户操作，并上传附件，提请所属公司财务负责人审核。

2）财务核算系统的银行账户失效流程如下。

下属公司财务部根据具体失效需求填写申请表，提请城市公司财务部、大区财务部、集团公司财务部审批，审批通过后，由集团公司财务人员在财务核算系统中为银行账户信息以及对应银行明细科目进行失效处理。

4. 项目分期楼栋主数据管理流程现状

（1）新增流程

1）项目主数据新增流程如下。

大区运营部根据集团战略部投资批复结果以及方案设计书，在明源系统中创建项目，并且添加项目基本属性及设计属性，在商业运营阶段根据运营结果添加项目的运营属性。目前系统无审批流程，大区运营部提交给集团战略部、商业地产事业部、酒店事业部的申请在 OA 系统中完成。

2）分期主数据新增流程如下。

大区运营部根据集团战略部投资批复结果以及方案设计书，在明源系统中创建分期，并且添加分期基本属性及设计属性。目前系统无审批流程，大区运营部提交给集团战略部、商业地产事业部、酒店事业部的申请在 OA 系统中完成。

3）楼栋主数据新增流程如下。

大区运营部根据集团战略部投资批复结果以及方案设计书，在明源系统中创建楼栋，并且添加楼栋基本属性及设计属性。目前系统无审批流程，大区运营部提交给集团战略部、商业地产事业部、酒店事业部的申请在 OA 系统中完成。

（2）变更流程

1）项目主数据变更流程如下。

大区运营部根据方案设计书在明源系统中变更项目基本属性及设计属性，在商业运营阶段根据运营结果变更项目的设计属性、运营属性。目前系统无审批流程，大区运营部提交给集团战略部、商业地产事业部、酒店事业部的申请在 OA 系统中完成。

2）分期主数据变更流程如下。

大区运营部根据方案设计书，在明源系统中变更分期基本属性及设计属性。目前系统无审批流程，大区运营部提交给集团战略部、商业地产事业部、酒店事业部的申请在 OA

系统中完成。

3）楼栋主数据变更流程如下。

大区运营部根据方案设计书，在明源系统中变更楼栋基本属性及设计属性。目前系统无审批流程，大区运营部提交给集团战略部、商业地产事业部、酒店事业部的申请在 OA 系统中完成。

（3）失效流程

1）项目主数据失效流程如下。

大区运营部根据集团战略部投资批复结果以及方案设计书，在明源系统中使项目失效。在商业运营阶段，根据运营结果关停该项目。目前系统无审批流程，大区运营部提交给集团战略部、商业地产事业部、酒店事业部的申请在 OA 系统中完成。

2）分期主数据失效流程如下。

大区运营部根据集团战略部投资批复结果以及方案设计书，在明源系统中使分期失效。目前系统无审批流程，大区运营部提交给集团战略部、商业地产事业部、酒店事业部的申请在 OA 系统中完成。

3）楼栋主数据失效流程如下。

大区运营部根据集团战略部投资批复结果以及方案设计书，在明源系统中的楼栋失效。目前系统无审批流程，大区运营部提交给集团战略部、商业地产事业部、酒店事业部的申请在 OA 系统中完成。

6.1.4 主数据标准现状

1. 组织主数据标准现状

（1）分类体系现状

战略部的组织分类为机构、法人、分/子公司、壳公司。

人事部门的组织分类主要做行政用途，其分类为 00-集团部室/部门、50-二级利润中心职能部门、60-二级利润中心职能部门下属机构、70-三级单位、80-三级单位职能部门、85-三级单位职能部门下属机构、90-四级单位、A10-四级单位职能部室、A20-五级单位、A30-六级及以下单位。

其他部门组织还有以下分类体系，如总部、大区、大区部门、城市公司、城市公司部门、城市公司下属项目公司、项目公司下属部门及子部门。

分类体系现状总结：除人力资源系统外基本没有对组织的分类管理，只有组织的层级管理。

（2）唯一性现状

战略部的组织主数据唯一性标准是组织编码；人事行政部的组织主数据唯一性标准是组织编码。

其他部门组织主数据的唯一性标准如下。

- 财务部：组织编码。

- 商业运营系统：组织编码。
- 营销管理部：组织编码。

（3）编码规则现状

目前各系统的组织编码均采用自动流水号，无实际意义，且各系统同一组织的流水号不一致。

（4）组织主数据的属性现状（见表6-4）

表 6-4 组织主数据属性列表

来源系统	属性名称	业务含义	是否必填	示例
人力资源系统	部门代码	自动流水号	Y	1000001
人力资源系统	部门名称	部门的命名	Y	北京大区-北京公司-法律部
人力资源系统	部门名称简短描述	部门名称描述	Y	北京公司-法律部
人力资源系统	招聘对外名称	招聘对外名称	N	北京公司-法律部
人力资源系统	生效日期	生效日期	Y	1900-02-01
人力资源系统	状态	标识有效状态	Y	有效；无效
人力资源系统	地点编码	部门所在地点编码	N	10014
人力资源系统	地点描述	部门所在地点描述	N	
人力资源系统	地址	部门所在地址	N	
人力资源系统	邮编	部门所在地址的邮编	N	100035
人力资源系统	公司编码	对应的法人公司编码	N	029
人力资源系统	公司描述	对应的法人公司描述	N	
人力资源系统	部门类型	部门的类型	Y	80-三级单位职能部门
人力资源系统	是否合同主体	是否合同主体	N	是；否
人力资源系统	业态编码	业态编码	N	
人力资源系统	业态编码描述	业态编码描述	N	
人力资源系统	成本中心编码	成本中心编码	N	
人力资源系统	成本中心描述	成本中心描述	N	
人力资源系统	成本中心状态	成本中心状态	N	有效；无效
人力资源系统	电话	电话	N	
人力资源系统	传真	传真	N	
人力资源系统	电子邮件地址	电子邮件地址	N	
人力资源系统	管理人员职位 ID	该部门的管理人员 ID	N	
人力资源系统	管理人员职位描述	该部门的管理人员职位描述	N	
人力资源系统	员工 ID	该部门的管理人员员工 ID	N	
人力资源系统	员工姓名	该部门的管理人员姓名	N	
人力资源系统	管理员 ID	部门负责人 ID	N	
人力资源系统	管理员姓名	部门负责人姓名	N	
人力资源系统	管理员职务	部门负责人职务	N	
人力资源系统	部门父节点代码	上一级节点代码	Y	
人力资源系统	部门父节点描述	上一级描述	Y	

2. 会计科目主数据标准现状

（1）分类体系现状

目前各系统的科目分类为资产类、负债类、权益类、收入类、成本费用类。

（2）唯一性现状

目前各系统的科目唯一性标准为科目编码。

（3）编码规则现状

目前各系统中的科目编码规则类似，科目编码最长为12位，一共分为5级，每增加一级明细科目增加2位（注：一级科目为4位）。

（4）属性现状

财务核算系统的科目属性现状见表6-5。

表6-5 科目主数据属性列表

来源系统	属性名称	业务含义	是否必填	示例
核算系统	科目代码	科目的编码	Y	1001
核算系统	科目说明	科目的描述	Y	库存现金
核算系统	允许预算	是否允许传送至预算系统	Y	Y或者N
核算系统	允许过账	是否允许过账	Y	Y或者N
核算系统	账户类型	该科目的科目类型说明	Y	资产
核算系统	第三方控制账户	标注则说明该科目为供应商使用的科目	Y	
核算系统	调节	若标注为Y，说明该科目需要与银行对账单对账	Y	Y或者N
核算系统	是否传送法定合并	若标注为Y，说明该科目需要传送至法定合并	Y	Y或者N
核算系统	余额方向	科目的余额方向	Y	DR
核算系统	是否现金等价物	是否现金流量表科目	N	Y或者N
核算系统	是否货币性项目	是否为与货币相关的科目	N	Y或者N
核算系统	是否月末结平	月末科目是否需要结平	N	Y或者N
核算系统	是否应付模块控制科目	是否子模块应付模块的科目	N	Y或者N
核算系统	是否应收模块控制科目	是否子模块应收模块的科目	N	Y或者N
核算系统	是否资产模块控制科目	是否资产模块的科目	N	Y或者N
核算系统	是否成本类科目	是否成本类型的科目	N	Y或者N
核算系统	是否内部往来科目	若标注为Y，说明该科目需要核算内部关联往来数据	N	Y或者N
核算系统	报表账龄维度类型	报表上的账龄显示类型，如1~2年	N	1~2年
核算系统	法定合并账龄维度计算方式	HFM账龄计算方式	N	先进先出法计算（仅账龄）
核算系统	法定合并流动/非流动维度计算方式	HFM流动/非流动计算方式的标注	N	应收系统产生、总账系统产生

法定合并、管理合并系统的科目属性现状见表 6-6。

表 6-6 法定合并、管理合并系统的科目属性列表

来源系统	属性名称	业务含义	是否必填	示例
法定合并/管理合并系统	标签	标签，即科目编码	Y	100101
法定合并/管理合并系统	科目名称	科目的中文描述	Y	库存现金
法定合并/管理合并系统	科目名称（英文）	科目的英文描述	N	Receivable
法定合并/管理合并系统	科目类型	资产的科目类型	Y	资产
法定合并/管理合并系统	计算方式	为该账户执行的计算说明	N	
法定合并/管理合并系统	是否顶级成员	对该账户有效的自定义维度层次中的顶层成员	Y	Y 或者 N
法定合并/管理合并系统	默认父项	账户的默认父项	Y	COAAsset
法定合并/管理合并系统	是否启用聚合	是否为账户维度和自定义维度的交叉启用聚合	Y	Y 或者 N
法定合并/管理合并系统	是否可审核	可否审核该账户	Y	Y 或者 N
法定合并/管理合并系统	是否计算	是否计算该账户	Y	Y 或者 N
法定合并/管理合并系统	是否被合并	是否在该实体中合并该账户	Y	Y 或者 N
法定合并/管理合并系统	是否关联往来	指定该账户是否核算关联往来	Y	Y 或者 N
法定合并/管理合并系统	差异标识	指定标识公司内事务之间差异的账户	N	
法定合并/管理合并系统	安全类	指定定义有权访问账户数据的用户的安全类	N	
法定合并/管理合并系统	小数位	小数位数	Y	2
法定合并/管理合并系统	是否共享成员	指定是否为共享成员	N	True

3. 银行账户主数据标准现状

（1）分类体系现状

目前各系统中银行账户主数据的分类如下。

1）按开户银行：中国银行、农业银行、工商银行、建设银行等。

2）按开户分行：中国银行北京分行、农业银行上海分行等。

3）按币种：人民币、美元、日元等。

4）按账户性质：基本户、一般户、临时户、专用户。

（2）唯一性现状

目前各系统的银行账户唯一性标准为银行账号。

（3）编码规则现状

目前各系统银行账号的编码规则均遵循各银行的统一规定，与银行的账号保持一致。

（4）属性现状

资金管理系统银行账户主数据的属性见表 6-7。

表 6-7 资金管理系统银行账户主数据的属性列表

来源系统	属性名称	业务含义	是否必填
资金管理系统	账户编号	根据银行开立的实际账号，输入账户编号	Y
资金管理系统	账户名称	账户的表示名称	Y
资金管理系统	账户类别	外部账户：发生实际交易的账户 内部账户：用于集团内部公司存款计息的虚拟账户，如内部贷款户、活期定期户	Y
资金管理系统	单位编号	账户所属单位编码	Y
资金管理系统	单位名称	账户所属单位名称	Y
资金管理系统	资金机构	账户所属资金机构	Y
资金管理系统	账户类型	如一般户、基本户、专用户	Y
资金管理系统	账户性质	账户性质	Y
资金管理系统	币种	账户对应的币种	Y
资金管理系统	分行号	开户行的分行编号	Y
资金管理系统	所属银行	开户行的银行名称	Y
资金管理系统	银行类别	开户行的银行类别	Y
资金管理系统	所属国家	账户开设所在国家	Y
资金管理系统	所属省份	账户开设所在省份	Y
资金管理系统	所属城市	账户开设所在城市	Y

财务核算系统银行账户主数据的属性见表 6-8。

表 6-8 财务核算系统银行账户主数据的属性列表

来源系统	属性名称	业务含义	是否必填
财务核算系统	所属公司	所属公司（会计主体）	Y
财务核算系统	银行	所属银行	Y
财务核算系统	分行	所属分行	Y
财务核算系统	银行账户	银行账户名称	Y
财务核算系统	账号	银行账号	Y
财务核算系统	币种	货币比重	Y
财务核算系统	现金科目	银行账户映射的财务现金科目	Y

4. 项目分期楼栋主数据标准现状

（1）分类体系现状

项目的分类主要指项目的类型，包括开发建设项目、商业运营项目。

分期的分类主要指分期对应的产品线，包括城市高端、郊区高端、城市品质、城郊品质、城市改善、城郊改善、旅游度假。

楼栋的分类主要指开发建设项目的楼栋所属的产品类型。

（2）唯一性现状

- 项目的唯一性标准：项目编码 + 项目名称。
- 分期的唯一性标准：分期编码 + 分期名称。
- 楼栋的唯一性标准：楼栋编码 + 楼栋名称。

（3）编码规则现状

目前各系统的项目、分期、楼栋编码均采用自动流水号，无实际意义，且各系统同一组织的流水号不一致。

（4）属性现状

项目主数据的属性现状见表 6-9。

表 6-9　项目主数据的属性列表

来源系统	属性名称	是否必填	维护类型
明源系统	项目编号	是	编码类
明源系统	项目名称	是	文本类
明源系统	所属大区	是	代码类
明源系统	城市公司	是	代码类
明源系统	所在城市	是	文本类
明源系统	法人公司	否	代码类
明源系统	地块编码	是	编码类
明源系统	地块名称	是	代码类
明源系统	项目地址	是	文本类
明源系统	总用地面积（平方米）	是	数值类
明源系统	总建筑面积（平方米）	否	数值类
明源系统	总计容建筑面积（平方米）	是	数值类
明源系统	总可售面积（平方米）	是	数值类
明源系统	总车位数	否	数值类

分期主数据的属性现状见表 6-10。

表 6-10　分期主数据的属性列表

来源系统	属性名称	是否必填	维护类型
明源系统	所属项目	是	代码类
明源系统	分期编号	是	编码类
明源系统	分期名称	是	文本类
明源系统	财务类型	否	
明源系统	法人公司	否	
明源系统	用地面积（平方米）	否	数值类
明源系统	总建筑面积（平方米）	否	数值类
明源系统	总计容建筑面积（平方米）	否	数值类
明源系统	总可售面积（平方米）	是	数值类
明源系统	总车位数	否	数值类

楼栋主数据的属性现状见表6-11。

表6-11 楼栋主数据的属性列表

来源系统	属性名称	是否必填	维护类型
明源系统	所属项目分期	是	代码类
明源系统	楼栋编码	是	编码类
明源系统	楼栋名称	是	文本类
明源系统	产品线	否	代码类
明源系统	产品类型	是	代码类
明源系统	经营方式	是	代码类
明源系统	建筑面积	是	数值类
明源系统	计容建筑面积	是	数值类
明源系统	可售（租）面积	是	数值类
明源系统	总车位数	否	数值类

6.1.5 系统应用与集成现状

1. 组织主数据系统应用与集成现状

（1）系统分布情况

法人架构在财务主数据系统创建，在财务核算系统、法定合并系统中应用。

管理架构在人力资源系统创建，在管理合并系统、预算系统、商业运营系统、明源系统等业务系统中应用。

（2）系统集成现状

目前，财务主数据与财务核算系统、管理合并系统、法定合并系统存在集成关系。

2. 会计科目主数据系统应用与集成现状

（1）系统分布情况

核算科目在财务主数据系统创建，在财务核算系统中应用。

法定合并科目在财务主数据系统创建，在法定合并系统中应用。

管理合并科目在财务主数据系统创建，在管理合并系统中应用。

（2）系统集成现状

目前，财务主数据与财务核算系统、管理合并系统、法定合并系统存在集成关系。

3. 银行账户主数据系统应用与集成现状

（1）系统分布情况

下属公司财务部在资金管理系统中创建银行账户和使用银行账户。

集团公司财务部在财务核算系统中创建银行账户，下属公司在财务核算系统中使用银行账户。

（2）系统集成现状

目前，资金管理系统与财务核算系统之间无集成关系。

4. 项目分期楼栋主数据系统应用与集成现状

（1）系统分布情况

项目主数据在明源系统创建，在财务核算系统、全面预算系统、招采系统中使用。

分期主数据在明源系统创建，在财务核算系统、全面预算系统、招采系统中使用。

楼栋主数据在明源系统创建，在财务核算系统、全面预算系统、招采系统中使用。

（2）系统集成现状

目前，项目分期楼栋涉及的系统（明源系统、全面预算系统、财务核算系统等）间均无集成关系。

6.2 整体战略目标与数据范围

在房地产企业中，对于主数据管理的最终目标是数出同源，做到数据的企业级流通。首先需要为企业构建标准的基础数据管理平台，统一数据口径，打通各业务系统之间的数据孤岛；然后支持项目（土地/分期/楼栋）、组织、客商乃至于全域的数据管理；另外主数据与业务系统友好交互，在数据交换过程中实现可视化；最后做到全域主数据、数据清洗、质量规则、数据交换均可配置化，对主数据的管理范围、定义与管理目标形成共识，并经过充分的调研与讨论，得出其中的难点和布局重点。

6.3 主数据解决方案

针对本章前面各节所梳理的现状内容，结合各相关方的充分探讨，可编制如下针对本次管理范围内各项主数据的管理解决方案，其中包括管理要点、主数据标准与规范、管理流程与组织职责、主数据平台规划与实施要点以及数据清洗策略等方面的内容。

6.3.1 管理要点

管理要点包括管理范围、管理组织与管理方式（管什么、谁来管、怎么管）。

1. 管理范围

（1）组织主数据管理范围

主数据管理的组织一般指企业内部管理组织，包括法人实体、管理实体及职能部门。

- 法人实体：指企业法人（具有符合国家法律规定的资金数额、企业名称、组织章程、组织机构、住所等法定条件，能够独立承担民事责任，经主管机关核准登记取得法人资格的社会经济组织）及分/子公司。
- 管理实体：根据企业管理需要而设置的类似公司的内部管理实体，包含不同的管理职能、管理岗位及对应的人员，如事业部、大区、城市公司等。
- 职能部门：根据企业内部管理需要对企业内部人员按职能进行归类，方便考核和管理的组织单元。通常一个公司会根据需要按职能设置财务、人事、销售等多个部门。

考虑到本公司职能部门的业务梳理在未来某阶段才能落实，故本次项目仅包含公司级组织数据，分类如下。

- 子公司：指由集团公司或其子公司投资的境内外所有控股公司。
- 分公司：指子公司根据业务管理需求在业务开展地注册的不具备法人资格的经营实体。
- 联营公司：指由集团公司或下属子公司与第三方共同投资且集团不具有控制权的公司实体。
- 合营公司：指由集团公司或下属子公司与第三方共同投资、约定由双方共同控股的公司实体。
- 独立核算利润点：指根据管理或法规要求单独核算的非法人实体，如物业小区等。
- 代管单位：指与集团公司没有直接的投资关系，但划归集团公司管辖的公司实体。
- 集团单位：指集团公司的顶层合并和汇总节点。
- 大区：指按公司当前管理需要所设置的区域管理主体，如广东大区、江苏大区等。
- 城市公司：指按集团公司当前管理需要在大区下设置的管理主体，如广州公司、南京公司等。
- 下属公司：指城市公司下属公司法人公司。

（2）会计科目主数据管理范围

目前与会计科目相关的科目包括核算科目、法定合并科目、管理合并科目、预算管理科目。其中，法定合并科目、管理合并科目、预算管理科目均是由核算科目衍生映射/计算得出，只有核算科目符合主数据的准入标准。

因此，会计科目主数据的管理范围为财务核算系统中的核算科目。

（3）银行账户主数据管理范围

银行账户主数据的管理范围为集团公司及下属公司的自有银行账户，不包括供应商、客户的银行账户。具体来说，银行账户主数据既涉及收付业务相关的自有账户数据，也涉及收付业务产生的财务凭证中的银行账户明细科目数据。此处特指前者自有账户数据，后者银行账户明细科目数据纳入科目主数据的讨论范围，不在此处讨论。

（4）项目分期楼栋主数据管理范围

项目主数据仅包括公司的开发物业项目和商业运营项目，不包括建筑事业部对外的项目、IT 建设项目等。

项目对应的分期主数据指的是开发物业项目、商业运营项目下的分期。

由于目前公司在各业务环节中主要记录销售物业相关的楼栋，因此楼栋主数据仅指销售物业的楼栋。

2. 管理组织

（1）组织主数据管理部门见表6-12。

表6-12 组织主数据管理部门

组织类型	主责部门	法人架构	管理架构
集团公司	人事行政部		√
大区	人事行政部		√
城市公司	人事行政部		√
下属单位	人事行政部		√
子公司	财务部	√	√
分公司	财务部	√	√
联营公司	财务部	√	√
合营公司	财务部	√	√
代管单位	财务部	√	√
独立核算利润点	财务部	√	√

法人架构下的实体管理部门见表6-13。

表6-13 法人架构下的实体管理部门

实体	制订数据标准规范	申请组织变更	审批主数据
公司财务部	√		√
大区财务部		√	√
城市公司财务部			

管理架构下的实体（大区）管理部门见表6-14。

表6-14 管理架构下的实体（大区）管理部门

实体	制订数据标准规范	申请组织变更	审批主数据
公司管理团队			√
公司人事行政部	√	√	√
公司财务部			√

管理架构下的实体（城市公司）见表6-15。

表 6-15 管理架构下的实体（城市公司）管理部门

实 体	制订数据标准规范	申请组织变更	审批主数据
公司财务部			√
公司人事行政部	√		√
大区财务部			√
大区人事行政部		√	√

（2）会计科目主数据管理部门

会计科目主数据的管理部门是集团公司财务部，使用部门是集团、大区、城市公司、下属公司财务部。

（3）银行账户主数据管理部门

银行账户主数据的管理部门是集团公司资金部，使用部门是下属公司财务部。

（4）项目分期楼栋主数据管理部门

- 开发建设阶段：项目、分期、楼栋主数据的管理部门建议是公司战略部，由战略部制订开发建设阶段的数据标准规范。
- 商业运营阶段：项目主数据按分事业部管理，购物中心项目由商业地产事业部管理，酒店项目由酒店事业部管理，自持写字楼及车位项目仍由战略部管理。商业地产事业部、酒店事业部、战略部分别制订商业运营阶段的数据标准规范。

3. 管理方式

（1）组织主数据管理方式

对于法人实体，建议采用各大区申请、公司审核的方式；公司及大区的变更由公司人事行政部申请、公司管理决策团队审核；城市公司由各大区人事行政部申请，公司人事行政部及财务部审核。

（2）会计科目主数据管理方式

会计科目的管理方式分为两种，第一种是申请机构根据日常核算所需进行申请；另一种是集团公司进行批量申请，集团公司财务部每年会修订核算手册，并根据最新的核算手册提出批量变更需求，由集团公司财务部进行批量维护。

（3）银行账户主数据管理方式

银行账户的管理方式为申请机构办理开户或销户信息后根据需要进行申请，提交集团公司资金部审批。

（4）项目分期楼栋主数据管理方式

对于项目、分期、楼栋主数据，建议采用各大区分散申请、公司集中审核的方式，即各大区分别在公司主数据管理系统中申请项目、分期、楼栋，公司统一在主数据管理系统中进行审核。

6.3.2 主数据标准规范

1. 组织主数据标准规范

（1）法人架构管理口径

基于对集团现状的理解与分析，法人架构下主要包括企业法人和独立核算利润点。

- 企业法人：指具有符合国家法律规定的资金数额、企业名称、组织章程、组织机构、住所等法定条件，能够独立承担民事责任，经主管机关核准登记取得法人资格的社会经济组织。集团下的法人还包括分公司、联营单位、合营单位、代管单位等。
- 独立核算利润点：根据公司的财务管理或考核要求，需要单独出具资产负债表和利润表的核算单元。

（2）管理架构管理口径

基于对集团现状的理解与分析，管理架构下主要包括集团公司、大区、城市公司、法人及独立核算利润点，因法人及独立核算利润点已经在法人架构下做过阐述，故管理架构下主要阐述集团公司、大区和城市公司。

（3）分类体系

组织的分类包括子公司、分公司、联营公司、合营公司、独立核算利润点、代管单位、大区、城市公司。

（4）唯一性属性

组织的唯一性属性为组织编码、组织名称。

（5）属性标准

纳入主数据系统管理的组织管理属性并非全部属性，而是具备“跨系统共享应用需求”的核心属性。对于各系统的个性属性，未来建议由各系统各自进行管理，无需纳入主数据系统。

属性列表见表6-16。

表 6-16　组织主数据管理属性标准

属性名称	是否必填	维护类型
公司编码	否	输入文本
公司简称	否	输入文本
简体中文名称	否	输入文本
英文名称	否	输入文本
营业执照号/公司编号（香港、海外）	是	输入文本
公司类型	是	值列表
上市公司	否	复选框
离岸公司	否	复选框

（续）

属性名称	是否必填	维护类型
记账本位币	是	值列表
生效日期	是	值列表
国家	否	值列表
省	否	值列表
市	否	值列表
区/县	否	值列表
详细地址	否	输入文本
行业类型	否	值列表
行业所属地区	是	值列表
法人架构	否	复选框
管理架构	否	复选框
投资公司编码	否	输入文本
投资公司名称（简/英）	否	输入文本
股权比例	否	输入文本
上级管理公司编码	否	输入文本
上级管理公司名称（简/英）	否	输入文本
变更类型	否	值列表
分发至核算系统	否	复选框
分发至法定合并	否	复选框
分发至预算系统	否	复选框
分发至管理合并	否	复选框

（6）编码规则

法人架构下的实体编码：目前法人架构下的实体编码采用流水码，建议未来仍采用流水码。

管理架构下的实体编码：目前管理架构下的实体编码采用流水码，建议未来仍采用流水码。

命名规则：法人公司按营业执照上的名称，涉及括号的统一使用中文全角符号。管理架构下的实体以公司人事部的统一命名为准。

2. 会计科目主数据标准规范

（1）分类体系

根据国家法律法规，建议按照会计科目核算的归属分类，分为五类：资产类科目、负债类科目、所有者权益类科目、成本类科目和损益类科目。分类标准见表6-17。

表 6-17 科目主数据分类标准

序号	科目分类	说明
1	资产类科目	按资产的流动性分为反映流动资产的科目和反映非流动资产的科目。如“固定资产”
2	负债类科目	按负债的偿还期限分为反映流动负债的科目和反映长期负债的科目。如“应付账款”
3	所有者权益科目	按权益的形成和性质可分为反映资本的科目和反映留存收益的科目。如“资本公积”
4	成本类科目	包括“生产成本”“劳务成本”“制造费用”等科目
5	损益类科目	分为收入性科目和费用支出性科目。收入性科目包括“主营业务收入”“其他业务收入”“投资收益”“营业外收入”等科目。费用支出性科目包括“主营业务成本”“其他业务成本”“营业税金及附加”“其他业务支出”“销售费用”“管理费用”“财务费用”“所得税费用”等科目

(2）唯一性属性

会计科目的唯一性属性为科目编码。

(3）属性标准

表 6-18 中为会计科目主数据的管理属性及标准规范。

表 6-18 科目主数据管理属性标准

属性名称	业务含义	是否必填	示例
科目代码	科目的编码	是	1001
科目说明	科目的描述	是	库存现金
起始日期	起始日期	否	
停用日期	停用日期	否	
有效	是否有效	是	Y
父	科目的父值	否	
层	科目层级	是	一
允许预算	是否允许传送至预算系统	是	Y 或者 N
允许过账	是否允许过账	是	Y 或者 N
账户类型	科目类型说明	是	资产
第三方控制账户	标注则说明该科目为供应商使用的科目	是	
余额方向	科目的余额方向	是	DR
是否现金等价物	是否现金流量表科目	否	Y 或者 N
是否货币性项目	是否与货币相关的科目	否	Y 或者 N
是否月末结平	月末科目是否需要结平	否	Y 或者 N
是否应付模块控制科目	是否子模块应付模块的科目	否	Y 或者 N
是否应收模块控制科目	是否子模块应收模块的科目	否	Y 或者 N

（续）

属性名称	业务含义	是否必填	示　例
是否资产模块控制科目	是否资产模块的科目	否	Y 或者 N
是否成本类科目	是否成本类型的科目	否	Y 或者 N
是否内部往来科目	若标注为 Y，说明该科目需要核算内部关联往来数据	否	Y 或者 N
报表账龄维度类型	报表上的账龄显示类型，如 1 ~ 2 年	否	1 ~ 2 年
法定合并账龄维度计算方式	法定合并账龄计算方式	否	先进先出法计算（仅账龄）
法定合并流动/非流动维度计算方式	法定合并流动/非流动计算方式的标注	否	如应收系统产生、总账系统产生

（4）编码规则

会计科目段值统一为 10 位。一共分 4 级，每增加一级明细科目增加 2 位（注：除了一级科目为 4 位），如图 6-1 所示。

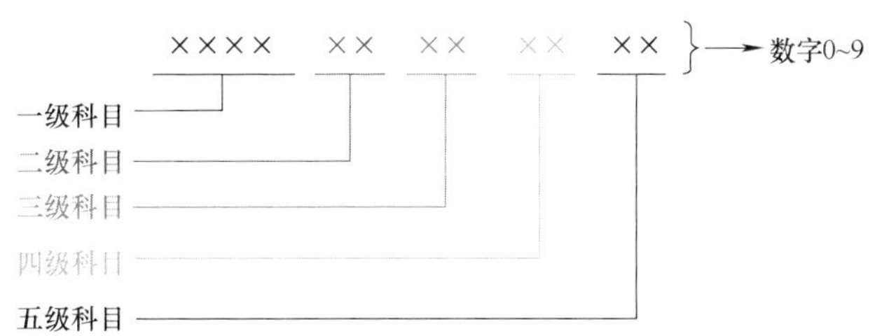

图 6-1　会计科目编码规则

3. 银行账户主数据标准规范

（1）分类体系

银行账户主数据的分类体系建议按以下四类划分。

1）按开户银行：中国银行、农业银行、工商银行、建设银行等。

2）按开户分行：中国银行北京分行、农业银行上海分行等。

3）按币种：人民币、美元、日元等。

4）按账户性质：基本户、一般户、临时户、专用户。

（2）唯一性属性

银行账户主数据的唯一性属性为银行账号。

（3）属性标准

表 6-19 中为银行账户主数据的管理属性及标准规范。

表 6-19 银行账号主数据管理属性标准

属性名称	业务含义	是否必填
银行账号	银行账户的银行账号	是
银行名称	银行账户的开户银行名称	是
联行号	银行账户的开户联行号	是
开户行名称	银行账户的开户行名称	是
账户名称	银行账户的账户名称	是
账户类型	银行账户的账户类型	是
账户性质	银行账户的账户性质	是
币种	银行账户的币种	是
所属国家	银行账户的所属国家	是
所属省份	银行账户的所属省份	是
所属城市	银行账户的所属城市	是
关联核算实体	银行账户的核算实体	是
备注	备注	是

（4）编码规则

银行账户主数据中账号的编码规则均遵循各银行的统一规定，与银行的账号保持一致即可，同时，在各系统中保持一致。

4. 项目分期楼栋主数据标准规范

（1）管理口径

1）开发建设项目。

- 项目：项目一般都伴随着土地获取过程产生，项目的信息很多都来源于土地信息，多个地块可能合并建设一个项目，也存在一个地块拆分建设多个项目的情况。对于综合体项目，不包括住宅部分，住宅部分将独立作为项目。
- 分期：对于综合体项目，允许同一分期中包含不同业态，如购物中心、写字楼、酒店、酒店式公寓等。
- 楼栋：关于楼栋的划分，原则上将物理独立的建筑作为楼栋，对于一个物理独立的建筑，存在不同产品类型、不同经营方式的情况下需拆分为多个楼栋；对于连接在一块的车位视作一个楼栋；对于别墅产品，建议严格遵循先建单独的楼栋，再建房间的原则。

2）商业运营项目。

商业运营项目在投入运营后无分期管理需求，因此原则上建议无需区分分期。

商业运营项目（如写字楼）转运营后，不同楼栋的出租和物业都是分开管理的，建议仍然分楼栋管理。

（2）分类体系

- 项目：项目的分类主要指项目的类型，包括开发建设项目、商业运营项目。

- 分期：分期的分类主要指分期对应的产品线，包括城市高端、郊区高端、城市品质、城郊品质、城市改善、城郊改善、旅游度假。
- 楼栋：楼栋的分类主要指开发建设项目的楼栋所属的产品类型。

（3）唯一性属性

- 项目的唯一性属性：项目编码。
- 分期的唯一性属性：分期编码。
- 楼栋的唯一性属性：楼栋编码。

（4）属性标准

纳入主数据系统管理的项目分期楼栋属性并非全部属性，而是具备“跨系统共享应用需求”的核心属性。对于各系统的个性属性，建议由各系统各自进行管理，无需纳入主数据系统。项目主数据管理属性标准见表6-20。

表6-20　项目主数据管理属性标准

属性名称	业务含义	是否必填	维护类型
项目编号	项目在业务数据中的编码	是	编码类
项目名称	项目实际名称	是	文本类
所属大区	项目所在大区	是	代码类
城市公司	项目所属城市公司	是	代码类
所在城市	项目所在城市	是	文本类
法人公司	项目所属法人公司	否	代码类
地块编码	项目所有地块编码	是	编码类
地块名称	项目所有地块编码名称	是	代码类
项目地址	项目所在具体地址	是	文本类
容积率	项目整体容积率	是	数值类
总用地面积（平方米）	项目总占地面积	是	数值类
总建筑面积（平方米）	项目总建筑面积	否	数值类
总计容建筑面积（平方米）	略	是	数值类
总计容建筑面积（自持）（平方米）	略	是	数值类
总计容建筑面积（销售）（平方米）	略	是	数值类
总可售面积（平方米）	略	否	数值类
总自持面积（平方米）	略	否	数值类
总车位数	略	否	数值类

分期主数据管理属性标准见表6-21。

表 6-21　分期主数据管理属性标准

属性名称	业务含义	是否必填	维护类型
所属项目	分期所属项目编码	是	代码类
分期编号	分期主编码	是	编码类
分期名称	分期名称	是	文本类
法人公司	所属法人公司	否	代码类
容积率	容积率	否	数值类
用地面积（平方米）	用地面积（平方米）	否	数值类
总建筑面积（平方米）	总建筑面积	否	数值类
总计容建筑面积（平方米）	总计容建筑面积	否	数值类
总计容建筑面积（自持）	略	否	数值类
总计容建筑面积（销售）	总计容建筑面积-总计容建筑面积（自持）	否	数值类
总可售面积（平方米）	略	否	数值类
总自持面积（平方米）	略	否	数值类
总车位数	略	否	数值类

楼栋主数据（住宅、写字楼、商铺、配套）管理属性标准见表 6-22。

表 6-22　楼栋主数据（住宅、写字楼等）管理属性标准

属性名称	业务含义	是否必填	维护类型	示例
所属项目分期	略	是	代码类	
楼栋编码	略	是	编码类	楼栋编码 = 分期编码 + 3 位流水码
楼栋名称	略	是	文本类	
产品线	略	否	代码类	销售写字楼无产品线
产品类型	略	是	代码类	仅包含开发阶段的产品类型
经营方式	略	是	代码类	销售、出租、不可租售
建筑面积	略	是	数值类	
计容建筑面积	略	是	数值类	
可售（租）面积	略	是	数值类	

楼栋主数据（购物中心）管理属性标准见表 6-23。

表 6-23　楼栋主数据（购物中心）管理属性标准

属性名称	业务含义	是否必填	维护类型
所属项目分期	略	是	代码类
楼栋编码	略	是	编码类
楼栋名称	略	是	文本类
产品线	略	是	代码类
产品类型	略	是	代码类
经营方式	略	是	代码类
计容建筑面积	略	是	数值类
总车位数	指购物中心独立车位，无法拆分的车位数	是	数值类

楼栋主数据（车位）管理属性标准见表6-22。

表6-22 楼栋主数据（车位）管理属性标准

属性名称	业务含义	是否必填	维护类型
所属项目分期	略	是	代码类
楼栋编码	略	是	编码类
楼栋名称	略	是	文本类
产品类型	略	是	代码类
经营方式	略	是	代码类
建筑面积	略	是	数值类
可售（租）面积	略	是	数值类
车位数	略	是	数值类

楼栋主数据（酒店）管理属性标准见表6-24。

表6-24 楼栋主数据（酒店）管理属性标准

属性名称	业务含义	是否必填	维护类型
所属项目分期	略	是	代码类
楼栋编码	略	是	编码类
楼栋名称	略	是	文本类
产品类型	略	是	代码类
星级/档次	略	是	代码类
经营方式	略	是	代码类
开业时间	略	是	代码类
用地面积	略	是	数值类
建筑面积	指建设用地范围内服务于商业的全部建筑面积之和	是	数值类
计容建筑面积	略	是	数值类
客房数量	略	是	数值类
客房总建筑面积	略	是	数值类
餐厅数量	略	是	数值类
餐厅总建筑面积	略	是	数值类
会议室数量（含宴会厅）	略	是	数值类
会议室总建筑面积	略	是	数值类

商业运营项目的项目主数据（自持写字楼）管理属性标准见表6-25。

表 6-25　项目主数据（自持写字楼）管理属性标准

属性名称	业务含义	是否必填	维护类型
项目编码	略	是	编码类
项目名称	略	是	文本类
所属大区	略	是	代码类
所属城市公司	略	是	代码类
所在城市	略	是	代码类
开业时间	略	是	日期类
项目地址	略	是	文本类
总建筑面积	略	是	数值类
计容建筑面积	略	是	数值类
可租面积	略	是	数值类

项目主数据（购物中心）管理属性标准见表 6-26。

表 6-26　项目主数据（购物中心）管理属性标准

属性名称	业务含义	是否必填	维护类型
项目编码	略	是	编码类
项目名称	略	是	文本类
所属大区	略	是	代码类
所属城市公司	略	是	代码类
所在城市	略	是	代码类
产品线	略	是	代码类
开业时间	略	是	日期类
项目地址	略	是	文本类
总计容建筑面积	略	是	数值类
总车位数	略	是	数值类

项目主数据（自持车位）管理属性标准见表 6-27。

表 6-27　项目主数据（自持车位）管理属性标准

属性名称	业务含义	是否必填	维护类型
项目编码	略	是	编码类
项目名称	略	是	文本类
所属大区	略	是	代码类
所属城市公司	略	是	代码类
所在城市	略	是	代码类
产权类型	略	是	代码类
项目地址	略	是	文本类

（续）

属性名称	业务含义	是否必填	维护类型
建筑面积	略	是	数值类
可租面积	略	是	数值类
车位数	略	是	数值类
总用地面积（平方米）	略	是	数值类
总建筑面积（平方米）	略	否	数值类
总计容建筑面积（平方米）	略	是	数值类
总计容建筑面积（自持）（平方米）	略	是	数值类
总计容建筑面积（销售）（平方米）	略	是	数值类
总可售面积（平方米）	略	否	数值类
总自持面积（平方米）	略	否	数值类
总车位数	略	否	数值类

项目主数据（酒店）管理属性标准见表6-28。

表6-28 项目主数据（酒店）管理属性标准

属性名称	业务含义	是否必填	维护类型
项目编码	略	是	编码类
项目名称	略	是	文本类
所属大区	略	是	代码类
所属城市公司	略	是	代码类
所在城市	略	是	代码类
经营方式	略	是	代码类
项目地址	略	是	文本类
开业时间	略	是	日期类
用地面积	略	是	数值类
建筑面积（不含车位）	略	是	数值类
计容建筑面积	略	是	数值类
客房数量	略	是	数值类
客房总建筑面积	略	是	数值类
餐厅数量	略	是	数值类
餐厅总建筑面积	略	是	数值类
会议室数量（含宴会厅）	略	是	数值类
会议室总建筑面积	略	是	数值类

（5）编码规则

项目编码采取流水码的方式，编码中尽量不包含业务含义；分期编码可基于项目编码进行拓展，编码规则为项目编码+2位流水码；楼栋编码可基于分期编码进行拓展，编码规则为分期编码+3位流水码。

6.3.3 管理流程与组织职责

定义主数据相关的集团与事业部的角色和职责，并明确它们之间的分工，包括制订集团统一的数据管理、颁布和监督执行制度以及各项数据的管理流程标准。本节对其中的管理流程进行详细阐述。

1. 组织主数据管理流程

（1）法人架构

此流程适用于公司法人架构下的实体组织，包括子公司、分公司、代管实体、联营公司、合营公司和独立核算利润点。

组织主数据（法人架构）的详细管理流程见表 6-29。

表 6-29 组织主数据（法人架构）管理流程

序号	流程步骤	步骤说明	处理方式	责任部门/角色	处理时间/频率
10	组织申请	提交法人实体的相关设立材料或拆分独立核算利润点的申请材料	人工	大区财务部	根据需要
20	大区财务部审核	审核名称的合规性；独立核算利润点建立其必要性	人工	大区财务部	1 天
30	公司财务部审核	审核组织在各口径核算的必要性	人工	公司财务部审核	1 天
40	编码生成	按全集团规则进行全局统一编码	系统	公司信息部	1 天
50	系统分发	分发至其他应用系统	系统	公司信息部	1 天

（2）管理架构

此流程适用于集团下各城市公司的维护流程。管理架构下的实体维护流程分为业务流程与系统流程，因为业务流程中涉及大区及公司高层审批，目前来看两者统一的时机还不成熟，所以业务流程仍然保留在公司 OA 系统中审批，系统流程在主数据系统中审批。组织主数据（管理架构）的详细管理流程见表 6-30。

表 6-30 组织主数据（管理架构）管理流程

序号	流程步骤	步骤说明	处理方式	责任部门/角色	处理时间/频率
10	创建或变更申请	提交城市公司设立的相关申请材料	人工	大区 HR	根据需要
20	大区 HR 审批	审批设立的相关材料、名称的规范性	人工	大区 HR	1 天
30	公司 HR 审批	审批设立的相关材料、名称的规范性	人工	公司 HR	1 天
40	公司财务部审核	评估此申请在各财务管理系统的应用情况并填写意见	人工	公司财务部	1 天
50	系统分发	分发至其他应用系统	系统	公司信息部	1 天

2. 会计科目主数据管理流程

(1) 批量申请流程

此流程适用于集团公司进行批量申请，集团公司财务部每年会修订核算手册，并根据最新的核算手册提出批量变更的需求，由集团公司财务部进行批量维护。会计科目主数据批量申请流程见表6-31。

表 6-31 会计科目主数据批量申请流程

序号	流程步骤	步骤说明	处理方式	责任部门/角色	处理时间/频率
10	集团公司部财务部填写申请表	每年集团公司财务部根据最新的核算手册确定出需批量变更需求或变更科目后填写会计科目信息变更申请表	系统	集团公司财务部	1年
20	集团公司财务部领导审核确认	集团公司财务部负责人审核会计科目信息变更申请表	系统	集团公司财务部	1年
30	集团公司财务部维护科目信息	集团公司财务部负责人审核通过后，由集团公司财务部在公司主数据系统中更新/维护科目信息	系统	集团公司财务部	1年
40	系统分发	分发至其他应用系统	系统	公司信息部	1年

(2) 日常申请流程

此流程适用于申请机构根据日常核算所需进行申请。流程说明见表6-32。

表 6-32 会计科目主数据日常申请流程

序号	流程步骤	步骤说明	处理方式	责任部门/角色	处理时间/频率
10	申请机构填写申请表	由申请机构相关人员填写会计科目申请表，提交给城市公司财务部	人工	城市公司财务部	随时
20	城市公司财务部审核确认	城市公司财务负责人审核确认会计科目申请表	人工	城市公司财务部	随时
30	大区财务部负责人审核确认	大区财务部负责人审核确认会计科目申请表	人工	大区财务部	随时
40	集团公司财务部审核确认	集团公司财务部负责人审核确认会计科目申请表	人工	集团公司财务部	随时
50	集团公司财务部维护科目信息	集团公司财务部负责人审核通过后，由集团公司财务部在公司主数据系统中更新/维护科目信息	人工	集团公司财务部	随时
60	系统分发	分发至其他应用系统	系统	集团信息部	随时
70	反馈用户	系统自动告知申请机构已完成科目更新	系统	集团信息部	随时

3. 银行账户主数据管理流程

此流程适用于申请机构根据日常核算所需进行申请。银行账户主数据申请流程见表6-33。

表6-33 银行账户主数据申请流程

序号	流程步骤	步骤说明	处理方式	责任部门/角色	处理时间/频率
10	财务办理开户子流程	下属公司财务在资金管理系统中提交开户申请，开户申请经相关领导审批后，携带开户申请材料到银行办理开户	人工	下属公司财务部	随时
20	财务维护账户信息并提交申请	下属公司财务在资金管理系统中补录账户信息	人工	下属公司财务部	随时
30	集团公司资金部审核银行账户	集团公司资金部在资金管理系统中审核银行账户信息的数据质量	人工	集团公司资金部	随时
40	系统自动启用账户	审核通过后，资金管理系统自动启用账户，表示可以在业务单据上使用	系统	集团公司资金部	随时
50	将银行账户同步至公司主数据系统	启用后的银行账户信息，自动同步至公司主数据管理系统	系统	集团公司资金部	随时
60	系统将银行账户分发至应用系统	公司主数据管理系统自动将银行账户分发至应用系统	系统	集团公司资金部	随时
70	系统自动下发通知至申请人	公司主数据管理系统自动下发通知至申请人	系统	集团公司资金部	随时

4. 项目分期楼栋主数据管理流程

(1) 项目分期主数据维护流程（开发建设阶段-投资批复阶段）

此流程适用于公司住宅项目、综合体项目在开发建设阶段申请项目分期。适用于：在投资批复阶段申请新的项目和分期；在投资批复阶段维护项目的基本属性、设计属性和分期的基本属性。项目分期主数据（开发建设阶段-投资批复阶段）维护的详细流程见表6-34。

表6-34 项目分期主数据维护流程

序号	流程步骤	步骤说明	处理方式	责任部门/角色	处理时间/频率
10	填写项目分期申请单	公司战略管理部在主数据管理系统中填写项目分期申请单	人工	公司战略部	随时
20	审核确认（会签）	公司战略部领导参加会签	人工	公司战略部	随时
21	审核确认（会签）	公司财务部领导参加会签	人工	公司财务部	随时
22	审核确认（会签）	公司工程部领导参加会签	人工	公司工程部	随时
30	项目分期创建，并可对外分发	会签完成后，在主数据管理系统中创建项目分期，并对其他系统进行分发	系统	—	随时

（2）项目分期主数据维护流程（开发建设阶段-启动会方案设计阶段）

此流程适用于公司住宅项目、综合体项目在开发建设阶段申请项目分期。适用于：在启动会、方案设计评审阶段申请已有项目的新分期；在启动会、方案设计评审阶段维护项目和分期的基本属性及设计属性。项目分期主数据（开发建设阶段-启动会方案设计阶段）的维护流程见表6-35。

表6-35 项目分期主数据（开发建设阶段-启动会方案设计阶段）维护流程

序号	流程步骤	步骤说明	处理方式	责任部门/角色	处理时间/频率
10	触发项目分期信息维护申请	公司战略部在主数据管理系统中触发项目分期信息维护申请	人工	公司战略部	随时
20	维护项目分期基本属性	大区运营部在主数据管理系统中维护项目分期基本属性	人工	大区运营部	随时
30	维护项目分期设计属性	大区设计部在主数据管理系统中维护项目分期设计属性	人工	大区设计部	随时
40	审核确认（会签）	大区运营部在主数据管理系统中审核确认	人工	大区运营部	随时
50	审核确认（会签）	公司战略部在主数据管理系统中审核确认	人工	公司战略部	随时
51	审核确认（会签）	公司财务部在主数据管理系统中审核确认	人工	公司财务部	随时
52	审核确认（会签）	公司产品部在主数据管理系统中审核确认	人工	公司产品部	随时
53	审核确认（会签）	公司工程部在主数据管理系统中审核确认	人工	公司工程部	随时
60	系统保存项目分期信息，并可对外分发	会签完成后，系统保存项目分期信息，并对其他系统分发	系统	—	随时

（3）楼栋主数据维护流程（开发建设阶段-住宅、写字楼、商铺、配套、车位）

此流程适用于公司住宅项目、综合体项目在开发建设阶段申请楼栋（住宅、写字楼、商铺、配套、车位）。楼栋主数据（开发建设阶段-住宅、写字楼、商铺、配套、车位）维护流程见表6-36。

表6-36 楼栋主数据（开发建设阶段-住宅、写字楼、商铺、配套、车位）维护流程

序号	流程步骤	步骤说明	处理方式	责任部门/角色	处理时间/频率
10	维护楼栋基本属性	大区运营部在主数据管理系统中维护楼栋基本属性	人工	大区运营部	随时
20	维护楼栋设计属性	大区设计部在主数据管理系统中维护楼栋设计属性	人工	大区设计部	随时
30	审核确认（会签）	大区运营部在主数据管理系统中审核楼栋属性	人工	大区运营部	随时
40	审核确认（会签）	公司战略部在主数据管理系统中审核楼栋属性	人工	公司战略部	随时
41	审核确认（会签）	公司产品部在主数据管理系统中审核楼栋属性	人工	公司产品部	随时
50	系统保存楼栋，并可对外分发	会签完成后，系统保存楼栋信息，并对其他系统分发	系统	—	随时

（4）楼栋主数据维护流程（开发建设阶段-购物中心）

此流程适用于公司综合体项目在开发建设阶段申请楼栋（购物中心）。流程说明见表6-37。

表6-37 楼栋主数据（开发建设阶段-购物中心）维护流程

序号	流程步骤	步骤说明	处理方式	责任部门/角色	处理时间/频率
10	维护楼栋基本属性	在启动会和方案设计评审阶段，大区运营部在主数据管理系统中维护楼栋基本属性	人工	大区运营部	随时
20	维护楼栋设计属性	在启动会和方案设计评审阶段，大区设计部在主数据管理系统中维护楼栋设计属性	人工	大区设计部	随时
30	维护楼栋设计属性	在启动会和方案设计评审阶段，大区商业地产事业部在主数据管理系统中维护楼栋设计属性	人工	大区商业地产事业部	随时
40	审核确认（会签）	大区商业地产事业部在主数据管理系统中审核相关属性	人工	大区商业地产事业部	随时
50	审核确认（会签）	大区运营部在主数据管理系统中审核相关属性	人工	大区运营部	随时
60	审核确认（会签）	公司战略部在主数据管理系统中审核相关属性	人工	公司战略部	随时
61	审核确认（会签）	公司商业地产事业部在主数据管理系统中审核相关属性	人工	公司商业地产事业部	随时
70	系统保存楼栋，并可对外分发	会签通过后，系统保存楼栋信息，并可对其他系统分发	系统	—	随时

（5）楼栋主数据维护流程（开发建设阶段-酒店）

此流程适用于公司综合体项目在开发建设阶段申请楼栋（酒店）。流程说明见表6-38。

表6-38 楼栋主数据（开发建设阶段-酒店）维护流程

序号	流程步骤	步骤说明	处理方式	责任部门/角色	处理时间/频率
10	维护楼栋属性	在启动会和方案设计评审阶段，公司战略部在主数据管理系统中维护楼栋属性	人工	公司战略部	随时
20	维护楼栋设计属性	在启动会和方案设计评审阶段，大区设计部在主数据管理系统中维护楼栋设计属性	人工	大区设计部	随时
30	审核确认（会签）	大区酒店事业部在主数据管理系统中审核相关属性	人工	大区酒店事业部	随时
40	审核确认（会签）	大区运营部在主数据管理系统中审核相关属性	人工	大区运营部	随时
50	审核确认（会签）	公司战略部在主数据管理系统中审核相关属性	人工	公司战略部	随时
51	审核确认（会签）	公司酒店事业部在主数据管理系统中审核相关属性	人工	公司酒店事业部	随时
60	系统保存楼栋，并可对外分发	会签通过后，系统保存楼栋信息，并可对其他系统分发	系统	—	随时

(6) 项目维护流程（商业运营阶段-自持写字楼、自持车位）

此流程适用于公司综合体项目，在商业运营阶段需要申请有独立核算需求的项目（自持写字楼、自持车位）。流程说明见表6-39。

表6-39 项目主数据（商业运营阶段-自持写字楼、自持车位）**维护流程**

序号	流程步骤	步骤说明	处理方式	责任部门/角色	处理时间/频率
10	维护运营项目属性	公司战略部在主数据管理系统中维护运营阶段项目属性	人工	公司战略部	随时
20	维护运营项目属性	大区运营部在主数据管理系统中维护运营阶段项目属性	人工	大区运营部	随时
30	维护运营项目属性	大区设计部在主数据管理系统中维护运营项目属性	人工	大区设计部	随时
40	审核确认（会签）	大区运营部在主数据管理系统中审核确认	人工	大区运营部	随时
50	审核确认（会签）	公司战略部在主数据管理系统中审核确认	人工	公司战略部	随时
51	审核确认（会签）	公司产品部在主数据管理系统中审核确认	人工	公司产品部	随时
60	系统保存项目信息，并可对外分发	会签完成后，系统保存项目分期信息，并对其他系统分发	系统	—	随时

(7) 项目维护流程（商业运营阶段-购物中心）

此流程适用于公司综合体项目，在商业运营阶段需要申请有独立核算需求的项目（购物中心）。流程说明见表6-40。

表6-40 项目主数据（商业运营阶段-购物中心）**维护流程**

序号	流程步骤	步骤说明	处理方式	责任部门/角色	处理时间/频率
10	维护运营项目属性	大区商业地产事业部在主数据管理系统中维护运营项目属性	人工	大区商业地产事业部	随时
20	维护运营项目属性	大区设计部在主数据管理系统中维护运营项目属性	人工	大区设计部	随时
30	审核确认（会签）	大区商业地产事业部在主数据管理系统中审核运营阶段项目属性	人工	大区商业地产事业部	随时
40	审核确认（会签）	公司商业地产事业部在主数据管理系统中审核运营阶段项目属性	人工	公司商业地产事业部	随时
50	系统保存信息，并可对外分发	会签完成后，系统保存项目信息，并对其他系统分发	系统	—	随时

(8) 项目主数据维护流程（商业运营阶段-酒店）

此流程适用于公司综合体项目，在商业运营阶段需要申请有独立核算需求的项目（酒店）的情况。流程说明见表 6-41。

表 6-41 项目主数据（商业运营阶段-酒店）维护流程

序号	流程步骤	步骤说明	处理方式	责任部门/角色	处理时间/频率
10	维护运营项目属性	公司战略部在主数据管理系统中维护运营阶段项目属性	人工	公司战略部	随时
20	维护运营项目属性	大区设计部在主数据管理系统中维护运营阶段项目属性	人工	大区设计部	随时
30	维护运营项目属性	大区工程管理部在主数据管理系统中维护运营项目属性	人工	大区工程管理部	随时
40	审核确认（会签）	大区酒店事业部在主数据管理系统中审核确认	人工	大区酒店事业部	随时
50	审核确认（会签）	公司战略部在主数据管理系统中审核确认	人工	公司战略部	随时
60	系统保存项目分期信息，并可对外分发	会签完成后，系统保存项目分期信息，并对其他系统分发	系统	—	随时

6.3.4 主数据管理平台总体规划实施与集成应用

本节将对主数据管理平台规划与实施等方面的内容进行讲解。当然，本阶段之前需要先对主数据管理平台产品进行选型，并和业务部门充分讨论各种主数据产品的特点是否适合本企业的 IT 生态圈。经过此阶段后，再进行主数据管理平台的实施与计划推进。下面将从主数据管理平台的系统定位、系统集成等方面进行阐述。

1. 系统定位

对于无完整管理闭环的主数据域，建议可在公司主数据管理系统中进行主数据管理，并进行主数据的发布，公司主数据管理系统定位为数据管理中心和数据发布中心。组织、项目分期楼栋，建议在公司主数据管理系统中统一进行管理后发布给各应用系统。

对于有完整管理闭环的主数据域，建议可在各自系统中进行主数据的管理，如果此项主数据需要应用到多个系统，再将数据抽取到公司主数据管理系统中，公司主数据管理系统的定位是数据发布中心，主要承担系统交互传递的功能。对于银行账户主数据，建议在资金管理系统中管理其生命周期，公司主数据管理系统作为数据发布中心。

对于有完整管理闭环的主数据域，如果此项主数据不需要应用到多个系统，则直接在此类系统中进行管理。

2. 系统集成及同步

（1）组织主数据

组织主数据在公司主数据管理系统中进行统一管理（创建及审批），后分发至各应用系统（财务核算系统、人力资源系统、法定合并系统、管理合并系统、预算管理系统等）。

（2）会计科目主数据

会计科目主数据在公司主数据管理系统中进行统一管理（创建及审批），后分发至财务核算系统。

（3）银行账户主数据

银行账户主数据在资金管理系统中创建银行账户信息，后同步至公司主数据管理系统，再由主数据管理系统统一向各应用系统分发。

（4）项目分期楼栋主数据

项目分期楼栋主数据在公司主数据管理系统中进行统一管理（创建及审批），后分发至各业务系统。

6.3.5 数据清洗策略

1. 组织主数据

1）清理路径与顺序原则：按照业务优先级，分系统进行清理工作，建议优先清理财务核算系统、管理合并系统、预算系统。

2）清理完成标志：对接系统的存量组织数据已按照公司数据标准规范导入公司主数据管理系统；对接业务系统已按照公司数据标准规范完成存量数据清理；对接业务系统已按照公司要求进行变更组织的申请工作，并从公司主数据管理系统中获取组织主数据。

2. 会计科目主数据

1）清理路径与顺序原则：按照业务优先级，分类型进行清理工作，建议优先清理损益类、成本类科目。

2）清理完成标志：会计科目主数据已按照公司主数据标准规范导入公司主数据管理系统；会计科目主数据存量科目在财务核算系统已按照公司主数据标准规范完成清洗；会计科目主数据变更科目已按照公司科目主数据管理流程进行申请。

3）清洗方案原则：会计科目数据清理前，需要确认相关科目无在途子模块或业务系统数据，相关集成系统需要进行在途数据清查；会计科目数据清理前，需要确认相关科目无余额；会计科目数据清理前，需要确认子模块或集成业务系统相关设置已调整或失效；会计科目数据清理前，需要确认相关客户化开发程序或报表已调整完成。

3. 银行账户主数据

1）清理路径与顺序原则：按照业务优先级，建议优先对资金管理系统中的银行账户进行清理、后对财务核算系统中的银行账户进行清理。

2）清理完成标志：源头系统（资金管理系统）已按照公司数据标准规范完成存量数据清理；源头系统（资金管理系统）已经按照公司数据标准规范进行银行账户的申请工作；对接业务系统已按照公司数据标准规范完成存量数据清理。

4. 项目分期楼栋主数据

1）清理路径与顺序原则：按照业务优先级，分系统进行清理工作，建议优先对财务核算系统、明源售楼等核心业务系统的项目分期楼栋进行清理；

2）清理完成标志：对接系统存量的项目分期楼栋已按照公司数据标准规范导入主数据管理系统；对接业务系统已按照公司数据标准规范完成存量数据清理；对接业务系统已经按照公司要求进行项目分期楼栋的申请工作，并从主数据管理系统中获取项目分期楼栋主数据。

3）清洗方案原则：数据范围限定原则为对接业务系统需要根据自身的业务需求确定项目分期楼栋的清理范围；属性重要性原则为对接业务系统中的重要属性（如唯一性属性、数据标准化涉及的属性）都必须按照公司主数据方案的要求；数据拆分原则为对于在数据清理范围内的项目分期楼栋，原则上要求按公司项目分期楼栋的标准规范进行拆分。

6.3.6 质量管理规划与策略

主数据的数据质量提升依托于企业级数据管理组织责任体系。数据质量管理工作需要高层领导的支持和重视，还需要业务部门数据负责人、分/子公司数据录入人员、系统开发维护部门的数据维护人员等角色进行多方面配合。

首先，通过数据管理制度与规范的制订，使得数据管理工作更加体系化、规范化，为实现数据管理目标打下坚实的基础，并提供有力的制度保障。还可以考虑搭建一个企业级的统一数据质量管理系统辅助数据质量管理工作的执行，集中管理数据质量检查规则，使数据质量相关人员通过一个统一的平台追踪数据质量问题，查看数据质量报告和影响分析。

其次，通过打造主数据质量管理流程，事前防御、事中监控以及事后改善，将数据质量考核改进，变被动为主动，制订数据产生、获取、加工、发布及使用过程的质量监控评估方法，最终实现日常数据质量管理全流程。

6.4 小结

本章概述性地介绍了某房地产企业的主数据管理工程，通过对企业数据现状、组织、流程等方面的梳理以及相关解决方案的阐述，讲解了此行业的几项核心主数据项的管理目标与落地步骤，其中包括主数据标准、管理流程、数据管理组织架构以及数据管理平台建设等方面的管理建议，以逐渐打破数据壁垒，实现横向贯通，保证基础数据标准流程统一、规范，提高数据管理质量，为房地产企业的运营决策提供可靠、高质量的核心数据支撑，让企业更好地利用数据产生价值。

第 7 章　某工程行业主数据管理案例分析

本项目由某工程类企业（以下简称公司）发起，旨在通过本项目的实施，构建公司主数据管理体系，基于公司的业务特点与需求，结合以往行业内的主数据管理实践经验，从组织与运营模式、管理流程与制度、数据标准规范、系统功能与集成、数据清理等方面对公司的核心主数据域（本章重点对物料（物资）、客户、供应商、组织机构数据进行讲解）进行整体梳理与规划，并在此基础上搭建集团主数据管理平台，实现核心主数据的统一管理、统一发布与集成，统一企业内部的度量衡。项目包括数据管理相关的内容以及相对应的产品和系统实施的路径，规划未来公司数据管理的实施策略，为数据发挥更大价值以及集团以及未来各级子单位的数字化转型奠定基础。

7.1　管理现状与痛点分析

与上一个案例类似，本案例将针对主数据管理现状与痛点，从管理范围、管理组织、管理办法、管理流程、主数据标准以及系统应用集成等方面进行梳理与分析。

7.1.1　管理范围现状

1. 组织主数据管理范围现状

组织主数据是指组织编码、名称、管理层级等，描述组织基本信息及隶属关系中相对变化频率不高、非业务型，并且在各业务系统之间高度共享的数据。目前集团内各级组织（或机构）主数据可以分为实体组织与虚拟组织类型，其中，实体组织又可以分为公司与内部组织。

集团当前管理的组织包括如下类型：企业、内部组织、虚拟组织。其中，企业包含法人公司与非法人公司；内部组织包含总部、事业部、职能部门、生产部门、区域总部、项目部；虚拟组织包含人力虚拟组织（人力管理的虚拟机构，如信息化小组领导小组、安全生产领导小组等）、核算虚拟组织（包括财务核算过程中增加的一些财务虚拟机构），如图 7-1 所示。

在业务层面目前集团中的组织（机构）主数据，被用于人力资源管理、财务管理、项目管理以及公司经营分析等用途，所以从 IT 系统层面，也被用于人事行政管理职能管理的人力资源与组织管理系统（如人力资源管理系统）和 4A 系统（一种涉及身份认证、授权、记账、审计以及企业门户等方面的统一安全管理系统）等相关系统、财务核算系统等处理会计业务、核算以及出具满足会计准则要求的财务合并报告的相关系统（如财务主数

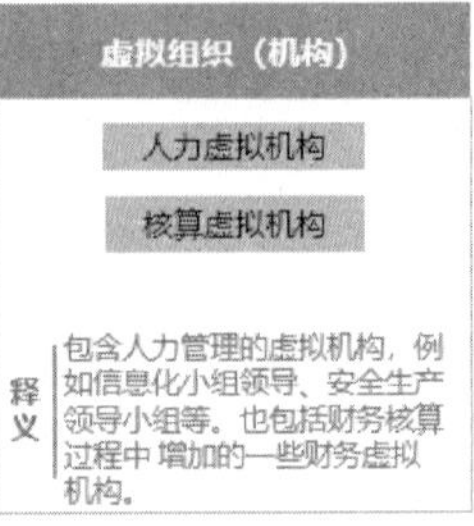

图 7-1　组织主数据管理范围现状

据系统、合并报表系统）、管理项目组织以及隶属组织关系的相关系统（如项目管理系统）以及为公司生产经营指标分析提供数据支撑与展现功能的相关分析类应用系统（如生产经营系统）。

从范围上看，目前人力资源与项目管理两方面已覆盖了组织机构与人力资源系统内的所有实体组织（企业组织以及内部组织），而财务管理和经营分析覆盖了 HR 系统内的所有实体组织（企业组织以及内部组织）以及财务系统中的虚拟组织（合并层级以及虚拟核算单元）。

2. 客户、供应商主数据管理范围现状

客户、供应商在本企业中指与企业存在业务往来、需要向其收、付款的机构和个人，不包含竞争对手、对标单位等（以下对客户、供应商称客商）。

目前集团业务涉及（但不限于）以下业务所涉及的客户或供应商。

1）基建、疏浚、设计、制造企业所涉及的主营业务客商：工程项目业主/客户及设备租赁客户，及各类物资、设备、零部件等采购、专业分包及服务分包、设备租赁等供应商。

2）商业地产经营、住宅地产销售、物业管理企业所涉及的主营业务客商：房地产业务相关的租户、业主，及工程施工等供应商。

3）贸易企业所涉及的主营业务客商：保险公司、货代/船代、报关/报检公司、仓储公司等。

4）金融、投资企业：政府机构、银行及各类金融机构等。

5）其他非主营业务客商：广告公司、公关公司、各类职能管理服务公司（如审计、咨询等）等。

从业务管理角度来看，集团总部各职能部门、事业部的客商管理现状均有不同，如有些事业部的业务运营管理范围包含集团直管的项目客户与供应商，而有的事业部只负责管理物资采购涉及的相关供应商，还有的部门（如财务部门）负责管理和集团有资金往来的客户与供应商，海外事业部只管理海外业务涉及的供应商等。

一些特殊情况如下。

1）目前存在部分事业部层面无直管项目，未来如有事业部直管项目，事业部层面将

深入业务运营，管理客商信息。

2）目前存在部分事业部如海外事业部主要辅助各下属单位处理进出口报关工作，现正在推进上线海外物资采购系统，统管海外业务供应商。

从数据管理角度来看，本期集成范围内集团各统建系统中的客商管理范围见表 7-1。

表 7-1 客商管理范围

应用系统	外部客商		内部客商
	客　户	供 应 商	
项目管理系统	系统中所含集团直属项目的总包合同甲方（业主单位）	系统中所含集团直属项目的分包合同乙方（分包商）	取自 4A 组织架构
物资采购平台物资采购系统	—	集团所有单位的招标采购（不含装备采购）供应商（含只注册但未实际发生财务结算的供应商）	自主注册（同外部供应商）
物资采购平台云电商模块	—	京东自营	—
物资采购平台装备采购模块	—	集团所有单位的装备采购供应商（含只注册但未实际发生财务结算的供应商）	自主注册（同外部供应商）
财务主数据系统	与财务主数据系统集成的各级单位所管理的客户	与财务主数据系统集成的各级单位所管理的供应商（含员工供应商）	取自财务核算单元
生产数据采集及辅助决策系统	各级单位填报的业主信息	各级单位填报的设计单位信息	基于财务核算单元自建

在集团供应商主数据管理方面，物资采购供应商分别由物资采购部门负责管理，在集团已有的统建系统中，物资采购相关供应商已分别纳入了物资采购平台管理，但物资采购模块中除物资采购外也包含部分服务型供应商、分包商信息，该模块的管理范围划分不明确；另外，基于目前统建系统的管理现状，财务主数据系统中所管理的供应商主数据与物资采购平台管理的范围存在部分交叉但不能完全互补；对于各类项目分包商，除某些事业部已在线下收集集团各个项目所涉及的分包商名单外，目前无集团统建系统支撑或覆盖全集团的各类项目分包商管理。

在集团客户主数据管理方面，除生产数据采集及辅助决策系统收集各单位的项目业主信息、财务主数据系统囊括其对接的下属公司客户信息外，目前无集团统建系统支撑或覆盖全集团的客户主数据管理。已有的客户数据管理系统中，数据范围交叉且对于集团层面管理的客户数据范围暂无明确规划。

7.1.2 管理组织与管理办法现状

1. 组织主数据管理组织现状

组织主数据中，企业组织（法人、非法人）类型由集团战略发展部主导制订企业组织管理制度，由投资事业部以及二级子单位相关部门执行制度。内部组织由集团人力资源部主导制订内部组织管理制度，由集团战略发展部、集团人力资源部以及各级子单位相关部门予以执行。财务核算组织由各级单位根据实际财务核算需求进行设置，由集团财务资金部、各分/子公司财务部执行相关制度。财务管理制度上，各级单位财务部单独在合并报表系统中维护企业组织、内部组织以及虚拟组织，并在合并报表系统中自成体系。

2. 客户、供应商主数据管理组织现状

基于各职能部门及事业部的业务划分，集团层面对于客商的管理总体上呈多级、分部门/业务线的分散式管理形式（即不同的部门在制订客户、供应商数据管理规范与标准规范中充当的角色不同，数据维护权限不尽统一，数据质量审核习惯与规章均不尽相同等）。

目前集团层面暂无统一的客户、供应商主数据数据标准主责部门或牵头部门，各部门针对各自管理业务条线的管控需求分别建立管理制度，故会造成集团层面对于客户或供应商主数据的管理上有交叉、范围不能全覆盖的情况。此外，集团目前缺少统一的主数据管理组织架构，对于各级公司的主数据维护/审核、数据标准的设计及执行缺少明确的岗位职责定义及描述。当然这些问题也是大多数工程类企业都面临的客户、供应商数据管理问题。

7.1.3 管理流程现状

以客户、供应商主数据的管理流程现状为例。在涉及客户、供应商的集团统建系统中，其新增、变更、失效流程总体情况见表 7-2。

表 7-2 客户、供应商数据管理流程

系统/模块	新增		变更		失效	
	线上	线下	线上	线下	线上	线下
财务主数据系统	√		√			
物资采购平台	√		√			

在财务主数据系统中，客户、供应商的维护流程（含创建修改）见表 7-3。

表 7-3 财务主数据系统维护流程

序号	流程步骤	步骤说明	处理方式	处理系统	责任部门/角色	处理时间/频率
10	维护客商信息	各项目财务岗维护客商信息	手工	财务主数据系统	各项目/财务岗	不定时
20	审核客商信息	下属公司财务科的财务系统管理员审核客商信息，如果通过，进入步骤 30；如果不通过，返回步骤 10	手工	财务主数据系统	下属公司财务科/财务系统管理员	不定时

（续）

序号	流程步骤	步骤说明	处理方式	处理系统	责任部门/角色	处理时间/频率
30	审核客商信息	下属公司财务系统管理员审核客商信息，如果通过，进入步骤40；如果不通过，返回步骤10	手工	财务主数据系统	下属公司/财务系统管理员	不定时
40	手工引用到属地系统	下属公司财务科的财务系统管理员将客商信息手工引用到属地系统	手工	财务主数据系统	下属公司财务科/财务系统管理员	不定时

在物资采购平台维护供应商数据的流程见表7-4。

表7-4　物资采购平台维护流程

序号	流程步骤	步骤说明	处理方式	处理系统	责任部门/角色	处理时间/频率
10	维护供应商信息	由供应商自己负责维护信息	手工	物资采购平台	供应商	不定时
20	外部接口（天眼查）校验	系统自动通过外部接口（天眼查）进行校验，如果通过，进入步骤30；如果不通过，返回步骤10	系统自动	物资采购平台	—	不定时
30	审核供应商	下属公司审核岗审核供应商，如果通过，进入步骤40；如果不通过，进入步骤10	手工	物资采购平台	下属公司/审核岗	不定时
40	系统存储供应商	系统存储审核通过的供应商信息	系统自动	物资采购平台	—	不定时

对客户、供应商维护流程有如下说明。

- 财务主数据系统目前无客商失效流程。
- 物资采购平台中，每年由集团及各单位梳理，自行在系统中禁用供应商，无相关审核流程。
- 项目管理系统目前无客商失效流程。
- 系统中客商管理流程缺失，部分集团统建系统无客商主数据的维护-审核/审批流程设置，填写的客商信息在线下进行审核/审批，业务人员可直接在系统中维护客商信息。
- 流程岗位设置：除财务主数据系统在集团层面设置了统一的数据质量审核岗外，其他系统在集团层面无统一审核岗位或相关职能，集团层面对于数据质量无把控。

7.1.4　主数据标准现状

1. 组织主数据标准现状

（1）分类体系现状

人事部门的组织分类主要做行政用途，其分类如下。

- 企业：法人公司、非法人公司。
- 内部组织：总部、事业部、职能部门、生产部门、区域总部、项目部。
- 虚拟组织：人力虚拟组织、财务虚拟组织。

分类体系现状总结：除人力资源系统外基本没有对组织的分类管理，只有组织的层级管理。

（2）唯一性与编码规则现状

集团制订的机构编码规则未能在各个系统中全面推广，各系统编码规则不一致，影响系统间的数据自动共享，无法自动映射，需要手工匹配。各系统的机构数据独立维护，缺乏命名规范，导致相同机构在集团内存在多个名称，业务部门需要耗费大量时间进行机构识别。

目前各系统的组织编码均采用自动流水号，无实际意义，且各系统中同一组织的流水号不一致。

2. 客户、供应商主数据标准现状

（1）分类体系现状

所有和分类相关的分类维度及其具体描述见表 7-5。

表 7-5　客户、供应商分类说明

系　　统	分类属性	分类描述
财务主数据系统	是否内部单位	是 否
财务主数据系统	单位性质	第三方 第三方国内单位 第三方环境检测服务 分包商 服务商 个体工商户 供应商 国内单位 国内第三方 国内个人 国内外部单位 国内组织单位 经销商 客户 零售商 内部单位 其他 其他股份有限公司 生产厂 外国个人 业主单位 有限责任公司 运输商 政府机关 租赁商

（续）

系　统	分类属性	分类描述
财务主数据系统	所属行业	引用《国民经济行业分类 GB/T 4754—2011》门类、大类、中类、小类规则
财务主数据系统	所有者类型	集体联营 国有与集体联营 其他联营 有限责任（公司） 国有独资（公司） 其他有限责任（公司） 股份有限（公司） 私有 私有独资 私有合伙 私营有限责任（公司） 私营股份有限（公司） 个体经营 其他私有 其他内资 港、澳、台投资 内地和港、澳、台合资 内地和港、澳、台合作 港、澳、台独资 港、澳、台投资股份有限（公司） 其他港、澳、台投资
物资采购平台	供应商状态	合格供应商 未评级 制造商 代理商 服务商 其他 公司内部装备制造企业 A级 B级 C级 D级

（2）唯一性现状

- 财务主数据系统集团内单位：合并报表系统中报表单位的编码。
- 财务主数据系统集团外单位。

1）境内企业：统一社会信用代码。

2）境内政府机构及事业单位：组织机构代码或统一社会信用代码。

3）境内个人：身份证号码。

4）境外企业：税号。

5）境外个人：国外的个人用社保号。

- 物资采购平台：名称+统一社会信用代码/组织机构代码/税号（三证合一后三者

填写相同信息）。

- 生产数据采集及辅助决策系统：下属机构填写的名称与其上级单位不能重复，下属机构内部名称无校验。
- 项目管理系统：财务主数据系统ID。

（3）编码规则现状

关于本期集成范围内的各系统客商编码规则，财务主数据系统中，境内客商为所属地区4位代码+6位流水号组成；境外客商外当前单位所属国家3位代码+7位流水号组成；物资采购平台为流水码；生产数据采集及辅助决策系统为流水码；项目管理系统为界面上的编码由业务人员自己编写，无规则；系统中实际标记客商唯一性的ID直接从财务主数据系统中获取。

7.1.5 系统应用与集成现状

1. 组织主数据系统应用与集成现状

目前集团各统建系统中均覆盖了组织数据，由于各系统的建设时间以及业务范围均不相同，且系统间缺乏数据共享，导致各系统中的机构数据存在较大差异。

2. 客户、供应商主数据系统应用与集成现状

宏观来看，目前的集团采购部门（物资采购系统等）、财务部门（财务主数据系统、合并报表系统、财务核算系统等）均含有客户、供应商主数据创建与修改入口，集团层无统一入口。对子单位而言，部分二级单位的客户、供应商数据与财务主数据系统有集成。

从细节看，对于外部客商，财务主数据、采购类平台、经营类系统等分别为外部客商的源头系统，且数据间无交互；项目管理系统中的客商主数据虽来源于财务主数据系统，但业务人员可在项目管理系统中直接修改信息。

对于内部客商，各系统中集团内部客商来源不一致，且组织架构和名称不一致。财务主数据系统中的内部客商从合并报表系统中的核算单元直接获取；项目管理系统中的内部客商从4A组织架构获取；生产经营系统中的内部客商以期初导入的财务核算单元为基础，手工进行更改。

7.1.6 痛点分析

1. 组织（机构）痛点分析

目前集团在业务层级针对各类组织（机构）的主数据管理较为集中，有统一的管理制度主责部门。由于目前财务系统中包括虚拟组织在内的组织数据独立维护，与业务系统中的数据存在差异，所以在集团层面缺少统一的机构主数据管理组织。而各统建系统中均覆盖了机构数据，由于各系统建设时间以及业务范围不同，且系统间缺乏数据共享，导致各

系统中的机构数据存在较大差异。集团制订的机构编码规则未能在各个系统中全面推广，各系统编码规则不一致，影响系统间的数据自动共享，无法自动映射，需要手工匹配。各系统的机构数据独立维护，缺乏命名规范，导致相同机构在集团内存在多个名称，业务部门需要耗费大量时间进行机构识别。

2. 客户、供应商（客商）痛点分析

目前集团内针对客商的管理仅限于集团统建系统所覆盖的组织范围，集团层面对供应商的管理不能覆盖集团所有组织；由于生产经营系统主要以项目为口径填写客户/业主信息，所以未将集团非工程项目的交易客户纳入管理范围；目前已对接集团统建系统的下属公司，其自建系统中有部分供应商未纳入集团统一管理。

从管理组织模式上看，财务、业务分别自成管理体系：集团层面对于客商的管理，财务独成体系，与业务未打通；目前集团层面暂无统一的客商主数据数据标准主责部门或牵头部门，各部门针对各自管理业务条线的管控需求分别建立管理制度，故会造成集团层面在客商主数据的管理上有交叉、范围不能全覆盖的情况；集团目前缺少统一的主数据管理组织架构，对于各级公司的主数据维护/审核、数据标准的设计及执行缺少明确的岗位职责定义及描述。

管理流程方面，系统中客商管理流程缺失，如部分集团统建系统无客商主数据的维护-审核/审批流程设置；各系统内无线上客商失效流程，物资采购平台每年度由各公司在系统中直接停用供应商，亦无相关审核流程；集团流程岗位设置缺失，如除财务主数据系统在集团层面设置了统一的数据质量审核岗外，其他系统在集团层面无统一审核岗位或相关职能，集团层面对于数据质量无把控。

从数据分类上看，分类标准不统一：横向对比各系统的分类体系，集团层面对于客商没有统一的分类标准，各业务部门、各系统各自设计分类体系时，亦未能保持一致；分类维度有交叉：从每个系统中的分类体系来看，未能做到分类层级明晰、分类维度无交叉或覆盖全。而针对数据质量方面，诸如一家单位多个名称、不同单位税号重复、一名多码问题也普遍存在。

数据维护规范与数据维护准确性方面，也存在制度规范不严格带来的各种问题。系统层面，目前集团统建系统各自为客商主数据的源头，且除财务主数据向项目管理系统传递客商数据之外，各系统间无交互，造成同一家客商在不同系统中维护多次，且维护的信息不完全一致。

7.2 主数据解决方案

7.2.1 管理要点

1. 管理范围

（1）组织（机构）主数据管理范围

组织主数据的管理范围包括企业组织、内部组织以及虚拟组织，覆盖战略规划、人力资源、财务管理、项目管理、经营分析等不同业务视图的需求。

- 系统范围以及组织范围：组织机构与人力资源系统、合并报表系统、财务主数据系统、项目管理系统覆盖的组织范围。
- 业务范围以及数据范围：以上系统覆盖的所有实体机构以及为满足财务核算、报表编制所需要的虚拟机构。
- 组织机构：由实体机构和虚拟机构组成，完整的组织架构为满足财务、人力以及项目管理需要而设置的人力架构、核算架构及项目管理架构。

（2）客户、供应商（客商）主数据管理范围

客户、供应商指与集团有业务或资金往来的机构或个人。

从主营业务角度来看，在集团的主要业务板块中，主要包含如下客商。

1）供应商如下。

- 工程施工业务：物资供应商、装备供应商、协作供应商（专业合作、劳务合作等）等。
- 重工制造业务：物资、零部件供应商、装备供应商等。
- 地产经营业务：工程承包商、材料供应商等。
- 金融投资业务：金融机构等。

2）客户如下。

- 工程施工业务：工程业主/甲方等。
- 重工制造业务：业主/装备销售客户等。
- 地产经营业务：商铺租户、住宅业主等。
- 金融投资业务：金融机构等。

从非主营业务角度来看，还包括非主营业务中的各类服务公司（审计、咨询、公关、广告等）等。

从业务涉及的范围来看，未来除地产经营业务的住宅业主不纳入集团主数据管理外，其他业务的客商均应纳入主数据管理，其中包括内部客商及外部客商；从组织范围来看，未来集团主数据应囊括集团所有下属分/子公司、办事处、项目部等机构的客商。

2. 管理组织

（1）组织（机构）主数据（见表 7-6）

表 7-6　组织机构主数据管理组织

组织类型	主责部门	核算架构	人力架构	项目架构
企业机构-常设公司	战略发展、人力资源部	√	√	√
企业机构-项目公司	战略发展、人力资源部	√	√	√
企业机构-分公司	战略发展、人力资源部	√	√	√
企业机构-办事处	战略发展、人力资源部	√	√	√
内部机构-总部	战略发展、人力资源部		√	

（续）

组织类型	主责部门	核算架构	人力架构	项目架构
企业机构-事业部	战略发展、人力资源部	√	√	
企业机构-职能部门	战略发展、人力资源部		√	
企业机构-生产部门	战略发展、财务资金部		√	
企业机构-区域总部	战略发展、财务资金部		√	
企业机构-项目部	战略发展、财务资金部、投资事业部	√	√	√
虚拟机构	财务资金部	√		

（2）客户、供应商（客商）主数据

- 集团信息化部：作为客商主数据主责部门，负责组织客商数据标准确认、变更、考核等多部门会议，收集并协调主数据关键问题及新增需求。
- 集团财务部门：负责配合信息化部进行客商数据标准确认、变更、考核等工作；针对数据标准提出财务资金部的专业建议及管理要求。
- 集团物资采购部门：负责配合信息化部进行客商数据标准确认、变更、考核等工作；针对供应商数据标准提出物资采购部门的专业建议及管理要求。
- 其他各业务事业部：负责配合信息化部进行客商数据标准确认、变更、考核等工作；针对各类项目所涉及的客商数据标准提出事业部的专业建议及管理要求。
- 二级单位：参与客商主数据的管理流程、制度规范、考核办法制订。同时，明确各单位的客商主数据维护、审核人员，根据标准执行主数据录入、维护、审核、数据清洗等日常任务。
- 其他各级单位：根据各二级单位的实际情况明确各下级单位的主数据维护人员，根据标准执行主数据录入、维护、数据清洗等日常任务。

3. 管理方式

（1）组织（机构）管理方式

集团内组织（机构）采用集中型管理，主数据管理系统作为集中管理与分发平台，通过系统集成应用，实现机构、人员、账号在各系统中的统一应用。

（2）客户、供应商（客商）主数据管理方式

基于目前集团对下属单位的客商管理方式及管控目标，客商主数据采用集中型管控模式，在集团层面形成客商主数据统一标准规范，并对客商主数据进行集中管理。同时，客商主数据的管控方式还应满足以下内容：客商主数据由集团层牵头管理，并制订数据标准，二级单位重点参与主数据的管理与主数据标准的制订；充分考虑各级单位的业务特点，集团层只管理重要的共性客商信息，个性化的、不在集团范围内共享的客商主数据信息由各级子单位自行管理维护。

7.2.2 数据模型与标准规范

1. 组织（机构）主数据标准规范

（1）企业组织管理口径

基于对集团现状的理解与分析，可以认为企业组织下主要包括常设公司、项目公司、分公司、办事处/代表处、模拟分公司、有限合伙企业。

- 常设公司：因公司发展需要而正式注册、长期存在的企业法人，包括集团（母公司）和下属各级企业法人（子公司）。
- 项目公司：为了项目的建设和生产经营，由项目发起人注册成立的独立经营并自负盈亏的经营实体。
- 分公司：不具备法人资格，在登记机关领取营业执照，具有较独立的人事、财务权，下设职能部门、分支机构或直管项目部。
- 办事处/代表处：不具备法人资格，在登记机关领取营业执照，具有较独立的人事、财务权，下设职能部门、分支机构或直管项目部的办事处。
- 模拟分公司：模拟分公司运作，具有较独立的人事、财务权，下设职能部门、分支机构或直管项目部的事业部、区域总部。
- 有限合伙企业：由普通合伙人和有限合伙人组成。

（2）内部组织管理口径

基于对集团现状的理解与分析，可以发现企业内部组织下主要包括总部、事业部、职能部门、生产部门、区域总部、项目部。

- 总部：企业的生产经营管理中心和经济核算中心一般由企业高层管理者及若干职能部门或生产部门组成。
- 事业部：类似内部部门管理的事业部。
- 区域总部：类似内部部门管理的区域总部。
- 职能部门：无生产经营任务考核的部门，如管理部门、科研部门，或没有注册、无生产经营任务考核的类似职能部门管理的分公司、办事处/代表处等。
- 生产部门：有生产经营任务考核的部门，如设计院下承担生产经营任务的设计所，设备制造企业下的生产车间，或没有注册、类似生产部门管理的无下设分支机构的分公司、办事处/代表处等。
- 项目部：因项目建设需要而设置的临时机构。

（3）虚拟组织管理口径

基于对集团现状的理解与分析，可以发现虚拟组织下主要包括行政管理虚拟机构和财务虚拟核算单元。

- 行政管理虚拟机构：因某项特殊业务或活动而设立的机构，如安全生产监督管理委员会、信息化领导小组等。
- 财务虚拟核算单元：财务核算业务中的虚拟核算单位。

（4）分类体系见表7-7。

表7-7 组织机构主数据分类体系

组织类型	组织子类型	备 注
企业	常设公司	因公司发展需要而正式注册、长期存在的企业法人，包括集团（母公司）和下属各级企业法人（子公司）
	项目公司	为了项目的建设和生产经营，由项目发起人注册成立的独立经营并自负盈亏的经营实体
	分公司	不具备法人资格，在登记机关领取营业执照，具有较独立的人事、财务权，下设职能部门、分支机构或直管项目部
	办事处/代表处	不具备法人资格，在登记机关领取营业执照，具有较独立的人事、财务权，下设职能部门、分支机构或直管项目部的办事处
	模拟分公司	模拟分公司运作，具有较独立的人事、财务权，下设职能部门、分支机构或直管项目部的事业部、区域总部
	有限合伙企业	由普通合伙人和有限合伙人组成
内部组织	总部	企业的生产经营管理中心和经济核算中心，一般由企业高层管理者及若干职能部门或生产部门组成
	事业部	类似内部部门管理的事业部
	区域总部	类似内部部门管理的区域总部
	职能部门	无生产经营任务考核的部门，如管理部门、科研部门，或没有注册、无生产经营任务考核的类似职能部门管理的分公司、办事处/代表处等
	生产部门	有生产经营任务考核的部门，如设计院下承担生产经营任务的设计所，设备制造企业下的生产车间，或没有注册、类似生产部门管理的无下设分支机构的分公司、办事处/代表处等
	项目部	因项目建设需要而设置的临时机构
其他组织	其他组织	其他类型组织
虚拟组织	行政管理虚拟组织机构	因某项特殊业务或活动而设立的组织机构，如安全生产监督管理委员会、信息化领导小组等
	财务虚拟核算单元	财务核算业务中的虚拟核算单位

（5）唯一性属性

组织的唯一性属性为组织主数据编码。

（6）属性标准

组织主数据模型包含的属性见表7-8。

表7-8 组织主数据标准

序号	属 性 名 称	是否必填	数据类型	输入方式	说 明
1	组织主数据编码	是	字符型	输入型	主数据管理系统自动生成
2	组织系统机构编码	是	字符型	输入型	组织机构与人力资源系统自动生成
3	组织全称	是	字符型	输入型	机构的规范全称
4	组织简称	是	字符型	输入型	

（续）

序号	属性名称	是否必填	数据类型	输入方式	说明
5	组织状态	是	字符型	下拉框	
6	组织类型	是	字符型	下拉框	
8	上级组织主数据编码	是	字符型	输入型	
9	核算单位编码	是	字符型	输入型	
10	上级核算单位编码	是	字符型	输入型	引用组织主数据中的财务核算单位编码
11	核算类别	是	字符型	下拉框	
12	核算性质	是	字符型	下拉框	

当组织类型为企业时，还包括表 7-9 中的企业扩展信息。

表 7-9　组织主数据（企业）主数据标准

序号	属性名称	是否必填	数据类型	输入方式	说明
1	企业分类	是	字符型	下拉框	
2	国家/地区	是	字符型	下拉框	
3	组织机构所在地	是	字符型	下拉框	
4	地域属性	是	字符型	下拉框	组织机构与人力资源系统根据国家/地区、机构所在地自动关联生成
5	统一社会信用代码	是	字符型	输入型	
6	持股情况	否	字符型	下拉框	
7	控股股东	否	字符型	输入型	当持股情况为全资或控股时，引用机构主数据
8	并表单位	否	字符型	输入型	当持股情况为全资或控股时，引用机构主数据

当组织类型为内部组织、子类型为项目部时，还包括表 7-10 中的属性。

表 7-10　组织主数据（项目）主数据标准

序号	属性名称	是否必填	数据类型	输入方式	说明
1	国家/地区	是	字符型	下拉框	
2	组织机构所在地	是	字符型	下拉框	
3	地域属性	是	字符型	下拉框	组织机构与人力资源系统根据国家/地区、机构所在地自动关联生成
4	上级兼管项目部编码	否	字符型	输入型	当项目部为工区/标段等分项目部时填写

（7）编码规则参考

组织主数据编码作为组织的唯一标识，贯穿于组织数据全生命周期，编码采用两位类别字母 +10 位流水的形式，组织主数据编码结构如图 7-2 所示。

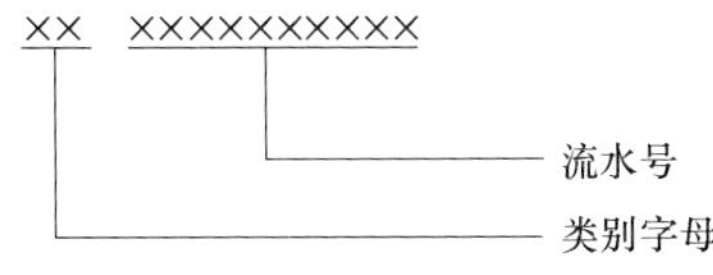

图 7-2 组织主数据编码

类别字母与含义见表 7-11。

表 7-11 组织类别说明

序　号	组织类型	类别字母	含　义
1	企业	OR	organization
2	内部组织	DE	department
3	其他组织	OT	other
4	虚拟组织	VI	virtual

流水号采用 10 位流水的形式，各类型组织流水号均从 0000000001 开始，根据组织增加的时间，由系统自动赋予。例如：XXX 集团有限公司的机构编码为 OR0000000001，某公司战略发展部的组织编码为 DE0000000223。

2. 客户、供应商（客商）主数据标准规范

(1) 管理口径与分类体系

基于对集团现状的理解和对未来应用的考虑，将集团客商主数据基于所在地分为以下几类。

- 所在地为境内时：企业、个人、政府机构/事业单位/社会团体、其他（指无证照的境内客商，包括军队、村委会/居委会、项目指挥部、省/市公共资源交易中心）。
- 所在地为境外时：企业、个人、政府机构/非盈利组织。

(2) 唯一性属性

客商编码代表其所表示的唯一客商，并且每一个客商有且仅有一个编码与其对应（客商编码一旦赋予某个客商就永久有效）。

(3) 属性标准

境内客商的属性标准见表 7-12 所示。

表 7-12 客商（境内企业）数据标准

序号	属　性	数据类型	是否必填	输入方式	属性说明
1	主数据编码	字符型	是	系统生成	集团主数据平台客商的唯一编码
2	单位名称（中文）	字符型	是	输入型	客商中文名称
3	客商类别	字符型	是	选择型	依据其组织形式定义的分类
4	是否集团内部单位	字符型	是	选择型	标记集团内部单位

（续）

序号	属　　性	数据类型	是否必填	输入方式	属 性 说 明
5	统一社会信用代码	字符型	是	输入型	境内机构唯一标识
6	国家/地区	字符型	是	选择型	客商所在国家
7	省/直辖市/州	字符型	是	选择型	客商所在省/直辖市/州
8	城市	字符型	是	选择型	客商所在城市
9	营业执照住所	字符型	是	输入型	境内企业营业执照住所
10	交易方性质	字符型	是	选择型	区别客户/供应商
11	企业性质	字符型	是	选择型	企业性质
12	所属集团公司	字符型	否	输入型	上一级母公司

境内政府机构/事业单位/社会团体客商的属性列表见表 7-13。

表 7-13　客商（境内政府机构/事业单位/社会团体）**数据标准**

序号	属　　性	数据类型	是否必填	输入方式	属 性 说 明
1	主数据编码	字符型	是	系统生成	集团主数据平台客商的唯一编码
2	单位名称（中文）	字符型	是	输入型	客商中文名称
3	客商类别	字符型	是	选择型	依据客商组织形式定义的分类
4	是否集团内部单位	字符型	是	选择型	标记集团内部单位
5	统一社会信用代码	字符型	是	输入型	境内机构唯一标识
6	国家/地区	字符型	是	选择型	客商所在国家
7	省/直辖市/州	字符型	是	选择型	客商所在省/直辖市/州
8	城市	字符型	是	选择型	客商所在城市
9	交易方性质	字符型	是	选择型	区别客户/供应商，可复选

境内个人客商的属性标准见表 7-14。

表 7-14　客商（境内个人）**数据标准**

序号	属　　性	数据类型	是否必填	输入方式	属 性 说 明
1	主数据编码	字符型	是	系统生成	集团主数据平台客商的唯一编码
2	单位名称（中文）	字符型	是	输入型	客商中文名称
3	客商类别	字符型	是	选择型	依据客商组织形式定义的分类
4	是否集团内部单位	字符型	是	选择型	标记集团内部单位
5	个人身份证号码	字符型	是	输入型	境内个人身份证号码
6	国家/地区	字符型	是	选择型	客商所在国家
7	省/直辖市/州	字符型	是	选择型	客商所在省/直辖市/州
8	城市	字符型	是	选择型	客商所在城市
9	交易方性质	字符型	是	选择型	区别客户/供应商，可复选

境内客商的其他属性标准见表 7-15。

表 7-15 客商（境内其他）数据标准

序号	属　　性	数据类型	是否必填	输入方式	属 性 说 明
1	主数据编码	字符型	是	系统生成	集团主数据平台客商的唯一编码
2	单位名称（中文）	字符型	是	输入型	客商中文名称
3	客商类别	字符型	是	选择型	依据客商组织形式定义的分类
4	是否集团内部单位	字符型	是	选择型	标记集团内部单位
5	统一社会信用代码	字符型	否	输入型	境内机构唯一标识
6	国家/地区	字符型	是	选择型	客商所在国家
7	省/直辖市/州	字符型	是	选择型	客商所在省/直辖市/州
8	城市	字符型	是	选择型	客商所在城市
9	交易方性质	字符型	是	选择型	区别客户/供应商，可复选

特殊说明：该分类包含可作为交易主体的项目指挥部或项目部、军队、省/市公共资源交易中心等；部分省/市公共资源交易中心已有统一社会信用代码时，需填写，否则留空；单位名称（中文）为境内其他类别客商的唯一性校验标准，当客商国家/地区选择“中国”，客商类别选择“其他”时，“单位名称（中文）”全集团唯一。

境外客商的属性标准见表 7-16。

表 7-16 客商（境外企业）数据标准

序号	属　　性	数据类型	是否必填	输入方式	属 性 说 明
1	主数据编码	字符型	是	系统生成	集团主数据平台客商的唯一编码
2	单位名称（中文）	字符型	否	输入型	境内客商名称，境外客商中文翻译名称
3	单位名称（当地语言）	字符型	是	输入型	境外客商当地官方语言名称，当地语言为英文时，该属性与单位名称（英文）填写相同内容
4	单位名称（英文）	字符型	否	输入型	境外客商单位英文名称
5	单位类别	字符型	是	选择型	依据客商组织形式定义的分类
6	是否集团内部单位	字符型	是	选择型	标记集团内部单位
7	境外工商注册号	字符型	否	输入型	境外企业依据当地政策可唯一识别该企业的标识
8	国家/地区	字符型	是	选择型	客商所在国家
9	省/直辖市/州	字符型	否	选择型	客商所在省/直辖市/州
10	城市	字符型	否	选择型	客商所在城市
11	交易方性质	字符型	是	选择型	区别客户/供应商，可复选
12	所属集团公司	字符型	否	输入型	该客商的一级母公司

境外政府机构/非营利组织客商的属性标准见表 7-17。

表 7-17　客商（境外政府机构/非营利组织）数据标准

序号	属　性	数据类型	是否必填	输入方式	属性说明
1	主数据编码	字符型	是	输入型	集团主数据平台客商的唯一编码
2	单位名称（中文）	字符型	否	输入型	境内客商名称，境外客商中文翻译名称
3	单位名称（当地语言）	字符型	是	输入型	境外客商当地官方语言名称，当地语言为英文时，该属性与单位名称（英文）填写相同内容
4	单位名称（英文）	字符型	否	输入型	境外客商英文名称
5	单位类别	字符型	是	选择型	依据客商单位组织形式定义的分类
6	是否集团内部单位	字符型	是	选择型	标记集团内部单位
7	国家/地区	字符型	是	选择型	单位所在国家
8	省/直辖市/州	字符型	否	选择型	客商所在省/直辖市/州
9	城市	字符型	否	选择型	客商所在城市
10	交易方性质	字符型	是	选择型	区别客户/供应商，可复选

境外个人客商的属性标准见表 7-18。

表 7-18　客商（境外个人）数据标准

序号	属　性	数据类型	是否必填	输入方式	属性说明
1	主数据编码	字符型	是	系统生成	集团主数据平台客商的唯一编码
2	单位名称（中文）	字符型	否	输入型	境内客商名称，境外客商中文翻译名称
3	单位名称（当地语言）	字符型	是	输入型	境外客商当地官方语言名称，当地语言为英文时，该属性与单位名称（英文）填写内容相同
4	单位名称（英文）	字符型	否	输入型	境外客商英文名称
5	客商类别	字符型	是	选择型	依据客商单位组织形式定义的分类
7	社保号/ID	字符型	是	输入型	境外个人社保号或境外个人 ID
8	国家/地区	字符型	是	选择型	客商所在国家
9	省/直辖市/州	字符型	否	选择型	客商所在省/直辖市/州
10	城市	字符型	否	选择型	客商所在城市
11	交易方性质	字符型	是	选择型	区别客户/供应商，可复选

（4）编码规则参考

由 2 位字母“PT”（用于区分 MDM 中客商与其他系统的代码，Partner 的缩写）与 8 位阿拉伯数字（数字区间为 10000001 ~ 99999999）组成，数字部分为流水码。

7.2.3 管理组织职责与流程

1. 组织（机构）管理组织职责与流程

组织（机构）主数据管理过程涉及的部门职责见表 7-19。

表 7-19　组织（机构）主数据管理过程涉及的部门职责

序号	部　门	详 细 职 责
1	战略发展部	组织编制、修订组织（机构）主数据标准，负责对涉及相关组织（机构）的标准内容的最终解释 企业组织（机构）的新增、变更、注销审核 各单位组织（机构）主数据应用情况的考核
2	人力资源部	参与组织（机构）主数据标准的编制、修订，负责对涉及组织的标准内容的最终解释 部分内部组织（机构）的新增、变更、注销申请审核 各单位内部组织（机构）主数据应用情况的考核
3	财务部门	参与组织（机构）主数据标准的编制、修订，负责对涉及财务核算视图的标准内容的最终解释 各级单位维护的财务核算视图信息的最终审核 各单位财务核算视图数据应用情况的考核
4	流程与信息部	主数据管理系统的运行维护 主数据管理系统与业务系统的接口开发与维护 集团统建系统对于组织（机构）主数据的应用
5	各使用单位	负责企业组织（机构）的新增、变更、注销申请 负责内部机构及虚拟机构在组织机构与人力资源系统中的管理 通过信息化系统或其他方式应用组织主数据 组织（机构）主数据调整时，根据主数据管理系统数据，调整本业务及信息系统中的主数据

企业类型组织机构的新增流程如图 7-3 所示。

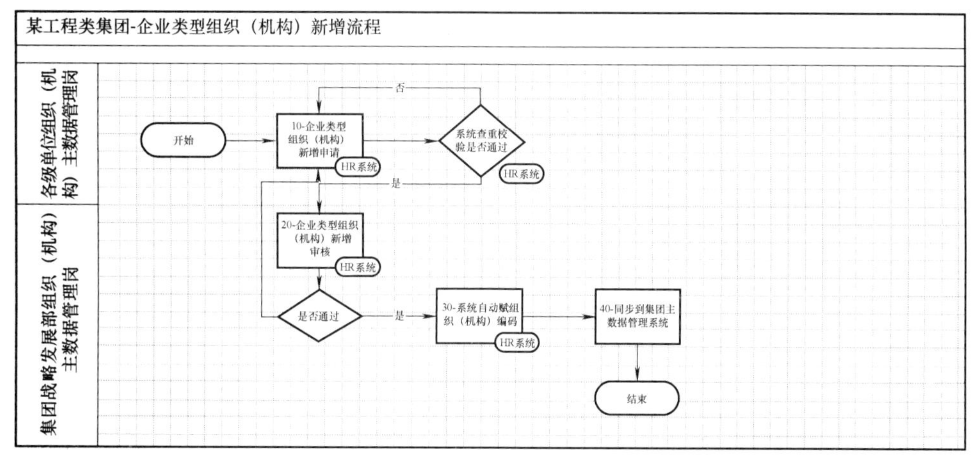

图 7-3　企业类型组织机构新增流程

企业类型组织机构新增流程说明见表 7-20。

表 7-20 企业类型组织机构新增流程说明

序号	流程节点	节点说明	责任岗位	处理方式
10	组织（机构）新增申请	各单位在组织机构与人力资源系统（HR 系统）内进行企业新增申请，并且上传相关附件材料	各单位机构数据管理岗	手工
20	组织机构新增审核	结合申请材料对企业的新增申请进行审核	集团战略发展部机构管理岗	手工
30	系统自动赋码	集团战略发展部审核通过后，系统将自动赋予组织（机构）编码	系统自动	系统自动
40	同步至集团主数据部系统	当组织机构与人力资源系统新增企业之后，系统会通过接口将新增数据同步至集团主数据管理系统（MDM）	系统自动	系统自动

企业类型组织（机构）的变更/注销流程如图 7-4 所示。

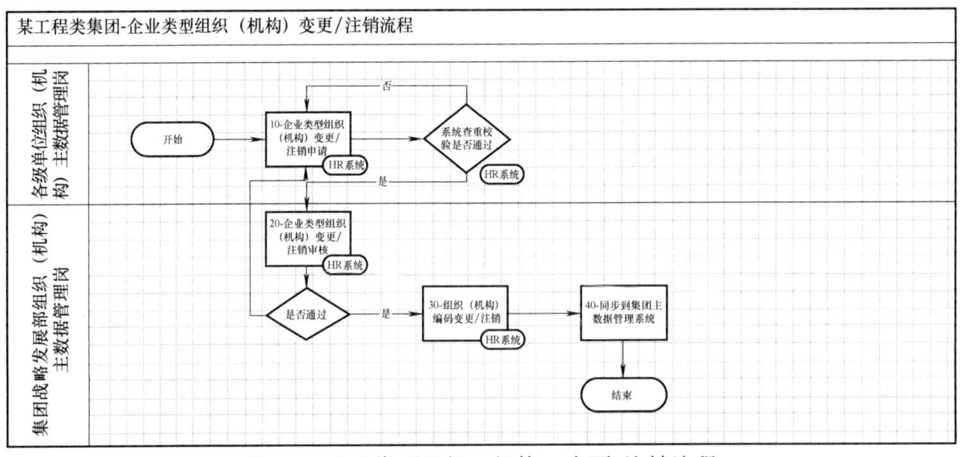

图 7-4 企业类型组织（机构）变更/注销流程

企业类型组织（机构）的变更/注销流程说明见表 7-21。

表 7-21 企业类型组织（机构）变更/注销流程说明

序号	流程节点	节点说明	责任岗位	处理方式
10	组织机构变更/注销申请	各单位在组织机构与人力资源系统内进行企业的变更/注销申请，并且上传相关附件材料	各单位机构数据管理岗	手工
20	组织机构数据审核	结合申请材料对企业的变更/注销申请进行审核	集团战略发展部机构管理岗	手工
30	组织机构信息变更或注销	集团战略发展部审核通过后，系统将自动将企业机构信息进行变更或注销	系统自动	系统自动
40	同步至集团主数据部系统	当组织机构与人力资源系统内企业变更或注销后，系统会通过接口同步至集团主数据部平台，集团主数据管理系统自动实现企业的信息变更或状态注销	系统自动	系统自动

内部组织（机构）新增流程如图 7-5 所示。

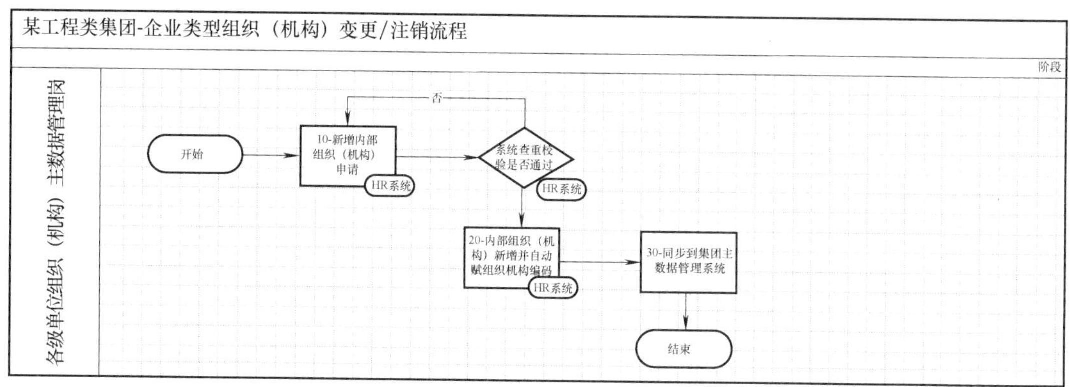

图 7-5　内部组织（机构）新增流程

内部组织（机构）新增流程说明见表 7-22。

表 7-22　内部组织（机构）新增流程说明

序号	流程节点	节点说明	责任岗位	处理方式
10	内部组织（机构）新增	各单位在组织机构与人力资源系统内进行内部组织（机构）新增申请，系统根据查重条件自动进行查重，通过后方可启用	各单位机构数据管理岗	手工
20	系统自动赋码	系统校验通过后，系统将自动赋予组织机构编码	系统自动	系统自动
30	同步至集团主数据系统	当组织机构与人力资源系统新增内部组织（机构）之后，系统会通过接口将新增数据同步至集团主数据管理系统	系统自动	系统自动

内部组织（机构）变更/注销流程如图 7-6 所示。

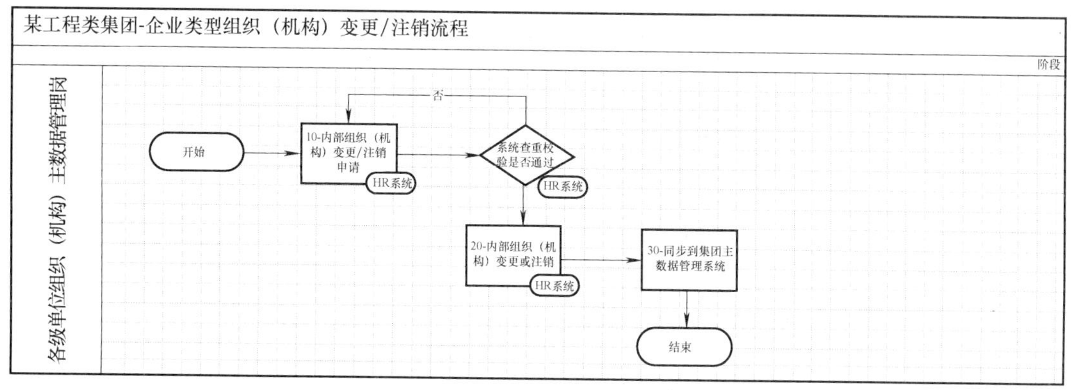

图 7-6　内部组织（机构）变更/注销流程

内部组织（机构）变更/注销流程说明见表 7-23。

表 7-23　内部组织（机构）变更/注销流程说明

序号	流程节点	节点说明	责任岗位	处理方式
10	内部组织（机构）变更/注销	各单位在组织机构与人力资源系统内进行内部组织（机构）的变更及注销	各单位机构数据管理岗	手工
20	系统自动	系统校验通过后，系统将自动变更内部机构信息或注销内部组织（机构）	系统自动	系统自动
30	同步至集团主数据平台	当组织机构与人力资源系统内部组织（机构）信息变更或注销之后，系统会通过接口将数据同步至集团主数据管理系统	系统自动	系统自动

财务虚拟核算单元新增流程如图 7-7 所示。

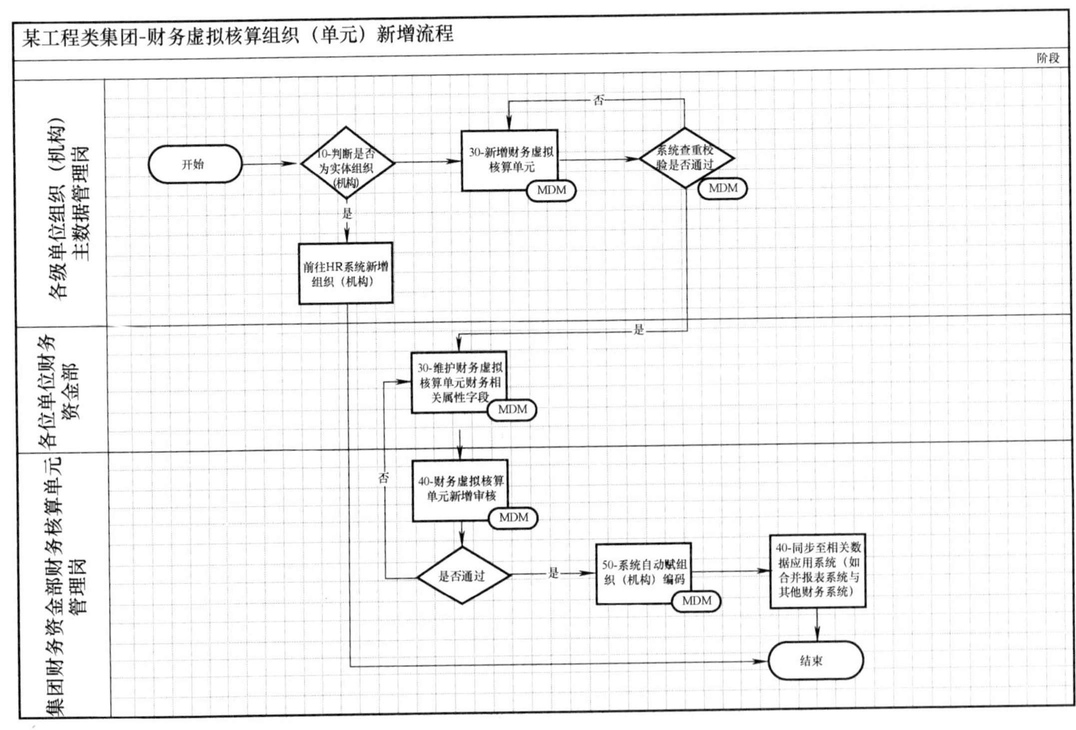

图 7-7　财务虚拟核算单元新增流程

财务虚拟核算单元新增流程说明见表 7-24。

表 7-24　财务虚拟核算单元新增流程说明

序号	流程节点	节点说明	责任岗位	处理方式
10	判断是否为实体组织机构	判断该机构是否为实体组织，如果为实体机构则必须前往组织机构与人力资源系统中增加；如果为财务虚拟核算单位则在集团主数据系统中进行新增	各单位机构数据管理岗	手工

（续）

序号	流 程 节 点	节 点 说 明	责 任 岗 位	处理方式
20	新增申请	在集团主数据管理系统中新增财务核算虚拟组织	各单位机构数据管理岗	手工
30	维护财务核算相关字段	维护财务核算的相关属性字段	各单位财务资金部	手工
40	新增审核	对财务核算组织的申请进行审核	集团财务资金部机构管理岗	手工
50	系统自动赋码	集团财务资金部审核通过后，系统将自动赋予财务核算单位编码	系统自动	系统自动

财务虚拟核算单元变更/注销流程如图 7-8 所示。

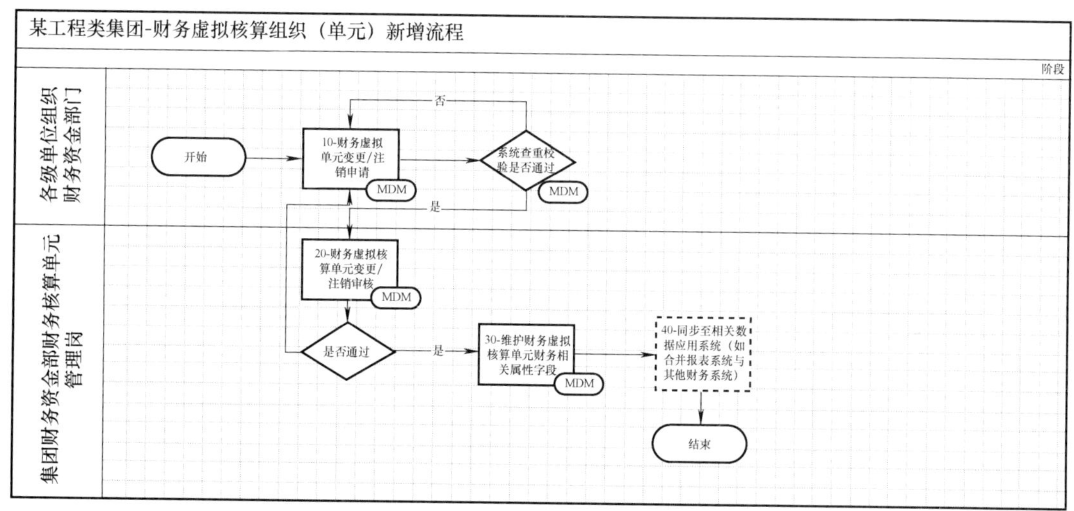

图 7-8 财务虚拟核算单元变更/注销流程

财务虚拟核算单元变更/注销流程说明见表 7-25。

表 7-25 财务虚拟核算单元变更/注销流程说明

序号	流 程 节 点	节 点 说 明	责 任 岗 位	处理方式
10	变更申请	财务核算虚拟组织（机构）信息变更申请或注销申请	各单位财务资金部	手工
20	变更审核	对财务核算虚拟组织（机构）的变更或注销申请进行审核	集团财务资金部机构管理岗	手工
30	系统自动	集团财务资金部审核通过后，系统将变更或注销结果推送至财务相关数据应用系统（如合并报表系统或其他财务系统）	系统自动	系统自动

财务核算视图相关属性管理流程如图 7-9 所示。

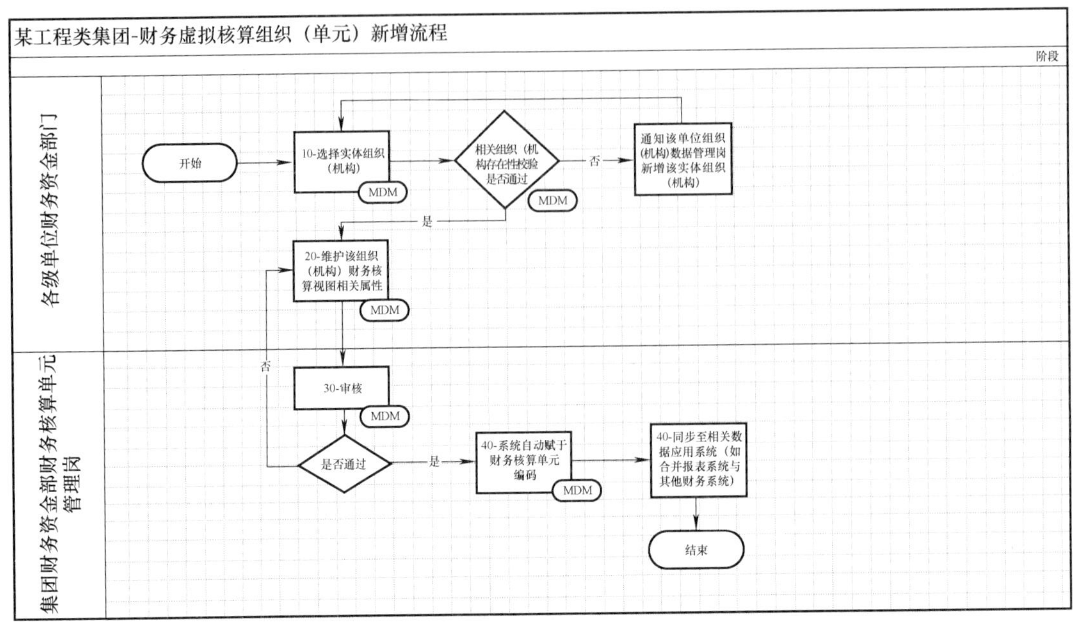

图 7-9　财务核算视图管理流程

财务核算视图相关属性管理流程说明见表 7-26。

表 7-26　财务核算视图相关属性管理流程说明

序号	流程节点	节点说明	责任岗位	处理方式
10	选择实体组织（机构）	在集团主数据管理系统中选择实体机构，当机构不存在时应当通知单位机构数据管理岗增加实体机构，实体机构存在时维护财务核算相关字段	各单位财务资金部	手工
20	维护财务核算相关字段	在集团主数据管理系统中维护财务核算的相关属性字段	各单位财务资金部	手工
30	审核	对财务核算相关属性字段进行审核	集团财务资金部数据管理岗	手工
40	系统赋码	审核通过后，系统自动赋予机构财务核算单位编码，并推送至财务相关数据应用系统（如合并报表系统或其他财务系统）	系统自动	系统自动

2. 客户、供应商（客商）管理组织职责与流程

（1）管理组织与职责

集团流程与信息化管理部作为客商主数据主责部门，主要职责如下。

1）负责收集并协调主数据关键问题及新增需求，并组织客商数据标准确认、变更等工作。

2）负责集团各级单位各部门客商主数据管理情况的监督。

3）负责制订客商主数据考核办法。

设置客商主数据管理岗，负责集团总部客商的数据质量（是否符合属性规范等）审核。

集团其他业务部门职责如下。

1）参与客商数据标准的确认、变更等工作。

2）执行客商主数据考核办法的相关规定和要求。

3）负责所属领域客商主数据的新增、变更及业务审核。

各二级单位职责如下。

1）参与客商主数据的管理流程、制度规范制订。

2）执行客商主数据考核办法的相关规定和要求。

3）各二级单位业务部门负责按数据标准执行其所属领域的客商主数据新增、变更、业务审核等日常任务。

4）明确客商主数据的维护、审核人员。

各二级单位信息化管理部门应设置客商主数据管理岗，负责二级单位及其下属单位的客商数据质量审核工作。

其他各级单位职责如下。

1）根据各级单位的实际情况明确主数据维护人员。

2）根据标准执行客商主数据新增、变更、审核等日常任务。

（2）客商新增流程（以集团统建业务系统为源头）

该流程图适用于集团统建业务系统（物资采购平台）与集团 MDM 系统集成，见表 7-27。

表 7-27　客商新增流程（以业务系统为源头）说明

序号	流程节点	节点说明	处理系统	责任部门/角色
10	客商新增流程	各部门按原有客商流程新增客商数据	各业务系统	集团各业务部门
20	系统自动校验数据规范性	系统通过天眼查校验，检查数据是否合规	MDM 系统	
30	创建主数据	集团主数据创建客商数据	MDM 系统	
40	接收 MDG 编码并自动映射	业务系统接收主数据编码，并自动与本系统客商编码做映射	各业务系统	

客商新增流程（以集团 MDM 系统为源头）见表 7-28。

表 7-28　外部客商新增流程（以集团 MDM 系统为源头）说明

序号	流程节点	节点说明	处理系统	责任部门/角色
10	查询客商	查询客商是否已经存在，如果不存在，进入步骤 20	MDM 系统	集团各业务部门/维护人员
20	新增客商信息	新增客商信息	MDM 系统	集团各业务部门/维护人员
30	系统自动校验数据规范性	系统通过天眼查校验，检查数据是否合规，如果校验通过则进入步骤 40，如果校验不通过，则进入步骤 20	MDM 系统	

（续）

序号	流 程 节 点	节 点 说 明	处 理 系 统	责任部门/角色
40	人工审核客商信息	集团各业务部门/审核人员对其所属领域客商的业务和数据质量进行审核，如果审核不通过，则进入步骤 20；如果审核通过，则进入步骤 50	MDM 系统	集团各业务部门/审核人员
50	人工审核客商信息	集团流程与信息化管理部/客商主数据管理岗对客商信息进行数据合规性审核，如果审核不通过，则进入步骤 20；如果审核通过，则进入步骤 60	MDM 系统	集团流程与信息化管理部/客商主数据管理岗
60	创建主数据	系统自动创建主数据	MDM 系统	
70	接收客商数据	各相关业务系统接收客商数据	各业务系统	

（3）客商变更流程（以集团统建业务系统为源头，见表 7-29）

表 7-29　客商变更流程（以业务系统为源头）**说明**

序号	流 程 节 点	节 点 说 明	处 理 系 统	责任部门/角色
10	客商变更流程	各部门按原有客商流程变更客商数据	各业务系统	集团各业务部门
20	系统自动校验数据规范性	系统自动校验数据填写是否规范，如果不规范则返回步骤 10；如果规范，则进入步骤 30	MDM 系统	
30	更新主数据并发送通知给其他系统	MDM 系统自动更新信息，并发送数据变更的消息给对接的下游系统	MDM 系统	
40	更新数据	各业务系统根据最新数据更新本系统客商信息	各业务系统	

（4）客商变更流程（以集团 MDM 系统为源头，见表 7-30）

表 7-30　客商变更流程（以 MDM 系统为源头）**说明**

序号	流 程 节 点	节 点 说 明	处 理 系 统	责任部门/角色
10	查询客商	查询客商是否已经存在，如果不存在，进入步骤 20	MDM 系统	集团各业务部门/维护人员
20	变更客商信息	变更客商信息	MDM 系统	集团各业务部门/维护人员
30	系统自动校验数据规范性	系统通过天眼查校验，检查数据是否合规，如果校验通过则进入步骤 40，如果校验不通过，则进入步骤 20	MDM 系统	
40	人工审核客商信息	集团各业务部门/审核人员对其所属领域客商的业务和数据质量进行审核，如果审核不通过，则进入步骤 20；如果审核通过，则进入步骤 50	MDM 系统	集团各业务部门/审核人员
50	人工审核客商信息	集团流程与信息化管理部/客商主数据管理岗对客商信息进行数据合规性审核，如果审核不通过，则进入步骤 20；如果审核通过，则进入步骤 60	MDM 系统	集团流程与信息化管理部/客商主数据管理岗
60	更新主数据	更新主数据并发送变更通知给其他系统	MDM 系统	
70	接收并变更客商数据	各相关业务系统接收并变更客商数据	各业务系统	

（5）内部客商新增、变更流程（见表7-31）

表7-31 内部客商新增、变更流程说明

序号	流程节点	节点说明	处理系统	责任部门/角色
10	组织主数据（法人）维护流程	战略部在HR系统中维护法人	HR系统	集团战略部/维护岗
20	组织主数据（核算账套）维护流程	财务部在主数据管理系统中维护核算单元	MDM系统	集团财务部/维护岗
30	自动生成内部客商主数据	依据法人与核算关系自动生成内部客商	MDM系统	

（6）内部客商失效流程（见表7-32）

表7-32 内部客商失效流程说明

序号	流程节点	节点说明	处理系统	责任部门/角色
10	停用客商	集团主数据统一停用客商	MDM系统	集团流程与信息化管理部/客商主数据管理岗
20	系统自动发送通知至各下游系统	系统自动通知各下游系统该客商已停用	MDM系统	

（7）其他各级单位流程

新增流程（以集团统建业务系统为源头）见表7-33。

表7-33 其他各级单位客商新增流程说明

序号	流程节点	节点说明	处理系统	责任部门/角色
10	客商新增流程	各单位按原有客商流程新增客商数据	各业务系统	各级单位/维护人员
20	系统自动校验数据规范性	系统通过天眼查校验，检查数据是否合规	MDM系统	
30	创建主数据	集团主数据创建客商数据	MDM系统	
40	接收MDG编码并自动映射	业务系统接收主数据编码，并自动与本系统客商编码做映射	各业务系统	

变更流程见表7-34。

表7-34 其他各级单位客商变更流程说明

序号	流程节点	节点说明	处理系统	责任部门/角色
10	查询客商	查询客商是否已经存在，如果不存在，进入步骤20	MDM系统	各级单位/维护人员
20	变更客商信息	变更客商信息	MDM系统	各级单位/维护人员
30	系统自动校验数据规范性	系统通过天眼查校验，检查数据是否合规，如果校验通过则进入步骤40，如果校验不通过，则进入步骤20	MDM系统	

（续）

序号	流程节点	节点说明	处理系统	责任部门/角色
40	人工审核客商信息	各级单位/业务审核人员对其所属领域客商的业务和数据质量进行审核，如果审核不通过，则进入步骤20；如果审核通过，则进入步骤50	MDM系统	各级单位/业务审核人员
50	人工审核客商信息	各级单位信息化部门/客商主数据管理岗对客商信息进行数据合规性审核，如果审核不通过，则进入步骤20；如果审核通过，则进入步骤60	MDM系统	各级单位信息化部门/客商主数据管理岗
60	更新主数据	更新主数据并发送变更通知给其他系统	MDM系统	
70	接收并变更客商数据	各相关业务系统接收并变更客商数据	各业务系统	

7.2.4 主数据管理平台总体规划实施与集成应用

根据企业业务特点与当前IT系统现状，制订合理的主数据申请机制，并规划和实施主数据管理平台。本阶段之前企业已经对主数据管理平台相关产品进行了选型工作，下面将从主数据管理平台的系统定位、系统集成等方面进行阐述。

1. 系统定位——集团层

对于无完整管理闭环的主数据域，建议可在集团主数据管理系统中进行主数据管理，并进行主数据发布，集团主数据管理系统定位于数据管理中心和数据发布中心，并可与子公司主数据管理系统进行交互，客户、供应商与组织主数据均在集团主数据管理系统中统一进行管理后发布给各应用系统。

对于有完整管理闭环的主数据域，建议可在各自系统中进行主数据管理，如果此项主数据需要应用到多个系统，再将数据抽取到集团主数据管理系统中，集团主数据管理系统的定位是数据发布中心，主要承担系统交互传递的功能。如员工主数据（上述方案中未讲解）建议在人力资源系统中管理其行政架构生命周期并与财务核算系统进行必要的集成，在集团主数据管理系统作为映射关系合并于数据发布中心。如果此项主数据不需要应用到多个系统，则直接在此类系统中进行管理。

2. 系统集成及同步

（1）组织主数据

组织主数据的集成在集团主数据管理系统中进行统一管理（创建及审批），后分发至各应用系统（财务核算系统、人力资源系统、生产类系统等）。

（2）客户、供应商主数据

客户、供应商主数据的集成在集团主数据管理系统中进行统一管理（创建及审批），后分发至财务核算系统、物资采购平台等。

后续质量管理、数据清洗等过程与第6章类似，此处略。

7.3 小结

本章概述性地介绍了某工程类企业在主数据管理工程中的企业数据现状、组织、流程等方面的内容、问题以及相关解决方案，阐述了此行业的几项核心主数据项如组织主数据、客户主数据、供应商主数据的管理目标与落地步骤，其中明确了各类纳入主数据范围的数据标准、管理流程、组织架构体系、数据清洗步骤以及主数据管理平台实施过程，以逐渐打破核心数据壁垒，为支撑工程类企业的运营分析与决策提供可信赖的核心数据支撑，让企业更好地利用数据产生价值。

第8章　主数据管理产品与工具

通过学习第5~7章的内容可知，企业主数据管理的核心内容是将数据作为重要资产管理的思想和办法，也是一套核心数据从生成、维护到应用的标准规范、应用技术和管理方法，最终使主数据在企业中的完整性、一致性与准确性得到保障。通过对企业业务与数据应用现状进行梳理，采用成熟的行业应用方法论打通企业数据孤岛，并在此基础上，通过对数据管理组织与流程的梳理与优化，进一步为数据管理方案保驾护航，使各方对数据战略的推行都有一定的认识和配合。这些战略与方案最终都要通过一系列的数据工具落地，而针对数据管理工具，目前业界有一些流行的数据治理软件，它们一般也称为数据资产管理产品、数据治理产品，主要包括的功能组件有元数据管理工具、数据标准管理工具、数据模型管理工具、数据质量管理工具、主数据管理工具、数据安全管理工具等。本章首先对几个常见的主数据产品进行阐述，然后选取SAP的相关产品进行重点讲解，以便读者对主数据产品的定位、特点以及常用功能与配置等方面有一定的认识。

8.1　主数据管理平台介绍

完整的主数据管理平台一般需要集中管控和分发业务系统中的主数据，并具有主数据合并与批量处理、主数据业务流程分析等主数据治理功能，能够为集团当前的主数据管理分散等业务痛点提供解决方案，从而有效保障异构系统间的主数据唯一性、一致性和共享性。

目前市场上的主数据管理平台有很多，大厂商的产品主要有SAP Master Data Governance、Stibo Systems、Informatica Master Data Management等，它们各有适合的企业与场景，企业可以针对自身的信息化生态系统以及预算来合理选型。

8.1.1　SAP Master Data Governance

SAP是目前全球最大的企业管理软件提供商，其产品线涉及企业信息化业务应用、分析管理的方方面面，其中最著名的是SAP ERP，它是世界ERP解决方案的先驱，在大型企业中使用率很高。而SAP Master Data Governance（以下称MDG）是SAP公司目前主推的主数据管理产品。

产品特点：其基于ABAP（高级商务应用编程）技术，嵌入SAP商务套件平台之中，是SAP商务套件主数据治理功能的扩展。SAP MDG以流程为中心，在包含SAP标准数据模型的同时支持客制化数据模型，可利用SAP已有的业务逻辑及客户的特定配置校验数据并控制数据质量，并为企业中各域的主数据提供集中式的创建、修改及分发功能。SAP MDG 支持端到端主数据管理的整个生命周期，包括主数据的集中管理和合并。SAP MDG 提供了基于 HANA（SAP 的一款内存数据平台）的业务分析和消费者级别的用户界面，帮助组织提高业务敏捷性。从契合度方面看，它非常适合已应用 SAP 相关产品的企业使用，但目前在部分无 SAP 相关信息系统的企业中也有相当不错的使用效果。

8.1.2 Stibo Systems

Stibo Systems 是 Stibo 集团下的全资子公司，成立于 1976 年，总部位于丹麦奥胡斯，是全球资深多域主数据管理解决方案服务商，尤其专注于产品主数据方面。

产品特点：适用于多域主数据管理，可灵活配置数据模型，产品配置能力强。前端页面功能可完全通过配置实现，后台数据模型调整后可自动驱动前端更新。其工作流管理支持通过可视化界面进行灵活配置。大部分功能可以通过配置实现，二次开发工作量小。运维方面，Stibo 北京分公司运维团队 24 小时提供支持，帮助及时解决系统宕机等问题，Stibo 丹麦总部运维中心支持企业客制化需求。

8.1.3 Informatica Master Data Management

Informatica 近年来已发展成为全球领先的数据管理软件提供商，其主数据管理产品 Informatica Master Data Management 系列是目前业务范围较广泛的主数据管理产品。

产品特点：提供了真正的多域主数据管理，在数据管理方面，可处理任何类型的业务关键数据，并能按需添加任何种类的数据域，适合多领域的预置数据模型。但其组件复杂，许可复杂，作为多业务系统主数据管理的后端管理平台，技术开发要求高。它采用 SOA 架构，支持实时、批量和流程式集成；有严格的数据质量可视化管理，可以与大数据平台集成，支持多语言模糊匹配；运维方面，用户可以访问 Informatica 支持网站和知识库来获取定期产品维护、新产品发布信息、修补程序或紧急漏洞修复程序。

关于主数据平台部分，本章重点对 SAP MDG 进行讲解。

8.2 SAP MDG 解决方案

SAP MDG 定位于嵌入式主数据解决方案，能够全面满足主数据治理和大数据需求。在 SAP 标准方面，其通过提供开箱即用的物料、客商、财务主数据模型，支持这些主数据管理的整个生命周期。在扩展层面，它提供了灵活的自定义主数据拓展框架，用户可以调整现有主数据的数据模型、业务流程和用户界面，当然，也可以使用该框架自定义新的主数据类别。从数据治理的角度看，它支持从数据加载、标准化、匹配到合并生成黄金记录的整个主数据协同过程，且具备数据查重与合并功能，还可以利用信息管理服务 SAP HANA Smart Data Quality 或 SAP Data Services 实现对数据源的高效抽取与批量匹配，将其可处理的数据量级进一步提升，从而帮助企业从大数据中获得更多价值。

因目前企业各类业务和相关信息化系统的现状不同，所以并不是所有的主数据项都需要以 SAP MDG 为申请入口，故在部分使用场景中，SAP MDG 被作为数据治理系统，按数据标准通过接口承接源头系统的数据，并作为 DataHub（阿里云的一项流式数据服务）对数据进行校验、控制、管理和分发。

8.2.1 SAP MDG 使用环境与主要特点

SAP MDG 支持企业预置型部署或私有云部署，并且支持所有主数据域和实施类型。它采用预构建的数据模型、业务规则、工作流程和用户界面，支持 SAP 和非 SAP 系统混合架构。其主要功能包括以下几方面。

1. 数据整合

对标准-数据对象和扩展主数据对象均可提供友好的数据录入源头，满足创建单一真实数据源的需求。

2. 主数据治理

通过集成化的缓存进行审批和中心审计，确保主数据在创建和修改过程中的规划性和透明化。

3. 系统集成

与 SAP 方案无缝集成，能够复用 SAP 系统的数据模型、业务逻辑和校验规则，同时具备集成第三方服务的能力，也能对非 SAP 系统的企业信息环境进行集成。

4. 加速部署业务活动与灵活的规则设置

利用预构建的数据模型、规则、工作流程和用户界面，用户能够快速部署财务合并、客户服务和供应商管理等任务。采用标准化定义和 BRF + 灵活配置业务规则以及增强选项，采用协作式工作流和通知确保规则应用。

5. 可扩展性

不仅支持所有标准的内置主数据域（物料、客商、财务），还能按需扩展企业客制化主数据对象。

6. 集中数据治理

支持在涵盖企业各种异构系统的集中数据源中创建、维护和分发主数据。

在遵循数据规则和标准的中央系统中创建和维护主数据，然后将维护的主数据复制到相关业务系统，各业务系统使用遵循集团主数据标准的高质量主数据进行下游系统事务。从流程和业务运营的角度来看，通过清晰透明的审核跟踪对主数据进行前期管理可带来巨大的业务收益，这避免了众多系统中易于出错的手动主数据维护过程。集中管理和将数据复制到目标系统可为整个系统中的主数据实体提供一致的数据定义和映射。

7. 批量处理

通过实施高效的批量变更流程，主数据管理员能够批量更改相关主数据，一次性更改多项数据记录中的多个属性，提高数据管理效率。

8. 采用高效的流程，批量更改属性

借助统计功能、变更指标以及激活变更前的验证功能，透明地变更海量数据。利用打包、列队和并行处理功能，更高效地处理海量数据，并可上传 CSV 或 Excel 文件中的变更记录，整合离线处理和其他信息源。

9. 数据质量与合并管理

使用 SAP Data Services 等清洗与治理工具（或数据复制工具 SLT 等）对数据质量进行管理、增强与修复。按需在单独的系统中创建主数据，然后将数据合并映射到一个通用的数据标准，全部放入一个中央系统中，这样符合标准、高质量的数据就可以用于多维度的数据分析。

通过以上阐述，可以提炼出 SAP MDG 在主数据整合与质量方面的主要特性。

（1）主数据中央治理/整合

1）通过集成的主数据操作工作台、审批流以及中央审计机制，在主数据创建和更改期间，实现主数据的集中管理和标准规范审核，并提高主数据管理的透明度。

2）提供关键主数据实体的一致定义、授权和分发。

3）取消主数据在多个系统中的手动维护过程，降低主数据维护时的出错率。

4）支持整合分散在企业系统环境中的主数据，实现在重复项之间创建最佳纪录和映射关系。

5）主数据中央治理与主数据整合可有效结合运用，以保证主数据的有效管理。

（2）主数据质量

1）提供全面的主数据业务流程分析功能，提供的分析报告覆盖关键属性修改、数据变更流程和数据分发等过程，使企业主数据业务流程的运行效率一目了然。

2）利用信息管理服务 SAP HANA Smart Data Quality 或 SAP Data Services 实现对数据源的高效抽取与批量匹配，并对数据进行整合、质量管理和修复。

（3）主数据集成与复用

1）强化数字化核心，提供额外的集成场景。

2）支持 SAP MDG 与 S/4 HANA 、Ariba 和 Hybris 之间的主数据集成。

SAP MDG 中央治理场景如图 8-1 所示。

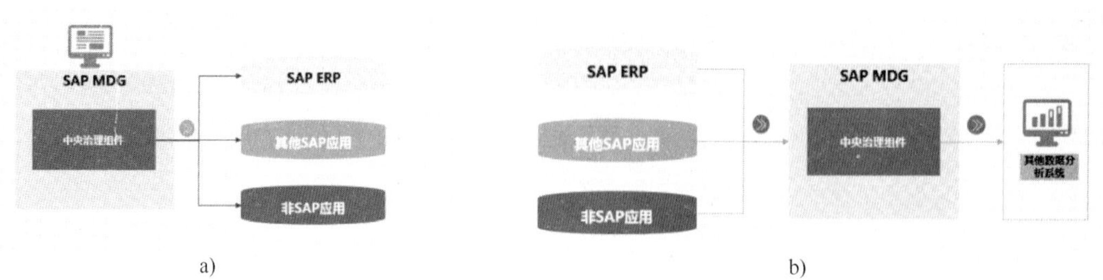

图 8-1　SAP MDG 中央治理场景

知识扩展：

关于 SAP MDG 的治理场景，这里额外强调下，并不是所有场景都适合由主数据平台统管数据的申请与核心流程，因为数据管理模式上，有统一管控、协同管控以及分散管控等方式，需要根据企业实际需要找准主数据平台在每个主数据对象生命周期中的定位，如某企业以往的数据生态中，某主数据项在数个应用范围很广的业务系统中均有管控，这种情况下既需要考虑事前与事后管控对原有业务的冲击程度，又要考虑使用主数据平台统管后的替代成本（实施成本、人员大面积培训成本、原有关键用户对替代平台的适应程度等），还需要在管理制度上充分考虑各部门的组织壁垒与数据利益等相关因素，通过综合梳理而得出各方认可的推行方案。

8.2.2　SAP MDG 与 SAP MDM 的区别

SAP MDG 是一款已经在企业中有一定应用率的主数据管理产品。SAP 在主数据方面的核心组件有 SAP MDM 和 SAP MDG，而 SAP MDM 是一款早期的 SAP 企业级主数据管理组件（SAP 在 2004 年收购了数据管理方案提供商 A2i，MDM 就是这家公司的主要产品之一）。SAP MDM 在异构系统环境中可以很好地补充平台的数据集成能力，但如今市场对主数据产品的要求随着技术的进步逐步发生了变化，产品生态链的统一性引起了各方的高度关注，而 SAP 的核心产品目前仍然是以 ERP 套件为主的应用（目前 S/4 HANA 在企业信息化中仍有较大的份额），SAP 自然将主数据产品的重点放在了能与 S/4 平台轻松集成的 SAP MDG 上。表 8-1 列出了 SAP MDG 与 SAP MDM 在各个维度的区别。

表 8-1　SAP MDG 与 SAP MDM 的区别

维　度	SAP MDG	SAP MDM
适用环境	既可用于以 SAP ERP 为中心组件的应用环境，也支持多种异构系统	主要支持有多种异构系统的企业环境
数据模型	提供标准的物料、客商、财务数据模型，也可自定义扩展数据模型	需要根据项目需求进行定义，不局限于 SAP 系统
与 SAP ERP 系统的集成性	内置，提供标准（或定制）数据校验、数据修改跟踪、批量数据修改、用户管理等多种功能	可导入 MDM 标准包中的配置对象，或根据需求进行定制开发

（续）

维　度	SAP MDG	SAP MDM
使用环境	可以用 SAP 门户或 NetWeaver Business Client 业务客户端进行访问，同时支持 Fiori 的移动端使用	可以通过 MDM 提供的 C/S 客户端或使用 SAP 门户进行访问
扩展性	提供灵活的用户界面、数据模型、工作流、业务逻辑扩展能力	同 MDG，但实现方式不同
数据加载与合并	可以配合基于 HANA 的 SDI（Smart Data Integration）或者其他 ETL 工具完成	支持
第三方系统支持	支持第三方系统的数据导入和数据复制（分发）	具有强大的定制性，高度适配各种第三方系统
部署方式	可以直接以插件的形式部署在 SAP ERP 的实例之上，也可以将 MDG 作为独立的主数据管理系统进行部署	只能独立部署
收费方式	一般按照数据条目进行收费（或按客户战略协议计价）	一般按照数据条目进行收费
未来发展	SAP 重点发展产品，不断升级优化	停止更新，官方支持到 2020 年

8.3　SAP MDG 包含的数据域

SAP MDG 使企业能够管理现成的主数据对象，因为 SAP 提供了支持治理过程所需的配置、UI、数据模型和框架。值得注意的是，SAP 还提供了创建自定义对象的框架（当某企业数据标准中所需的主数据字段或申请界面远少于 SAP MDG 标准数据域字段或其企业信息化生态中基本无 SAP 组件时，以自定义对象框架的数据域来实现主数据管理功能也是很方便的）。SAP MDG 包含以下数据域。

- 物料。
- 业务伙伴。
- 客户。
- 供应商。
- 财务数据。
- 其他自定义数据域（如人员、组织、岗位、项目、分期等）。

知识扩展：

客户供应商与业务合作伙伴均支持 S/4 中的 CVI 映射，S/4 版本把客户主数据、供应商主数据、信贷管理主数据、业务员集于一身，都可用 BP（Business Partner）创建、修改和显示。

当 SAP MDG 在有 SAP 应用生态的企业里实施时，因 SAP ERP 或其他应用对物料、BP 以及相关财务主数据已有成熟的主数据模块和数据表，且于 SAP 生态内映射方便，故在这类场景中，直接以 SAP MDG 标准模型实施更好。针对集团层主数据，如果主数据标准中管理属性比较少，也可以将 SAP MDG 当作单独实例的主数据系统直接以自建模型进行实施与集成。很多企业中无 SAP 应用生态，那么此时 SAP MDG 适合以一个普通主数据管理的角色参与平台建设，如物料主数据，采购系统或 ERP 中已管理 100 个字段，但实际需要纳入集团主数据标准的只有 10 个字段，那么就没有必要启用物料标准模型，而是直接以自建物料模型的方式实施，其他各类主数据域均如此处理。

8.3.1 物料主数据

物料主数据是存储在系统中的单个材料记录的中央存储库，其包含企业采购、生产和库存的所有物料的数据记录。一般企业中有许多应用或模块都会使用这个单一的物料库，包括 SAP 采购、SAP ERP 库存管理（IM）、材料需求计划（MRP）和发票验证。这种物料主数据的中央存储库也有助于避免数据冗余。SAP ERP 套件中的物料主数据一般包含以下信息，分别形成物料的各种主视图。

- 基本视图：包含物料的编码、名称、基本单位等主实体信息。
- 物料计划与控制视图：包含 MRP 和基于消耗的计划/库存控制信息，如物料的安全库存水平、计划交货时间和再订购水平等信息。
- 采购视图：由采购部门提供的物料数据，如负责物料的采购组、交货差额以及订单单位等信息。
- 库存视图：材料的存储信息以及仓库数据，如存储条件和包装尺寸等信息。
- 销售与分销视图：销售订单和定价信息，如销售价格、交货工厂和最小订单数量等信息。
- 会计核算视图：估价和成本计算/价格计算信息，如标准价格、历史价格和未来价格等信息。

物料主数据概览如图 8-2 所示。

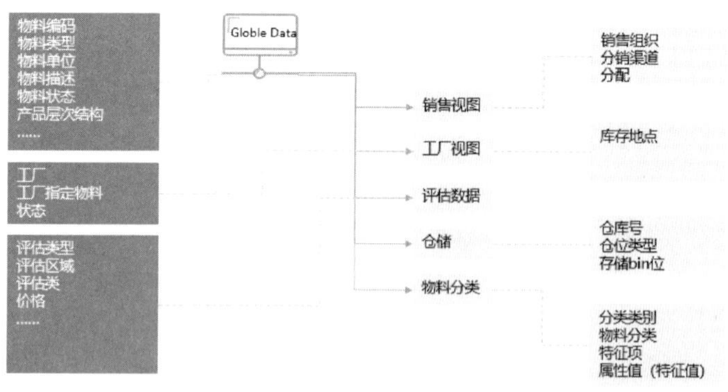

图 8-2 物料主数据概览

SAP ERP 中的每个物料记录都需要一个物料类型，用于定义具有类似属性的物料。物料类型定义了物料记录需要哪些类型的物料主视图和字段，用于标识物料记录是否可以有一个内部或外部定义的物料编号。

通常，物料主数据涉及以下流程，SAP MDG 通过更改请求流程予以支持。

- 创建流程。
- 修改流程。
- 标记删除流程。
- 批量更新流程。

SAP MDG 物料管理主页面如图 8-3 所示。

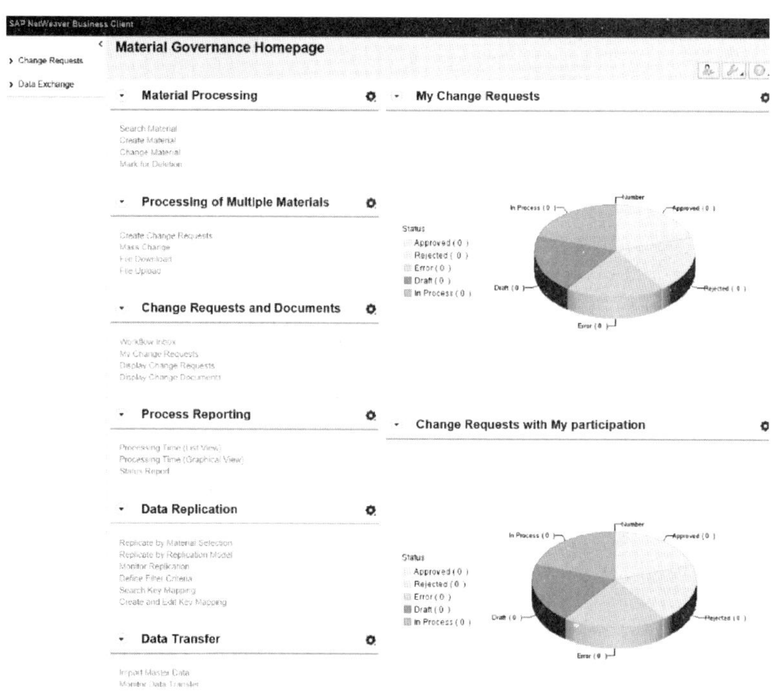

图 8-3　SAP MDG 物料管理主页面

8.3.2　业务伙伴、客户、供应商主数据

1. 业务伙伴

SAP 中的业务伙伴是指会发生业务往来的组织、人员或人员组。业务伙伴可以扮演不同的角色，并且可以随着时间的推移扩展到其他角色。这种方法有助于集中定义业务伙伴的一般数据，并避免每次同一业务伙伴承担不同的角色时都冗余地创建此类数据。以下是定义业务伙伴的基本元素。

（1）业务伙伴类型（Business Partner Category）

标识业务伙伴是自然人（私人）、组织（法人/实体或法人/实体的一部分，如部门）还是组。

(2) 业务伙伴角色 (Business Partner Role)

业务伙伴角色决定了需要维护哪些业务伙伴数据视图。如果业务伙伴扩展为供应商，SAP 建议使用供应商 (FLVN01) 或 FI 供应商 (FLVN00) 角色。如果业务伙伴扩展为客户，则 SAP 建议使用客户 (FLCU01) 或 FI 客户 (FLCU00) 角色。

- FLCU00：FI 客户，表示创建客户公司代码视图。
- FLCU01：客户，表示创建客户主数据的基本视图和销售范围视图。
- FLVN00：FI 供应商，表示创建供应商财务视图。
- FLVN01：供应商，表示创建供应商主数据的基本视图和采购组织视图。

(3) 业务伙伴组 (Business Partner Group)

与客户或供应商账户组一样，标识一组业务伙伴。业务伙伴组还用于分配数字范围，并定义数字是在内部生成还是在外部分配。

(4) 业务伙伴关系 (Business Partner Relationship)

定义两个业务伙伴如何相互关联。SAP MDG 上下文中的一个常见示例是，将使用业务伙伴类别 Person 作为联系人创建的业务伙伴分配给代表组织的业务伙伴。

(5) 业务伙伴层次结构 (Business Partner Group Hierarchy)

定义组织的结构。SAP MDG 提供了维护业务伙伴数据的治理功能。

SAP MDG 中的业务伙伴管理主页面如图 8-4 所示。

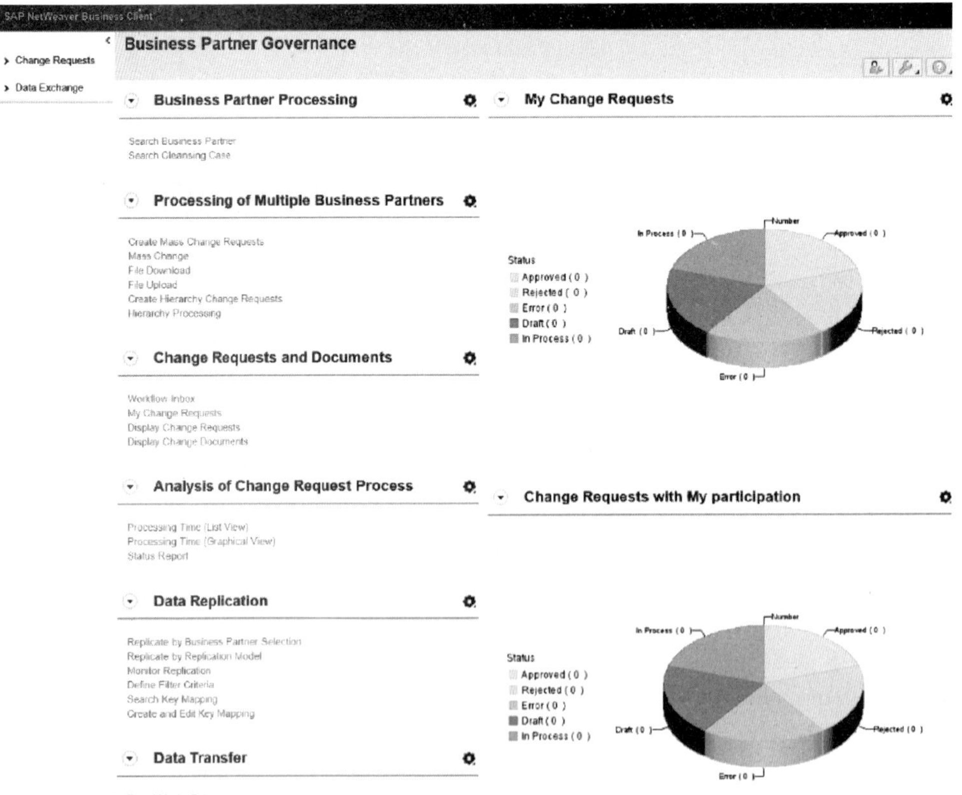

图 8-4　业务伙伴管理主页面

2. 客户

客户主数据是企业通过提供商品和服务来进行业务所需的数据的中央存储库，如客户主数据包括地址数据和付款条件。它还可控制如何将业务交易过账到客户账户以及如何处理过账的数据。每条数据还包含客户名称和地址、付款条件、联系方式、客户会计信息和客户销售信息。这些数据在客户主数据中分为三类：常规数据、公司代码数据和销售数据。每个客户记录都必须包含一个客户账户组，该账户组用来确定客户的角色和客户数据的其他方面内容，如下所示。

- 号码分配类型（内部/外部）。
- 数字范围。
- 客户分组：收货方、发货方、收款人、付款人等。
- 与维护属于特定客户账户组的供应商记录相关的页面。
- 合作伙伴确定模式。

SAP MDG 使用更改请求过程支持客户主数据的创建流程、更新流程、扩展到其他公司代码/销售组织的流程、标记需删除客户或部分客户数据的流程，如特定公司代码或特定销售扩展以及 Block 客户流程、特定公司代码或销售扩展流程、批量更新流程。

图 8-5 显示了 SAP MDG 中的客户主数据管理主页面。请注意，与客户治理相关的所有流程都是在对数据进行适当搜索之后启动的，这可以确保用户在提交新客户数据请求之前先搜索数据。

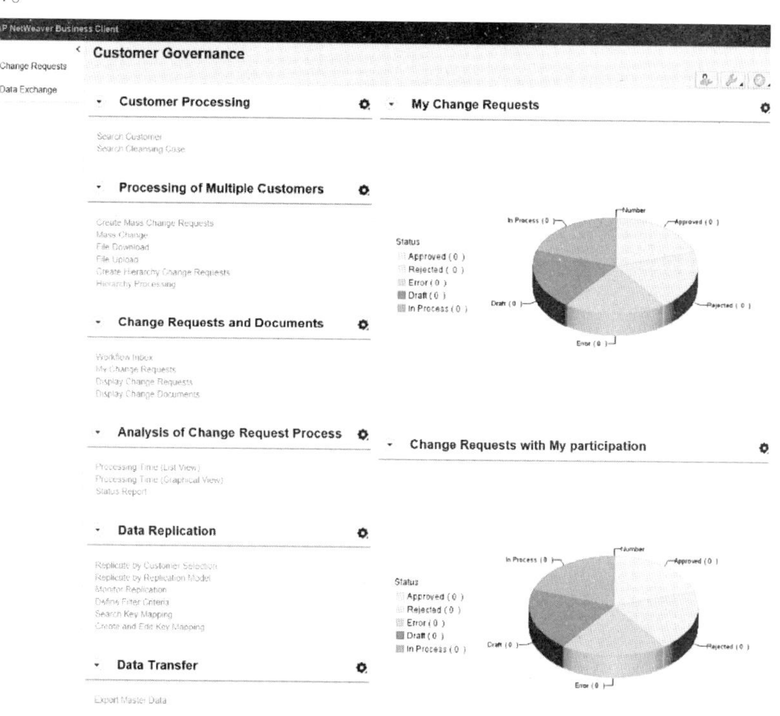

图 8-5 客户主数据管理主页面

3. 供应商

供应商主数据是向企业提供商品和服务的供应商的中央存储库。供应商主数据存储为单个供应商记录，每个记录包含以下维度的信息。

- 供应商的名称和地址。
- 用于从供应商订购商品和服务的货币类型。
- 付款条件。
- 联系方式。
- 在供应商开发票前维护所需的会计核算信息。
- 向供应商下订单前维护所需的采购信息。

与客户数据类似，上述数据在供应商主数据中也分为三类，即常规数据、公司代码数据和采购数据。每个供应商数据都必须包含一个供应商账户组，该账户组用于确定供应商的角色和供应商记录的其他方面，如号码分配类型（内部/外部）、号段范围、供应商分组（一次性供应商、开票方等）、与维护属于特定供应商账户组的供应商记录相关的页面以及合作伙伴确定模式。

SAP MDG 可以通过使用更改请求过程支持供应商主数据的创建流程、更改流程、扩展到其他公司代码/采购组织流程、标记出售或部分供应商数据（如特定公司代码数据或特定条件扩展）以供删除的流程、Block 供应商流程、特定公司代码或采购扩展流程和批量更新流程。

图 8-6 所示为 SAP MDG 中的供应商主数据管理主页面。需要注意的是，与客户治理类似，与供应商治理相关的所有流程都是在对记录进行适当搜索之后启动的，这可以确保用户在提交新供应商记录请求之前先搜索记录。

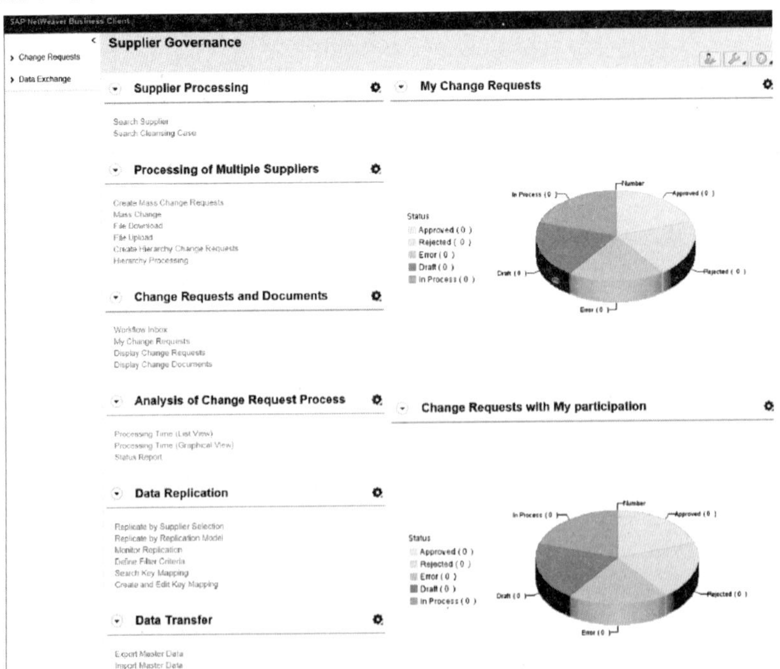

图 8-6　供应商主数据管理主页面

4. **客户供应商集成映射**（Customer Vendor Integration）

客户供应商集成（CVI）是一种双向设置，允许企业将业务伙伴数据与客户/供应商记录同步，反之亦然。在 SAP MDG 中，CVI 的配置主要是从业务伙伴到客户，以及从业务伙伴到供应商。随着 SAP S/4 HANA 的引入，SAP 扩展了业务伙伴的使用范围，并将业务伙伴和 CVI 的概念强制用于维护客户和供应商的主数据。在系统中配置业务伙伴、客户、供应商主数据后，方可进行 CVI 设置。CVI 高级映射关系如图 8-7 所示。

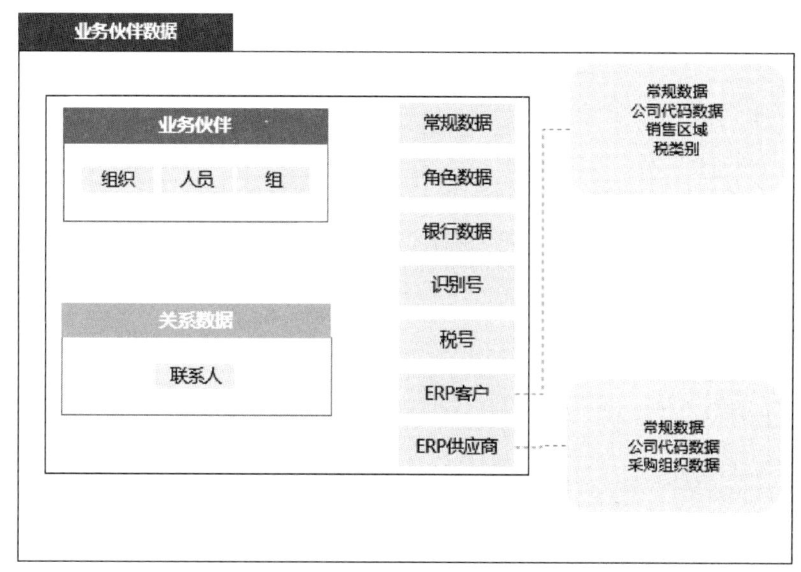

图 8-7　业务伙伴、客户和供应商主数据之间的高级映射关系

经过 CVI 设置后，可以运行 CVI_FS_CHECK_CUSTOMIZING 进行检查，如图 8-8 所示。

8.3.3　财务主数据

以下是 SAP ERP 中使用的一些重要财务主数据元素及其关联的层次结构。

1. **总账科目**（G/L Account）

总账需要总账账户数据来确定账户的功能。总账账户主数据分为两个区域。

- 科目表：在所有公司代码中都有效的数据。
- 特定于公司代码的总账账户：特定于公司代码的数据。

2. **利润中心**（Profit Center）

利润中心是负责收入和成本相关工作的组织子单位，它是为组织的内部控制而创建的。

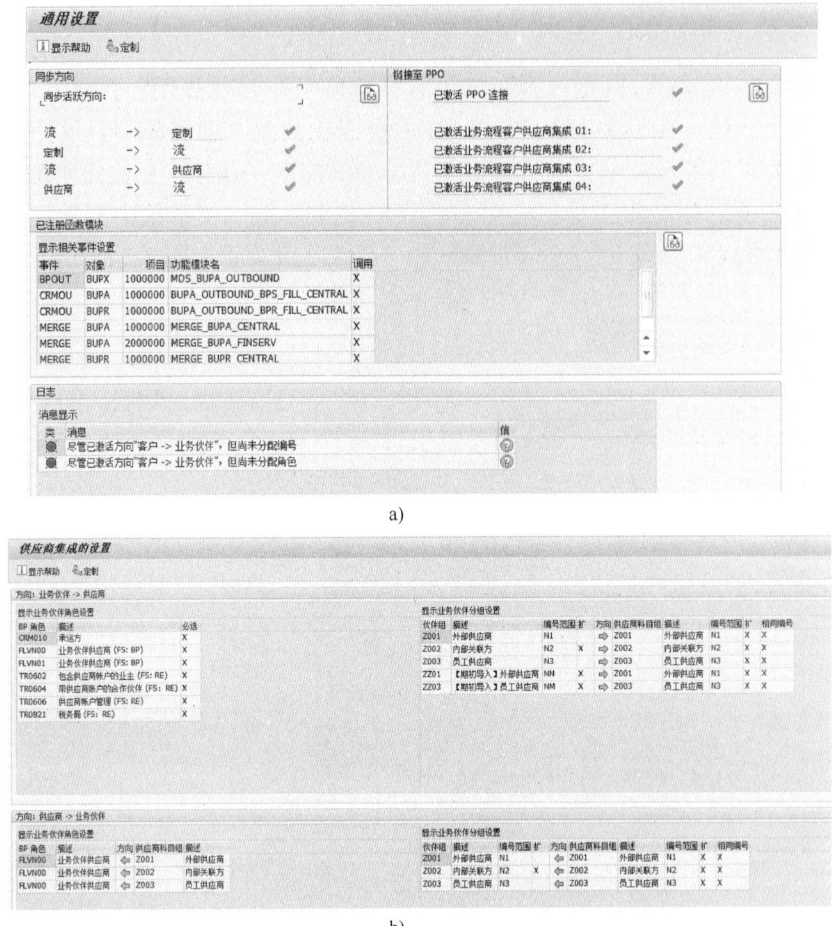

a)

b)

图 8-8　CVI 设置

3. 利润中心组与层次结构（Profit Center Groups and Hierarchy）

具有相似特征的利润中心被确定为利润中心组。含义相近的利润中心组可以合并形成另一个利润中心组，进而创建利润中心层次结构。

4. 成本中心（Cost Center）

成本中心是一个间接增加组织利润的单位。与利润中心不同，成本中心间接增加了组织的盈利能力。

5. 成本中心组与层次结构（Cost Center Groups and Hierarchy）

具有相似特征的成本中心被识别为成本中心组。相似的成本中心组可以组合起来形成另一个成本中心组，从而创建成本中心层次结构。

6. **成本要素**（Cost Element）

成本要素是科目表中与成本相关的项目，分为主要成本要素和次要成本要素。主要成本要素是在 SAP ERP 财务（SAP ERP FI）中存在 G/L 账户的账户成本相关项目。成本中心会计中存在一个次级成本要素来刻画内部价值链。在 SAP 系统中，如果对应的账户已经存在主要成本要素，则不能创建次要成本要素。

7. **成本要素组与层次结构**（Cost Element Groups and Hierarchy）

具有相似特征的成本要素被识别为成本要素组。相似的成本要素组可以组合成另一个成本要素组，进而创建成本要素层次结构。

财务主数据可能会随着时间的（财务期间）推移而不断变化，必须针对报告和估值需求进行更改。此类数据可以使用有效期来加以限制，而 SAP MDG 中使用版本（Edition）的概念来管理财务的时间依赖性数据，通过使用版本在特定日期收集并发布对现有数据的所有计划变更或新数据的创建。使用版本的对象将基于版本继承有效日期。SAP MDG 中从以下几个方面对财务数据进行管理。

1）财务会计：财务会计管理提供了管理公司、总账账户和财务报告层次结构的能力。图 8-9 显示了财务会计管理主页面。

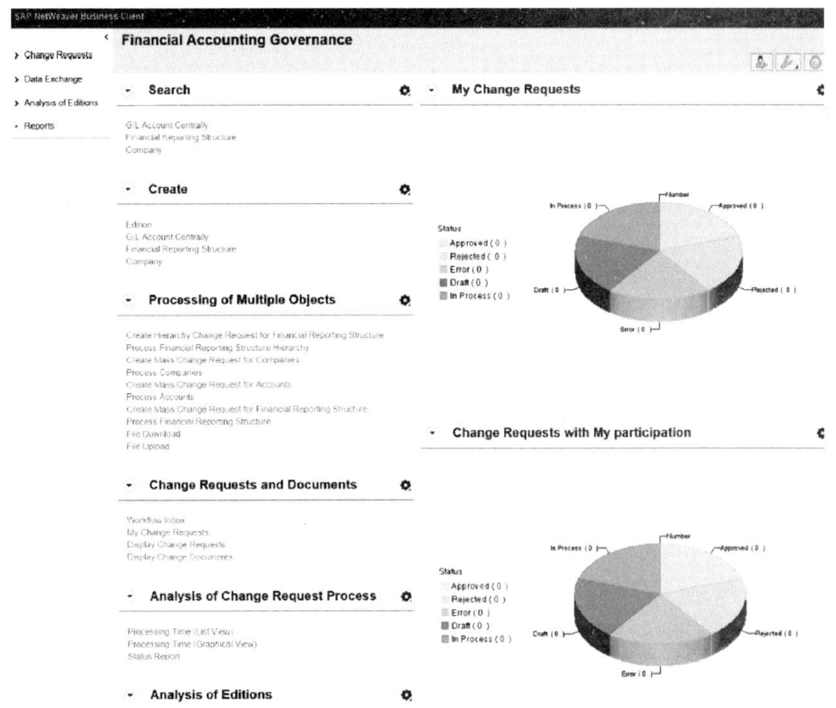

图 8-9　财务会计管理主页面

2）财务控制：财务控制管理提供了关于利润中心、利润中心组、利润中心层次结构、成本中心、成本中心组、成本中心层次结构、成本要素、成本要素组、成本要素层次结构等方面的管理能力，财务控制相关的主数据管理主页面如图 8-10 所示。

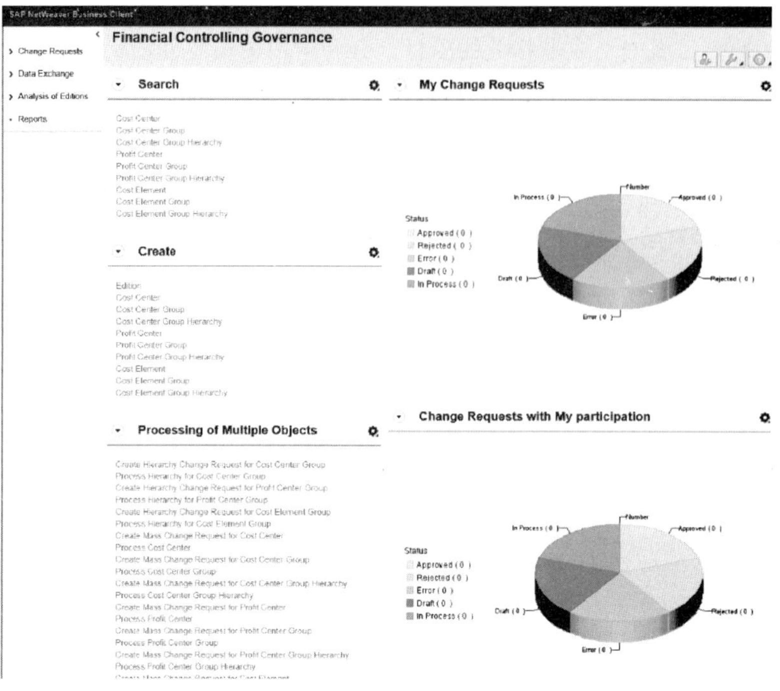

图 8-10　财务控制相关主数据管理主页面

3）财务合并：财务合并管理提供了管理财务合并相关主数据（如合并单元、项和关联的层次结构）的能力。图 8-11 显示了财务合并管理主页面。

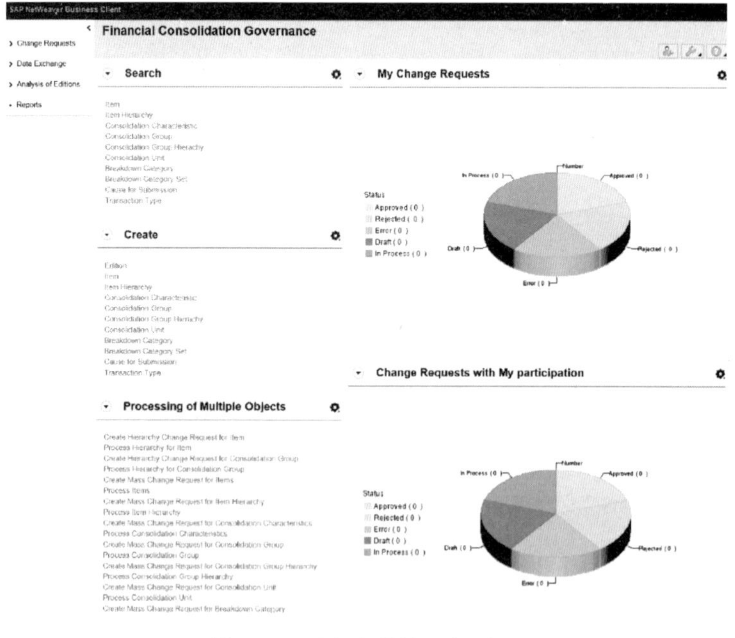

图 8-11　财务合并管理主页面

8.4 SAP MDG 数据模型对象与工作方式

治理主数据的一个关键方面是端到端治理过程中涉及的所有角色都能够在缓存环境中协同操作数据，因此需要对当前使用或准备使用的数据与治理流程中涉及的数据进行区分。SAP MDG 上下文中有两个存储区域，即激活区域与缓存区域。

- 缓存区域（Staging Area）：包含治理流程中的数据，并具有关联的更改请求。
- 激活区域（Active Area）：包含当前可供其他业务系统使用或满足系统分发条件的主数据。

本节将从创建或更改主数据的步骤开始，以了解更改请求以及缓存数据与激活数据的概念。在以下各节中，将通过相关的配置步骤来讨论数据建模的各个要素。

8.4.1 主数据创建/更改流程

图 8-12 简单说明了在系统中创建、更改主数据的过程。

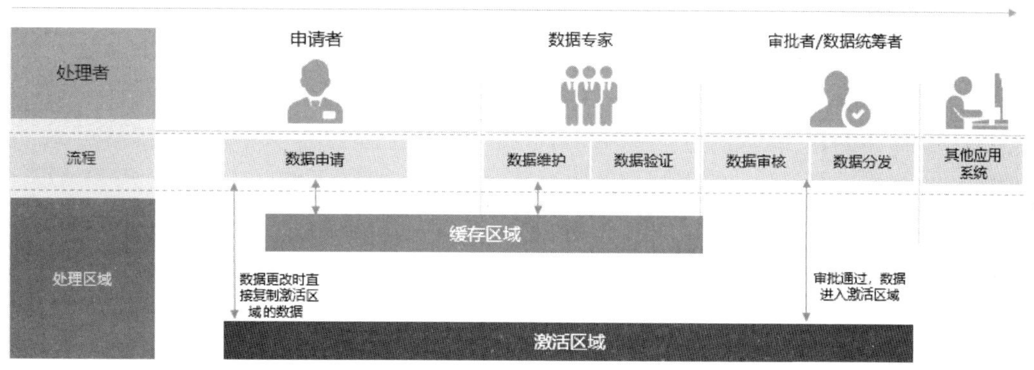

图 8-12 主数据的创建和更改

请求者需要发起一个更改请求以创建或更改主数据记录，这两种情况过程如下。

- 创建场景：在请求者提交更改请求之后，此请求的详细信息以及请求者输入的数据将存储在缓存区域中，此数据经数据审批流程完成批准激活后进入激活区域，缓存区域中的本条数据将被删除。
- 更改场景：主数据记录从激活区域复制到缓存区域，请求者所做的更改以及变更请求详细信息也将存储在缓存区域中。此数据经主数据专家进一步维护，以确保请求者提交的主数据记录遵循数据质量规则。在此过程中，如果对数据进行了任何更改，系统将从缓存区域读取数据进行修改后存回缓存区域，主数据管理者（审批者）处理更改请求并进行最终批准。在此过程中，系统将从缓存区域读取主数据记录，并在最终批准步骤之后将其更新为激活区域，此过程也称为激活。此时，如果在联合部署（MDG + ERP）方案中安装了 SAP MDG，则主数据记录已准备好被 ERP 应用程序使用。如果将 SAP MDG 安装为单独实例系统，则需要将其激活后的数据分发到其他 SAP 或非 SAP 系统，如图 10-13 所示。

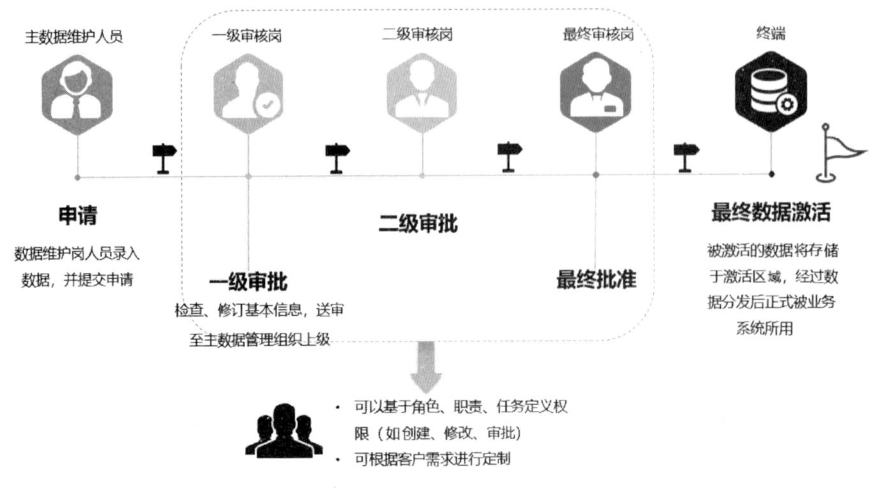

图 8-13　创建、更改场景线性结构

8.4.2　激活区域的模式

SAP MDG 中的激活区域有两种模式，即 Flex 模式与 Reuse（重用）模式。

1. Flex 模式

在这种模式下定义数据模型时，将生成一组新的数据库表。当没有相应的 SAP ERP 表时，或计划将 SAP MDG 中的激活数据与 SAP ERP 表隔离时，可使用此模式。如果需要，可以将数据复制到 SAP ERP 主数据表。这种模式的一个示例是标准 SAP MDG 的财务数据对象。所有 SAP MDG 项目中，财务数据对象都能以 Flex 模式进行，以将它们与 SAP ERP Financials（SAP ERP FI）表隔离，并且仅在需要时复制到 SAP ERP 主数据表或 SAP ERP 系统（如果将 SAP MDG 部署为中心）。

2. Reuse 模式

在这种模式下，系统将使用现有的 SAP ERP 表，即进行重用。例如，物料主数据就是重用激活区域表 MARA（SAP ERP 中的物料主数据基础数据表）、MARC（SAP ERP 中的物料-工厂关系表）、MARD（SAP ERP 中的物料库存表）等。图 8-14 显示了数据模型这两种模式之间的差异，图 8-15 描述了两种模式数据流程之间的异同以及工作方式之间的区别。

如物料主数据和业务伙伴的数据模型以 Reuse 模式交付，这意味着在激活更改请求后，将更新相应的 SAP ERP 主数据表。

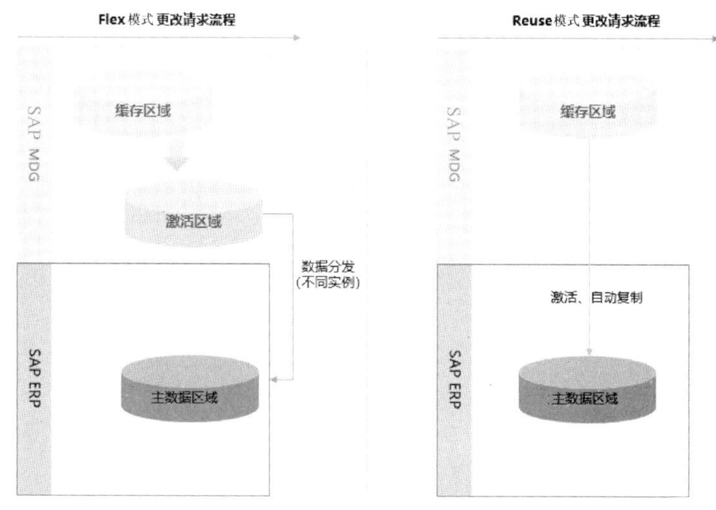

图 8-14　Flex 模式和 Reuse 模式的差异

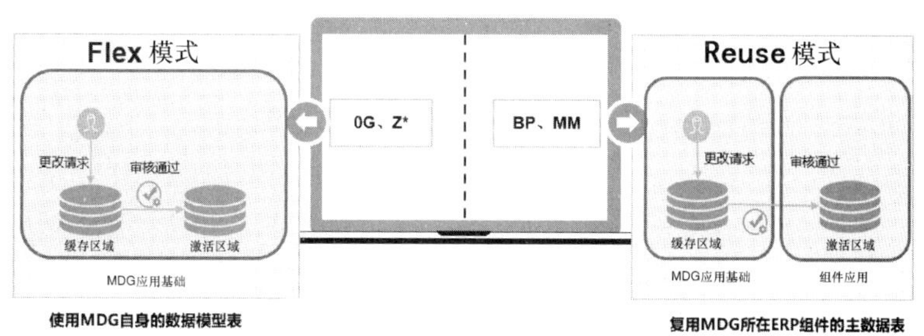

图 8-15　两种模式的数据流程异同和工作方式区别

8.4.3　实体类型

数据模型中不同类型的主数据由不同的实体类型（Entity Type）表示。实体类型可理解为属性集合或属性组，如物料在 SAP ERP 中有基本视图、采购视图、工厂视图、会计视图等，那么在 SAP MDG 中也有基本实体、采购实体等，基本实体中包含编码、名称、基本计量单位等基本属性，采购实体中包含物料采购相关的各个属性字段。

SAP MDG 自动生成主数据处理所需的数据库表。每个数据模型至少具有一个实体类型。实体类型的重要属性是“存储/使用类型”（Storage/Usage Type），它用来确定属于某个实体类型的实体是否可以通过更改请求或通过属于其他实体类型的实体进行更改、所存储信息的类型是什么以及是否生成了数据库表或从激活区域重用。SAP MDG 中提供了四种存储/使用类型，如图 8-16 所示。下面阐述这四种类型的含义与应用场景。

类型 1：可通过更改请求更改，数据库表已生成（Changeable via Change Request; Generated Database Tables），如图 8-17 所示。

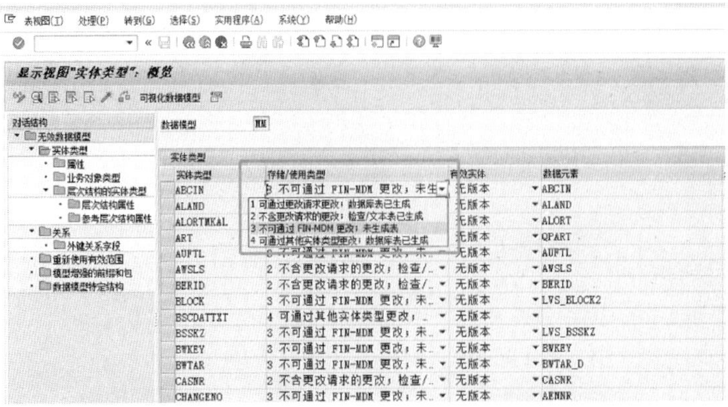

图 8-16　S/U Type

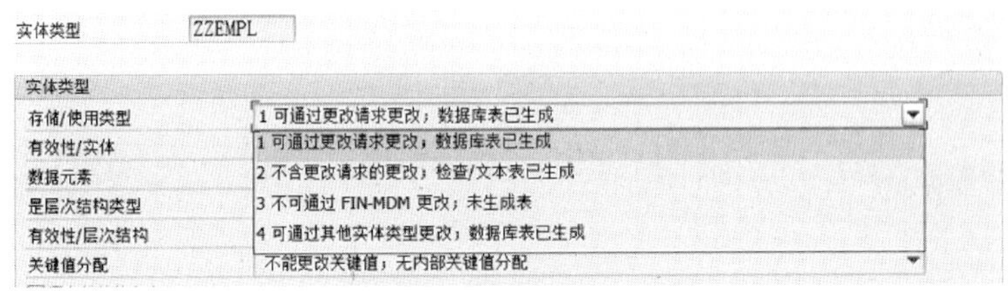

图 8-17　存储/使用类型 1

该存储/使用类型是数据模型中的主实体类型，也是必需的实体类型。这些实体会链接到变更请求类型（Change Request Type），并且可以通过变更请求来更改其中存储的数据。SAP MDG 自动生成所有必需的数据库表，包括检查表、文本表和存储附件和集所需的其他表（检查表是标准模型或自定义模型拥有的存储主体数据的数据库表，而文本表用来存储对象的文本，如描述字段，并通过关系字段与主体数据库进行映射。检查表与文本表只是技术层面需要关注的内容，非技术人员可不用太关注。而实体才是产品根据业务上的划分而生成的）。此类型的关键字段包括实体类型本身、相关版本以及通过关系链接到该实体类型的其他实体类型。物料主数据模型中的 MATERIAL 实体就是该类型一个示例，如图 8-18 和图 8-19 所示。

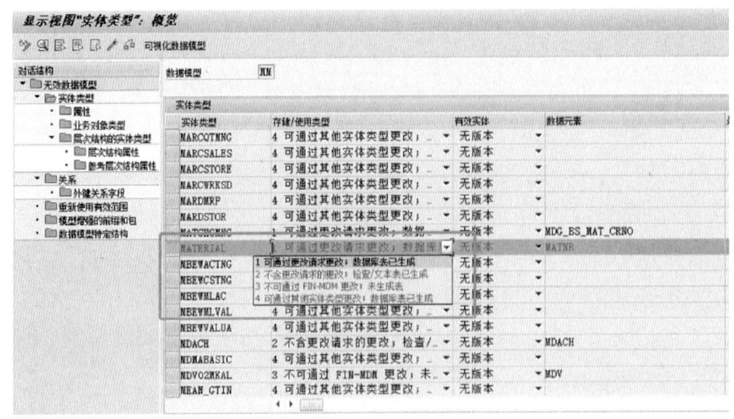

图 8-18　类型 1 示例（1）

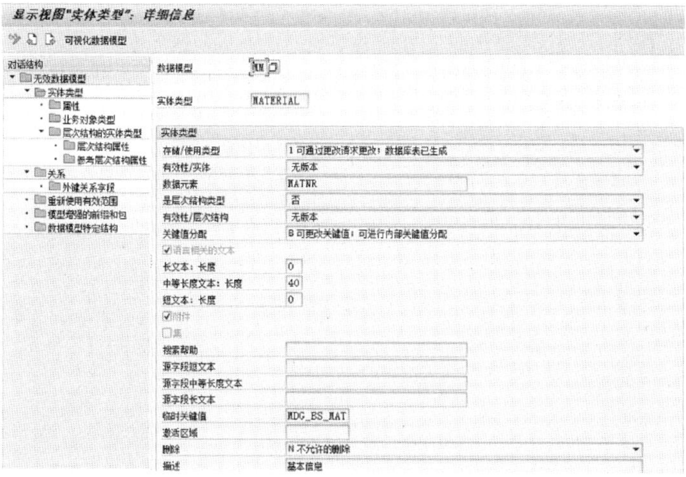

图 8-19 类型 1 示例（2）

类型 2：不含更改请求的更改；检查文本表已生成（Changeable w/o Change Request; Generated Check/Text Tables）。

此类型用于在 SAP MDG 中具有持久性的检查表，无需更改请求即可更改其中存储的数据。SAP MDG 通过前导关系来固定关键字段，仅生成具有实体类型以及分配给实体类型的检查表和文本表。

类型 3：不可通过 FIN-MDM 更改；未生成表（Not Changeable via MDG; No Generated Tables）。

此类型用于在 SAP MDG 中没有持久性的检查表，无法在 SAP MDG 中更改存储在该类型中的数据。一般用作其他副实体类型与主实体类型的关系编码链接，如供应商主实体类型与供应商银行信息实体类型之间的关系编码。

类型 4：可通过其他实体类型更改；数据库表已生成（Changeable via Other Entity Type; Generated Database Tables）。

此类型用于维护相关数据（如物料主数据和公司代码的工厂数据，客户主数据的销售数据，供应商的银行信息、税号等信息），并且只能与类型 1 的实体一起维护（类型 1 为主实体类型，类型 4 为副实体类型）。此类型需要位于主导关系中，并作为目标实体类型分配给具有类型 1 的实体类型。物料主数据模型中的 MARCBASIC 实体属于类型 4，如图 8-20 和图 8-21 所示。

图 8-20 类型 4 示例（1）

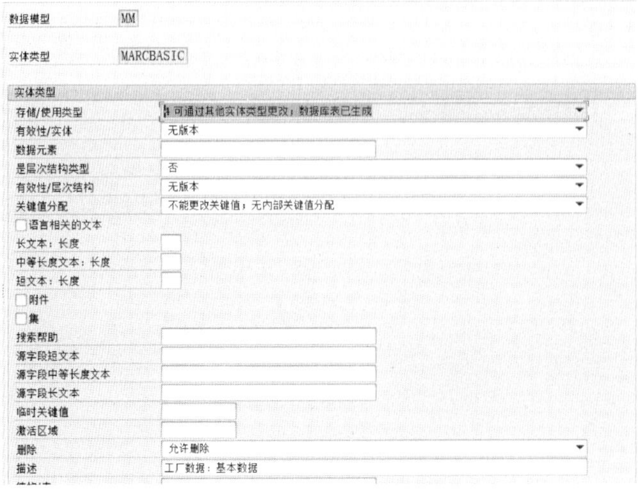

数据模型 MM

实体类型 MARCBASIC

实体类型

存储/使用类型 4 可通过其他实体类型更改；数据库表已生成

有效性/实体 无版本

数据元素

是层次结构类型 否

有效性/层次结构 无版本

关键值分配 不能更改关键值；无内部关键值分配

语言相关的文本

长文本：长度

中等长度文本：长度

短文本：长度

附件

集

搜索帮助

源字段短文本

源字段中等长度文本

源字段长文本

临时关键值

激活区域

删除 允许删除

描述 工厂数据：基本数据

图 8-21　类型 4 示例（2）

实体类型的常见属性与释义见表 8-2。

表 8-2　实体类型常见属性与释义

属　　性	释　　义
实体类型（Entity Type）	实体类型的名称
描述（Description）	实体类型的相关描述
存储与使用类型（Storge/Usage Type）	决定用于存储主数据的数据库表的生成类型
数据元素（Data Element）	确定为其分配实体类型的属性，如数据类型和长度。数据类型限制为 CHAR、NUMC 或 CUKY，长度指限制多少字符。无法将数据元素分配给存储/使用类型 4 的实体类型。如果存在值表或域固定值，存储/使用类型还决定如何表示值
有效性/实体（Validity/Entity）	确定实体类型是否依赖版本
删除（Deletion）	确定是否允许通过更改请求过程对此实体类型的实体进行删除
附件（Attachments）	选中后，附件可以存储到该实体类型的实体中，并且系统会为此自动提供数据存储。只能为存储/使用类型为 1 的实体选择此选项。实际业务中，常会使用某些附件作为主数据更改请求是否审批通过的依据
集（Sets）	选中后，可以将集合存储到此实体类型的实体，并且系统会为此自动提供数据存储
搜索帮助（Search Help）	将搜索帮助分配给字段时，输入帮助将执行搜索帮助，而不是读取检查表中的数据或数据元素域的固定值。用户也可以将搜索帮助用于异常提示
已生成（Generated）	指定是自动生成实体类型还是手动创建实体类型，以及生成的哪些实体类型不能通过“编辑数据模型定制”活动进行更改或删除
是层级结构类型（Is Hry Type）	确定实体类型是否定义层次结构，此设置还确定层次结构是否具有版本并已同步

（续）

属　　性	释　　义
有效性/层次结构（Validity/Hierarchy）	如果是层次结构类型，选项设置为具有版本，然后此属性确定层次结构的有效性
激活区域（Active Area）	指定重用（Reuse）激活区域后，系统仅在该区域中存储激活数据。可以在数据模型级别或实体类型上分配重用激活区域。在数据模型级别定义时，该数据模型中定义的所有实体类型都将继承重用激活区域。但是，如果在实体类型级别上为实体类型指定了单独的重用激活区域，则会覆盖从数据模型继承的设置
结构/表（Structure/Table）	用于在 ABAP 词典中定义的实体类型、属性或关系与结构或数据库表之间建立链接
字段（Field）	用于在属性或关系与 ABAP 词典中定义的字段之间建立链接，ABAP 字典是结构或数据库表的一部分
X 字段结构（Struct. X-Flds）	用于在 ABAP 词典中定义的实体类型与关联结构之间建立链接，该结构包含一个具有 CHAR 类型和“Length 1”的复选框，每个已解析属性的值分别为 space 和 X
临时关键值（Temporary Keys）	用于指定临时键的数字范围对象。例如，为 MATERIAL 实体类型指定 MDG_BS_MAT 编号范围对象
长文本：长度（Long Text：Length）	确定此实体类型在 UI 中的长文本可见长度
中等长度文本：长度（Medium Text：Length）	确定此实体类型在 UI 中的文本可见长度（中等）
短文本：长度（Short Text：Length）	确定此实体类型在 UI 中的文本可见长度（短）
源字段长文本（Src Fld Long Text）	适用于存储/使用类型为 3 的实体类型。确定包含长文本的检查表字段
源字段中等长度文本（Src Fld Medium Text）	适用于存储/使用类型为 3 的实体类型。确定包含中等长度文本的检查表字段
源字段短文本（Src Fld Short Text）	适用于存储/使用类型 3 实体类型。确定包含短文本的检查表字段

以下是所有存储/使用类型的其他要点。

（1）存储/使用类型 1

- 用于在 SAP MDG 中维护的实体类型。
- 通过更改请求执行维护，并且这些实体类型充当更改请求的入口。
- 生成数据存储。
- 可以进行其他数据建模，并且可以具有属性和引用。
- 可以分配数据元素，如数据类型、长度、字段标签等。
- 检查与数据元素关联的表和域固定值是否被忽略。
- “搜索帮助”将根据生成检查表中的条目来确定。

（2）存储/使用类型 2

- 用于不应在 SAP MDG 中维护且在系统中不可用的实体类型。

- 生成数据存储。
- 无法进行其他数据建模；关联的检查表和文本表已生成。
- 没有通过更改请求进行维护。
- 必须对数据类型、长度、字段标签等进行强制性数据元素分配。
- 检查与数据元素关联的表和域固定值是否被忽略。
- “搜索帮助”根据生成的检查表中的条目确定。

（3）存储/使用类型 3

- 用于不应在 SAP MDG 中维护且在系统中可用的实体类型。
- 没有数据存储。
- 无法进行其他数据建模。
- SAP MDG 中没有维护。
- 必须对数据类型、长度、字段标签等进行强制性数据元素分配。
- 检查是否使用了与数据元素关联的表和域固定值。
- “搜索帮助”是基于关联的检查/文本表中的条目和/或与数据元素关联的域固定值确定的。检查表中的非关键字段将被忽略。

（4）存储/使用类型 4

- 用于 SAP MDG 中在另一实体类型的上下文中维护的实体类型。
- 通过更改请求执行的维护，但是这些实体类型不能充当更改请求的入口点。可以通过拥有类型 1 的实体类型进行维护。
- 生成数据存储。
- 可以进行其他数据建模，并且可以具有属性和引用。

8.4.4 属性

通过图 8-22 可以看到属性（即字段）的相关信息，它定义实体类型的属性（Property），并且为每个属性（Property）定义一个字段信息。也可以将属性（Attribute）定义为类型 3 实体，并通过关系将其链接到该实体类型（关系的详细信息请参阅下一小节）。

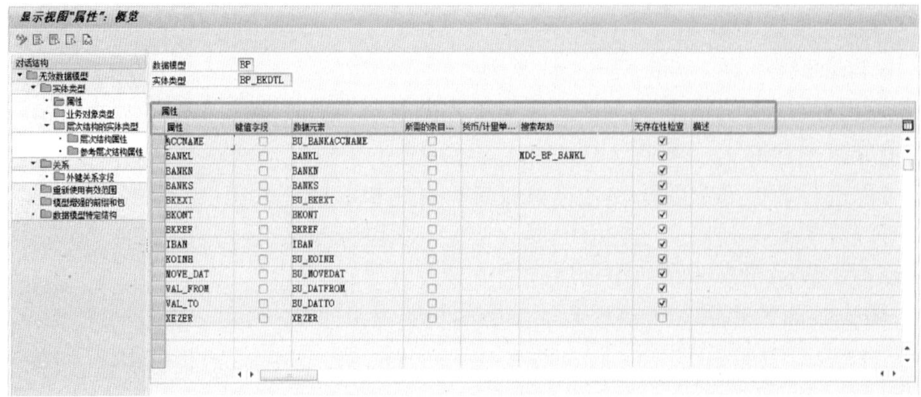

图 8-22　属性示例

只能为类型1或类型4的实体类型定义它们，且每个属性（Attribute）都可以具有表8-3列出的属性（Property）。

表8-3 属性（Property）说明

属性（Property）	释　义
属性（Attribute）	属性的名称
键值字段（Key Field）	标识属性为关键字段的指示符
数据元素（Data Element）	确定属性的数据类型、长度等基本内容，以及字段在用户界面上显示的标签内容。分配给数据元素的值范围从域的固定值或已分配的值中确定，如果没有分配给域的检查表或固定值，则没有输入帮助可用，也不会执行验证（如物料编码字段，其字段名为MATNR，数据元素为长度为40位的字符串，所以可使用标准数据元素MATNR）
必输（Req. Entry Field）	用于标识数据输入是否需要该属性的指示符
货币/计量单位（Curr. /UoM Field）	货币或度量单位字段（属性需要货币或度量单位时使用）
搜索帮助（Search Help）	若有，则输入帮助将执行搜索帮助，而不是读取检查表中的数据或数据元素域的固定值。搜索帮助仅应作为例外
无存在性检查（No Existence Check）	用于停用属性值的存在性检查，但不能停用存在于域固定值范围中的存在性检查
描述（Description）	属性的描述
结构/表（Structure/Table）	用于在ABAP词典中定义的实体类型、属性或关系与结构或数据库表之间建立链接
字段（Fields）	用于在属性或关系与ABAP词典中定义的字段之间建立链接，ABAP字典是结构或数据库表的一部分
已生成（Generated）	指定属性是自动生成还是手动创建的，并且自动生成的那些属性不能通过“编辑数据模型定制”活动进行更改或删除

8.4.5 关系

如果在数据模型中定义了多个实体类型，则可以建立实体类型之间的关系。关系（Relationship）表示实体类型之间的链接。每个关系都有一个关系类型和基数，关系类型确定一个实体类型（源实体类型，From-Entity）是否比另一种实体类型（目标实体类型，To-Entity）级别更高，或者是否将其复制为检查表中另一种实体类型的属性。关系类型有引用（Referencing）、主导（Leading）、限定（Qualifying）、外键关系（Foreign Key Relationship），如图8-23所示。

- 引用：用于指定源实体类型作为目标实体类型的一个属性。
- 主导：如果使用此关系类型，则源实体类型比目标实体类型有更高的级别。
- 限定：与主导关系类型相似，不同之处在于，当实体类型为存储/使用类型4时，可以建立“限定”关系。

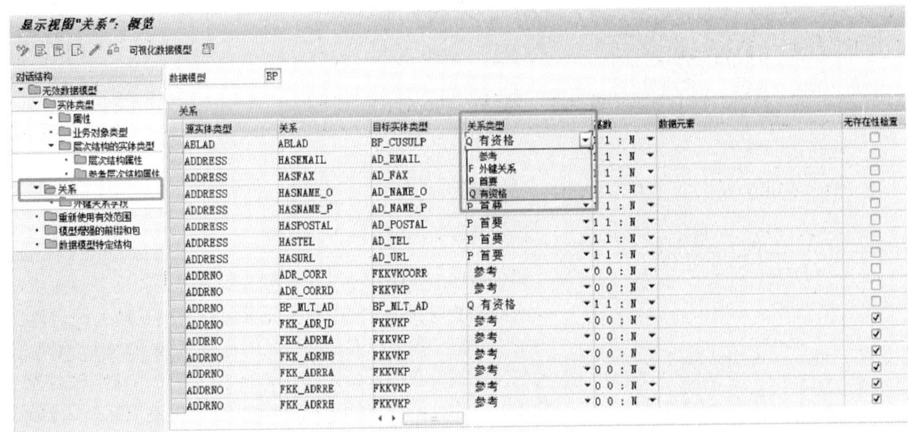

图 8-23　关系类型

- 外键关系：如果目标实体类型的某些属性或关键字段与类型 1 的实体存在外键关系，则可以使用此关系类型，并使用源实体类型作为外键，如图 8-24 所示。

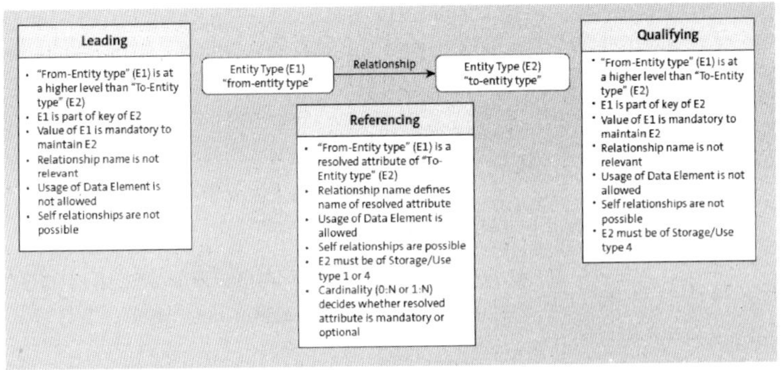

图 8-24　关系类型摘要

8.4.6　层次结构

SAP MDG 根据实体类型的配置提供建模层次结构（Hierarchy）。层次结构的定义包括将层次结构设置为依赖版本和同步。如果为实体类型设置了层次结构，则系统会自动生成用于存储层次结构的数据库表。与层次结构相关的属性如图 8-25 和图 8-26 所示。

1. 是否层次结构类型（Is Hry Type）

实体类型的“是层次结构类型”（Is Hry Type）属性确定其是否定义了层次结构。如果定义，还可指定该属性是依赖于版本还是已同步。

- 版本同步（Version Dependent）：版本依赖性使层次结构具有多个版本。可以通过遵循 IMG 路径自定义层次结构版本（Create Hierarchy Version），如图 8-27 所示。
- 已同步（Synchronized）：在同步的层次结构中，定义的子结构将始终保持相同。无

图 8-25 与层次结构相关的属性

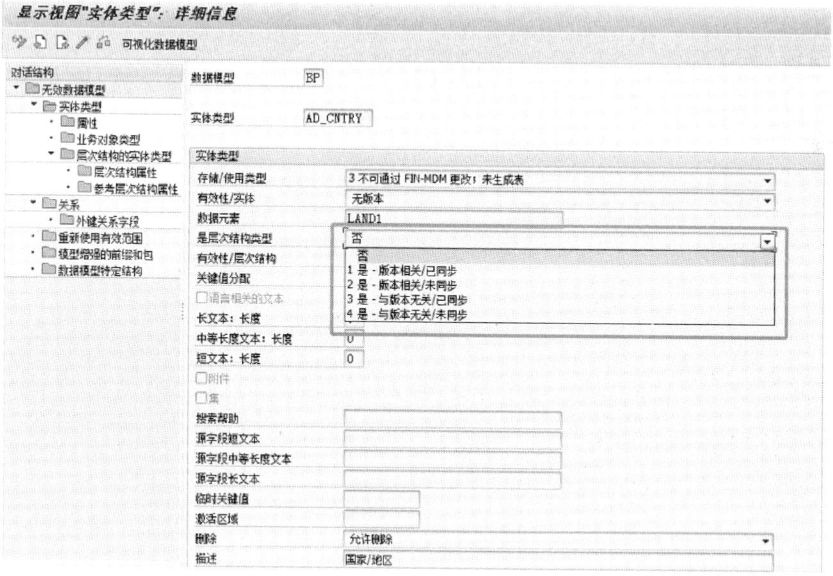

图 8-26 Property Is Hry Type

法在同一层次结构或同一实体的不同层次结构中定义不同的结构。

针对图 8-26 中的"是层次结构类型"属性（即允许版本依赖和同步的组合），以下是其可用的几个选项。

- 否（No）。
- 1 是 - 版本相关/已同步（1Yes - Version-Dependent/Synchronized）。
- 2 是 - 版本相关/未同步（2 Yes - Version-Dependent/Not Synchronized）。

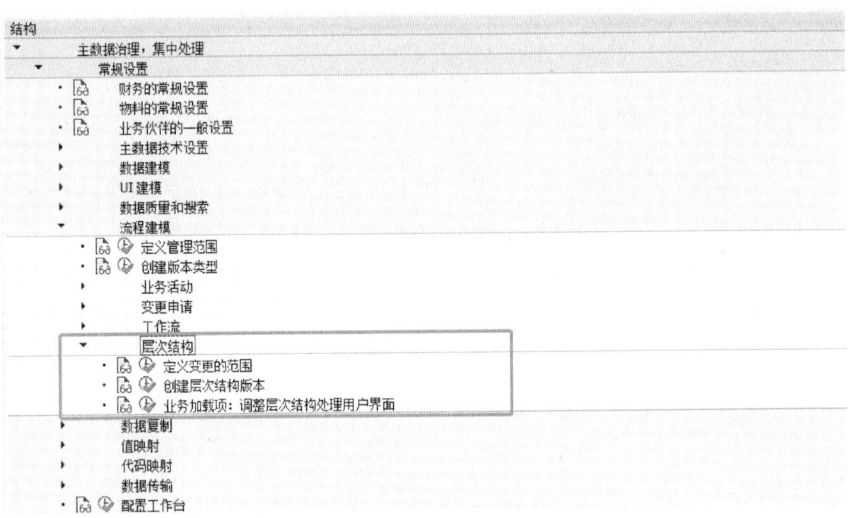

图 8-27　定义层级版本

- 3 是 - 与版本无关/已同步（3 Yes - Not Version-Dependent/Synchronized）。
- 4 是 - 与版本无关/未同步（4 Yes - Not Version-Dependent/Not Synchronized）。

2. 有效性/层次结构（Validity/Hierarchy）

该选项如图 8-28 所示。

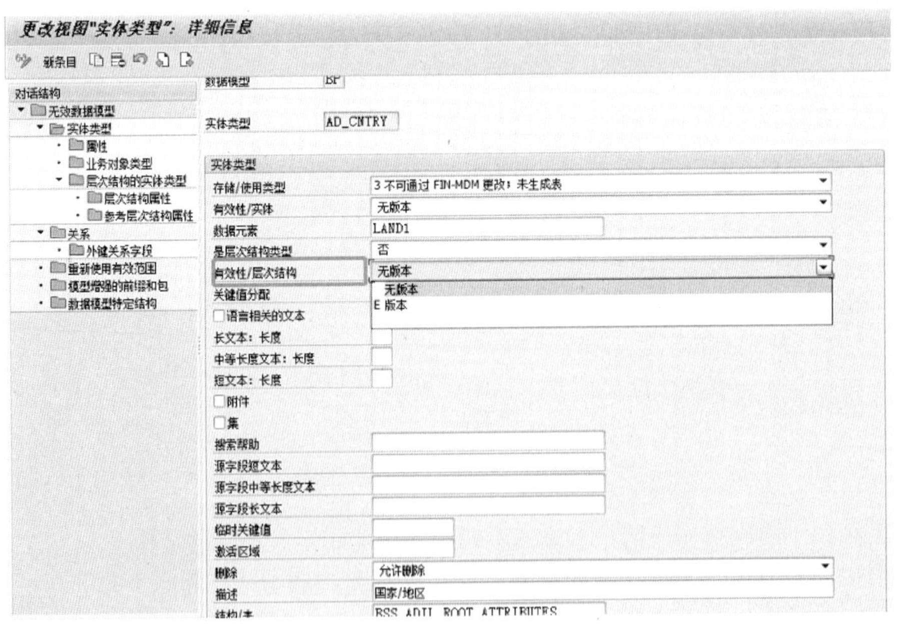

图 8-28　有效性/层次结构

此属性适用于是层次结构类型的情况，使用该属性可以将实体类型设置为有版本或无版本，并且系统使用该版本来界定层次结构的有效性。在这种情况下，需要在层次结构处理过程中将版本分配给定义实体类型的层次结构。除了在实体类型定义层次结构之外，还有其他配置可以完成整个层次结构设置。

3. **层次结构的实体类型**（Entity Types for Hierarchy）

使用此配置，用户可以对其他实体类型的角色进行建模，这些实体类型是所选实体类型的层次结构设置的一部分。可以使用 IMG 路径、MDG IMG 常规设置数据建模来编辑数据模型，然后在“实体类型”下选择“层次结构的实体类型”节点来维护此配置。以下选项可用于层次结构设置中的每种实体类型。

（1）层次名（Hierarchy Name）

如果为实体类型选择此方法，则此类实体充当层次结构的根节点，从而定义层次结构的名称。对于任何实体类型，要完成层次结构设置，都需要使用此方法定义其他实体类型。

此类实体类型不能用作主导关系中的实体类型。

（2）非特殊使用（No Special Use）

如果使用这个选项定义了实体类型，则可以将它们用作实际节点和层次结构中的下级节点。

（3）末节点允许范围（Ranges Permitted on End Nodes）

在层次结构中用作下级节点的实体类型可以具有一定范围的值。

4. **层次结构属性与参考层次结构属性**（Hierarchy Attribute and Hierarchy Attribute from Reference）

可以为层次结构中节点之间的每个关系定义层次结构属性。

（1）层次结构属性（Hierarchy Attribute）

使用数据元素设置节点之间关系的层次结构属性。

（2）层次结构属性引用（Hierarchy Attribute from Reference）

使用对实体类型的引用来设置节点之间关系的层次结构属性。

图 8-29 显示了为实体类型合并组定义的层次结构属性示例，其中实体合并类型来自财务数据模型 0G。

8.4.7 实体关系模型图

上一节介绍了基本数据模型构建块，本节将说明如何将每个构建块组合在一起以形成数据模型。首先，使用实体关系模型（ERM）图对此进行解释，如图 8-30 所示。以下是对数据模型及其相关构建块的一些重要说明。

- 数据模型可以具有多个实体类型。
- 数据模型可以定义许多关系。
- 实体类型可以具有一个或多个属性。
- 许多属性可以具有相同的数据元素。
- 实体类型可以出现在多个层次结构中。
- 两种实体类型可以具有许多关系。

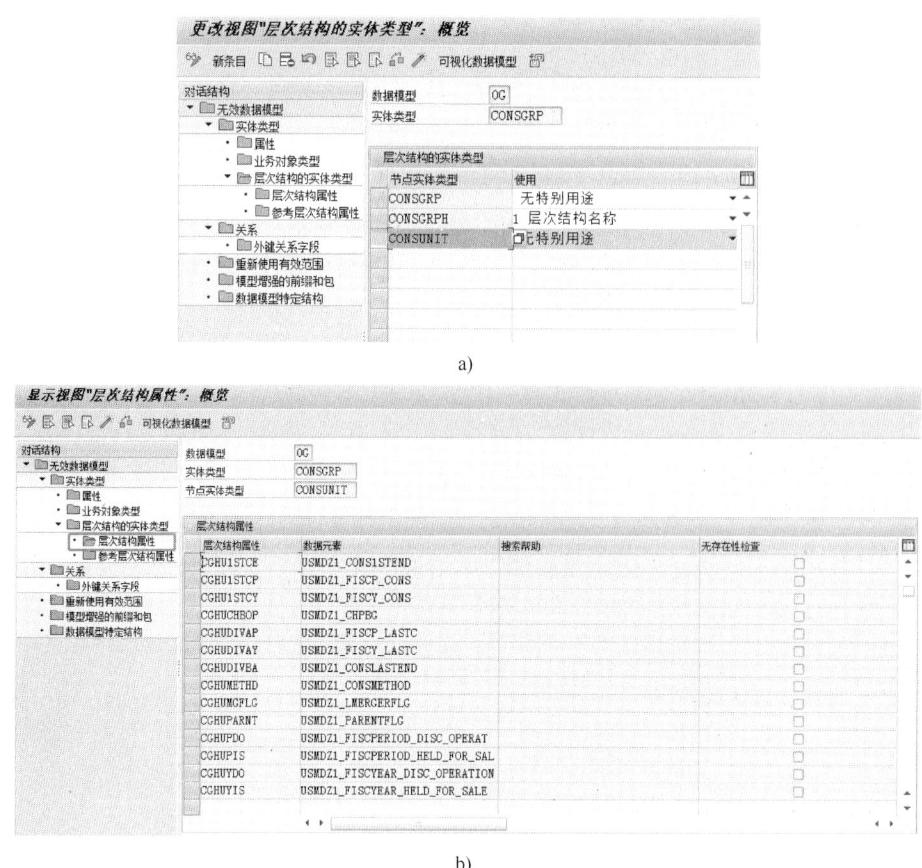

b)

图 8-29　实体类型合并组定义的层次结构属性示例

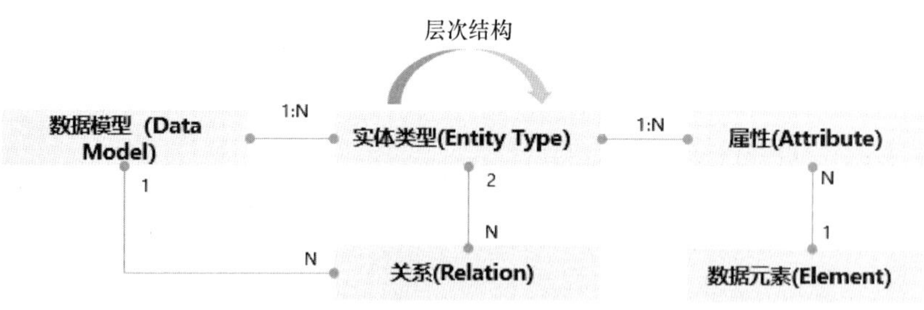

图 8-30　数据模型的 ERM 图

8.5　SAP MDG 标准数据模型与功能

本节讲述 SAP MDG 数据建模的概念，包括不同的存储区域和存储类型，以及笔者对

SAP MDG 数据模型的见解，同时还将讨论实体、属性及实体之间的关系。第1章与第2章介绍了主数据管理的概念和一些主数据管理产品，并且着重介绍了 SAP MDG 以及它如何融入企业信息管理（EIM）产品的整体组合。以下数据模型是 SAP MDG 中包含的标准数据模型。

- 物料主数据模型。
- 业务伙伴、客户和供应商主数据模型。
- 财务主数据模型。

SAP MDG 在企业中是否需要启用标准模型是一般主数据管理项目中需要考虑的问题。首先，如果企业中已有 SAP ERP 为核心的管理或业务系统，又希望加强主数据管控，让其更好地为 SAP 或非 SAP 系统服务，那么 SAP MDG 中先天存在的标准模型在属性以及层级上与 SAP ERP 等系统的对接基本会十分便捷，天然的校验逻辑也只需做简易的配置便可直接启用，此时启用 SAP MDG 标准模型是适合的。但有的企业希望把 SAP MDG 作为数据治理工程中的数据管控工具，那么在数据标准层，势必将对数据标准有更高的要求，不会将各级单位、部门业务系统中针对相同主数据的所有字段都纳入标准中，此时，生成的主数据标准将会是各业务系统中具有共性的黄金字段，如果其中来自 SAP 系统的标准字段占比较小甚至有的企业基本没有 SAP 生态中的任何常规系统，那么显然启用 SAP MDG 标准模型就不太适合了，这种情况下建议以自定义模型进行相关实施。企业的多态造就了应用方式的多态，笔者整理了如下几个应用方面的建议。

1）企业中含 SAP ERP 或其他 SAP 应用，并需要 SAP MDG 作为其主数据管理系统为各应用服务，或作为 ERP 项目的一部分配合实施，此场景适合启用 SAP MDG 标准模型。

2）企业中含 SAP 系统，但非 SAP 的核心业务系统也比较多，某主数据标准中来自 SAP 系统的字段占比很大，当主数据标准中字段数量较少时，建议使用自定义模型，较多时，建议使用标准模型。

3）企业中含 SAP 系统，但非 SAP 的核心业务系统也比较多，某主数据标准中来自 SAP 系统的字段占比较少，此场景建议使用自定义模型。

4）企业中不含任何 SAP 系统，即核心业务系统均为非 SAP 系统，此场景建议使用自定义模型。

8.5.1 SAP MDG 标准数据模型

SAP MDG 中含有物料、业务伙伴（客商）、财务三大块标准数据模型，如图 8-31 所示。其中，各实体类型中的字段基本能与 SAP ERP 中相应对象所含字段相对应（仅字段名不同）。

1. 物料主数据模型（MM）

目前常用的 SAP MDG 9.0（或 9.1）版本中，物料主数据模型涵盖了跨行业常用的大多数物料主属性，如图 8-32 所示。

以下是物料主数据模型的一些要点。

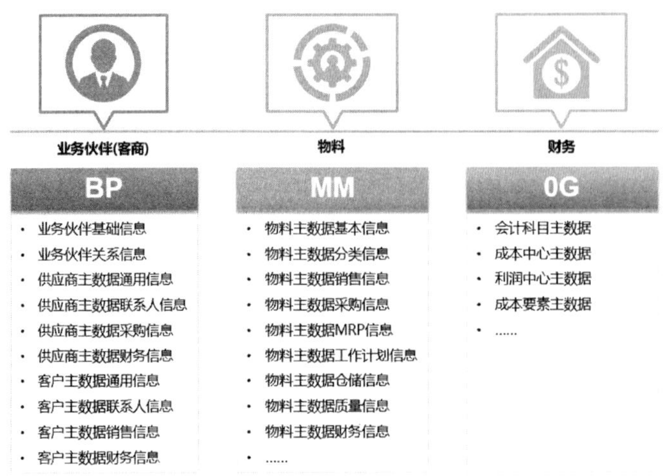

图 8-31　SAP MDG 标准模型

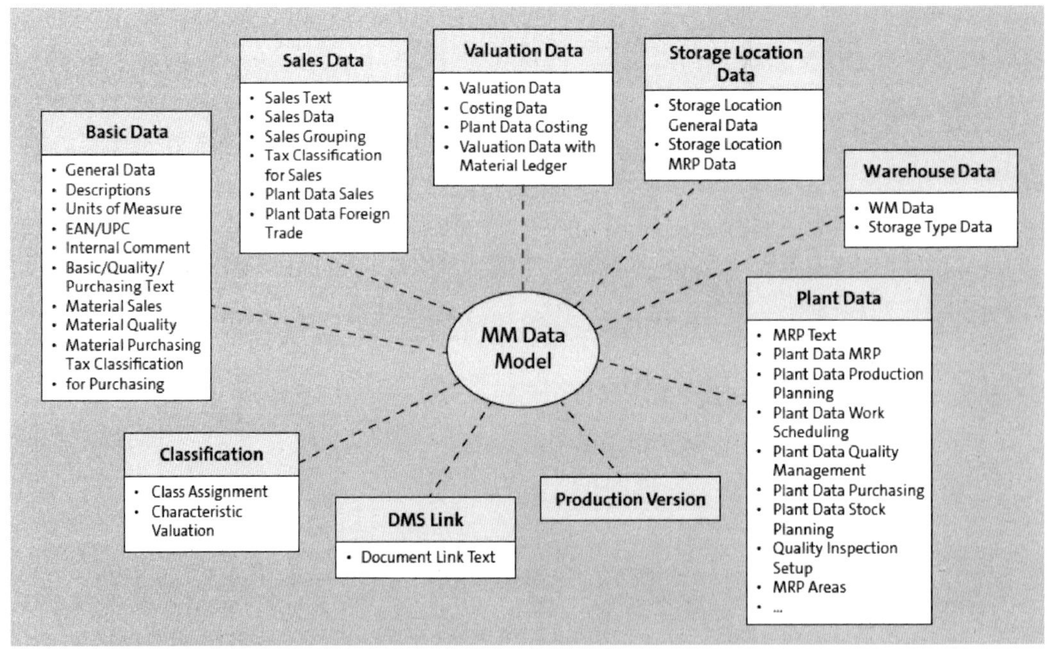

图 8-32　物料主数据模型

1）包含四个类型 1 的实体类型。

2）几种类型 2 和类型 3 的实体类型充当检查表。

3）几种类型 4 的实体类型代表工厂数据、存储位置、评估和仓库数据。

4）没有定义的层次结构。

表 8-4 列出了物料主数据模型的类型 1 和类型 4 实体类型。

表 8-4 物料主数据模型的类型 1 和类型 4 实体类型

实体类型	存储/使用类型	说明
MATERIAL	1	基础数据
DRADBASIC	1	文档链接的基本数据
MATCHGMNG	1	物料变更管理数据
MKALBASIC	1	生产版本数据
BSCDATTXT	4	基础数据文本数据
CLASSASGN	4	分类分配
DRADTXT	4	文档链接文本
INTCMNT	4	内部文本
MARAPURCH	4	物料采购数据
MARAQTMNG	4	物料质量管理数据
MARASALES	4	物料销售数据
MARCATP	4	工厂产能数据
MARCBASIC	4	工厂基本数据
MARCCSTNG	4	工厂成本核算数据
MARCFRCST	4	工厂数据预测
MARCFRGTR	4	工厂外贸数据
MARCFRPAR	4	工厂预测参数数据
MARCMRPFC	4	工厂数据-MRP 预测（计划视图）
MARCMRPLS	4	工厂数据-MRP 批次（批次视图）
MARCMRPMI	4	工厂数据-MRP 其他（制造视图）
MARCMRPPP	4	工厂数据-MRP 生产计划
MARCMRPSP	4	工厂数据-MRP 库存计划
MARCPURCH	4	工厂数据-采购
MARCQTMNG	4	工厂数据-质量管理
MARCSALES	4	工厂数据-销售
MARCSTORE	4	工厂数据-库存
MARCWRKSD	4	工厂数据-工作计划
MARDMRP	4	物料的存储地点 MRP 数据
MARDSTOR	4	物料的存储位置常规数据
MBEWACTNG	4	物料会计数据
MBEWCSTNG	4	物料成本数据
MBEWMLAC	4	物料价格数据
MBEWMLVAL	4	物料分类账：期间总计记录值

（续）

实体类型	存储/使用类型	说　明
MBEWVALUA	4	物料评估数据
MDMABASIC	4	MRP 区域基本数据
MEAN_GTIN	4	物料的国际物品编号（EAN）
MLANPURCH	4	采购税收分类
MLANSALES	4	销售税种
MLGNSTOR	4	物料仓库管理数据
MLGTSTOR	4	物料存储类型数据
MPGDPRODG	4	物料的产品组数据
MRPTXT	4	MRP 文本
MVKEGRPNG	4	销售组织数据
MVKESALES	4	销售数据
PURCHTXT	4	采购文本数据
QINSPTXT	4	物料质量检验文本
QMATBASIC	4	检验类型参数
SALESTXT	4	物料销售文本
UNITOFMSR	4	物料的计量单位
VALUATION	4	特征评估（分类）数据

表 8-5 列出了分配给物料主数据模型的重用激活区域和关联的访问类。

表 8-5　物料主数据模型：重用激活区域

激活区域	描述说明	访问类
DRAD	文档对象链接	CL_MDG_BS_MAT_DRAD_ACCESS
DRATYP2CHK	文档链接对象为类型 2 的实体	CL_MDG_BS_MAT_DRAD_TYP2CHK_ACC
MATERIAL	物料主数据（MM01、MM02、MM03）激活区域	CL_MDG_BS_MAT_ACCESS
MM_TYP2CHK	物料主数据的类型 2 实体（属性）	CL_MDG_BS_MAT_TYP2CHK_ACCESS

在前面的章节中已经讲解了所有的物料主数据模型构建块，本节专注于物料主数据模型以及如何对某些实体和关系进行建模。如图 8-33 所示，以 MARCBASIC 实体类型及其关联关系作为示例，此示例的一些重点如下。

1）实体类型 MATERIAL 对实体类型 MARCBASIC 具有基数为 1：N 的主导（Leading）关系。

2）实体类型 PRCTR 对实体类型 MARCBASIC 具有基数为 0：N 的引用（Referencing）关系。

3）实体类型 WERKS 与实体类型 MARCBASIC 具有基数为 1：N 的限定（Qualifying）关系。

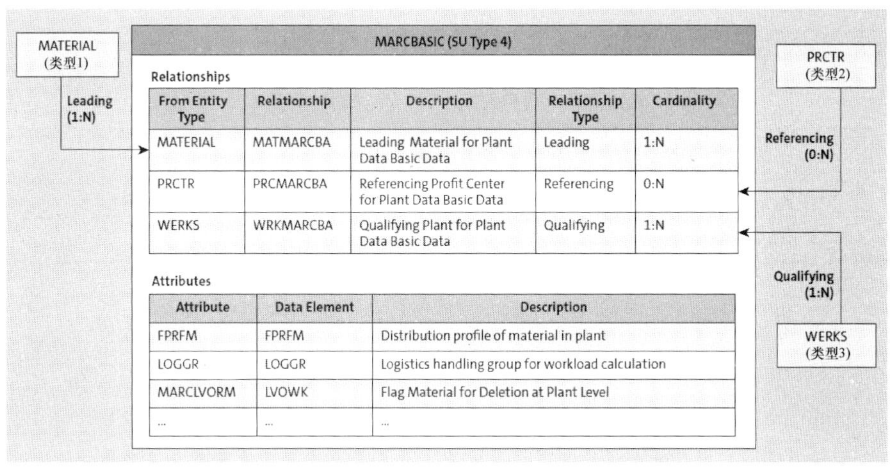

图 8-33　物料主数据模型示例

2. 供应商、客户、业务伙伴数据模型（BP）

业务伙伴数据模型适合 SAP MDG 中的业务伙伴、客户和供应商域，这种特点有助于在业务伙伴相关的实体类型中具有所有公共属性。如前文所述，客户供应商集成（CVI）在创建业务伙伴和关联的客户/供应商记录中起着重要作用。业务伙伴关系用于在 SAP MDG 中创建客户和供应商联系。图 8-34 展示了业务伙伴数据模型中业务伙伴数据以及相应的 SAP ERP 客户和 SAP ERP 供应商数据是如何链接的。

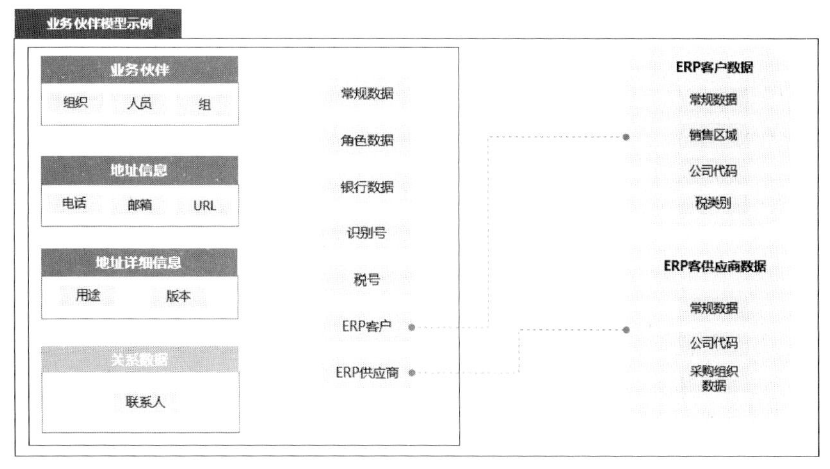

图 8-34　业务伙伴模型示例

关于业务伙伴数据模型的一些重点如下。

- 包含多个存储/使用类型为 1 的实体类型。
- 包含多个存储/使用类型为 4 的实体类型。
- 可以定义业务伙伴层次结构。

- 业务伙伴和相应的 SAP ERP 客户/SAP ERP 供应商已链接。

表 8-6 列出了业务伙伴数据模型的类型 1 和类型 4 实体类型。

表 8-6 业务伙伴数据模型的类型 1 和类型 4 实体类型

实体类型	存储/使用类型	说明
ADDRNO	1	地址编号
BP_HEADER	1	业务伙伴关键信息（BP Group、Type）
BP_HRCHY	1	层次结构
BP_REL	1	关系
BP_SUBHRY	1	较低等级
ADDRESS	4	地址数据
AD_EMAIL	4	邮箱数据
AD_FAX	4	税号数据
AD_NAME_O	4	机构名称数据
AD_NAME_P	4	人员姓名
AD_POSTAL	4	实际地址数据
AD_TEL	4	电话号码数据
AD_URL	4	Internet Address
BP_ADDR	4	BP 地址
BP_ADDUSG	4	使用地址
BP_BKDTL	4	BP 银行详细数据
BP_CENTRL	4	BP 基本数据
BP_COMPNY	4	公司代码信息
BP_CPGEN	4	BP 关系联系人一般数据
BP_CUSDUN	4	催款数据（客户）
BP_CUSFCN	4	客户：合作伙伴职能
BP_CUSGEN	4	常规数据（客户）
BP_CUSTAX	4	客户税收分类
BP_CUSWHT	4	客户：扩展预提税
BP_CUS_CC	4	客户公司代码数据
BP_DUNN	4	催款数据
BP_IDNUM	4	识别号码
BP_INDSTR	4	行业
BP_MLT_AS	4	客户/供应商的多重分配
BP_PORG	4	采购组织数据
BP_PORG2	4	采购数据

（续）

实体类型	存储/使用类型	说　明
BP_ROLE	4	角色
BP_SALES	4	销售数据（客户）
BP_TAXGRP	4	税收组（供应商）
BP_TAXNUM	4	税号信息
BP_VENFCN	4	供应商：业务伙伴功能
BP_VENGEN	4	常规数据（供应商）
BP_VENSUB	4	供应商子范围
BP_WHTAX	4	延长预提税
BP_WPAD	4	BP 联系人工作场所地址
CUSCCTXT	4	文本（客户公司代码数据）
CUSGENTXT	4	文本（客户常规数据）
CUSSALTXT	4	文本（客户销售数据）
VENCCTXT	4	文本（供应商公司代码数据）
VENGENTXT	4	文本（供应商常规数据）
VENPOTXT	4	文本（供应商采购组织数据）
WP_EMAIL	4	workspace 地址：电子邮件地址
WP_FAX	4	workspace 地址：税号
WP_POSTAL	4	workspace 地址：国际版本
WP_TEL	4	workspace 地址：电话号码
WP_URL	4	workspace 地址：网址

表 8-7 列出了分配给业务伙伴数据模型的重用激活区域和关联的访问类别。请注意，实体类型 BP_HRCHY 和 BP_SUBHRY 与 SAP MDG 一起分配为激活区域，这意味着这些实体类型未定义为重用实体类型，并且未使用在业务伙伴数据模型级别定义的 PARTNER 重用激活区域。

表 8-7　业务伙伴数据模型：重用活动区域

激活区域	描述说明	访问类
CUS_TYP2CH	Type 2 entities（e. g. , taxclassifica- tion）for customer master	CL_MDG_BS_CUST_TYP2CHK_ACCESS
PARTNER	N/A	CL_MDG_BS_BP_ACCESS_MASTER
SUP_TYP2CH	Type 2 entities（e. g. , plant）for vendor master	CL_MDG_BS_SUPPL_TYP2CHK_ACCESS

图 8-35 显示了业务伙伴数据模型中一些重要实体类型是如何相互关联的。

业务伙伴数据模型还可以为业务伙伴搭建层次结构。从持久性的角度来看，实体类型 BP_HRCHY 和 BP_SUBHRY 被建为 Flex 模式的实体类型（激活区域在实体类型级别

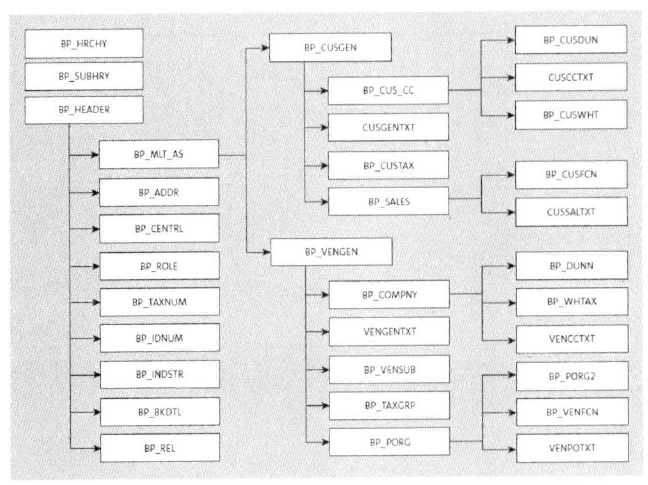

图 8-35　业务伙伴模型中各实体类型之间的关系

定义为“ MDG”)。要注意的是业务伙伴层次结构与 SAP ERP 客户或供应商层次结构无关。图 8-36 和图 8-37 显示了如何对实体类型 BP_HRCHY、BP_SUBHRY 和 BP_HEADER 建模，以促进业务伙伴记录的层次结构创建。以下是对这三种实体类型进行建模的一些要点。

实体类型 BP_HRCHY 和 BP_SUBHRY 没有建为层次结构，实体类型中的“是层次结构类型”选项被设置为“否”，如图 8-36 所示。实体类型 BP_HEADER 被建为层次结构；实体类型中的“是层次结构类型”选项被设置为“4 是-与版本无关/未同步”，如图 8-37 所示。

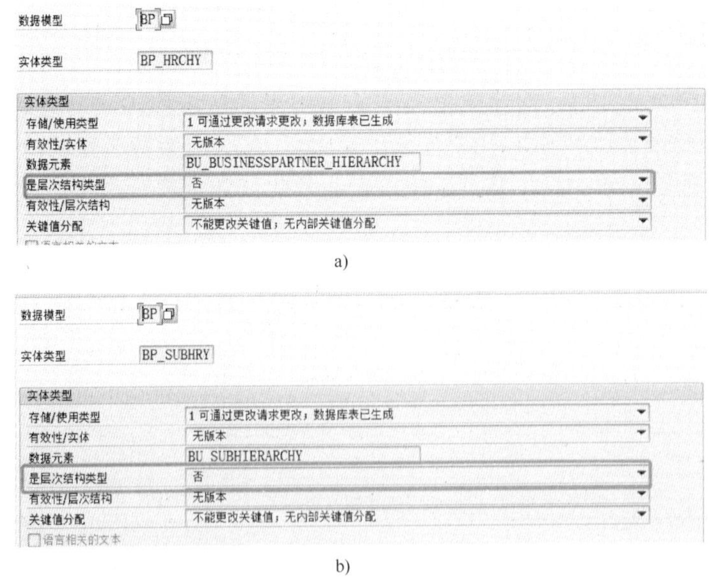

图 8-36　BP_HRCHY 和 BP_SUBHRY

数据模型 BP

实体类型 BP_HEADER

实体类型

存储/使用类型 1 可通过更改请求更改；数据库表已生成

有效性/实体 无版本

数据元素 BU_BUSINESSPARTNER

是层次结构类型 4 是 - 与版本无关/未同步

有效性/层次结构 无版本

关键值分配 B 可更改关键值；可进行内部关键值分配

a)

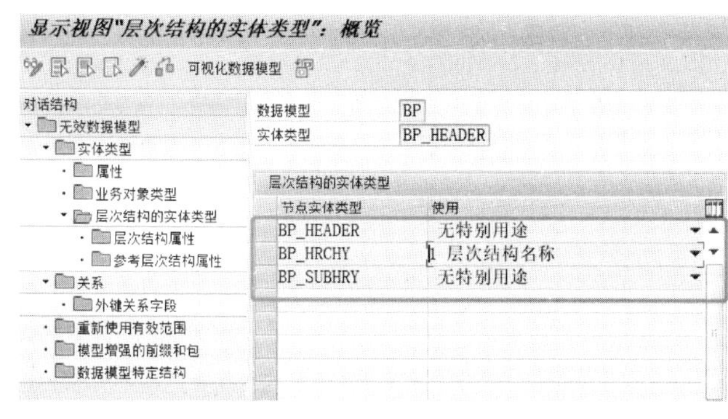

b)

图 8-37 BP_HEADER

对于 BP_HEADER，用于层次结构定制的实体类型将保留为：

- BP_HRCHY 被定义为层次结构名称。
- BP_SUBHRY 被定义为“无特殊用途”。
- BP_HEADER 被定义为“无特殊用途”。

3. 财务数据模型（0G）

SAP 标准财务数据模型可满足各种 SAP ERP FI 对象的数据治理，如成本中心、利润中心、成本要素、总账科目等。表 8-8 列出了财务数据模型的类型 1 和类型 4 实体类型。

表 8-8 财务数据模型的 SU 类型为 1 和 4 实体类型

实 体 类 型	存储/使用类型	说 明
ACCCCDET	1	总账科目（公司代码）
ACCOUNT	1	总账科目（科目表）
BDC	1	细目分类
BDCSET	1	细分类别集
CCTR	1	成本中心
CCTRG	1	成本中心组
CCTRH	1	成本中心组层级

（续）

实体类型	存储/使用类型	说　　明
CELEM	1	成本要素
CELEMG	1	成本要素组
CELEMH	1	成本要素组级别
COMPANY	1	公司
CONSCHAR	1	合并特征
CONSGRP	1	合并组
CONSGRPH	1	合并组级别
CONSUNIT	1	合并单元
FRS	1	财务报表结构
FRSI	1	财务报表结构项目
FSI	1	行项目
FSIH	1	行项目级别
FSIT	1	文本行
PCTR	1	利润中心
PCTRG	1	利润中心组
PCTRH	1	利润中心组级别
SUBMPACK	1	提交原因
TRANSTYPE	1	事务类型
ACCCCAUDT	4	总账科目的 SAP ERP 审计信息（公司代码）
ACCNTAUDT	4	总账科目的 SAP ERP 审计信息（科目表）
BDCSUBSEL	4	子任务分配
CCTRAUDIT	4	成本中心的 SAP ERP 审核信息
CELEMAUDT	4	成本要素的 SAP ERP 审核信息
CGGCURR	4	货币分配实体
CUVERS	4	与合并单元有关的实体
FRSITXT	4	财务报表文本
FSIAUDIT	4	ERP 审核信息（行项目）
FSIVERS	4	与项目实体相关的实体
PCCCASS	4	利润中心分配
PCTRAUDIT	4	利润中心的 SAP ERP 审计信息

图 8-38 显示了财务数据模型的类型 1 实体类型，分为三个主要领域。请注意，财务区域还使用利润中心、利润中心组和利润中心层次结构。

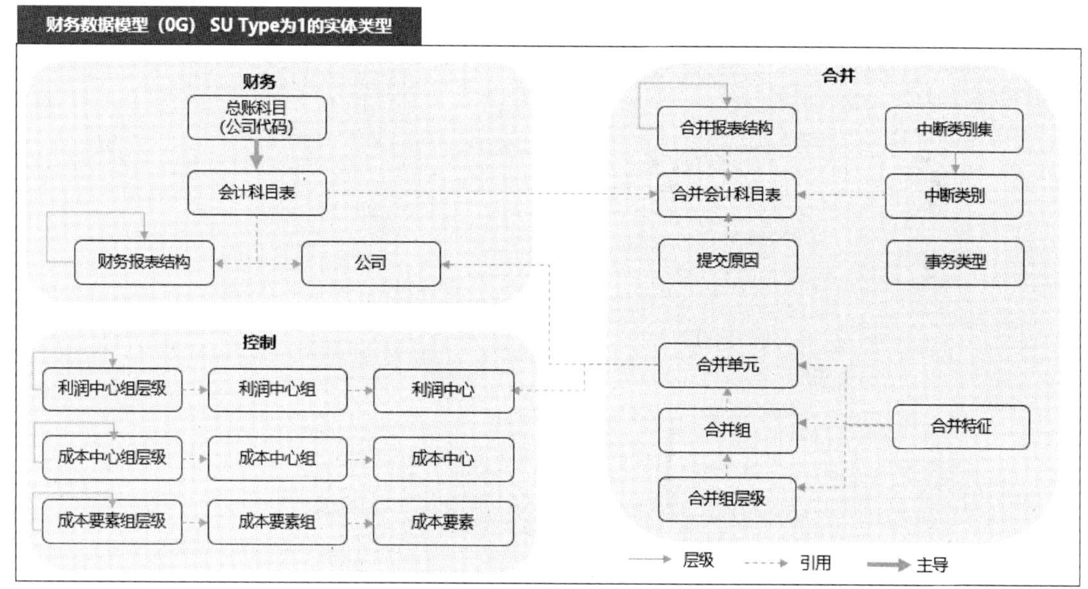

图 8-38 财务数据模型的类型 1 实体类型

针对财务数据模型的使用，有的企业已经通过自定义模型的方式进行客制化实施。是否客制化一方面取决于企业进行财务数据管理的系统是否为 SAP 生态的系统，另一方面也需要考虑企业对数据管理流程进行综合评估后对数据管理系统的定位，是否需要将原有的数据源系统进行替换。

8.5.2 流程建模与界面模型管理

SAP MDG 中的流程建模用于对各个数据项流程节点进行设置，其中包括变更申请（即更改请求）类型导入或配置、更改请求步骤设置、更改请求操作与步骤类型设置、业务对象配置、工作流设置、工作流步骤设置、业务活动与逻辑动作配置等。

1. 创建更改请求类型（Change Request Type）

创建更改请求类型的路径：常规设置->流程建模->更改请求->创建变更申请类型。

更改请求类型是对某数据模型的主数据进行操作的入口类型，如创建物料主数据、修改物料主数据、显示物料主数据等，均有对应的更改请求类型，即每个更改请求都与变更申请类型相关联。用户可以根据想要操作的数据在创建更改请求期间选择变更申请类型，如果仅关联一种变更申请类型，则系统会根据启动的操作自动确定类型。变更申请类型具有图 8-39 所示的属性项，各属性的释义见表 8-9。

图 8-39　部分变更请求类型属性项

表 8-9　变更申请类型的属性

属　　性	释　　义
数据模型（Data Model）	标识变更申请类型与哪个数据模型相关联。分配数据模型后，创建的更改请求与版本无关
版本类型（Edition Type）	版本类型定义了对同一类型的所有版本均有效的各种属性。如数据模型、数据特定时间段、实体类型等（版本和版本类型将在本节后面介绍）
需要的对象（Objects Required）	指示在更改请求创建期间是否需要指定实体
单个对象（Single Object）	指示更改请求是否可以包含为变更申请类型指定的主要实体类型的多个实体
平行（Parallel）	指示是否可以为在允许的实体类型下维护的存储和使用类型 4 实体启用并行更改请求
主实体类型（Main Entity Type）	为其创建更改请求的模型的主实体类型
工作流（Workflow）	本更改请求将要遵循的工作流
目标系统（Target System）	指示是否可以指定要将数据复制到的目标系统
默认（Default）	指示后台流程用于逻辑动作和业务活动的组合的默认变更申请类型

系统初始化阶段可通过“导入预定义变更申请类型”进行变更申请类型的导入，其中包含客户主数据治理、供应商主数据治理、业务伙伴主数据治理（S4 整合客户 & 供应商）、财务主数据治理。

1）通过事务代码 MDGIMG 选择常规设置- > 业务伙伴的主数据治理- > 配置预定义变更申请类型- > 导入预定义变更申请类型。

2）单击进入 CA_MDG_APP_BP_VC_USMD110_C03，如图 8-40 所示。

3）激活业务配置集，如图 8-41 所示。

对客制化模型对象的变更申请类型配置在后文进行阐述。

The change request types have an SAP business workflow or a rule-based workflow. For all change request types of a rule-based workflow, a link to BRFplus applications and the change request steps are defined. You can configure the rule-based workflow BRFplus rules in the Customizing activity Configure Rule-Based Workflow

Requirements

The data model BP must be activated

Standard settings

The following change request types are delivered with the BC Set

- Create Business Partner (BP1P1)
- Process Business Partner (BP2P1)
- Block/Unblock Business Partner (BP5P1)
- Mark Business Partner for Deletion (BP6P1)
- Process Business Partner Cleansing Case (BPCC1)
- Process Business Partner Hierarchies (BPHP2)
- Business Partner Initial Load (BPLP2)
- Business Partner Mass Maintenance (BPMP2)
- Create Bus. Partner w. Hry. Assignment (BP1P2)
- Process Bus. Partner w. Hry. Assignment (BP2P2)

Activities

1. Select the BC Set *MDG Change Request Types (Business Partner) MDG 9.1* CA-MDG-APP-BP_VC_USMD110_C04.
2. Choose *Activate BC Set*

Notes

You can choose to use the delivered change request types for your master data governance process, or you can define your own change request types. To create your own change request types, run the Customizing activity Create Change Request Type

You can create your own SAP business workflow using the *Workflow Builder*.

For more information on SAP Business workflows or rule-based workflows, see the SAP Library.

Further notes

The business function *MDG BP Foundation Switch MDG 9.0* (SAP Master Data Governance 9.0) includes the BC Set *MDG Change Request Types (Business Partner) MDG 9.0* CA-MDG-APP-BP_VC_USMD110_C03.

The business function *MDG BP Foundation Switch MDG 7.0 FP* (SAP Master Data Governance 7.0 Feature Pack) includes the BC Set *MDG Change Request Types (Business Partner) MDG 7.0 FP* CA-MDG-APP-BP_VC_USMD110_C02.

The business function *MDG BP Foundation Switch MDG 7.0* (SAP Master Data Governance 7.0) includes the BC Set *MDG Change Request Types (Business Partner) MDG 7.0*

图 8-40 选择业务配置集

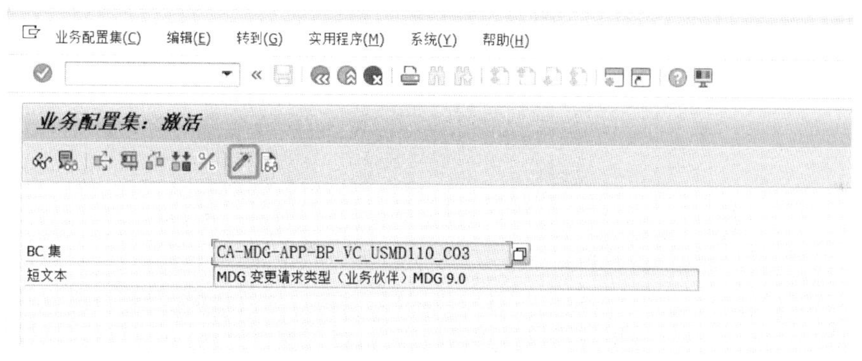

图 8-41 激活业务配置集

2. 更改请求步骤（Change Request Step）

更改请求步骤在更改请求过程中被标识为对话或后台步骤。根据所使用的工作流模板，配置更改请求步骤的过程有所不同（8.5.3 节中讨论了工作流模板和基于规则的工作流）。下面讲解如何基于工作流模板配置更改请求步骤和更改请求步骤属性的详细信息。

（1）通过基于规则的工作流配置更改请求步骤

对于基于规则的工作流模板设置的任何变更申请类型，使用以下 IMG 路径配置更改请求步骤：常规设置- > 流程建模- > 工作流- > 基于规则的工作流- > 定义基于规则工作流的更改请求步骤。通过基于规则的工作流配置变更请求步骤的方法如图 8-42 所示。

（2）通过标准工作流配置更改请求步骤

对于不基于规则的工作流模板设置的变更申请类型，更改请求步骤均通过以下 IMG 路径进行配置：常规设置- > 流程建模- > 工作流- > 其他主数据管理工作流- > 定义更改请求

更改视图"工作流步骤编号"：概览

新条目 业务配置集：更改字段值

工作流步骤编号

变更申请类型	改请求步骤	键值	确认	描述（中等长度文本）	下一步
BP1P1	0	☐	☐	处理	90
BP1P1	90	☐	☑	最终检查	
BP1P1	91	☐	☐	激活	
BP1P1	92	☐	☐	修订	
BP1P1	95	☐	☐	修订处理	90
BP1P1	96	☐	☐	激活出错后处理	
BP1P1	99	☐	☐	完成	
BP1P2	0	☐	☐	处理	90
BP1P2	90	☐	☑	最终检查	
BP1P2	91	☐	☐	激活	
BP1P2	92	☐	☐	修订	
BP1P2	95	☐	☐	修订处理	90
BP1P2	96	☐	☐	激活出错后处理	
BP1P2	99	☐	☐	完成	
BP2P1	0	☐	☐	处理	90
BP2P1	90	☐	☑	最终检查	
BP2P1	91	☐	☐	激活	
BP2P1	92	☐	☐	修订	
BP2P1	95	☐	☐	修订处理	90

图 8-42　通过基于规则的工作流配置变更请求步骤

步骤编号。配置过程如图 8-43 所示。

更改视图"处理工作流步骤编号"：概览

新条目

处理工作流步骤编号

工作流	步骤	描述（中等长度文本）	键值	确认	下一步
WS75700027	2	考虑并批准	☐	☐	3
WS75700027	3	处理	☑	☐	4
WS75700027	4	最终检查	☐	☑	
WS75700027	5	修订	☐	☐	1
WS75700040	0	提交	☐	☐	1
WS75700040	1	处理	☑	☐	2
WS75700040	2	最终检查	☐	☑	
WS75700040	3	修订	☐	☐	1
WS75700043	0	提交	☐	☐	1
WS75700043	1	评估	☐	☐	2
WS75700043	2	考虑并批准	☐	☐	3
WS75700043	3	处理	☑	☐	4
WS75700043	4	最终检查	☐	☑	
WS75700043	5	修订	☐	☐	1
WS75700043	80	已提交考虑	☐	☐	
WS78500004	0	提交	☐	☐	1
WS78500004	1	批准（不拒绝）	☐	☑	
WS78500004	2	修订	☐	☐	1
WS78500004	3	决策：尽管出现差异仍然激活	☐	☐	

图 8-43　工作流模板 WS75700040 更改请求步骤配置

图 8-42 和图 8-43 所示列表包含以下内容。

1）变更申请类型（Type of Chg. Request，对于基于规则的工作流）或工作流（Workflow，对于其他工作流模板）。更改请求类型表示用于管理主数据更改的对象，更改请求包含用户要创建或更改的对象以及有关更改的信息。

2）更改请求步骤/步骤（CR Step/Step）和描述（Description）。每个更改请求可以具有一个或多个更改请求步骤，每个更改请求步骤都定义了关联的处理者、检查、实体类型、用户界面等。

3）键值（Keys）。在更改请求设置过程中，需要输入要更改的实体键值。但 SAP MDG 中可以将实体的键值延迟到流程的最后一步输入，提高了灵活性。

4）确认（Validation）。指示所有验证的最终执行，并且是完成变更请求步骤所有操作的先决条件。通常，必须先完成所有验证检查，然后才能最终激活变更请求。

在更改请求设置过程中，可以对更改请求步骤进行配置以控制以下各项。

- 执行各种检查和数据填充。
- 实体类型和属性相关性和必填项检查。
- 为每个更改请求步骤设置不同的界面。

图 8-44 显示了以变更申请类型 MAT01 为例的更改请求步骤，可以通过以下 IMG 路径来配置更改请求步骤属性：常规设置->流程建模->变更申请->配置更改请求步骤属性。用户可以控制针对特定更改请求步骤触发的增强功能和检查。一般每个更改请求都要经过系统执行的各种检查，对于每个更改请求步骤，用户都可以控制这些检查行为。以下是 SAP MDG 进行的检查类型：基本检查（Basic Check）、权限检查（Authorization Check）、复查（Duplicate Check）、验证规则（BRF+）（Validation Rules（BRF+））、BAdI 检查（BAdI Validations）、存在性检查（Existence Check）以及重新使用区域检查（Reuse Area Check）如图 8-45 所示。

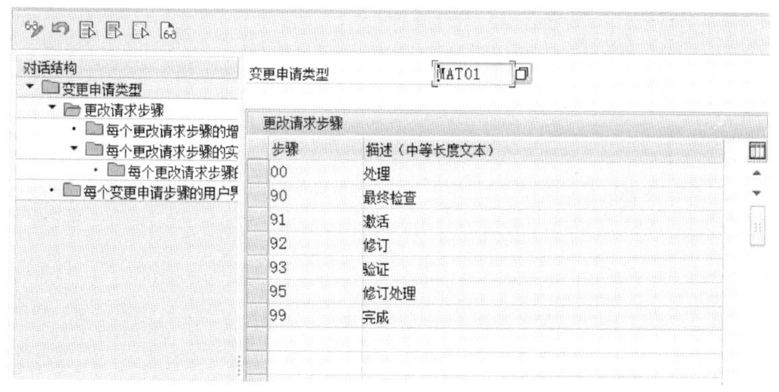

图 8-44 更改请求类型 MAT01 的更改请求步骤

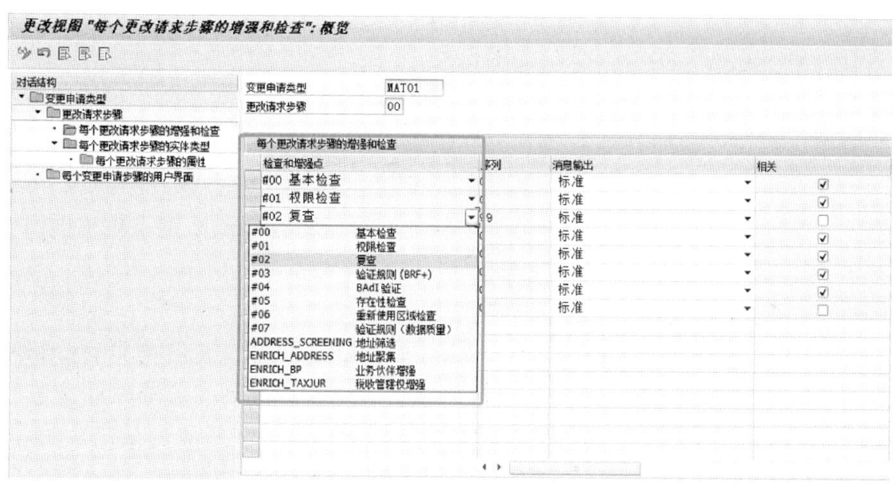

图 8-45 检查类型

当然，除这些检查外，系统还将执行所有其他扩充数据检查（有关扩充点及其配置方式的详细信息，参见后续章节）。图 8-46 显示了增强功能的示例，并检查了变更申请类型 BP1P1（创建业务伙伴）的更改请求步骤 00（提交）。

对话结构
变更申请类型
更改请求步骤
每个更改请求步骤的增强和检查
每个更改请求步骤的实体类型
每个更改请求步骤的属性
每个变更申请步骤的用户界面

变更申请类型 MAT01
更改请求步骤 00

每个更改请求步骤的增强和检查

检查和增强点	序列	消息输出	相关	执行
#00 基本检查	0	标准	☑	1 始终已执行
#01 权限检查	0	标准	☑	1 始终已执行
#02 复查	99	标准	☐	2 在数据更改时已执行
#03 验证规则（BRF+）	0	标准	☑	1 始终已执行
#04 BAdI 验证	0	标准	☑	1 始终已执行
#05 存在性检查	0	标准	☑	1 始终已执行
#06 重新使用区域检查	0	标准	☑	1 始终已执行
#07 验证规则（数据质量）	0	标准	☐	1 始终已执行

图 8-46 增强功能示例

对图 8-46 所示列表中的部位信息说明如下。

- 序列（Sequence）：所有标准检查都会始终执行，并且无法更改这些检查的顺序，因此，SAP MDG 将这些步骤的顺序默认设置为 0，该顺序不可更改，表示它们先执行。同样，重复检查总是在最后执行，因此这项检查的顺序始终默认为 99，并且不能更改。对于所有扩充检查，用户可以更改执行顺序，但要检查补充数据之间的依存关系，并相应地指出顺序。例如，需要在确定税收管辖权之前执行地址扩充，这取决于地址参数。
- 消息输出（Message Output）：确定更改请求步骤的处理器是否可以在不解决检查结果中问题的情况下处理更改请求。由于更改请求的执行是一个协作过程，有时创建新的记录需要完成数据的各个部分，但部分请求者可能不是专家。在这种情况下，如果不解决错误，就无法提交更改请求。SAP MDG 通过提供一个选项将错误消息显示为特定更改请求步骤的警告来解决此问题，但是，在激活更改请求之前，将执行所有检查。有两种消息输出的可选项。
- ◆ 标准（Standard）：在用户界面上显示为标准消息。
- ◆ 报错信息作为警告（Issue Error Messages as Warnings）：所有错误消息均显示为警告且授权和层次结构检查是唯一的例外。
- 相关（Relevant）：可以设置特定检查是否与更改请求步骤相关。除基本检查外，如果需要，可以将所有其他检查和充实设置为不相关。
- 执行（Execution）：可以设置像通常那样执行检查，或者仅在数据更改时触发检查。比如重复检查就不一定总是必须触发，可能只在相关数据发生更改时触发。

用户可以对每个更改请求步骤的实体类型（Entity Type per Change Request Step）和属性进行设置，如图 8-47 所示。

通过图 8-47 所示列表中的字段属性（Field Properties）可以确定实体类型和属性是否相关，也可以在实体类型级别和单个属性级别都进行配置。该列的可选项释义如下。

- 标准（Standard）：系统会根据数据模型所需的字段设置，或者基于从 BAdI（一种常见的增强方式，后续章节有介绍）或重用激活区域派生的检查来保留所需的字段设置。如果在实体类型级别设置，则实体类型中的所有属性都继承相同的设置，

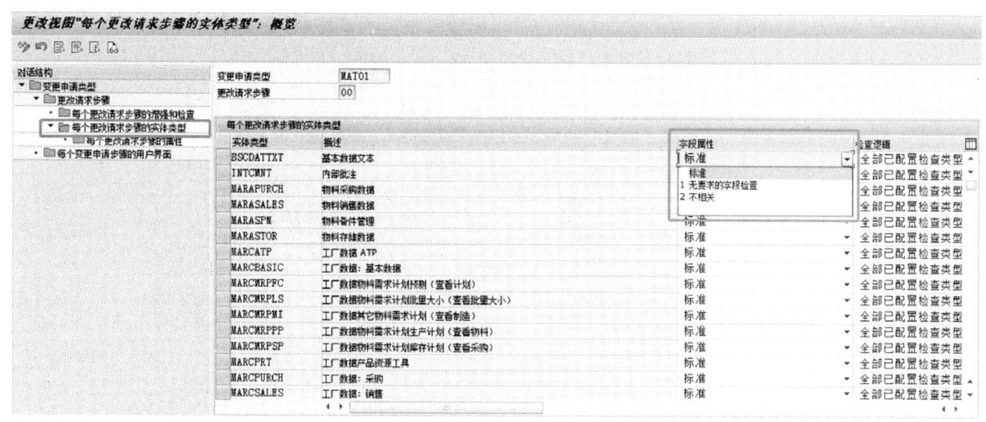

图 8-47　每个更改请求步骤的实体类型和属性设置

但如果将属性（Attribute）的属性（Property）设置为与实体类型级别不同，则以字段属性（Property）为准。

- 无要求的字段检查（No Required Field Check）：对于更改请求步骤，所有必填字段均设置为可选。如果是在实体类型级别设置的，则所有属性都继承该设置，并且无法更改。
- 不相关（Not Relevant）：所有系统检查都将被忽略，并且该字段变为只读。如果是在实体类型级别设置的，则所有属性都继承该设置，并且无法更改。

3. 更改请求操作与步骤类型（Change Request Actions and Step Types）

下面说明 SAP 的各种更改请求操作，以及如何使用这些操作来形成步骤类型。

（1）更改请求操作（Change Request Actions）

可以在更改请求步骤中执行某些更改请求操作，当这些操作定义为步骤类型的一部分时，这些操作对应用于处理更改请求的 UI 按钮。简而言之，更改请求操作即定义用户在某些页面上能做的按钮操作，如某用户需要批准某条主数据的申请（也可驳回），那么就在步骤类型“Approve Change Request（批准更改请求）”上定义“03”（Approve，批准）、04（Reject，拒绝）两种按钮。而对于后台来说，操作不以按钮的形式体现，而是采用代码控制，例如后台激活如果成功，就会返回一个对应的操作 id。根据返回的不同操作，可以决定工作流接下来的走向。

更改请求操作定义路径：常规设置- > 流程建模- > 工作流- > 定义更改请求操作。更改请求操作的说明与检查性质等如图 8-48 所示。其中各列信息的含义如下。

- 描述（Description）：更改请求操作的说明。
- 按钮文本（Pushbutton Text）：需要在按钮上显示的文本。
- 快捷信息文本（Quick Info Text）：显示为按钮的快速信息或工具提示的文本。
- 检查（Check）：指定是否需要执行所有检查且没有错误才能完成操作。
- 注释（Note）：指定是否需要输入注释才能完成操作。
- 原因（Reason）：指定是否需要输入驳回原因才能完成操作。

更改视图"编辑操作"：概览

新条目 业务配置集：更改字段值

编辑操作

操作	描述	按钮文本	快捷信息文本	检查	注释	原因
01	同意	同意	同意	✓		
02	不同意	不同意	不同意		✓	
03	批准	批准	批准	✓		
04	拒绝	拒绝	拒绝		✓	✓
05	完成处理	完成处理	完成处理	✓		
06	发送进行修订	发送进行修订	发送进行修订		✓	
07	重新提交	重新提交	重新提交	✓		
08	撤销	撤销	撤销		✓	
09	激活	激活	激活	✓		
10	发送进行修订	发送进行修订	发送进行修订		✓	
21	成功执行	无	无			
22	已成功执行（含警告）	无	无			
23	失败	无	无			
31	激活成功	无	无			
32	激活失败	无	无			
33	快照激活失败	无	无			
80	主数据治理示例：检查登录配额	检查配额	由专家检查登录配额		✓	✓

图 8-48 系统标准动作

图 8-48 中需要注意的是除了"不同意"（Disagree）、"拒绝"（Reject）、"发送进行修订"（Revision）以及"撤销"（Withdraw）外，所有检查都是针对其他操作隐式执行的，如果检查返回任何错误，则无法完成工作项。

（2）更改请求步骤类型（Change Request Step Types）

更改请求步骤类型用于将一组用户操作分配给不在后台的工作流任务。这些与操作相关联的步骤类型确定了 UI 上可能的用户操作。对于非基于规则的工作流，使用"工作流生成器"分配步骤类型，而对于基于规则的工作流，则使用 BRF + 分配步骤类型。保存和检查是在所有步骤类型中隐式可用的两个操作。在定义步骤类型的过程中，可能的操作以及顺序都将被配置，顺序确定相应 UI 按钮的顺序。图 8-49 显示了系统标准的步骤类型，图 8-50 显示了标准步骤类型和相关的操作分配，图 8-50 和图 8-51 从某项主数据的审批者

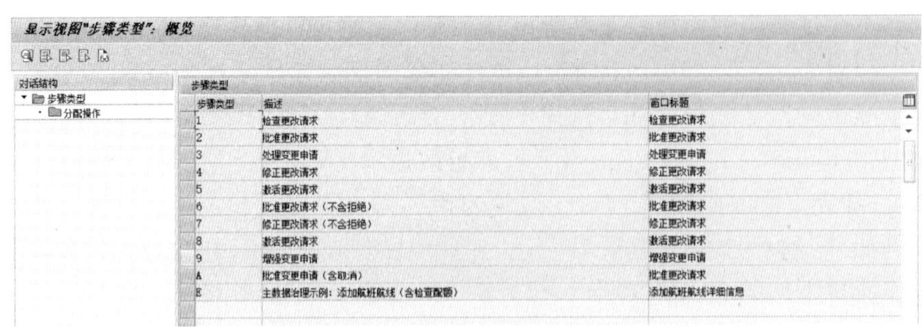
显示视图"步骤类型"：概览

对话结构
步骤类型
分配操作

步骤类型

步骤类型	描述	窗口标题
1	检查更改请求	检查更改请求
2	批准更改请求	批准更改请求
3	处理变更申请	处理变更申请
4	修正更改请求	修正更改请求
5	激活更改请求	激活更改请求
6	批准更改请求（不含拒绝）	批准更改请求
7	修正更改请求（不含拒绝）	修正更改请求
8	激活更改请求	激活更改请求
9	增强变更申请	增强变更申请
A	批准变更申请（含取消）	批准更改请求
E	主数据治理示例：添加航班航线（含检查配额）	添加航班航线详细信息

图 8-49 系统标准的步骤类型

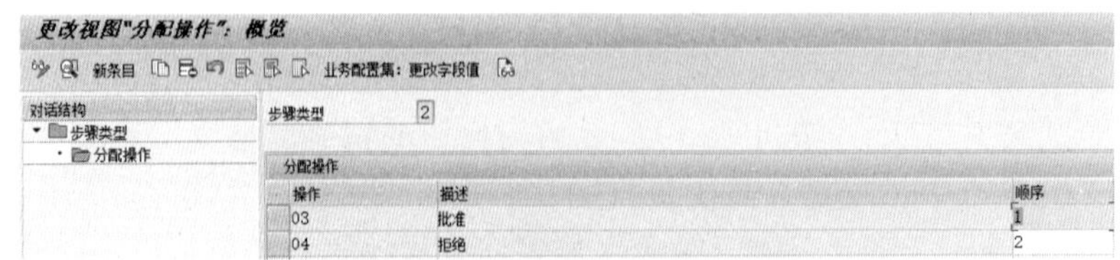
更改视图"分配操作"：概览

新条目 业务配置集：更改字段值

对话结构
步骤类型
分配操作

步骤类型 2

分配操作

操作	描述	顺序
03	批准	1
04	拒绝	2

图 8-50 标准步骤类型与动作分配

图 8-51 操作在 UI 中的显示

角度显示了以上所示步骤类型和操作。用户可以通过以下路径来配置更改请求步骤类型：常规设置- > 流程建模- > 工作流- > 定义更改请求步骤类型分配操作。

（3）扩展解析

步骤类型在基于规则的工作流中只作用在用户代理表（此部分在后续基于规则的工作流相关章节中讲解），前文中的更改请求步骤都会被赋予一个步骤类型，每个步骤类型会被分配操作。现在已经讲解了更改请求的所有构成要素，接下来研究它们是如何结合在一起的。图 8-52 显示了更改请求流程设置的各个构建块以及它们之间的相互关系（以物料相关对象为例）。

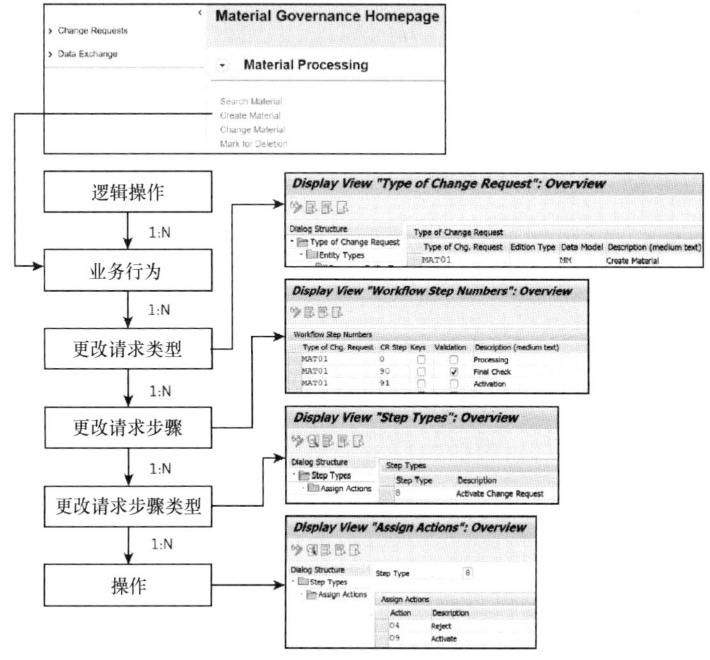

图 8-52 更改请求流程设置的各个构建块以及它们之间的相互关系

表 8-10 中是常用的步骤类型与操作分配。

表 8-10　常用步骤类型与操作分配

步骤类型	名　称	操作同意
1	检查更改请求	01：同意；02：不同意
2	批准更改请求	03：批准；04：拒绝
3	处理变更申请	05：完成处理；06：发送进行修订
4	修正更改请求	07：重新提交；08：撤销
5	激活更改请求	09：激活；10：发送进行修订
6	批准更改请求（不含拒绝）	03：批准；06：发送进行修订
7	修正更改请求（不含拒绝）	05：完成处理
8	激活更改请求	04：拒绝；09：激活
9	增强变更申请	05：完成处理；08：撤销
A	批准变更申请（含取消）	03：批准；04：拒绝；08：撤销

4. 业务对象（Business Object）

前文中讲解了数据模型以及实体类型的概念，而当业务人员对数据进行操作时，系统后台则是由“业务对象”（也称为业务对象类型）进行绑定，业务对象与模型实体一一对应，包括后续要讲的分发模型等，均通过此对象进行绑定，而在分发框架中，业务对象用于在数据复制框架中表示真实的业务实体。业务对象可以表示业务文档、业务伙伴（如供应商或客户）或控制对象（如成本中心或利润中心）以及其他数据对象。分配给业务对象的 SAP MDG 实体将一起分发。系统路径：常规设置- > 数据复制- > 工作流- > 外向实施的增强默认设置- > 定义业务对象，如图 8-53 所示：

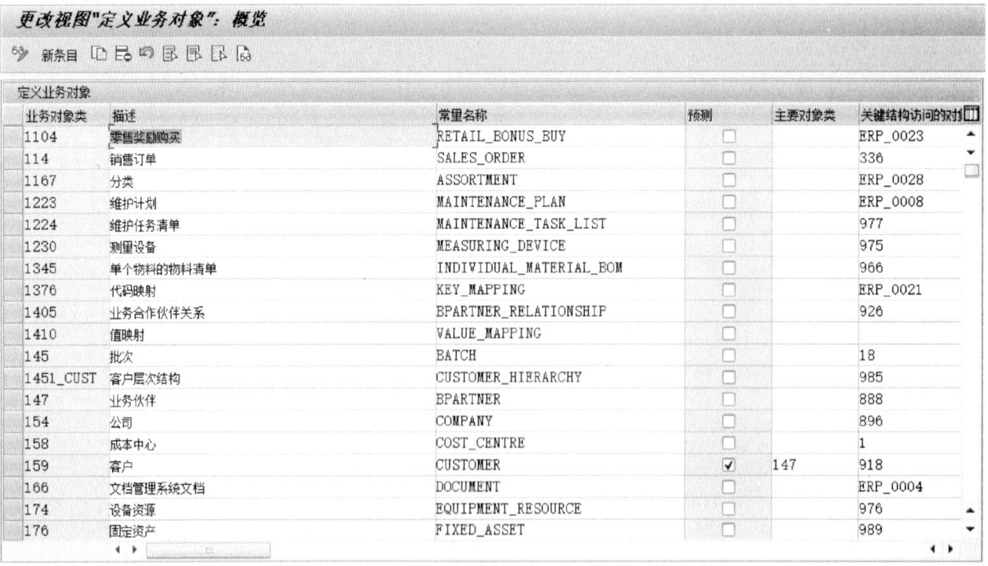

更改视图"定义业务对象"：概览

新条目

定义业务对象

业务对象类	描述	常量名称	预测	主要对象类	关键结构访问的对
1104	零售奖励购买	RETAIL_BONUS_BUY	☐		ERP_0023
114	销售订单	SALES_ORDER	☐		336
1167	分类	ASSORTMENT	☐		ERP_0028
1223	维护计划	MAINTENANCE_PLAN	☐		ERP_0008
1224	维护任务清单	MAINTENANCE_TASK_LIST	☐		977
1230	测量设备	MEASURING_DEVICE	☐		975
1345	单个物料的物料清单	INDIVIDUAL_MATERIAL_BOM	☐		966
1376	代码映射	KEY_MAPPING	☐		ERP_0021
1405	业务合作伙伴关系	BPARTNER_RELATIONSHIP	☐		926
1410	值映射	VALUE_MAPPING	☐		
145	批次	BATCH	☐		18
1451_CUST	客户层次结构	CUSTOMER_HIERARCHY	☐		985
147	业务伙伴	BPARTNER	☐		888
154	公司	COMPANY	☐		896
158	成本中心	COST_CENTRE	☐		1
159	客户	CUSTOMER	☑	147	918
166	文档管理系统文档	DOCUMENT	☐		ERP_0004
174	设备资源	EQUIPMENT_RESOURCE	☐		976
176	固定资产	FIXED_ASSET	☐		989

图 8-53　业务对象

在模型-实体层，将数据模型与业务对象类型进行绑定，如图 8-54 所示。

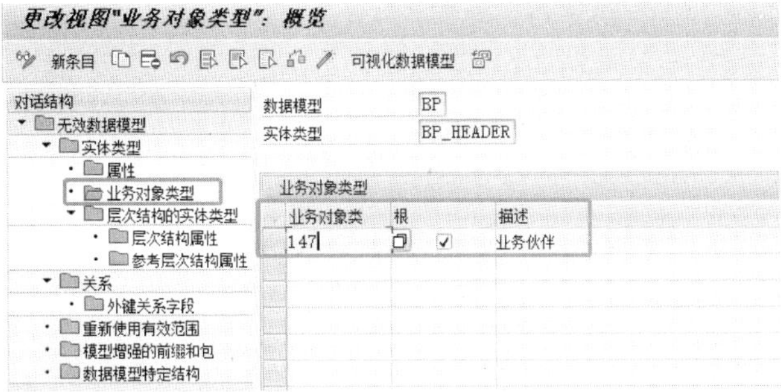

图 8-54 BP 模型中实体类型 BP_HEADER 与业务对象类型 147 关联

5. 工作流（Workflow）

工作流是 SAP MDG 更改请求处理的组成部分，也是数据从提交到正式激活的核心处理部分，所以工作流模板被指定为变更申请类型配置的一部分，故工作流均需为变更请求服务。

SAP MDG 中的工作流大体可以分为两类：基于规则的工作流（Rule-Based Workflow）和标准工作流（Standard Workflow）。系统中工作流的配置路径如图 8-55 所示。

图 8-55 工作流 IMG 路径

（1）基于规则的工作流

基于规则的工作流在系统中提供了独有的模板，即 WS60800086，当变更申请类型中绑定的工作流为基于规则的工作流时，相关工作流配置与业务规则配置需要在 BRF + 中进行。

（2）基于规则的工作流——流程配置解析

单击节点“配置工作流任务”开始配置。

如图 8-56 所示，业务规则配置基于三张决策表（Decision Tables）间的关联而定。

图 8-56　基于规则的工作流-流程配置

单-值决策表（Single Value Decision Table）中的字段分两部分：输入列（Input Columns）和结果列（Result Columns）。其中，输入列相当于表的主键，有且仅有一组主键，输入列可以决定后面的结果列，见表 8-11。

表 8-11　单-值决策表输入列与结果列

输　入　列	结　果　列
变更申请上一步骤（CR Previous Step）	条件别名（Chng. Alias）
上一操作（Previous Action）	新的步骤（New Step）
变更请求优先级（Chng. Req. Priority）	更改请求状态（New Change Request Status）
变更请求原因（Chng. Req. Reason）	完成时间（Hours to Completion）
变更请求拒绝原因（CR Rejection Reason）	合并类型（Merge Type）
变更请求父级步骤（CR Parent Step）	合并参数（Merge Parameter）
代理组编码（CR Parallel Agent Group No.）	动态代理选择服务（Dynamic Agent Selection Service）

流程开始后，由发起流程的输入列决定后续的“下一步”（由条件别名，新的步骤，新更改请求状态等决定）后，首先由条件别名决定其他表内容。如图 8-57 所示。

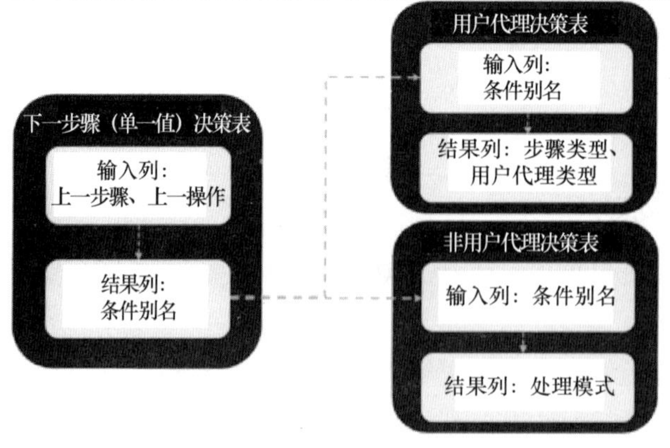

图 8-57　基于规则的工作流流程示意

图 8-58 与表 8-12 为用户代理表（User Agent Decision Table）。

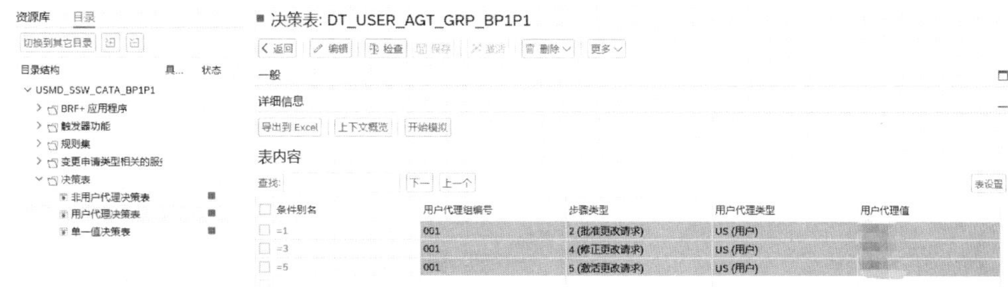

图 8-58　用户代理表设置

表 8-12　用户代理表输入列与结果列

输　入　列	结　果　列
条件别名（Condition Alias）	步骤类型（Step Type） 用户代理类型（User Agent Type） 用户代理值（User Agent Value） 用户代理组编号（User Agt Grp No.）

图 8-59 与表 8-13 为非用户代理决策表（Non-User Agent Decision Table）

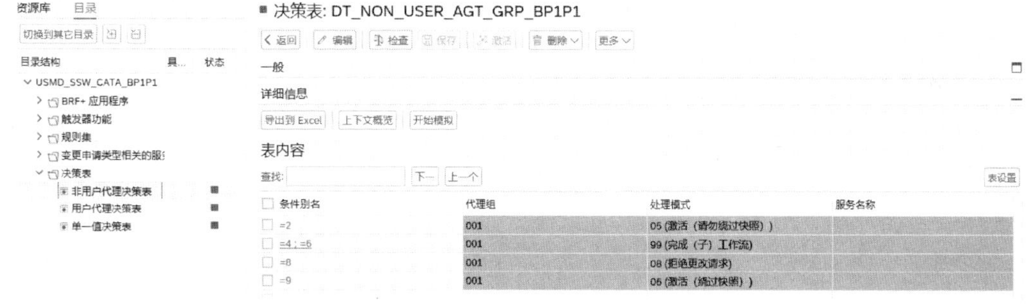

图 8-59　非用户代理决策表示意

表 8-13　非用户代理决策表输入列与结果列

输　入　列	结　果　列
条件别名（Condition Alias）	处理模式（Process Pattern） 代理组（Agent Group） 服务名称（Service Name）

6. 业务活动（Business Activity）

可以将逻辑操作、数据模型和业务对象链接后创建相应的业务活动，这意味着每个业务活动对于数据模型和业务对象都是唯一的。如：对于业务伙伴数据模型和业务对象类型 159（客户），CUP1（创建客户）是用于创建客户的业务活动；对于业务伙伴数据模型和业务对象类型 266（供应商），SUP1（创建供应商）是用于创建供应商的业务活动；对于业务伙伴数据模型和业务对象类型 147（业务伙伴），BPP1（创建业务伙伴）是用于创建业务伙伴的业务活动。也可为自建模型、业务对象创建定制的业务活动。系统路径：常规设置- > 流程建模- > 业务活动- > 创建业务活动。系统标准业务活动如图 8-60 所示。

业务活动：定义

业务活动	描述（中等长度文本）	数. 描述（中等长度文本）	业务对象类	描述	逻辑操作	描述
OG	数据模型 OG 的通用业务活动	OG 财务			MASS	批量处
ACC1	创建科目	OG 财务	892	总账科目主数据	CREATE	创建
ACC2	处理科目	OG 财务	892	总账科目主数据	CHANGE	更改
ACC3	显示科目	OG 财务	892	总账科目主数据	DISPLAY	显示
ACC5	冻结/解冻科目	OG 财务	892	总账科目主数据	BLOCK	锁定
ACC6	为科目加删除标记	OG 财务	892	总账科目主数据	DELETE	删除
ACCA	处理多个科目	OG 财务	892	总账科目主数据	MASS	批量处
ACCL	科目初始加载	OG 财务	892	总账科目主数据	LOAD	数据交
ACCX	删除科目	OG 财务	892	总账科目主数据	ERASE	删除
BCG1	创建细分类别	OG 财务	MDGF_BCG	细分类别	CREATE	创建
BCG2	处理细分类别	OG 财务	MDGF_BCG	细分类别	CHANGE	更改
BCG3	显示细分类别	OG 财务	MDGF_BCG	细分类别	DISPLAY	显示
BCGA	处理多个细分类别	OG 财务	MDGF_BCG	细分类别	MASS	批量处
BCGX	删除细分类别	OG 财务	MDGF_BCG	细分类别	ERASE	删除
BCS1	创建细分类别集	OG 财务	MDGF_BCS	细分类别集	CREATE	创建
BCS2	处理细分类别集	OG 财务	MDGF_BCS	细分类别集	CHANGE	更改
BCS3	显示细分类别集	OG 财务	MDGF_BCS	细分类别集	DISPLAY	显示
BCSA	处理多个细分类别集	OG 财务	MDGF_BCS	细分类别集	MASS	批量处
BCSX	删除细分类别集	OG 财务	MDGF_BCS	细分类别集	ERASE	删除

图 8-60　标准业务活动

前面章节介绍了 UI 建模和 SAP 交付的 UI 应用程序。这些 UI 应用程序链接到逻辑操作和业务活动。目标 UI 应用程序是基于业务对象类型代码、逻辑操作和当前 UI 应用程序派生的。要显示标准设置，可选择“业务活动”下的“UI 应用程序和业务活动的链接逻辑操作：标准定义”。如果要为自定义应用程序进行设置，则选择“UI 应用程序和业务活动的链接逻辑操作：自定义”。

7. 逻辑操作（Action）

系统使用逻辑操作（如创建、显示或更改）通过链接的业务活动来选择 UI。系统路径：常规设置- > 流程建模- > 业务活动- > 定义逻辑操作。建议用户使用 SAP 提供的逻辑操作（见图 8-61）。

操作：定义

逻辑操作	描述
BLOCK	锁定
CHANGE	更改
CHANGE_DQR	出于数据质量的原因进行请求变更
CHANGE_DX	使用数据交换更改
CLEANSE	清除
COPY_TPL	从模板复制
CREATE	创建
CREATE_DX	使用数据交换创建
DELETE	删除
DISPLAY	显示
ERASE	删除
HIERARCHY	层次结构处理
LOAD	数据交换
MASS	批量处理
MULTI	多记录处理

图 8-61　系统标准逻辑动作

8.5.3　SAP MDG 系统数据处理

1. 单条记录处理

SAP MDG 提供了通过更改请求流程管理单条记录或多条记录的功能。通过使用“单个对象”复选框（见图 8-62）可以在相应的更改请求类型中控制更改请求是否可以包含多个对象。每个 SAP 的主数据域都提供各种单记录和多记录处理功能。

新条目　业务配置集：更改字段值

对话结构
- 变更申请类型
  - 实体类型
    - 实体类型级别范围
  - 业务活动
  - 更改请求类型的服务级别

变更申请类型

变更申请类型	版本类型	数据模型	描述（中等长度文本）	需要的对象	单个对象	平行	主要实体类型	工作流
BCS2P1	0G_ALL		处理细分类别集	☐	☑	☐	BDCSET	WS75700040
BCSAP1	0G_ALL		批量更改细分类别集	☐	☐	☐		WS75700040
BCSXP1	0G_ALL		删除细分类别集	☐	☑	☐	BDCSET	WS75700040
BP1P1		BP	创建业务伙伴	☐	☑	☐	BP_HEADER	WS60800086
BP1P2		BP	创建含层次结构分配的业务伙伴	☐	☑	☐	BP_HEADER	WS60800086
BP2P1		BP	处理业务伙伴	☐	☑	☐	BP_HEADER	WS60800086
BP2P2		BP	处理含层次结构分配的业务伙伴	☐	☑	☐	BP_HEADER	WS60800086
BP5P1		BP	冻结/取消冻结业务伙伴	☐	☑	☐	BP_HEADER	WS60800086
BP6P1		BP	为业务伙伴加删除标记	☐	☑	☐	BP_HEADER	WS60800086
BPCC1		BP	处理业务伙伴清洗案例	☐	☑	☐	BP_HEADER	WS60800086
BPHP2		BP	处理业务伙伴层次结构	☐	☐	☐	BP_HEADER	WS60800095
BPLP2		BP	业务伙伴初始加载	☐	☐	☐	BP_HEADER	WS72100006
BPMP2		BP	业务伙伴批量维护	☐	☐	☐	BP_HEADER	WS60800095
CCC1P1	0G_ALL		创建合并特征	☐	☑	☐	CONSCHAR	WS75700040
CCC2P1	0G_ALL		处理合并特征	☐	☑	☐	CONSCHAR	WS75700040
CCCAP1	0G_ALL		批量更改合并特征	☐	☐	☐		WS75700040
CCCXP1	0G_ALL		删除合并特征	☐	☑	☐	CONSCHAR	WS75700040
CCG1P1	0G_ALL		创建成本中心组	☐	☑	☐	CCTRG	WS75700040
CCG1P2	0G_ALL		创建含有层次结构分配的成本中心组	☐	☑	☐	CCTRG	WS75700040
CCG2P1	0G_ALL		处理成本中心组	☐	☑	☐	CCTRG	WS75700040

图 8-62　“单个对象”复选框

单条记录的逻辑操作见表 8-13。

表 8-13　逻辑操作说明

流　　程	逻辑动作	说　　明
搜索数据（Search Data）	显示（DISPLAY）	显示流程
创建数据（Create Data）	创建（CREATE）	创建流程
修改数据（Change Data）	更改（CHANGE）	更改流程
失效（Block/Delete Data）	取消/冻结（DELETE/BLOCK）	删除/锁定流程

（1）数据处理界面

以业务伙伴治理为例使用标准模型，事务代码为 NWBC，用户也可以根据 NWBC 的链接直接在浏览器中登录，如图 8-63 和图 8-64 所示。

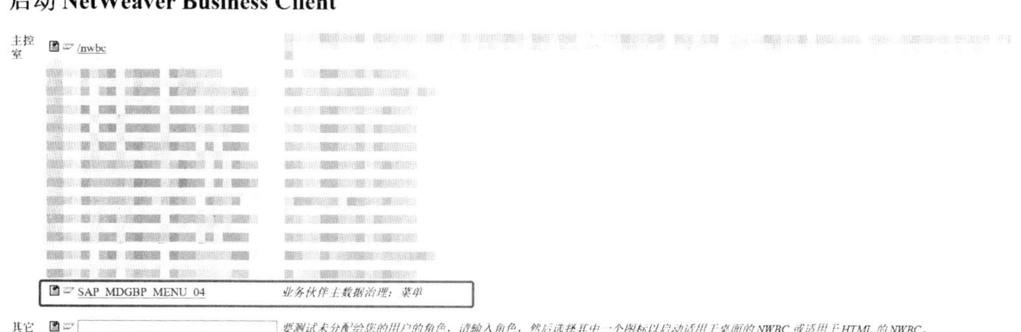

图 8-63　NWBC 菜单页面

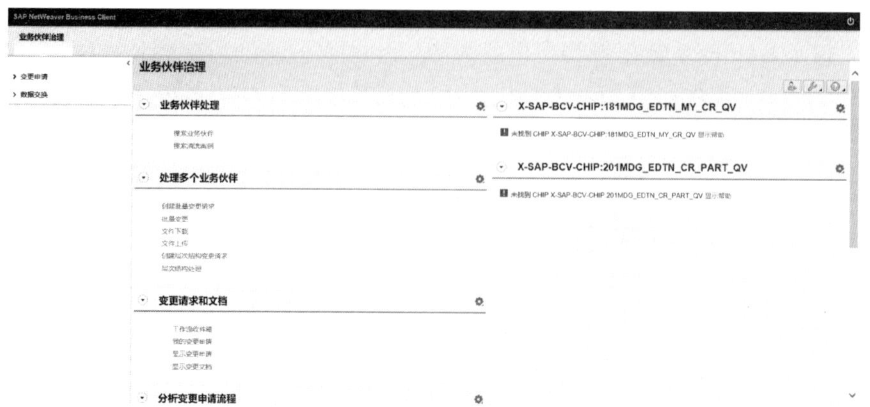

图 8-64　业务伙伴治理页面

页面中的部分组件可以通过激活功能进行释放，例如激活图 8-65 所示的三个组件来释放出相应的流程数据分布。

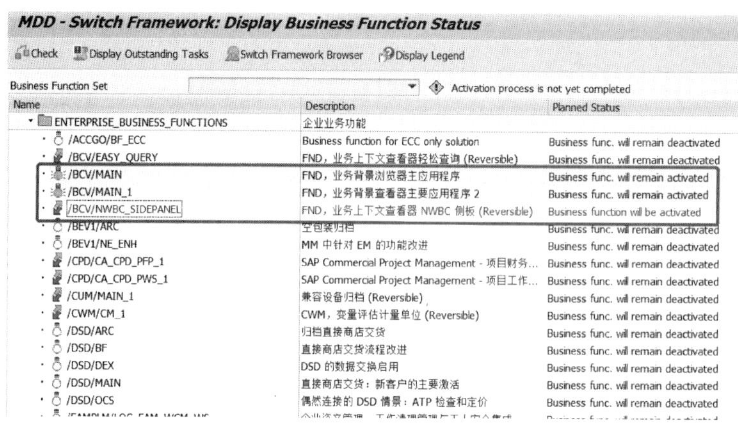

图 8-65　激活组件

只有经过更改请求预导入（SCPR20）激活操作（参见更改请求类型相关章节）才可以正常进入相关处理页面，否则将出现图 8-66 所示的异常。

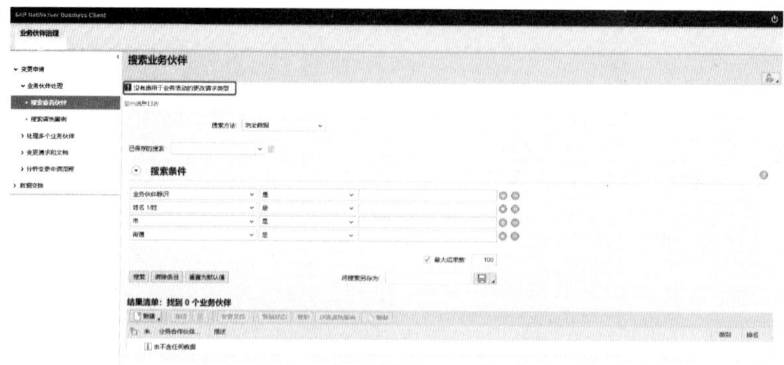

图 8-66　未激活业务功能异常页面

以下通过一些步骤来阐述正常的数据处理页面内容。

1）进入业务伙伴治理页面，如图8-67所示。

图8-67　业务伙伴搜索页面

2）单击“新建”按钮，弹出“可用更改请求类型”对话框，如图8-68所示。

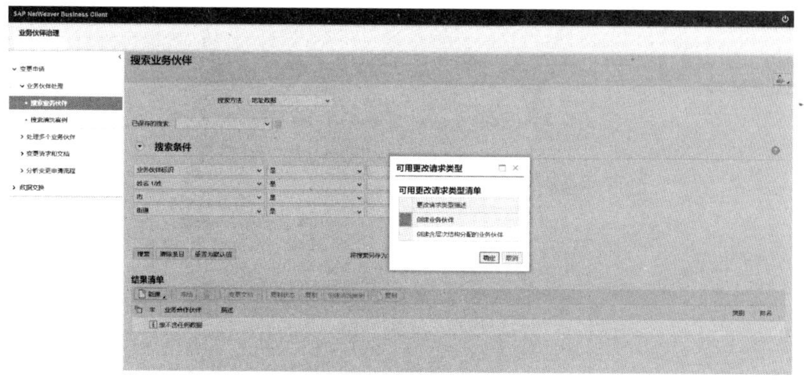

图8-68　新建业务伙伴

3）填写更改请求数据，如图8-69所示。

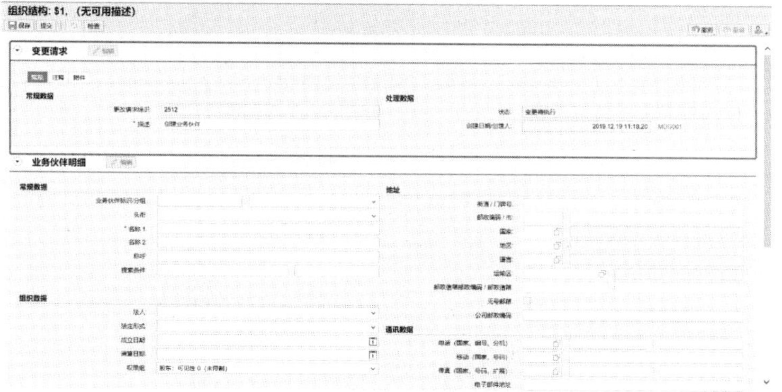

图8-69　更改请求数据

4）需填写的主数据信息（涉及不同实体）如图 8-70 所示。

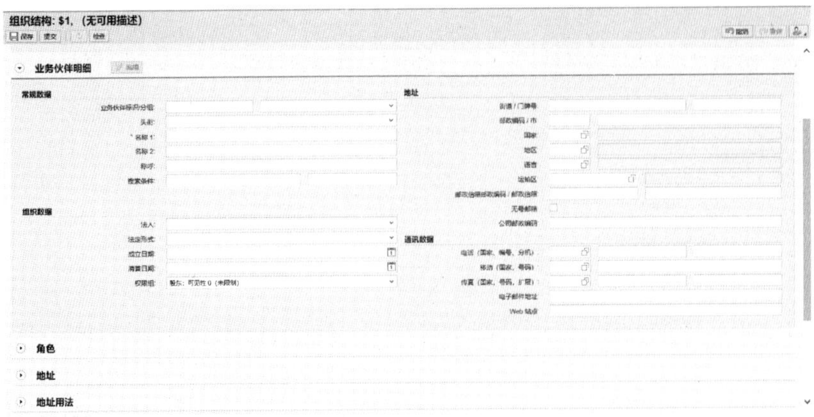

图 8-70　需填写的主数据信息

再以客制化模型测试物料主数据项为例来展示主数据治理页面。

1）进入主页，如图 8-71 所示。

图 8-71　物流主数据维护主页

2）填写变更请求数据，如图 8-72 所示。

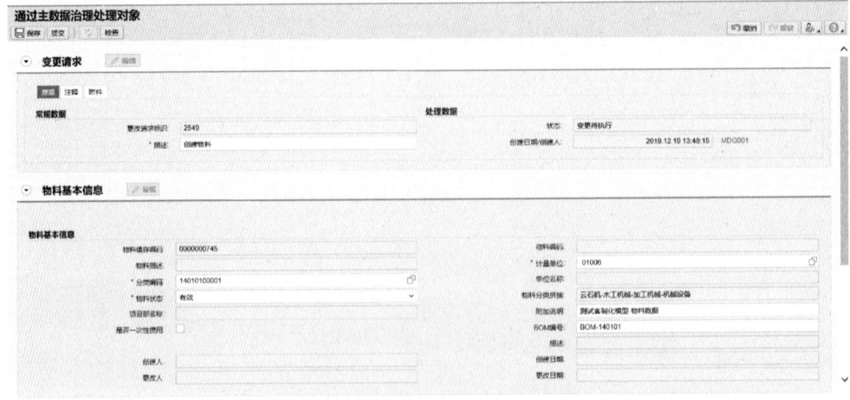

图 8-72　填写变更请求数据

3）填写物料信息，如图 8-73 所示。

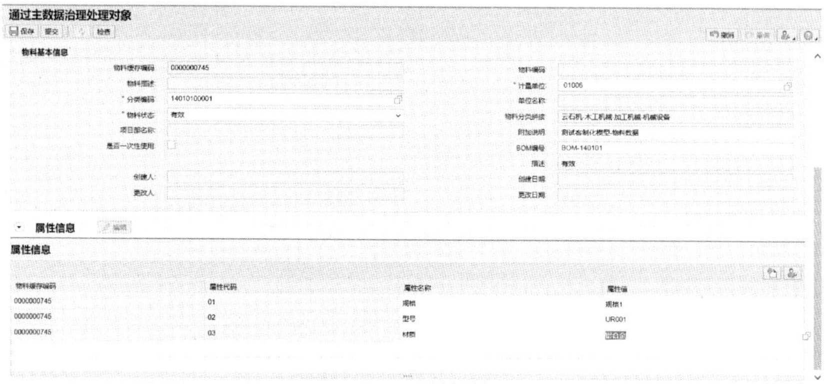

图 8-73　填写物料信息

4）检查数据并提交，如图 8-74 和图 8-75 所示。

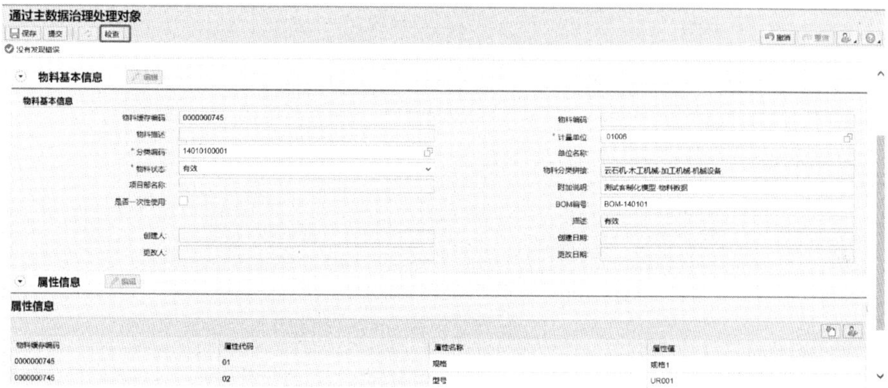

图 8-74　检查数据

图 8-75　提交数据

当流程设置为自动审批时，最终状态是“最终检查已批准”，如图 8-76 所示。

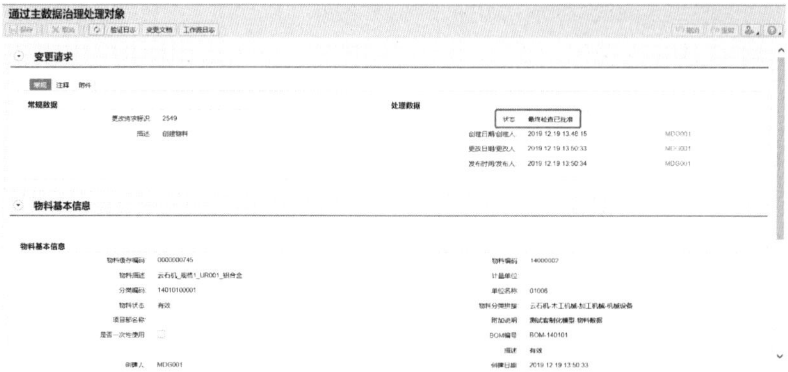

图 8-76　状态说明

工作流审批的详细内容在后面章节介绍。

5）查询数据，将显示已激活的数据，如图 8-77 所示。

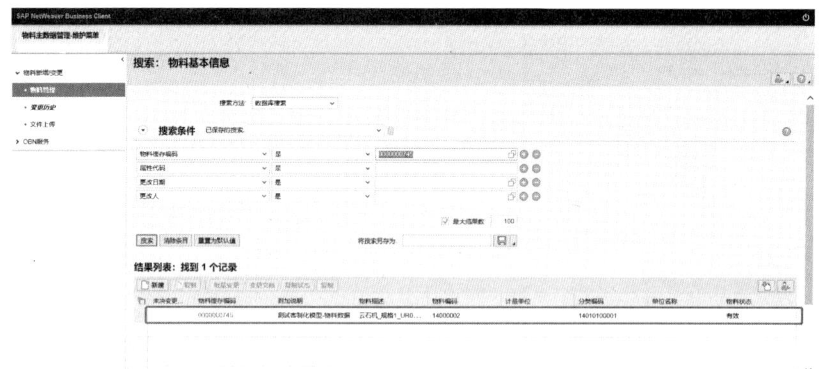

图 8-77　已激活数据展示

（2）号段（编号范围，图 8-78）

更改视图“BP 分组”：概览

分组	短名称	描述	编号范围	外部	内部标准分组	外部标准分组
0001	内部号码分配	内部编号分配	01	☐	◉	
0002	外部编号分配	外部编号分配	AB	☑		◉
C012	层次结构节点	客户层次结构节点	01	☐	○	
DAR1	贷款	贷款合伙人（内部客户）	01	☐	○	
ETM	ETM	设备与工具管理	01	☐	○	

a)

编辑区间：商业伙伴、对象 BU_PARTNER

号	起始编号	截止编号	编号范围状态	外...
01	0000000001	0999999999	0	☐
AB	A	ZZZZZZZZZZ	0	☑
MD	9000000000	9999999999	0	☑

b)

图 8-78　号段设置

图 8-78 中均为系统默认号段，没有做额外更改（具体项目中可根据业务伙伴 CVI 配置灵活分配）。对已填入数据的字段，系统将高亮显示，如图 8-79 所示。

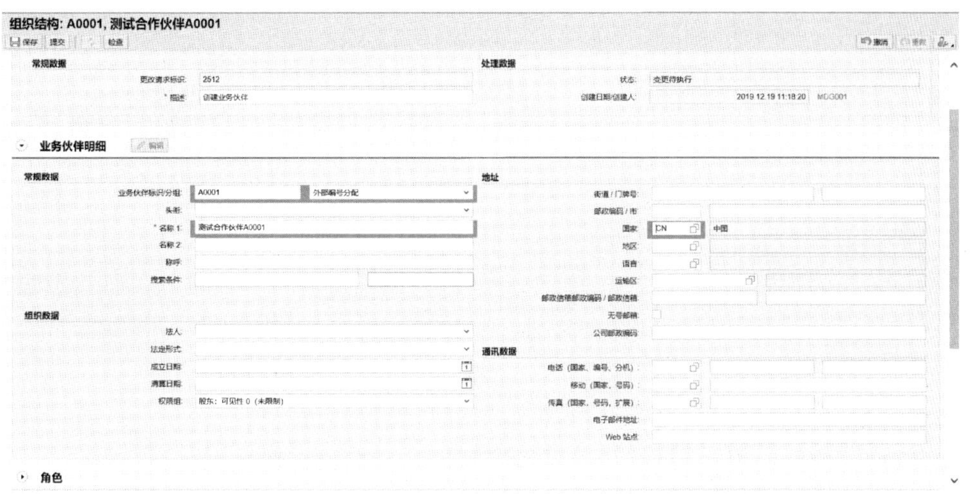

图 8-79　已填入数据高亮显示

SAP MDG 中每个菜单都对应一个权限单一角色，与 ERP 中角色菜单不同的是，SAP MDG 中的权限单一角色菜单不仅包含事务代码或需要的权限对象，而且包含控制 MDG UI 的菜单链接。以业务伙伴菜单为例，角色菜单如图 8-80 所示。

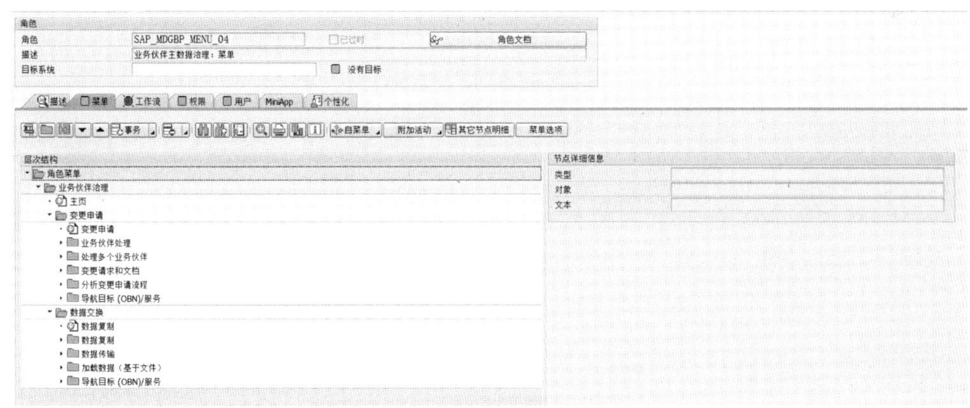

图 8-80　业务伙伴治理角色菜单

2. 多条记录处理

以下是在单个更改请求中更改多个对象的各种流程，其中，一些是批处理，另外一些则是交互式的，如层次处理。

- Multi-Record processing：多记录处理。
- Mass Change：批量更改。
- File Upload/Download：文件上传/下载。

- Data Import：数据导入。
- Hierarchy Processing：层次结构处理，如图 8-81 所示。

新条目　业务配置集：更改字段值

对话结构
- 变更申请类型
  - 实体类型
    - 实体类型级别范围
  - 业务活动
  - 更改请求类型的服务级别

变更申请类型

变更申请类型	版本类型	数据模型	描述（中等长度文本）	需要的对象	单个对象	平行
MATOA		MM	处理多种物料	☐	☐	☐
MATOB		MM	导入物料	☐	☐	☐
MATL01		MM	通过精简分类创建物料	☐	☑	☐
MATL02		MM	通过精简分类处理物料	☐	☑	☐
MATLOA		MM	通过精简分类处理多个物料	☐	☐	☐
MATLOB		MM	通过精简分类导入物料	☐	☐	☐
MATLCLF		MM	分类的多重处理（选择）	☐	☐	☐
MATLMRP		MM	计划数据的多重处理（选择）	☐	☐	☐
MATLPUR		MM	采购数据的多重处理（选择）	☐	☐	☐
MATLSAL		MM	销售数据的多重处理（选择）	☐	☐	☐
MATLUOM		MM	维度数据的多重处理（选择）	☐	☐	☐
MATMRP		MM	计划数据的多重处理（完全）	☐	☐	☐
MATPUR		MM	采购数据的多重处理（完全）	☐	☐	☐
MATSAL		MM	销售数据的多重处理（完全）	☐	☐	☐

图 8-81　多条记录处理变更申请类型

多条记录处理逻辑操作见表 8-14。

表 8-14　多条记录处理逻辑操作

流　　程	逻 辑 操 作	说　　明
批量更改/文件上传（Mass change/File upload）	批量（MASS）	批量处理
数据导入（Data Import）	下载（LOAD）	数据交换
层次结构处理（Hierarchy Processing）	层次结构（HIERARCHY）	层次结构处理
多记录处理（Multi-Record processing）	多重处理（MULTI）	多对象处理

文件上传页面（标准）如图 8-82 所示首先指定实体类型。

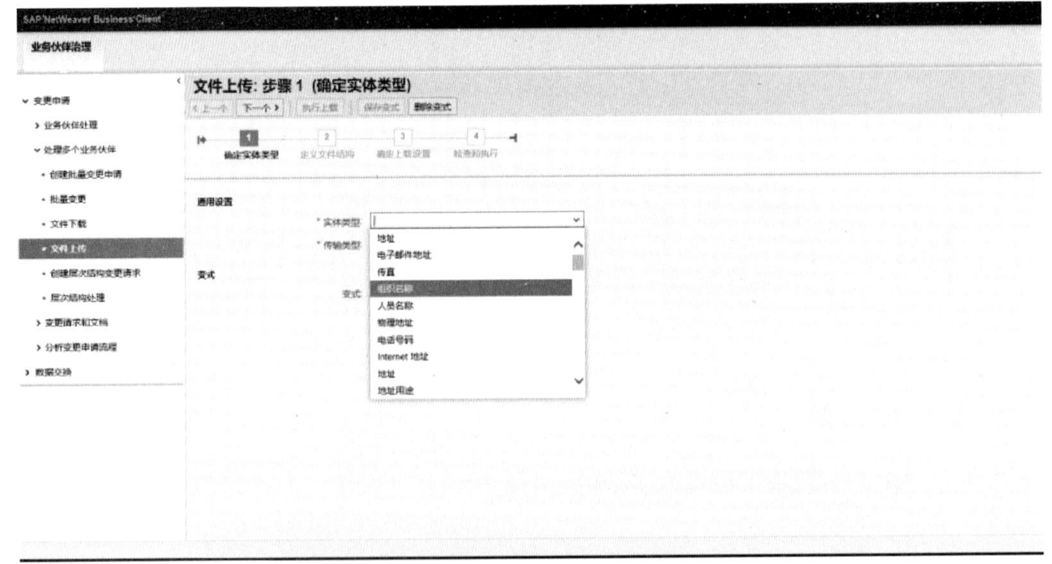

图 8-82　文件上传页面

8.5.4 SAP MDG 基本功能示例

1. 工作流管理

前文已经从组成方面叙述了 SAP MDG 两个宏观方面的工作流，即基于规则的工作流和标准工作流，并说明了工作流如何与更改请求信息绑定，而本节将通过一个实例来说明在一般流程中用何种工作流以什么样的方式来解决流程审批需求，如图 8-83 和图 8-84 所示。

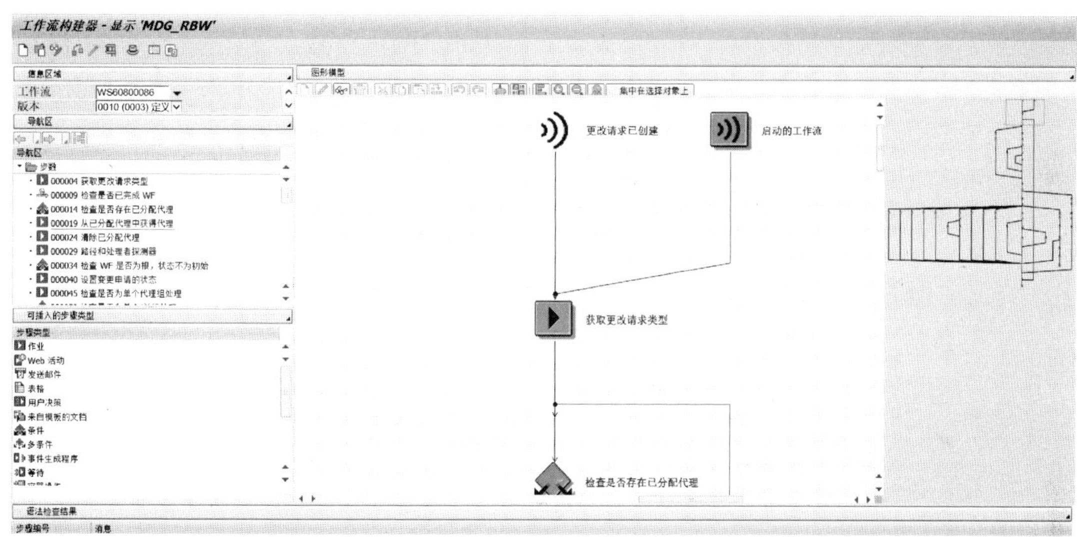

图 8-83 某工作流总览

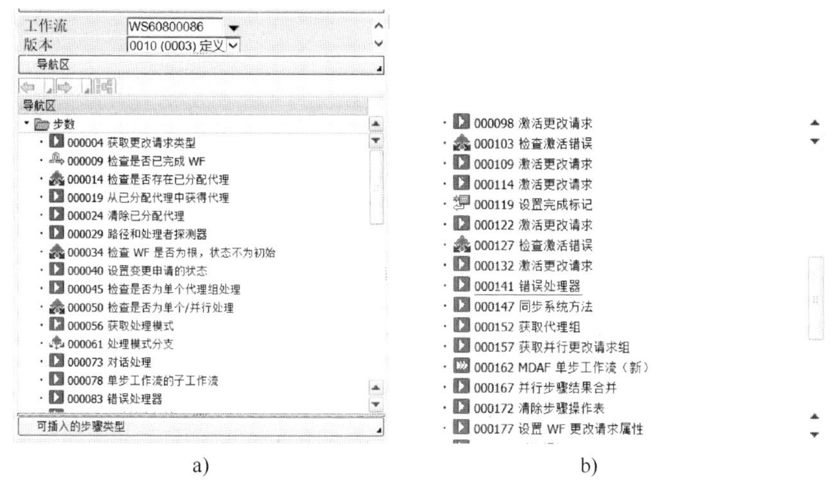

图 8-84 某工作流的步骤

(1) 实例——指定静态代理

静态代理指数据申请-审批结构较为固定时可以对工作流中的代理角色直接进行设置。对标准工作流（如 WS75700040 或以它为模板复制出的其他工作流），首先设置变更申请类型与工作流的关系，如图 8-85 所示，然后可以到“定义更改请求步骤编号”中查看相应工作流的步骤信息，如图 8-86 所示。路径：常规设置- > 流程处理- > 工作流- > 其他主数据管理工作流- > 定义更改请求步骤编号。

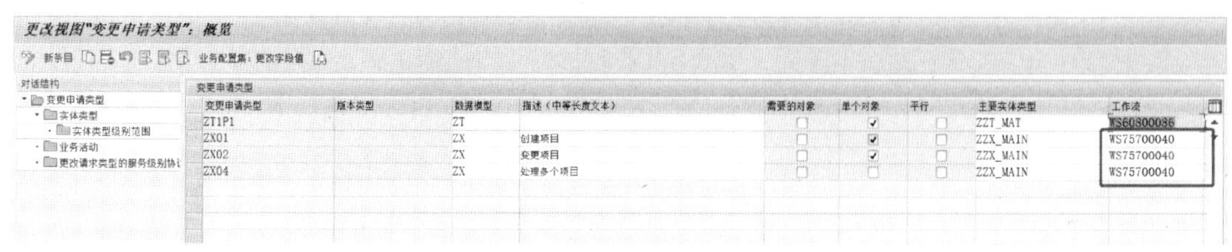

更改视图"变更申请类型"：概览

新条目 业务配置集：更改字段值

对话结构
- 变更申请类型
  - 实体类型
    - 实体类型级别范围
  - 业务活动
  - 更改请求类型的服务级别协议

变更申请类型

变更申请类型	版本类型	数据模型	描述（中等长度文本）	需要的对象	单个对象	平行	主要实体类型	工作流
ZT1P1		ZT		☐	☑	☐	ZZT_MAT	WS60800086
ZX01		ZX	创建项目	☐	☑	☐	ZZX_MAIN	WS75700040
ZX02		ZX	变更项目	☐	☑	☐	ZZX_MAIN	WS75700040
ZX04		ZX	处理多个项目	☐	☐	☐	ZZX_MAIN	WS75700040

图 8-85　变更申请类型与工作流绑定

更改视图"处理工作流步骤编号"：概览

新条目

处理工作流步骤编号

工作流	步骤	描述（中等长度文本）	键值	确认
WS72100012	4	最终检查	☐	☑
WS72100012	5	修订	☐	☐
WS75700027	0	提交	☐	☐
WS75700027	1	评估	☐	☐
WS75700027	2	考虑并批准	☐	☐
WS75700027	3	处理中	☑	☐
WS75700027	4	最终检查	☐	☑
WS75700027	5	修订	☐	☐
WS75700040	0	提交	☐	☐
WS75700040	1	处理中	☑	☐
WS75700040	2	最终检查	☐	☑
WS75700040	3	修订	☐	☐
WS75700043	1	评估	☐	☐
WS75700043	2	考虑并批准	☐	☐
WS75700043	3	处理中	☑	☐
WS75700043	4	最终检查	☐	☑
WS75700043	5	修订	☐	☐
WS75700043	80	已提交考虑	☐	☐
WS78500004	0	提交	☐	☐
WS78500004	1	批准（不拒绝）	☐	☑
WS78500004	2	修订	☐	☐
WS78500004	3	决策：出现差异时激活	☐	☐

图 8-86　更改请求步骤信息

对于步骤中“确认”字段被标记的工作流步骤（指存在用户决策操作，如批准或拒绝等），可以为其指派代理角色，如图 8-87 所示，那么由 LG POC 账户提交的数据将由图 8-87 中的变更申请类型 ZX02 的“2”步骤的用户进行审批操作。步骤如下所示。

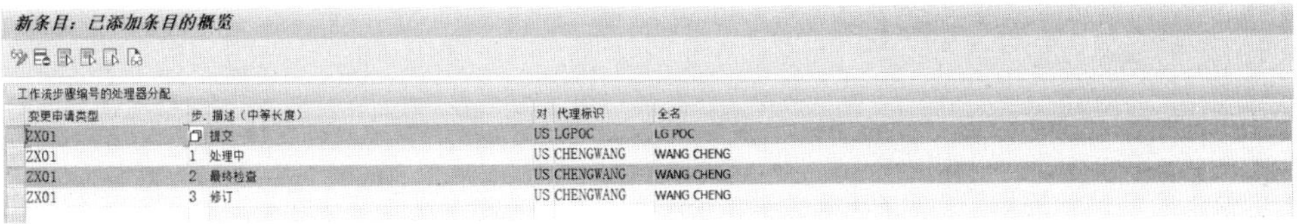

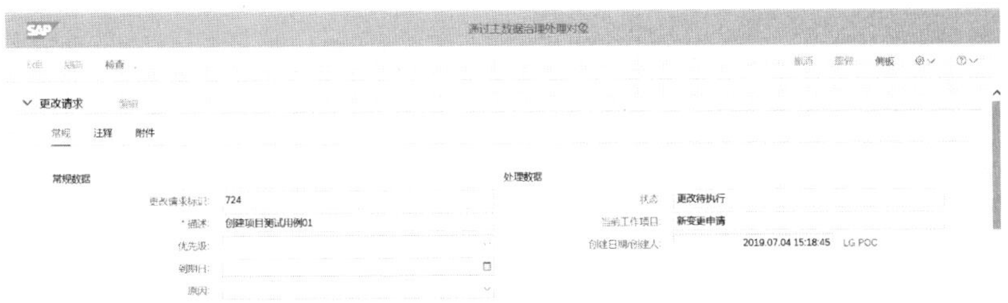

图 8-87 代理设置

1）填写常规数据，如图 8-88 所示。

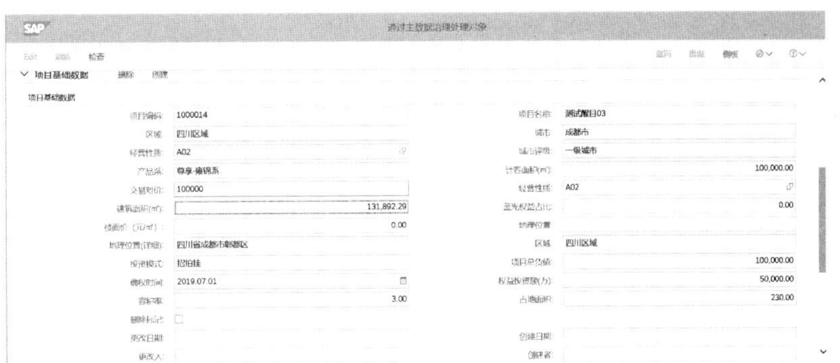

图 8-88 填写常规数据

2）填写项目基础数据，如图 8-89 所示。

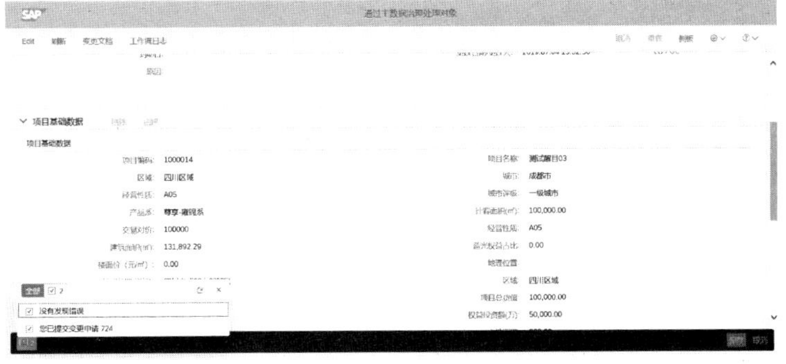

图 8-89 填写项目基础数据

3）执行数据检查，如图 8-90 所示。

图 8-90 执行数据检查

4）相关流程信息如图 8-91 所示。

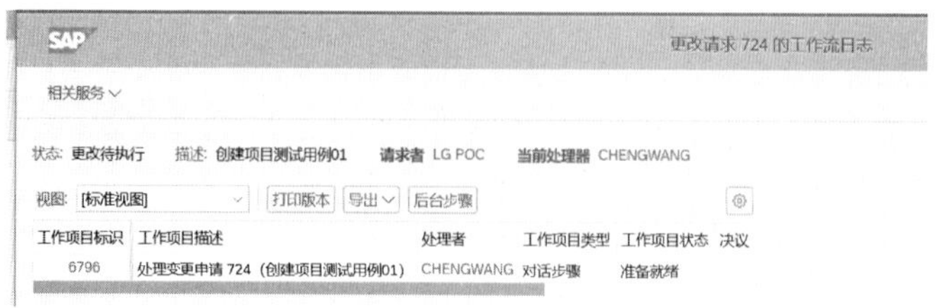

图 8-91　流程信息

登录处理者账号后，完成处理并进行批准。数据状态如下。

1）状态为“更改待执行”，单击“完成处理”按钮，如图 8-92 所示。

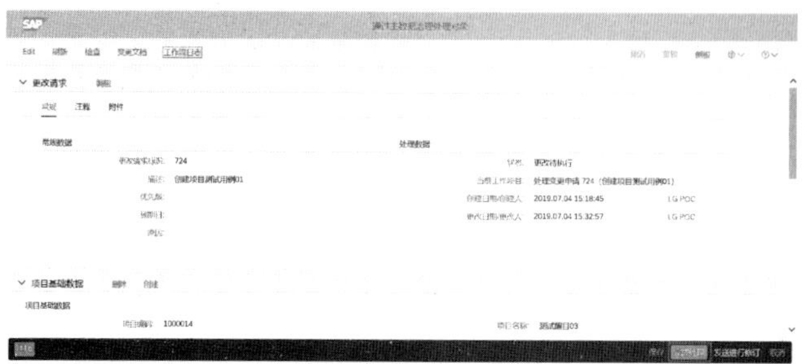

图 8-92　完成处理

2）单击“批准”按钮，如图 8-93 所示。

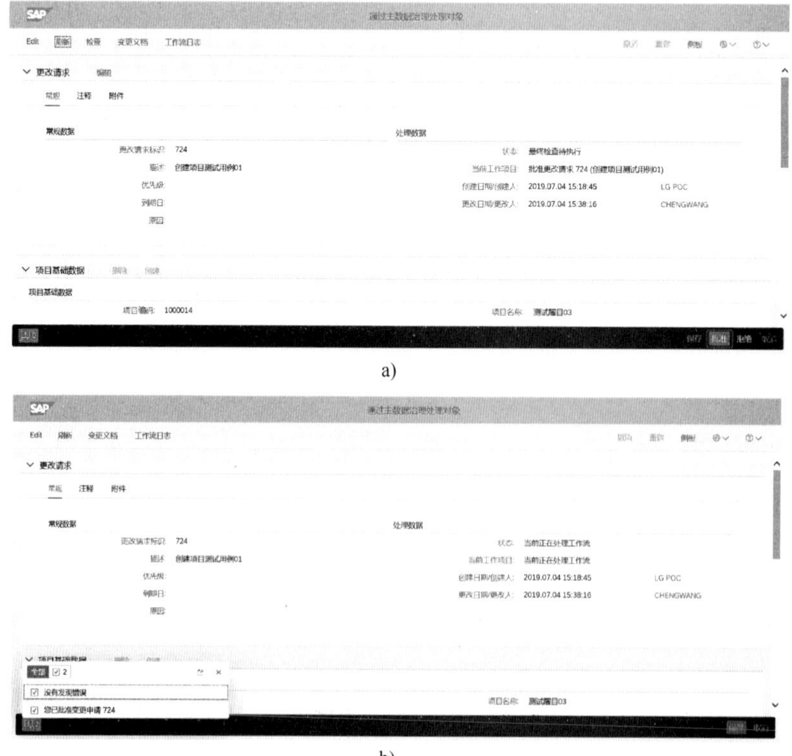

图 8-93　批准信息

当然，静态代理也可以在基于规则的工作流中完成设置，链接如图 8-94 所示，同样包含“步骤”“配置”等相关选项。配置基于规则的工作流时，关于决策表的工作原理在前文已经阐述。这里通过介绍基于规则的工作流实现自动或代理审批的内容，详细解释如何用决策表实现自动审批（如图 8-95 所示，因中文翻译可能会产生歧义，故用英文环境登录，中文环境可参考图 8-92）。

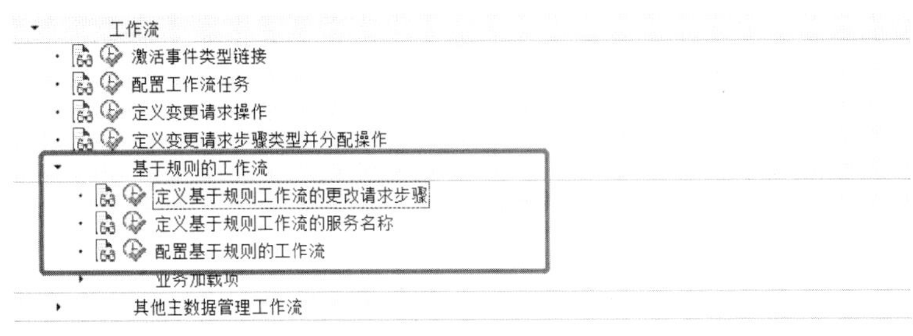

图 8-94　规则设置链接

Condition Alias	New Chng. Req. Step	New CR Status
2	91	02 (Changes to Be Executed)

a)

Organization: $11540, test 20181219

Refresh　Check　Undo　Redo　Side Panel

General　Notes　Attachments

General Data

Change Request ID: 297312

* Description: test 20181219

Priority:

Due Date:

Reason:

Process Data

Status: Changes to Be Executed

Current Workitem: New Change Request

Created On/By: 2018.12.19 09:58:36　wang cheng

Business Partner Details　Edit

General Data

Business Partner ID / Grouping　Z001

Address

Street / House Number

Save　Submit

b)

图 8-95　决策表与页面

图 8-95 中，条件别名（Condition Alias）为 2，更改请求的下一步为 91（即激活），此时更改请求进入更改待执行状态（即 Changes to be Executed）。因条件别名为 2，而用户代理表（User Agent Decision Table）中无针对条件别名为 2 的配置，所以无中间代理处理步骤，后台表中有代理别名为 2 的配置，故进入激活模式，如图 8-96 所示，再回到非用户代理表（Non-User Agent Decision Table）中，进入下一步 91：激活（Activation），故直接跳过 90：最终检查（Final check）的审批，而进入是否激活的节点，如图 8-97 所示。

针对此步骤 91，如果单击提交、激活，则直接完成流程，如图 8-98 所示。

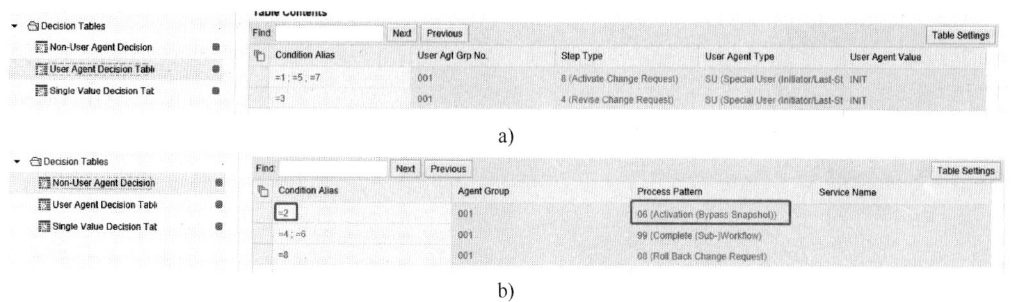

Decision Tables: Non-User Agent Decision / User Agent Decision Table / Single Value Decision Tat

Table Contents

Condition Alias	User Agt Grp No.	Step Type	User Agent Type	User Agent Value
=1 ; =5 ; =7	001	8 (Activate Change Request)	SU (Special User (Initiator/Last-St	INIT
=3	001	4 (Revise Change Request)	SU (Special User (Initiator/Last-St	INIT

a)

Condition Alias	Agent Group	Process Pattern	Service Name
=2	001	06 (Activation (Bypass Snapshot))	
=4 ; =6	001	99 (Complete (Sub-)Workflow)	
=8	001	08 (Roll Back Change Request)	

b)

图 8-96　流程流转

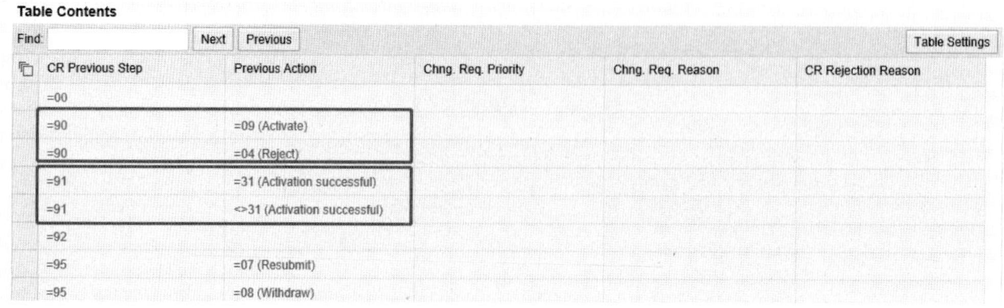

Table Contents

CR Previous Step	Previous Action	Chng. Req. Priority	Chng. Req. Reason	CR Rejection Reason
=00				
=90	=09 (Activate)			
=90	=04 (Reject)			
=91	=31 (Activation successful)			
=91	<>31 (Activation successful)			
=92				
=95	=07 (Resubmit)			
=95	=08 (Withdraw)			

图 8-97　是否激活

Table Contents

CR Previous Step	Previous Action	Chng. Req. Priority	New CR Status
=00			02 (Changes to Be Executed)
=90	=09 (Activate)		02 (Changes to Be Executed)
=90	=04 (Reject)		10 (To Revise: Perform Changes)
=91	=31 (Activation successful)		05 (Final Check Approved)
=91	<>31 (Activation successfu		11 (Process Errors After Activation)
=92			06 (Final Check Rejected)
=95	=07 (Resubmit)		02 (Changes to Be Executed)
=95	=08 (Withdraw)		02 (Changes to Be Executed)

图 8-98　完成流程

数据页面上可以看到相关的状态变更，状态已变更为最终检查已完成（Final Check Approved），如图 8-99 所示。

下面用决策表实现代理审批，以系统导出 Excel 示例，如图 8-100 所示。下一步骤为 90 “Processing”，“Condition Alias” 为 1，数据进入状态 “01 To be considered and approved”。

若 “Condition Alias” 为 1，则进入所配置的代理处理流程，然后回到 “Non-User Agent Decision Table”，由步骤 90 来处理如图 8-101 所示。

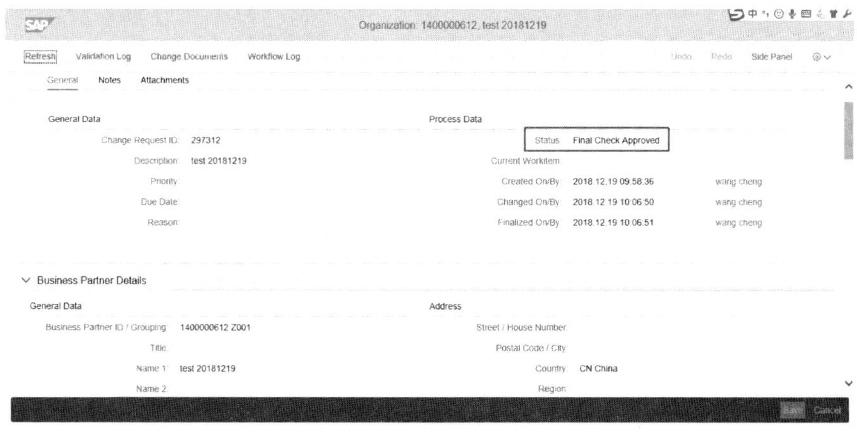

图 8-99 数据最终状态

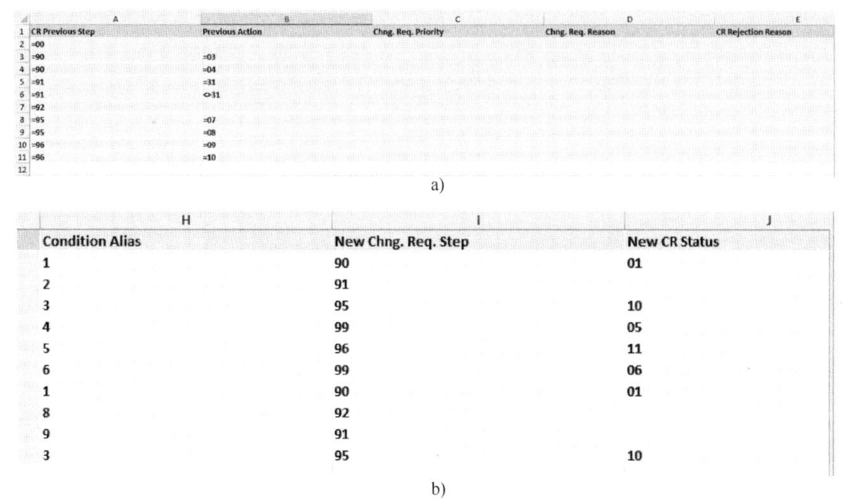

	A	B	C	D	E
1	CR Previous Step	Previous Action	Chng. Req. Priority	Chng. Req. Reason	CR Rejection Reason
2	=00				
3	=90	=03			
4	=90	=04			
5	=91	=31			
6	=91	<>31			
7	=92				
8	=95	=07			
9	=95	=08			
10	=96	=09			
11	=96	=10			
12					

a)

H	I	J
Condition Alias	New Chng. Req. Step	New CR Status
1	90	01
2	91	
3	95	10
4	99	05
5	96	11
6	99	06
1	90	01
8	92	
9	91	
3	95	10

b)

图 8-100 代理审批（用决策表实现）

	A	B	C	D	E
1	Condition Alias	User Agt Grp No.	Step Type	User Agent Type	User Agent Value
2	=1	1	2	US	CHENGWANG
3	=3	1	4	US	CHENGWANG
4	=5	1	5	US	CHENGWANG
5					
6					

	A	B	C	D	E
1	CR Previous Step	Previous Action	Condition Alias	New Chng. Req. Step	New CR Status
2	=00		1	90	01
3	=90	=03	2	91	
4	=90	=04	3	95	10
5	=91	=31	4	99	05
6	=91	<>31	5	96	11
7	=92		6	99	06
8	=95	=07	1	90	01
9	=95	=08	8	92	
10	=96	=09	9	91	
11	=96	=10	3	95	10

图 8-101 代理处理流程

上述步骤 90 中，有两个操作，即 03 批准和 04 拒绝。如果代理者选择批准，则进入条件别名 2，且更改请求的下一步为 91，即激活步骤。而条件别名为 2 时，用户代理中如在此例无处理者，则直接跳过，以本步骤“批准”为最终是否激活的依据。后台模式表中条件别名为 2，如图 8-102 所示。

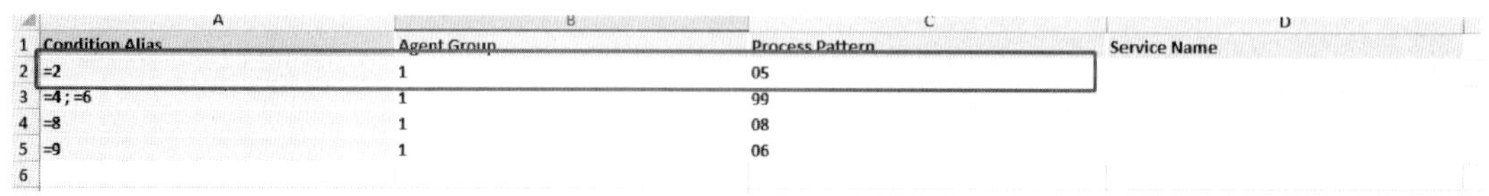

Condition Alias	Agent Group	Process Pattern	Service Name
=2	1	05	
=4 ; =6	1	99	
=8	1	08	
=9	1	06	

图 8-102　后台模式表信息

而针对流程模式为 05-即“Final check approved”时，如代理者选择拒绝，则进入条件别名 3，且更改请求的下一步为 95，即修订（Revision Processing），下一步状态是 10，即待修订状态，其他原理同上。

（2）实例——指定动态代理

SAP MDG 为动态代理的需求指定了一些代理出口设置，步骤如下。

1）业务加载项（增强设置）如图 8-103 所示。

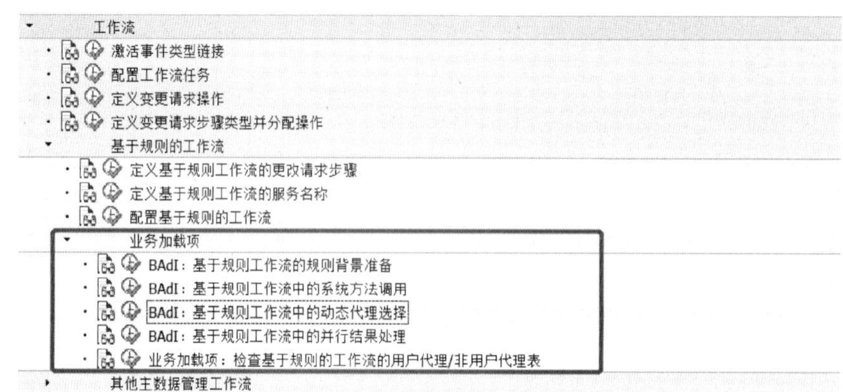

图 8-103　业务加载项

2）更新基于规则工作流的更改请求步骤信息，如图 8-104 所示。

a)

图 8-104　更新基于规则工作流的更改请求步骤信息

工作流步骤编号

变更申请类型	改请求步骤	键值	确认	描述（中等长度文本）
ZI04	0	☐	☐	正在处理
ZI04	90	☐	☑	最终检查
ZI04	91	☐	☐	激活
ZI04	92	☐	☐	修订
ZI04	95	☐	☐	修订处理
ZI04	96	☐	☐	激活出错后处理
ZI04	99	☐	☐	完成
ZM01	0	☐	☐	正在处理
ZM01	90	☐	☑	一级检查
ZM01	91	☐	☐	激活
ZM01	92	☐	☐	修订
ZM01	95	☐	☐	修订处理
ZM01	96	☐	☐	激活出错后处理
ZM01	97	☐	☑	二级检查
ZM01	98	☐	☑	三级检查
ZM01	99	☐	☐	完成
ZM02	0	☐	☐	正在处理
ZM02	90	☐	☑	一级检查
ZM02	91	☐	☐	激活
ZM02	92	☐	☐	修订
ZM02	95	☐	☐	修订处理
ZM02	96	☐	☐	激活出错后处理
ZM02	97	☐	☑	二级检查
ZM02	98	☐	☑	三级检查
ZM02	99	☐	☐	完成
ZM04	0	☐	☐	正在处理

b)

图 8-104　更新基于规则工作流的更改请求步骤信息（续）

3）配置基于规则的工作流，如图 8-105 所示。

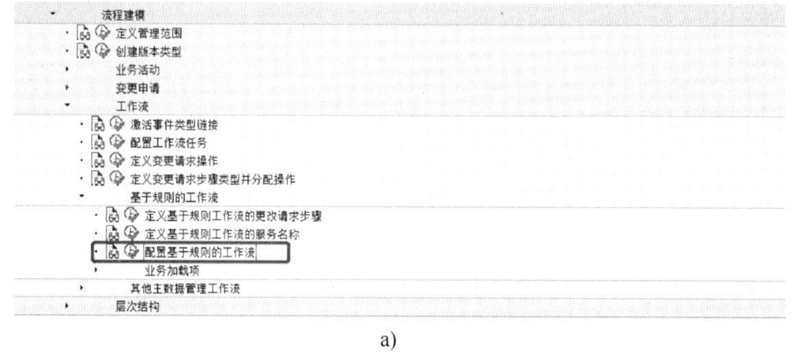

a)

基于规则的工作流的流程定义

✔ 继续

* 变更申请类型: ZM01 创建物料

b)

图 8-105　配置工作流

4）决策表信息概览。

- 非用户代理决策表如图 8-106 所示。
- 用户代理决策表如图 8-107 所示。

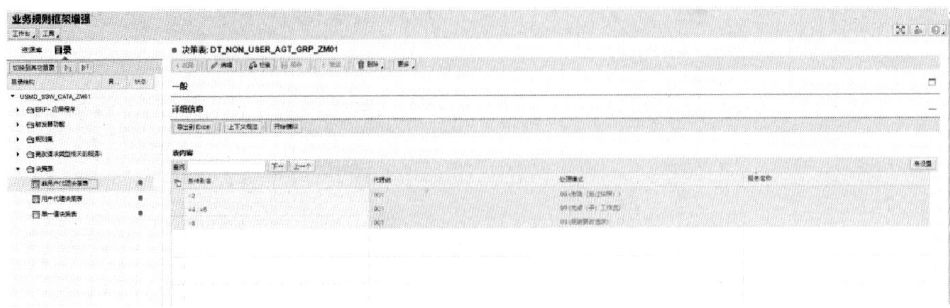

图 8-106　非用户代理决策表

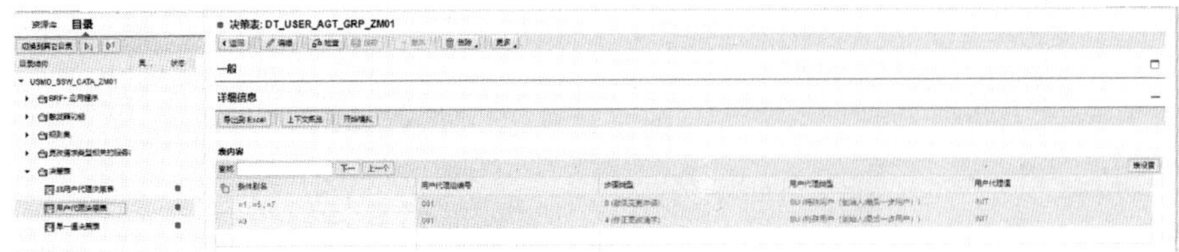

图 8-107　用户代理决策表

- 单一值决策表指定代理类，如图 8-108 所示。

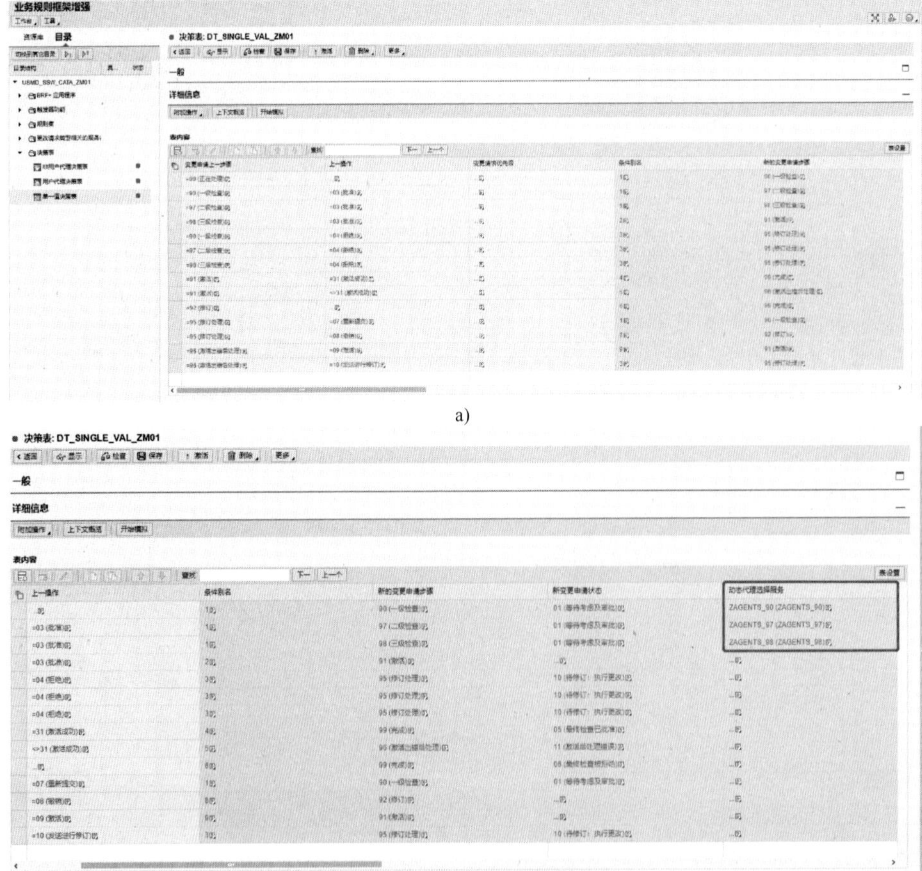

a)

b)

图 8-108　指定代理类

5）进入代理类，如图 8-109 所示。

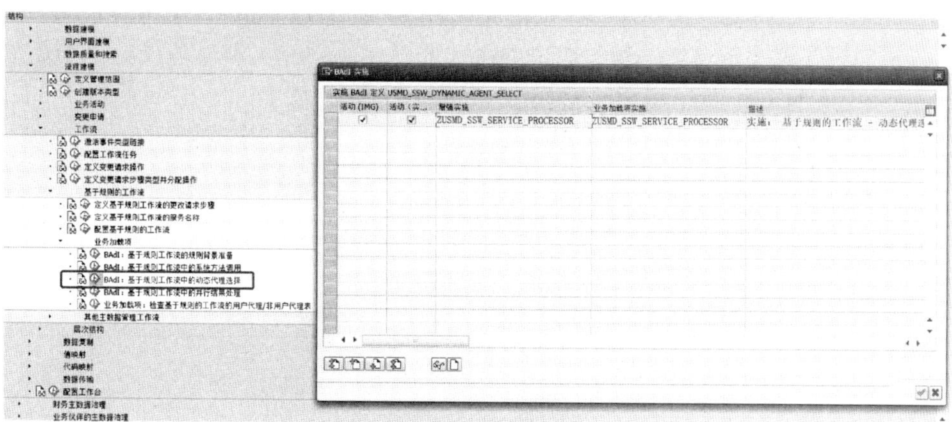

图 8-109　代理类

6）代理类详细信息如图 8-110 所示。

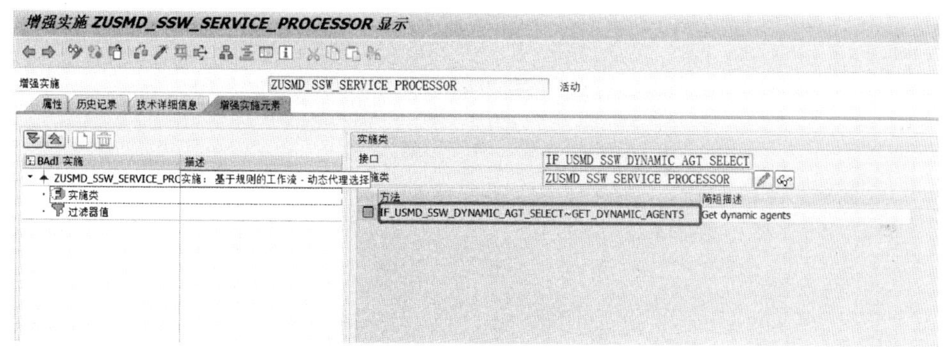

图 8-110　代理类详细信息

7）客制化逻辑设置，如图 8-111 所示。

类制作器 类 ZUSMD_SSW_SERVICE_PROCESSOR 显示

方法　IF_USMD_SSW_DYNAMIC_AGT_SELECT~GET_DYNAMIC_AGENTS　活动

```
method IF_USMD_SSW_DYNAMIC_AGT_SELECT~GET_DYNAMIC_AGENTS.

  DATA: LS_USER_AGENT_GROUP TYPE USMD_S_USER_AGENT_GROUP.
  DATA: LS_USER_AGENT       TYPE USMD_S_USER_AGENT.
  DATA LS_MESSAGE TYPE USMD_S_MESSAGE.
  DATA LS_MATRIX TYPE ZMDG_MATRIX.
  DATA:LS_USMD120C TYPE USMD120C.
  DATA LS_NON_USER_AGENT TYPE USMD_S_NON_USER_AGENT_GROUP.

* Clear exporting parameter
  CLEAR ET_MESSAGE.

  SELECT SINGLE * INTO LS_USMD120C
    FROM USMD120C
   WHERE USMD_CREQUEST = IV_CR_NUMBER.

*90:一级审批
*97:二级审批
*96:三级审批

  CASE IV_SERVICE_NAME.
    WHEN 'ZAGENTS_90'.
      CLEAR CT_USER_AGENT_GROUP.
      CLEAR:LS_USER_AGENT.
      CLEAR LS_MATRIX.

      SELECT SINGLE *
        INTO LS_MATRIX
        FROM ZMDG_MATRIX
       WHERE USMD_CREQ_TYPE EQ LS_USMD120C-USMD_CREQ_TYPE
         AND USMD_CREQ_STEP = '90'
         AND UNAME = LS_USMD120C-USMD_CREATED_BY.

*如果有代理，则进行三级审批
      IF NOT LS_MATRIX-OBJID IS INITIAL.
        LS_USER_AGENT-USER_TYPE  = LS_MATRIX-OTYPE.
        LS_USER_AGENT-USER_VALUE = LS_MATRIX-OBJID.
        APPEND LS_USER_AGENT TO LS_USER_AGENT_GROUP-USER_AGENT.

        LS_USER_AGENT_GROUP-AGENT_GROUP = '001'.
        LS_USER_AGENT_GROUP-STEP_TYPE = '8'.
        APPEND LS_USER_AGENT_GROUP TO CT_USER_AGENT_GROUP.
      ELSE.
*如果无代理，则忽略三级审批，直接通过
```

ABAP　行 1 列 1

图 8-111　动态代理设置与配置链接

(3) 关于代理类型

SAP MDG 中包含职位 (JOB)、组织单元 (Organizational Unit)、岗位 (Position)、用户 (User) 四种代理类型。关于组织职位的搭建和关系绑定，可在事务代码 PPOM (员工组织结构) 和 PPOCW (员工组织结构创建) 中处理。步骤如下。

1) 进入组织操作功能，如图 8-112 所示。

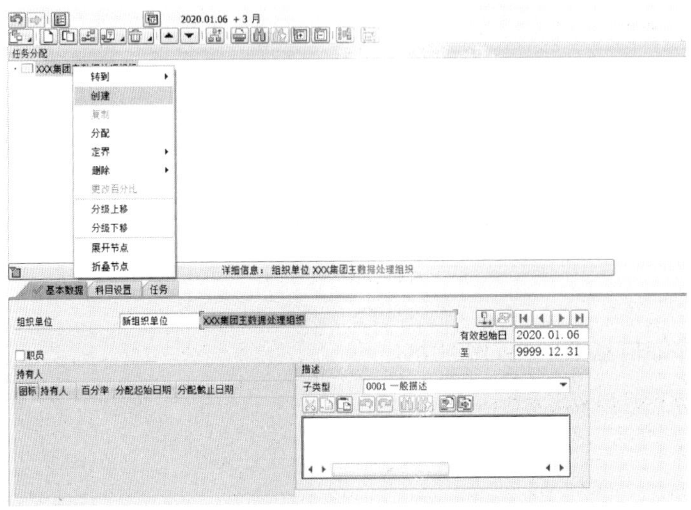

图 8-112　组织操作

2) 选择代理类型，如图 8-113 所示。

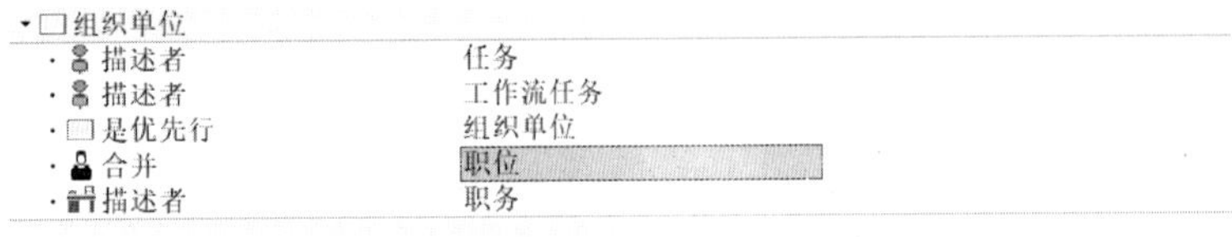

图 8-113　代理类型选择

3) 分配用户代理组织，如图 8-114 所示。

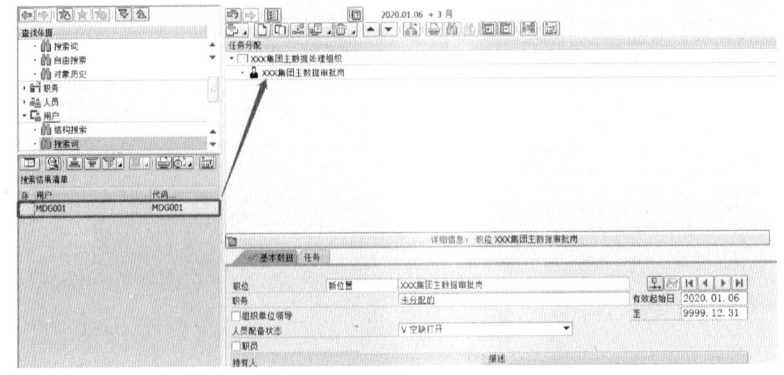

图 8-114　用户代理组织分配

4）绑定代理关系，如图 8-115 所示。

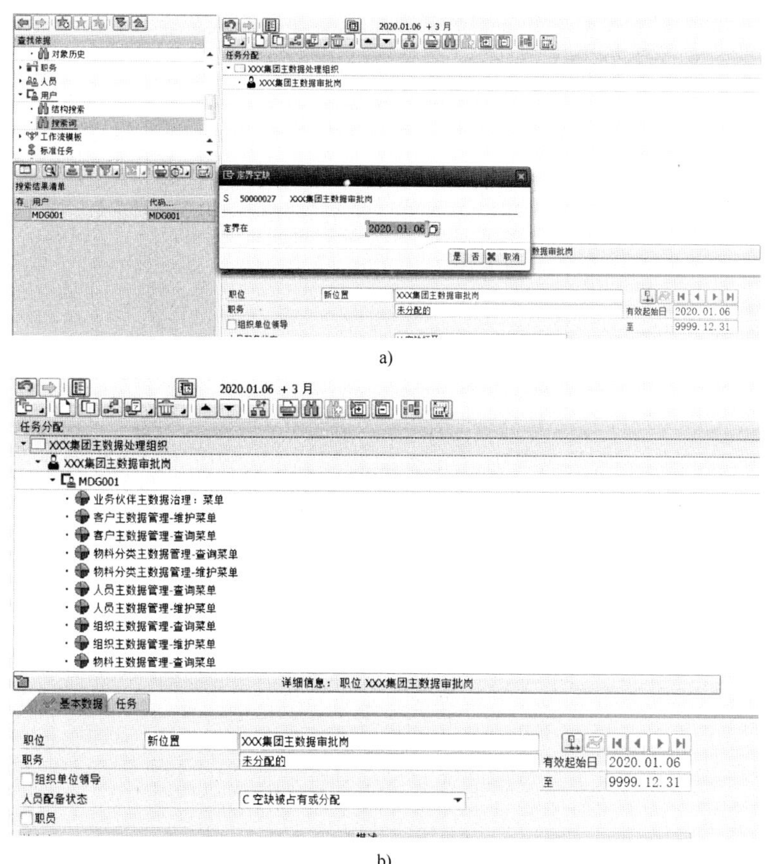

a)

b)

图 8-115 代理关系绑定

2. 业务规则设置（数据质量）

1）执行事务代码 MDGIMG，选择“定义确认和派生规则”，如图 8-116 所示。

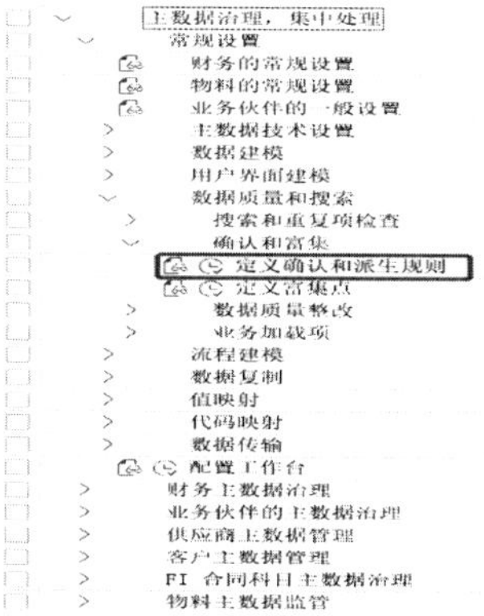

主数据治理，集中处理
常规设置
财务的常规设置
物料的常规设置
业务伙伴的一般设置
主数据技术设置
数据建模
用户界面建模
数据质量和搜索
搜索和重复项检查
确认和富集
定义确认和派生规则
定义富集点
数据质量整改
业务加载项
流程建模
数据复制
值映射
代码映射
数据传输
配置工作台
财务主数据治理
业务伙伴的主数据治理
供应商主数据管理
客户主数据管理
FI 合同科目主数据治理
物料主数据监管

图 8-116 业务规则设置链接

2）选择需要校验的数据模型，如图 8-117 所示。

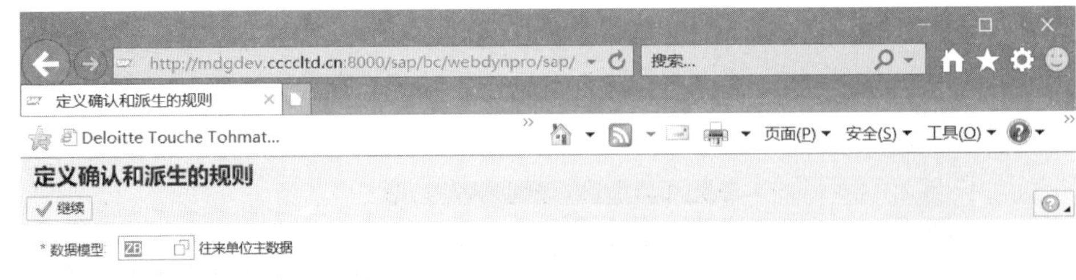

图 8-117　填入模型

3）单击“检查实体”→“创建对象节点”→“创建函数”，如图 8-118 所示。

图 8-118　创建函数

注意：名称一定要录入“CHECK_”+实体类型（校验属性所在的实体类型），如图 8-113 所示。

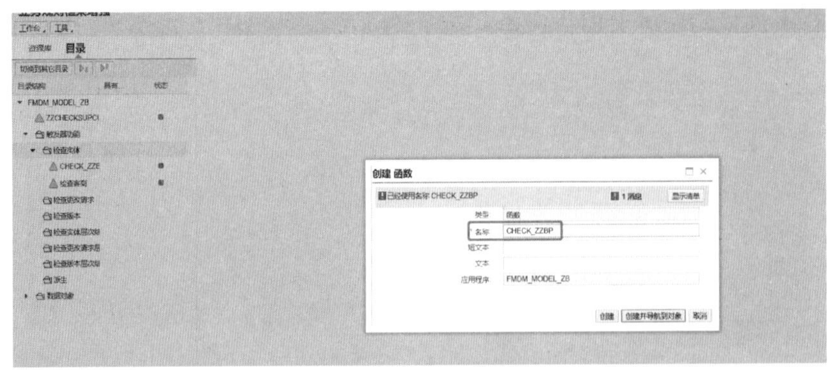

图 8-119　名称规则

4）添加实体类型，如图 8-120 所示。

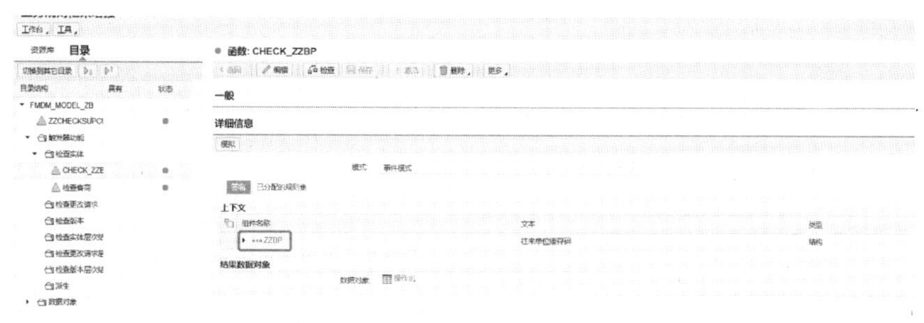

图 8-120 添加实体

5）分配规则集，如图 8-121 所示。

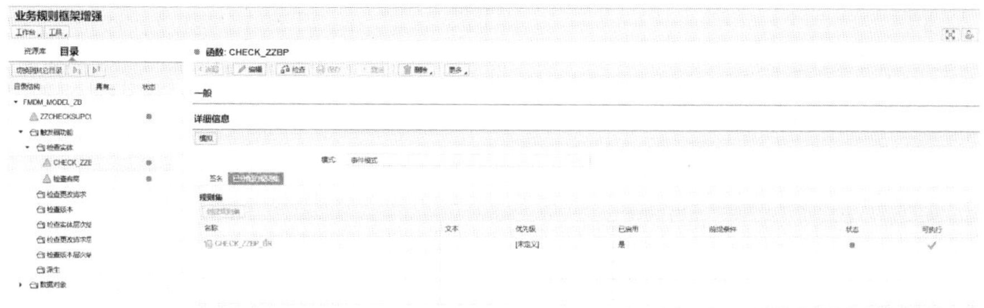

图 8-121 分配规则集

6）插入规则，如图 8-122 所示。

图 8-122 插入规则

7）创建 LOG_MESSEGE 类型，如图 8-123 所示。

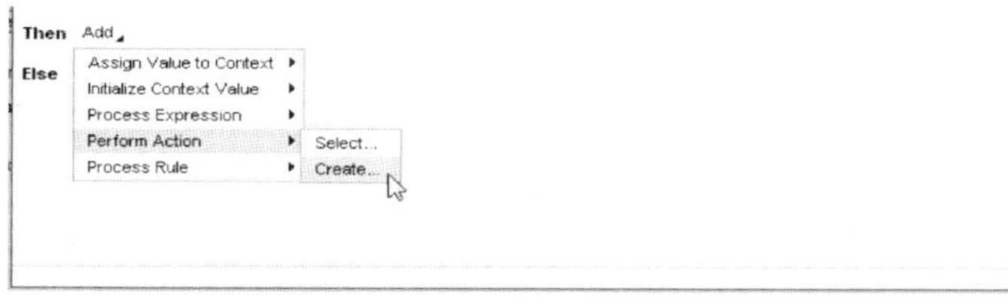

图 8-123 创建消息类型

8）修改提示信息，如图 8-124 所示。

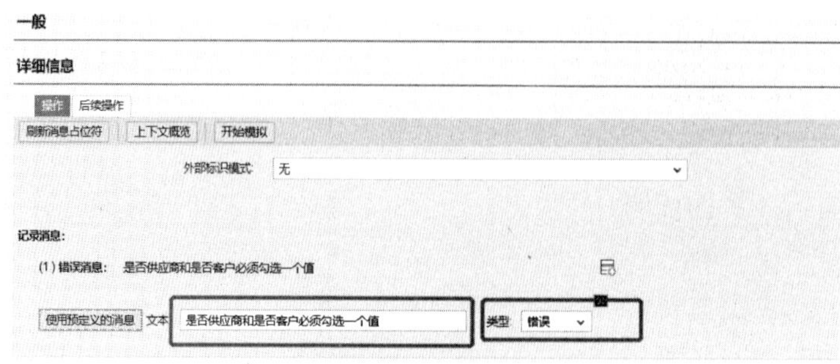

图 8-124　修改提示信息

9）逐个激活后，运行效果如图 8-125 所示。

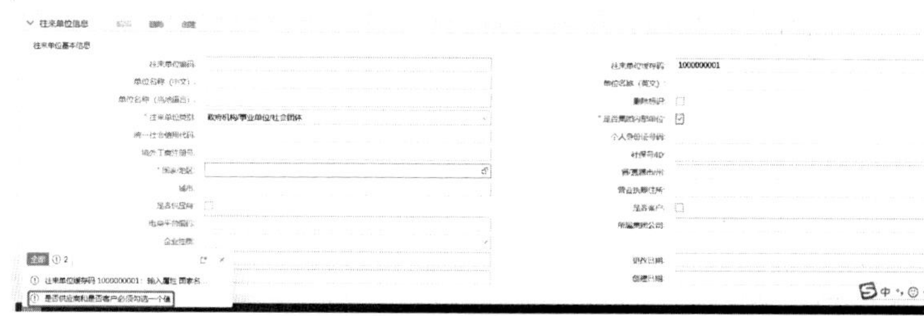

图 8-125　运行效果示例

3. 数据分发框架

（1）分发框架说明

数据分发框架由一系列构成此框架的节点构成，用于将主数据分发到企业中所有需要获得相关主数据的系统（SAP 或非 SAP 系统）中，并对其进行监控和跟踪。

（2）分发框架组成和客制化搭建

分发框架由数据模型和业务对象两部分组成。

- 数据模型：数据模型是分发框架的基础，在标准模型或客制化模型中，基础结构生成时可以将此结构自动生成，如图 8-126 所示。

对话结构：数据模型 / 结构 / 映射

数据模型 ZM

结构

实体类型	调用	前缀/命名空间	结构名称
ZZM_ATTR	10 数据提取	ZXX	EX_ZZM_ATTR
ZZM_ATTRF	2 复制的 SMT 映射	ZXX	ZZM_ATTRF
ZZM_ATTRF	4 数据复制框架	ZXX	DRF_ZZM_ATTRF
ZZM_MAIN	1 基于 PDF 的表格	ZXX	PDF_ZZM_MAIN
ZZM_MAIN	2 复制的 SMT 映射	ZXX	ZZM_MAIN
ZZM_MAIN	3 重用活动区域的映射	ZXX	PP_ZZM_MAIN
ZZM_MAIN	4 数据复制框架	ZXX	DRF_ZZM_MAIN
ZZM_MAIN	5 搜索应用程序	ZXX	ES_ZZM_MAIN
ZZM_MAIN	6 属性的字段控制	ZXX	FC_ZZM_MAIN
ZZM_MAIN	7 属性和关键字段的字段属性	ZXX	FP_ZZM_MAIN
ZZM_MAIN	8 实体类型的关键字段	ZXX	KF_ZZM_MAIN
ZZM_MAIN	10 数据提取	ZXX	EX_ZZM_MAIN

图 8-126　数据模型生成结构链接页面

- 业务对象：在分发框架中，业务对象用于在数据复制框架中表示真实的业务实体。业务对象可以表示业务文档、业务伙伴（如供应商、客户）、控制对象（如成本中心、利润中心）以及其他数据对象。分配给业务对象的 SAP MDG 实体将一起分发，与模型中绑定的业务对象一致，如图 8-127 所示。

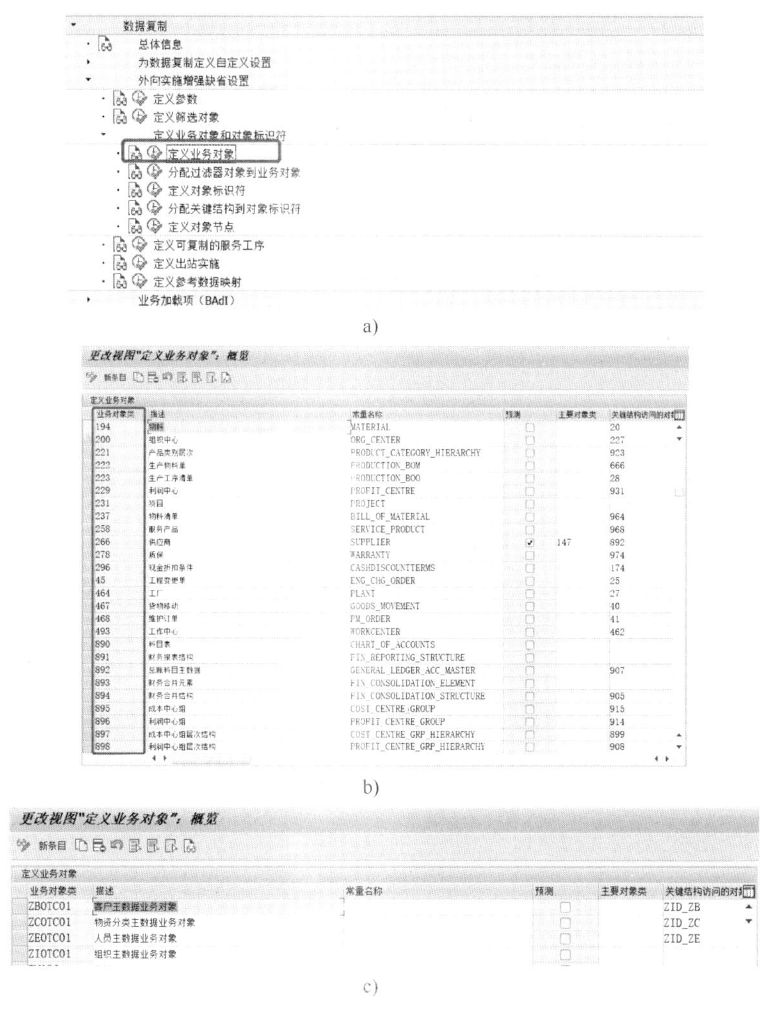

图 8-127　业务对象配置

用户可以先定义跨客户端的映射上下文，系统根据映射上下文自动创建数据库表，从而用来存储数据，特别是对象键与值的映射。步骤如下。

1）定义映射上下文，事务代码为 IMDIMG。详细路径：代码映射->增强键位映射内容->定义 UKMS 映射波及范围->Define Mapping Contexts，进行新增操作。

2）将业务对象分配到主映射后，进行相关绑定，如图 8-128 所示。

3）定义对象节点与对象标识符并绑定分发结构与对象类型，如图 8-129 所示。

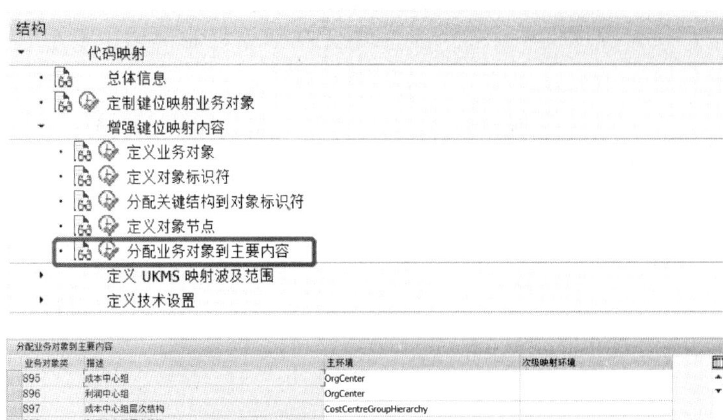

分配业务对象到主要内容

业务对象类	描述	主环境	次级映射环境
895	成本中心组	OrgCenter	
896	利润中心组	OrgCenter	
897	成本中心组层次结构	CostCentreGroupHierarchy	
898	利润中心组层次结构	ProfitCentreGroupHierarchy	
899	财务会计科目表	ChartOfAccounts	
900	财务合并科目表	ChartOfAccounts	
901	财务会计财务报表结构	FinancialReportingStructure	
902	财务合并财务报表结构	FinancialReportingStructure	
904	财务合并组	FinancialConsolidationElement	
905	财务合并单位	FinancialConsolidationElement	
979	采购功能单位	OrgCenter	1
980	销售功能单位	OrgCenter	1
983	成本要素	CostElement	
984	成本要素组	CostElementGroup	
985	成本要素组层次结构	CostElementGroupHierarchy	
DRF_0019	内部订单	InternalOrder	
DRF_0020	工作分解结构要素	Project	
DRF_0036	合同账户	ContractAccount	
DRF_0046	存储地点	OrgCenter	
FIN_0001	活动类型	SAPdefaultMapping	
FIN_0002	物料的生产版本	SAPdefaultMapping	
FIN_0003	税收管辖权（已弃用！）	SAPdefaultMapping	
FIN_0004	统计关键指标	SAPdefaultMapping	
MDG_ADDR	地址	Address	
ZBOTC01	客户主数据业务对象	ZZB_MAIN	
ZCOTC01	物资分类主数据业务对象	ZZC MAIN	

图 8-128　分配业务对象

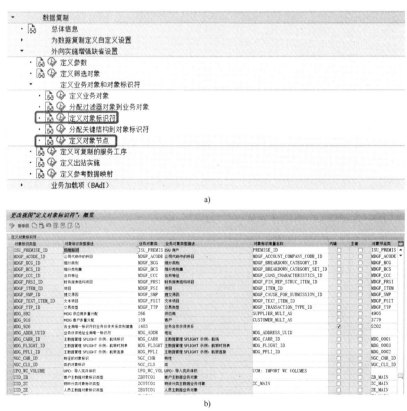

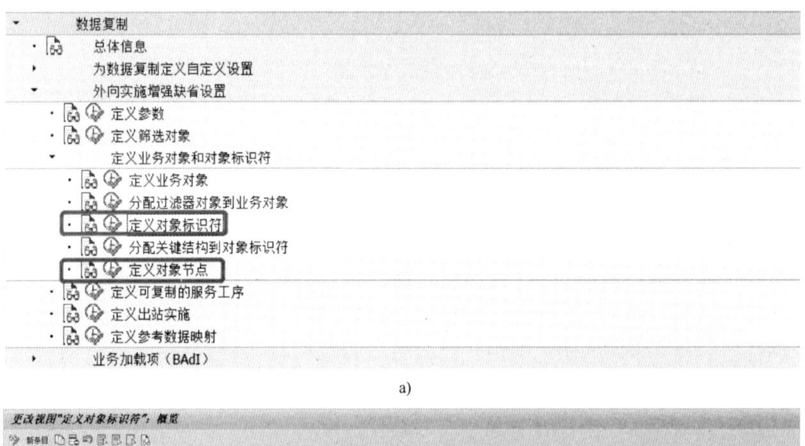

a)

更改视图"定义对象标识符"：概览

新条目

定义对象标识符

对象标识类型	对象标识类型描述	业务对象类	业务对象类型描述	对象标识常量名称	内键	主键	对象节点类
ISU_PREMISE_ID	场地标识	ISU_PREMIS	ISU 房产	PREMISE_ID	☐	☐	ISU_PREMIS
MDGF_ACODE_ID	公司代码中的科目	MDGF_ACODE	公司代码中的科目	MDGF_ACCOUNT_COMPANY_CODE_ID	☐	☐	MDGF_ACODE
MDGF_BCG_ID	细分类别	MDGF_BCG	细分类别	MDGF_BREAKDOWN_CATEGORY_ID	☐	☐	MDGF_BCG
MDGF_BCS_ID	细分类别集	MDGF_BCS	细分类别集	MDGF_BREAKDOWN_CATEGORY_SET_ID	☐	☐	MDGF_BCS
MDGF_CCC_ID	合并特征	MDGF_CCC	合并特征	MDGF_CONS_CHARACTERISTICS_ID	☐	☐	MDGF_CCC
MDGF_FRSI_ID	财务报表结构项目	MDGF_FRSI	财务报表结构项目	MDGF_FIN_REP_STRUC_ITEM_ID	☐	☐	MDGF_FRSI
MDGF_ITEM_ID	项目	MDGF_FSI	项目	MDGF_ITEM_ID	☐	☐	MDGF_ITEM
MDGF_SMP_ID	提交原因	MDGF_SMP	提交原因	MDGF_CAUSE_FOR_SUBMISSION_ID	☐	☐	MDGF_SMP
MDGF_TEXT_ITEM_ID	文本项目	MDGF_FSIT	文本项目	MDGF_TEXT_ITEM_ID	☐	☐	MDGF_FSIT
MDGF_TTP_ID	交易类型	MDGF_TTP	交易类型	MDGF_TRANSACTION_TYPE_ID	☐	☐	MDGF_TTP
MDG_892	MDG 供应商多重分配	266	供应商	SUPPLIER_MULT_AS	☐	☐	4905
MDG_918	MDG 客户多重分配	159	客户	CUSTOMER_MULT_AS	☐	☐	3779
MDG_926	含全局唯一标识符的业务伙伴关系类别键值	1405	业务合作伙伴关系		☑	☐	S202
MDG_ADDR_UUID	业务伙伴地址全局唯一标识符	MDG_ADDR	地址	MDG_ADDRESS_UUID	☐	☐	
MDG_CARR_ID	主数据管理 SFLIGHT 示例：航线标识	MDG_CARR	主数据管理 SFLIGHT 示例：航线	MDG_CARR_ID	☐	☐	MDG_0001
MDG_FLIGHT_ID	主数据管理 SFLIGHT 示例：航班时刻表	MDG_FLIGHT	主数据管理 SFLIGHT 示例：航班时刻表	MDG_FLIGHT_ID	☐	☐	MDG_0003
MDG_PFLI_ID	主数据管理 SFLIGHT 示例：航班连接	MDG_PFLI	主数据管理 SFLIGHT 示例：航班连接	MDG_PFLI_ID	☐	☐	MDG_0002
NGC_CHR_ID	特征的对象标识	NGC_CHR	特性		☐	☐	NGC_CHR_ID
NGC_CLS_ID	类的对象标识	NGC_CLS	类		☐	☐	NGC_CLS_ID
UPO_WC_VOLUME	UPO：导入完井体积	UPO_WC_VOL	UPO：导入完井体积	UOM: IMPORT WC VOLUMES	☐	☐	
ZID_ZB	客户主数据对象标识类型	ZBOTC01	客户主数据业务对象		☐	☐	ZB_MAIN
ZID_ZC	物料分类对象标识类型	ZCOTC01	物资分类主数据业务对象	ZC_MAIN	☐	☐	ZC_MAIN
ZID_ZE	人员主数据对象标识类型	ZEOTC01	人员主数据业务对象		☐	☐	ZE_MAIN

b)

图 8-129　绑定分发结构与对象类型

图 8-129 中，业务对象已与标识符进行绑定，如图 8-130 所示。

定义对象节点

对象节点类	对象节点类型描述
S194	成本中心组根节点 (ERP)
S195	采购功能单元根节点 (ERP)
S196	销售功能单元根节点 (ERP)
S197	成本要素根节点 (ERP)
S198	成本要素组根节点 (ERP)
S199	成本要素组层次结构根节点 (ERP)
S200	业务合作伙伴关系流程控制根节点 (ERP)
S202	业务合作伙伴关系根 (ERP)
S204	利润中心根节点（企业资源规划）
S24	生产订单根节点
S29	物料根节点
S32	工程更改订单标识根节点 (ERP)
S33	工厂标识根节点 (ERP)
S34	生产工序清单根节点
S47	货物移动根节点 (ERP)
S48	维护订单根节点 (ERP)
S60	业务伙伴工厂 (ERP)
S63	生产物料单根节点 (ERP)
S65	位置
S83	物流区域根节点 (ERP)
S92	安装点根节点 (ERP)
S93	单个物料根节点 (ERP)
S99	工作中心根节点 (ERP)
ZB_MAIN	客户主数据根节点
ZC_MAIN	物料分类根节点
ZE_MAIN	人员主数据根节点

图 8-130　业务对象与标识符已绑定

4）分配关键结构到对象标识符，如图 8-131 所示。

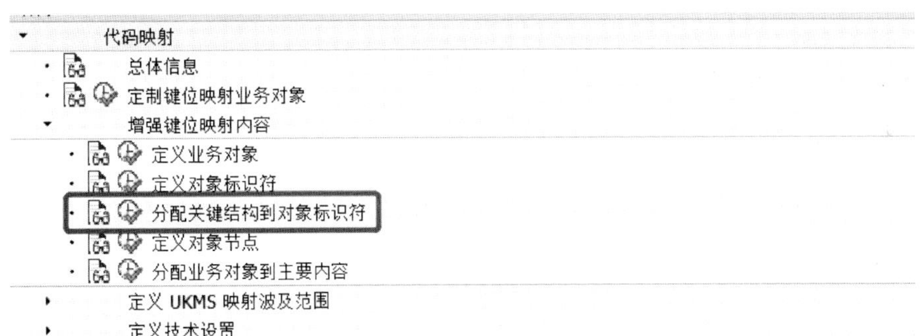

a)

更改视图"分配关键结构到对象标识符"：概览

新条目

分配关键结构到对象标识符

对象标识类型	对象标识类型描述	关键结构	定界符	业务对象类	业务对象类型描述
MDGF_CCC_ID	合并特征	/MDG/ S OG DRF CONSCHAR		MDGF_CCC	合并特征
MDGF_FRSI_ID	财务报表结构项目	MDGF S KEY FRSI		MDGF_FRSI	财务报表结构项目
MDGF_ITEM_ID	项目	MDGF S KEY FSI		MDGF_FSI	项目
MDGF_SMP_ID	提交原因	/MDG/ S OG DRF SUBMPACK		MDGF_SMP	提交原因
MDGF_TEXT_ITEM_ID	文本项目	MDGF S KEY FSIT		MDGF_FSIT	文本项目
MDGF_TTP_ID	交易类型	/MDG/ S OG DRF TRANSTYPE		MDGF_TTP	交易类型
MDG_892	MDG 供应商多重分配	MDG BS BP S MLT AS SUPP OTC	/	266	供应商
MDG_918	MDG 客户多重分配	MDG BS BP S MLT AS CUST OTC	/	159	客户
MDG_926	含全局唯一标识符的业务伙伴关系类别键值	MDG BS BP S PARTNER REL MDG	/	1405	业务合作伙伴关系
MDG_ADDR_UUID	业务伙伴地址全局唯一标识符	MDG BS BP S ADDR UUID	/	MDG_ADDR	地址
MDG_CARR_ID	主数据管理 SFLIGHT 示例：航线标识	/MDG/ S SF DRF CARR		MDG_CARR	主数据管理 SFLIGH
NGC_CHR_ID	特征的对象标识	NGCS DRF CHRMAS OBJECT KEY		NGC_CHR	特性
NGC_CLS_ID	类的对象标识	NGCS DRF CLSMAS OBJECT KEY		NGC_CLS	类
T301		ZTEST KEY	&&		
ZID_ZB	客户主数据对象标识类型	ZXX S ZB DRF ZZB MAIN		ZBOTC01	客户主数据业务对象
ZID_ZC	物料分类对象标识类型	ZXX S ZC DRF ZZC MAIN		ZCOTC01	物资分类主数据业务
ZID_ZE	人员主数据对象标识类型	ZXX S ZE DRF ZZE MAIN		ZEOTC01	人员主数据业务对象

b)

图 8-131　各对象绑定

5）外向接口事务代码为 OIF_MAINTAIN，如图 8-132 所示。

图 8-132　外向接口配置页面

图 8-132 中各个属性的释义如下所述。

- 接口模型标识：后续外向实施对象中需要绑定的标识。
- 对象类型代码：业务对象编码。
- 包名称：开发包或传输包。
- 功能组名称：承载分发接口所需要的函数组。
- 名称：承载分发接口所需要的函数（其中会有标准生成的代码，需要开发人员添加取数与调用该逻辑）。

创建成功后，生成界面模型。查看相关分发字段信息，如图 8-133 所示。

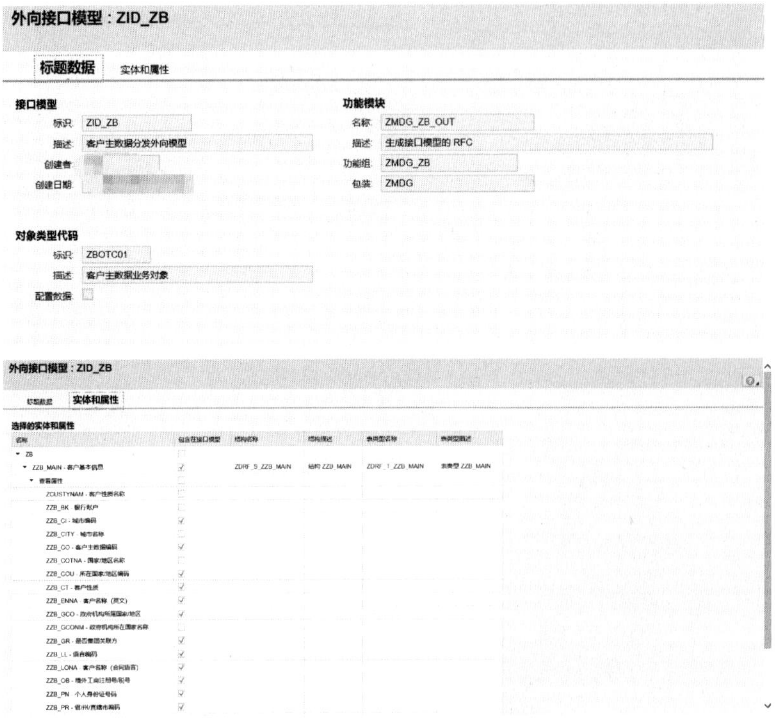

图 8-133　外向接口字段信息配置

6）定义出站实施，如图 8-134 所示。

图 8-134　外向接口与出站实施绑定设置

出站实施的作用是确定分发框架的通信渠道（此字段用于指定将业务对象数据复制到目标的机制，如 IDOC、RFC、文件等复制方式）、外向通信类（系统标准可用）以及前文设置的外向接口标识模型等信息，并能够分配外向参数（如一次性可分发条目数等），也可以设置筛选对象，精确定位所需分发的数据，为后续分发模型的绑定做基础。

（3）数据分发模型管理与分发操作

分发（复制）模型用于定义将主数据复制到目标系统所需的配置对象，即将哪些业务对象数据复制到哪个业务系统。正确配置主动分发复制模型是将主数据成功复制到目标系统的前提。

复制模型可用于定义哪些数据应被视为与目标系统相关、目标系统以及出站参数的值。复制模型操作界面如图 8-135 所示。

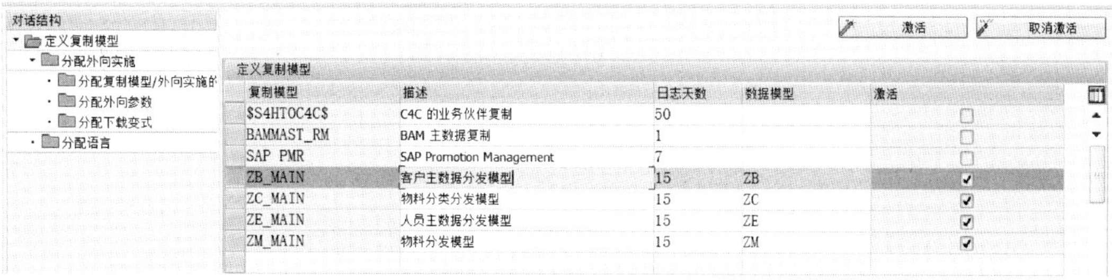

图 8-135　分发（复制）模型设置链接与界面

其中的配置字段与对应说明见表 8-15。

表 8-15　复制模型配置字段说明

配置字段	说　　明
复制模型	SAP 未提供此活动的标准内容。用户可以为每个目标系统或每个业务对象创建不同的复制模型，也可以为每个业务对象配置筛选器来限制用户维护每个目标系统的过滤器的能力。用户可以根据自己的特定需求对复制模型进行建模
描述	提供复制模型的说明。维护此描述的翻译以满足多语言用户的需要
日志天数	数据复制框架将复制期间发出的所有消息作为应用程序日志（事务 SLG1）存储在应用程序日志对象 FMDM 下。该值指示复制日志的应用程序日志的过期时间
数据模型	数据模型是一切数据活动的基石，这里是将复制模型分配给数据模型
激活	当复制模型所需要的配置点都已完成，单击上方的“激活”按钮，则激活字段会被打勾，跳出绿色界面则说明配置正确，反之则复制成功标记激活

激活与取消激活（启用与停用）：这里的激活相当于分发框架的开关，当激活后，DRFOUT 分发框架功能中便可选择已准备好的分发模型进行数据分发操作。如需关闭，则单击“取消激活”按钮（当配置完全时，如激活选项已打开，则数据完成审批激活时，数据将被自动分发到相应的企业服务总线），如图 8-136 所示。

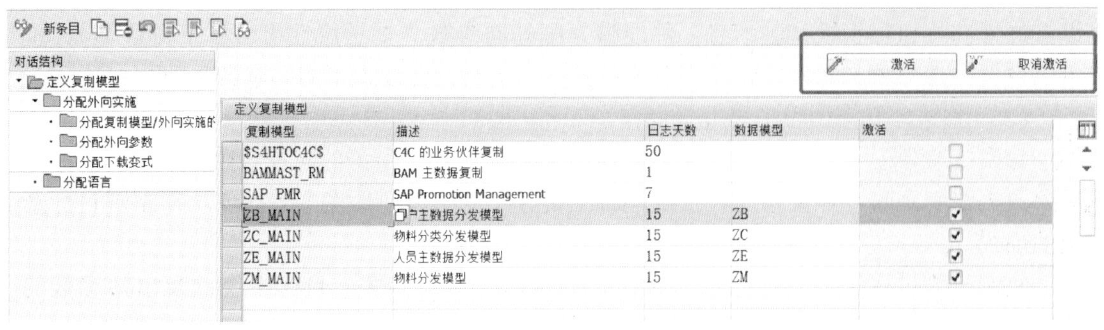

图 8-136　复制模型激活界面

前面已经对出站实施的含义做过阐述，在这里需要将出站实施分配给正在创建的复制模型。通过执行此活动，可以隐式地向数据复制框架提供以下详细信息。

- 要复制什么业务对象数据？
- 调用了哪些主筛选器和段筛选器？
- 将业务对象复制到目标数据的通信通道是什么？
- 出站实现类是什么？

详细步骤如下。

1）分配外向实施，如图 8-137 所示。

2）分配出站实施，如图 8-138 所示。

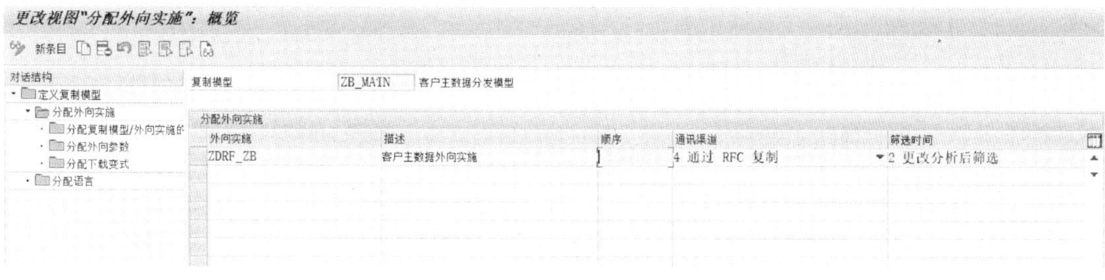

图 8-137　分配外向实施

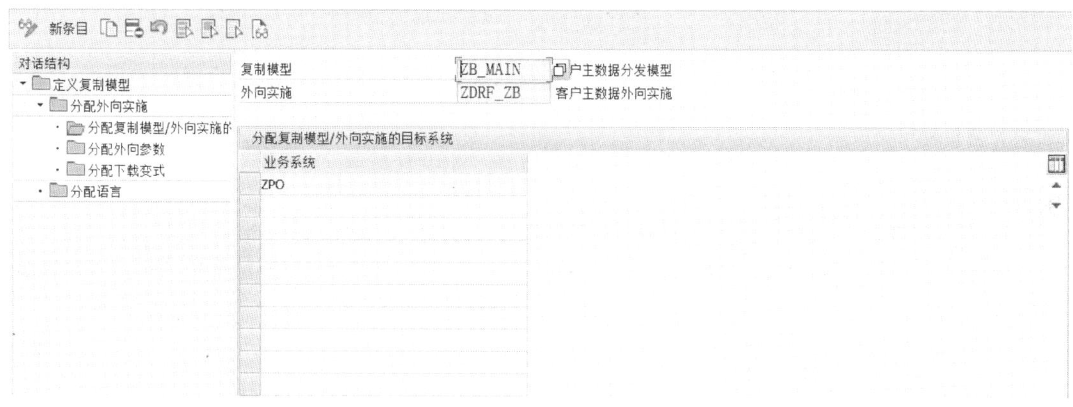

图 8-138　分配出站实施

3）分配业务系统，如图 8-139 所示。

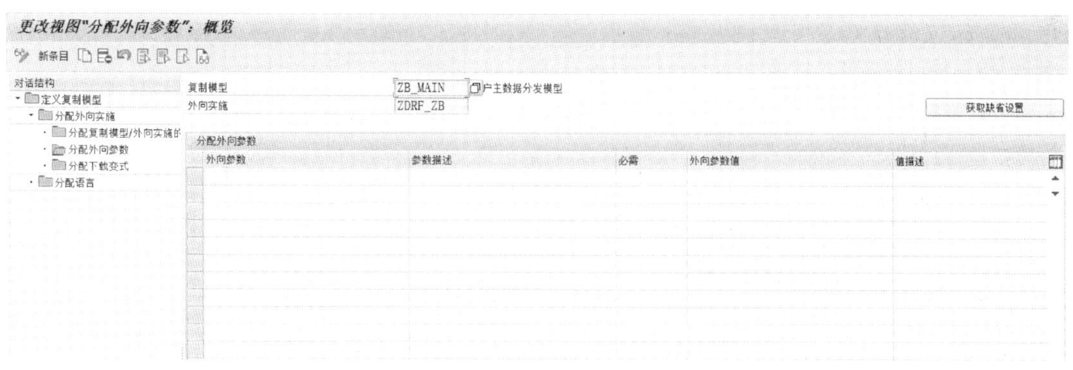

图 8-139　分配出站实施的外向参数

进行出站实施绑定设置，并设置分发业务系统（分发业务系统指在 SLD 或本地定义的逻辑系统中已定义业务系统。SALE 中已配置好相关逻辑系统），如图 8-140 所示。

- 业务系统：业务系统代表物理或逻辑企业系统，需要将其连接到 SAP MDG 系统以进行入站或出站复制。在 SLD 中添加了业务系统，如果 SLD 不可用，则可以在本地创建。
- 逻辑系统：当通信通道为 ALE/IDoc 时，使用逻辑系统。该逻辑系统名称将传递给

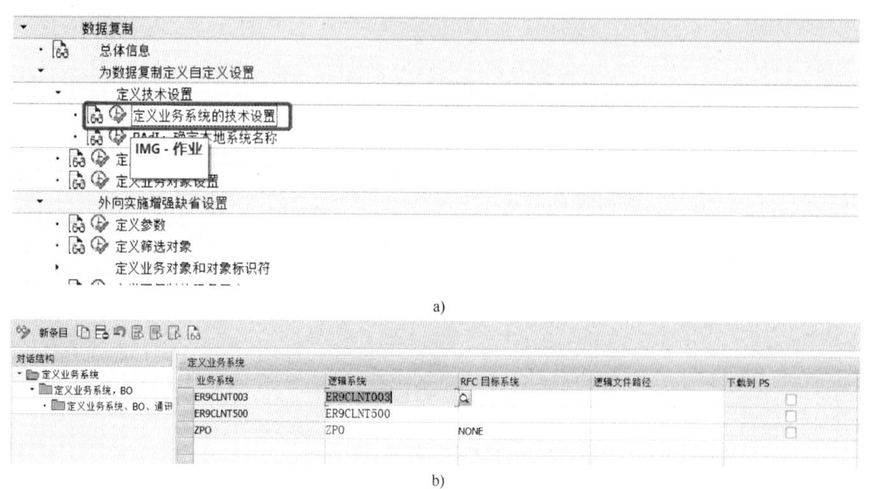

图 8-140　业务系统技术设置

IDoc 框架，以确定合作伙伴配置文件并生成 IDoc 以进行进一步处理。

- RFC 目标系统：SAP MDG 系统与目标业务系统之间的通信通道通过 RFC 时，将使用此目标。在输入此 IMG 活动之前，必须在事务 SM59 中创建此 RFC 目标。
- 逻辑文件路径：当通信通道是通过文件复制时，使用该值。该值在运行时传递到出站实现，出站实现将格式化的文件存储在此位置。在输入此 IMG 活动之前，必须在 SAP GUI 的“事务文件”中配置逻辑文件属性。

当用户对数据分发的数据编码或其他字段有原始过滤需求时，可以通过设置过滤器的方式达到精准分发的效果。步骤如下。

1）定义筛选对象，如图 8-141 所示。

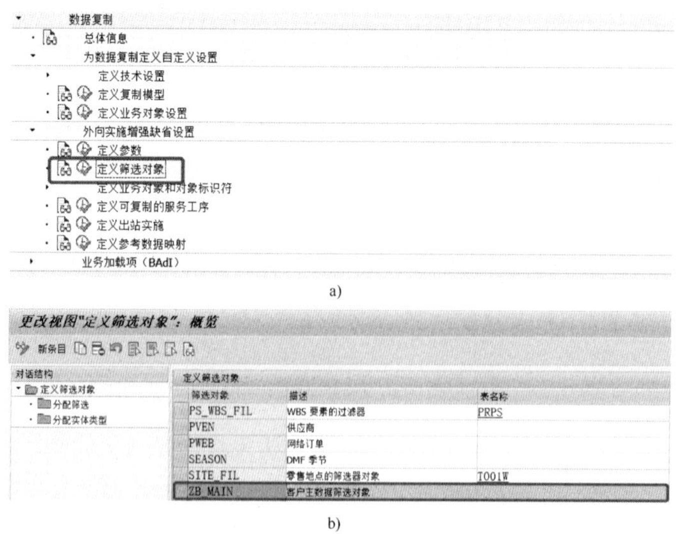

图 8-141　定义筛选对象

配置字段与说明见表 8-16。

表 8-16　筛选对象说明

配置字段	说　明
筛选对象	输入筛选器对象的唯一标识符
描述	输入筛选器对象的简短说明
表名称	输入从中选择筛选条件值列表的表的名称。在事务 DRFF 中定义筛选条件时，将显示此值列表。如果要定义简单的显式筛选器，则此字段中的项是必需的

2）分配筛选对象，如图 8-142 所示。

图 8-142　筛选设置

配置字段与说明见表 8-17。

表 8-17　筛选对象说明

配置字段	说　明
过滤	输入长度为 2 的唯一数值作为筛选器标识符
描述	提供筛选器的逻辑描述
过滤器类型	一般选择“明确复杂的过滤器”
一般筛选参数	数据模型生成的分发框架结构，因此结构中含有数据项的编码字段，一般以编码字段作为筛选的依据

3）定义好筛选对象（过滤器）后，需要将其余对象类型进行绑定，事务代码为 DRFOUT。详细路径：数据复制->外向实施增强缺省设置->定义业务对象和对象标识符->分配过滤器对象到业务对象，如图 8-143 所示。

分配过滤器对象到业务对象

业务对象类型	描述	筛选对象
DRF_0036	合同账户	FICA_FLT
DRF_0037	银行	DRF_0028
DRF_0040	应用程序作业日志	APP_JOBLOG
DRF_0042	班次组	DRF_0042_1
DRF_0048	季节	SEASON
HBHBA_OBJ	开户行主数据对象	HBANK_FO
ISU_CNTRCT	ISU 合同	ISU_CNTRCT
ISU_GNRL	ISU 常规数据复制业务对象	ISU_GNRL
ISU_INTRCT	ISU 交互	ISU_INTRCT
ISU_PREMIS	ISU 房产	ISU_PREMIS
ZBOTC01	客户主数据业务对象	ZB_MAIN

图 8-143　分配筛选至业务对象设置

当然也可以在这里看到很多系统标准的绑定信息，如图 8-144 所示。

分配过滤器对象到业务对象

业务对象类型	描述	筛选对象
114	销售订单	114_1
1376	代码映射	KEY_MAP_FT
1451_CUST	客户层次结构	C4C_CUSTH
147	业务伙伴	MDG_BP_SFI
154	公司	F_CMPNY
158	成本中心	F_COCTR
159	客户	CMD_CUST_F
183	单个物料	183_1
189	位置	LOC_FT
194	物料	CMD_BS_MAT
223	生产工序清单	223_1
229	利润中心	F_PRCTR
266	供应商	CMD_VEND_F
296	现金折扣条件	ARIBA_PT
467	货物移动	467_1
468	维护订单	468_1
493	工作中心	493_1
890	科目表	F_GLAM
892	总账科目主数据	F_GLACCASS
894	财务合并结构	F_FINCS
897	成本中心组层次结构	F_CGHRY
898	利润中心组层次结构	F_PGHRY
899	财务会计科目表	F_GLAM_COA
900	财务合并科目表	F_FCCOA
901	财务会计财务报表结构	F_FARS
902	财务合并财务报表结构	F_FCRS

图 8-144　分配过滤器对象到业务对象

4）将筛选对象（过滤器）分配给对应的出站实施，进而与数据复制模型进行绑定，如图 8-145 所示。

新条目

对话结构
- 定义外向实施
  - 分配段筛选对象
  - 分配外向参数
    - 定义外向参数的值
  - 分配实体类型和 SMT 映射

定义外向实施

外向实施	业务对象类	筛选对象	外向接口模型标识	支持码协调	支持时相关	语言过滤
PINV	DRF_0008	PINV				
PMAP	DRF_0002	PMAP				
PMAT	194	PMAT				
PMCH	DRF_0009	PMCH				
PMCS	1167	PMCS				
PMPL	DRF_0006	PMPL				
POFF	DRF_0004	PPRO				
PPHY	DRF_0003	PPHY				
PPHY_CLASS	DRF_0012	PPHY_CLASS				
PPLT	464	PPLT				
PR_CCTR	158	FINS_CCTR				
PSOS	DRF_0010	PSOS				
PSPR	DRF_0005	PSPR				
PS_WBS_OUT	DRF_0020	PS_WBS_FIL				
PVEN	266	PVEN				
PWEB	114	PWEB				
SEASON	DRF_0048	SEASON				
SF_BNKMAST	DRF_0037	DRF_0028				
SF_CCTR	158	FINS_CCTR				
SITE_OUT	DRF_0021	SITE_FIL				
ZDRF_ZB	ZBOTC01	ZB_MAIN	ZID_ZB			

图 8-145　过滤器与出站实施绑定

5）设置好相关对象后，正式启用数据复制模型，如图 8-146 所示。

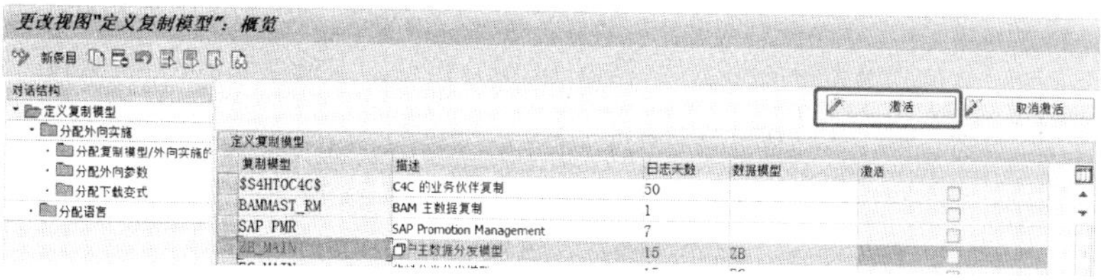

a)

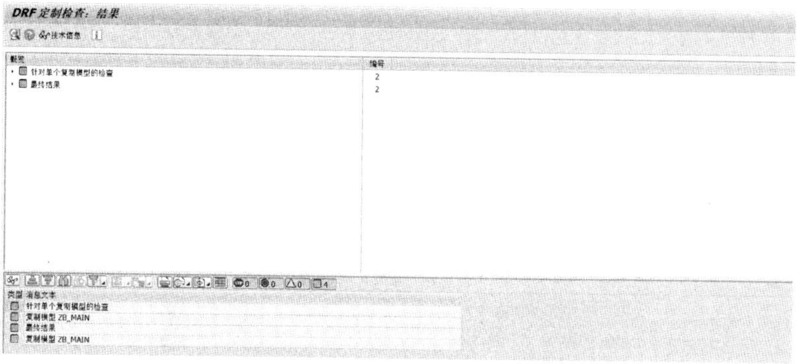

b)

图 8-146 复制模型测试

6）通过事务代码 DRFOUT 进行试用，如图 8-147 所示。

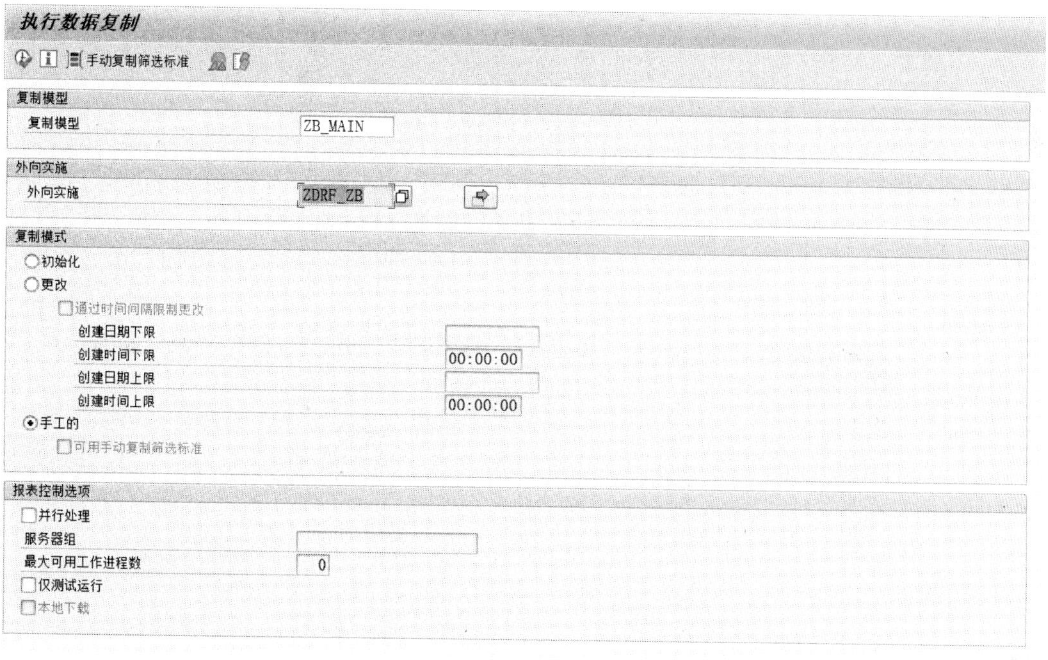

图 8-147 复制模型激活设置与试运行

在前端直接对数据进行复制分发，进入任意一个已配置复制模型的数据对象界面查询信息，并选中相关数据对象，单击“复制”按钮，如图 8-148 所示。

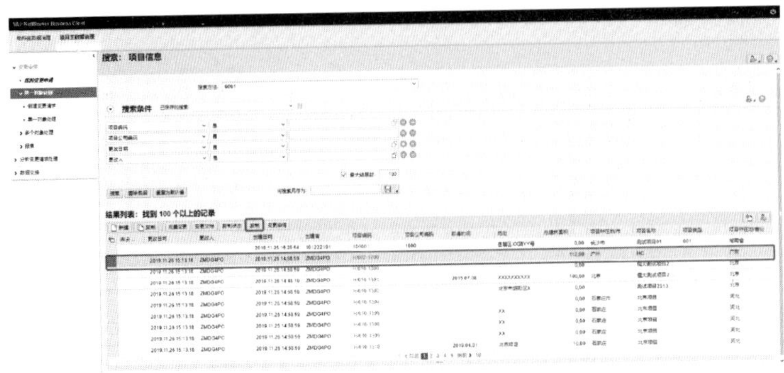

图 8-148　前端单击“复制”按钮

可以选择目标系统，如图 8-149 所示。

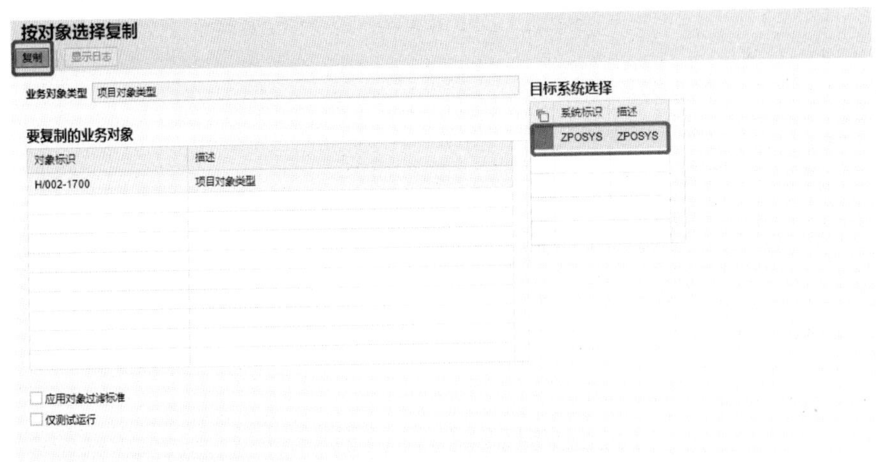

图 8-149　选择目标系统

最后可以看到测试结果，如图 8-150 所示。

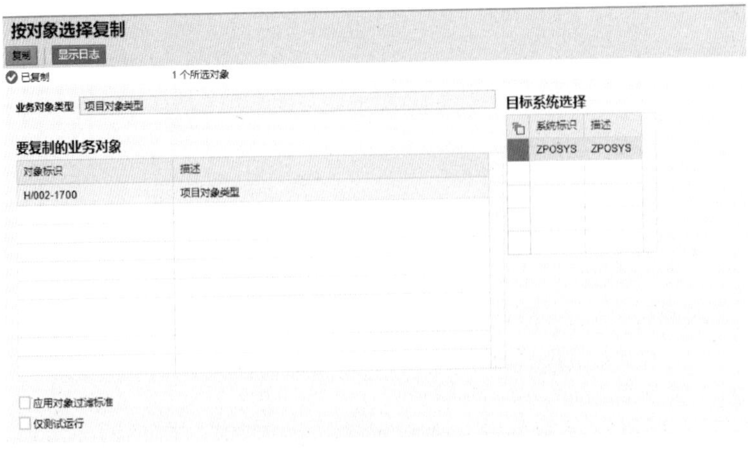

图 8-150　前端测试复制模型

4. 数据版本管理

主数据的版本主要目的是体现数据条目的更改记录，方便用户追溯，而 SAP MDG 对数据版本的管理是通过模型中相关数据所依赖的数据模型的“更改文档”属性来体现的。以某人员数据中的人员类别为例，版本管理步骤如下。

1）更改文档设置，如图 8-151 所示。

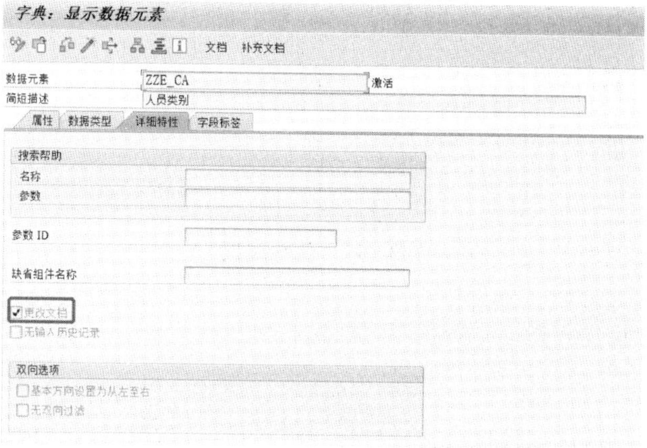

图 8-151　字段“更改文档”属性启用设置

2）将属性应用于模型，如图 8-152 所示。

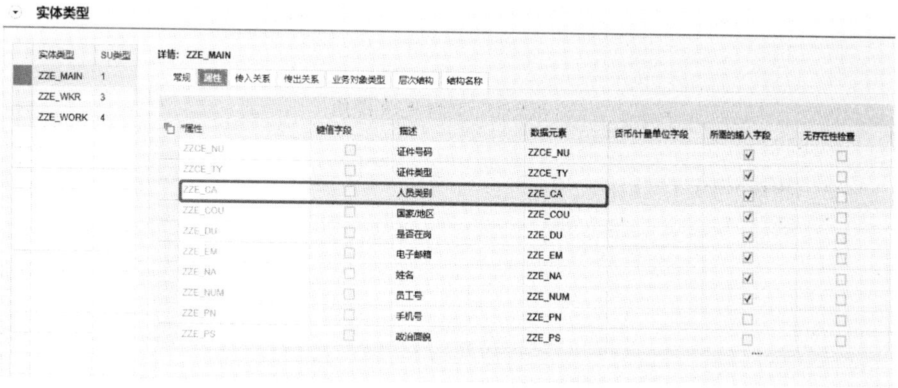

图 8-152　将属性应用于模型

3）进行数据端查看，单击“变更文档”按钮，如图 8-153 所示。

4）切换为属性更改视角，如图 8-154 所示。

5）切换为更改概览视角，如图 8-155 所示。

以上变更文档中有两个维度，即属性更改和更改概览。

- 属性更改：显示数据被修改的属性信息，包括属性旧值、属性新值、更改操作（创建、修改）、修改者信息、修改时间信息等。
- 更改概览：显示数据行被什么用户在什么时间点用哪个更改请求做了何种操作。

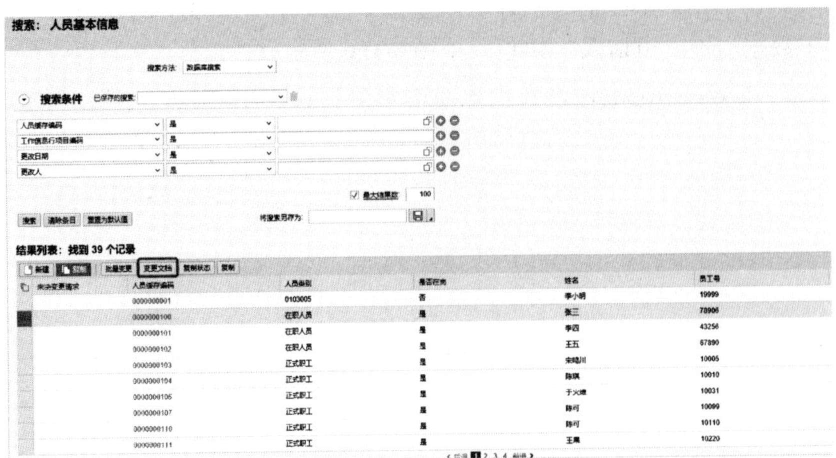

图 8-153　前端测试

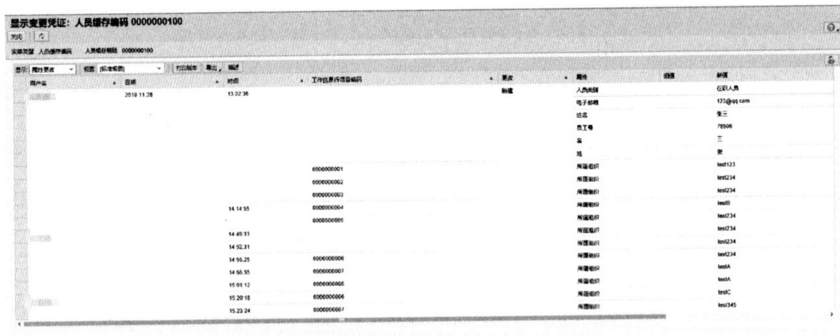

图 8-154　属性更改视角

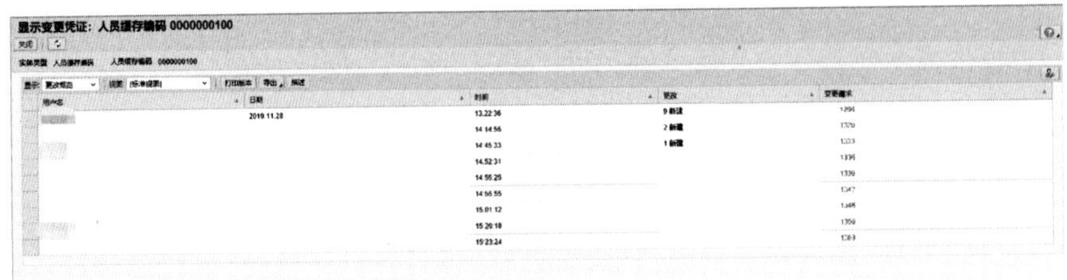

图 8-155　更改概览视角

5. 数据导入导出

（1）标准页面（以 BP 为例）

1）登录 SAP GUI 后，输入事务代码 NWBC，或在浏览器地址栏中输入 Netweaver Business Client 地址进行登录，一般地址格式：http：//服务器域：8000/nwbc/～launch/？sap-client = XXX&sap-language = ZH。

2）进入 SAP MDG 前端维护界面，通过 SAP_MDGBP_REQ_04 或 MENU04 菜单选择“业务伙伴主数据治理：申请人”角色。如图 8-156 所示。

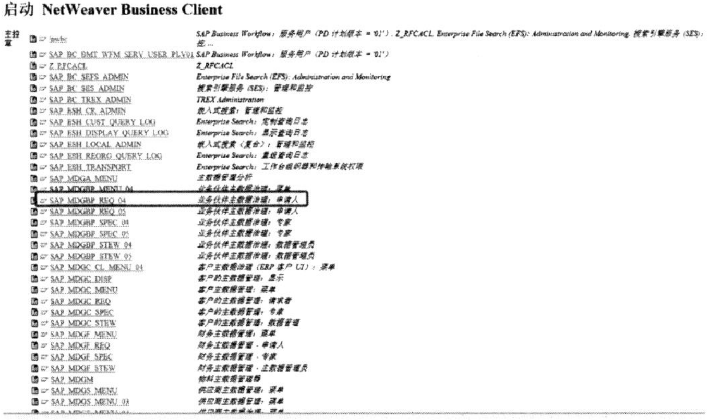

图 8-156　菜单选择界面

3）选择“文件下载”，如图 8-157 所示。

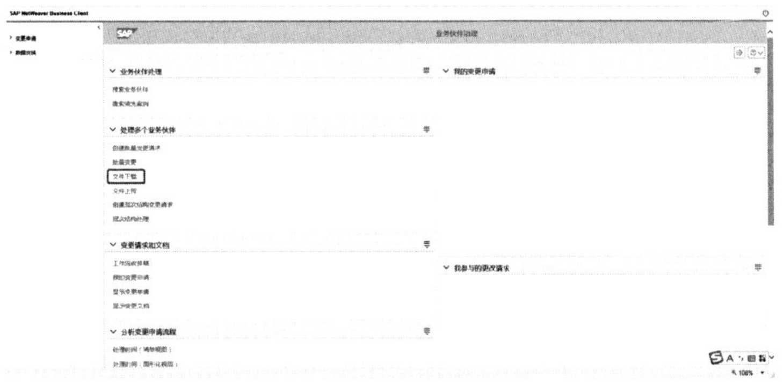

图 8-157　“文件下载”选项

4）确定实体类型，“实体类型”选择“中央数据”，“传输类型”选择“属性”，单击右下角的“下一步”按钮，如图 8-158 所示。

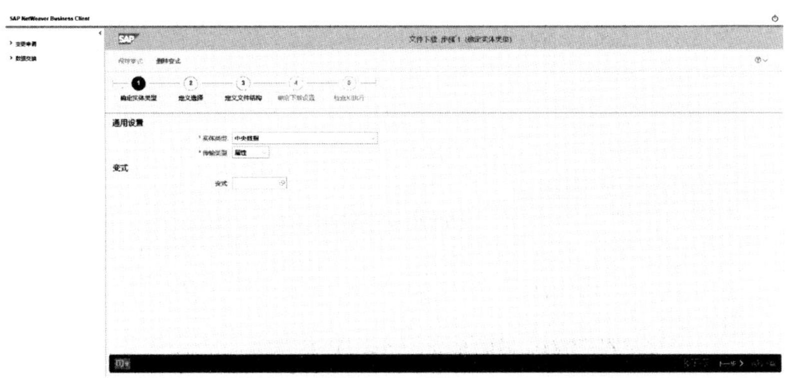

图 8-158　文件下载设置

5）输入查询范围，按照BP ID（即供应商编码）批量查询供应商，勾选左上角的“仅下载活动数据”复选框，单击右下角的“下一步”按钮，如图8-159所示。

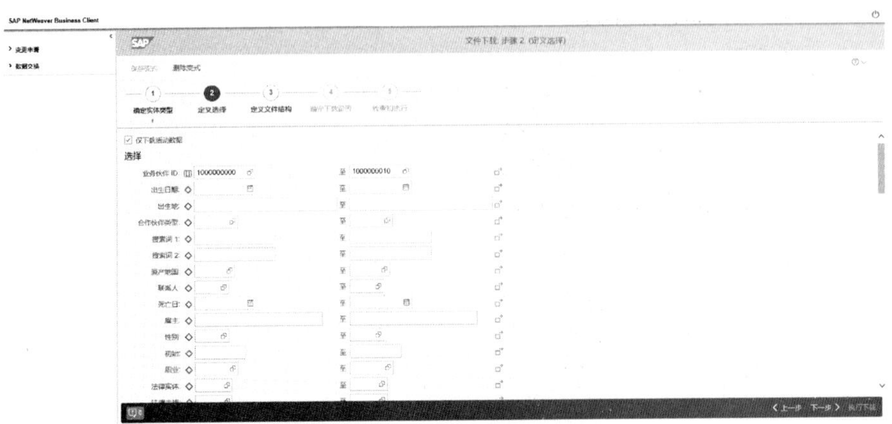

图8-159　活动数据下载设置

6）选择需要查询的属性，添加至右侧数据行，单击“下一步”按钮，如图8-160所示。

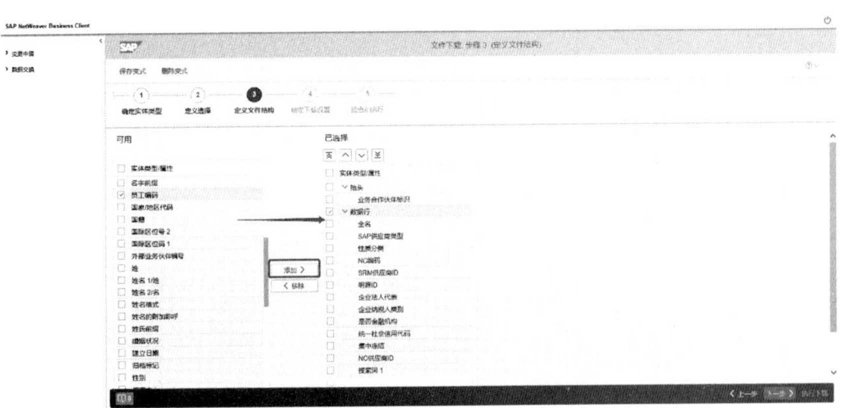

图8-160　属性添加

7）若固定查询格式，则可以单击右上角的“保存变式”按钮如图8-161所示。

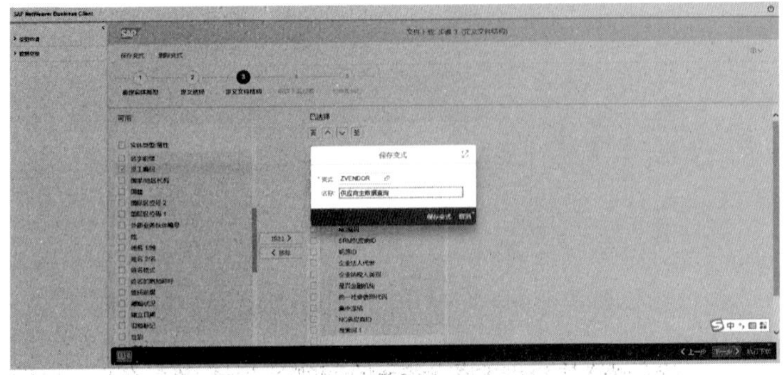

图8-161　变式设置

完成下载设置后，单击“下一步”按钮，随后执行下载。

8）选择“显示文件”或“保存文件”，选择存储路径，完成下载，如图8-162所示。

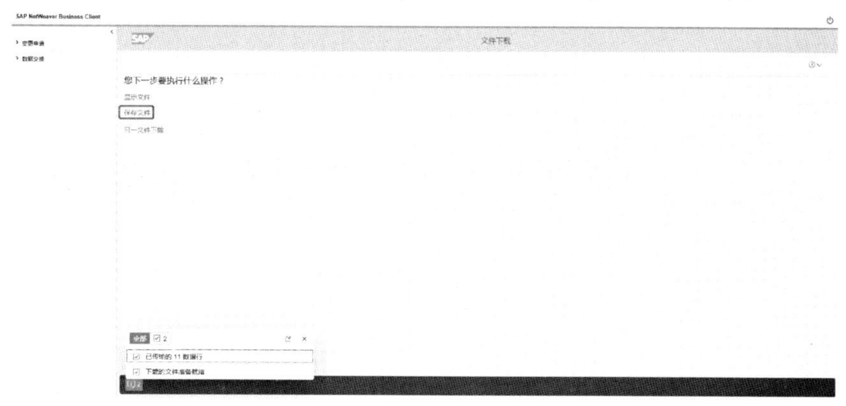

图8-162　完成设置

注：下载的txt文件可以转化成Excel，如图8-163所示。

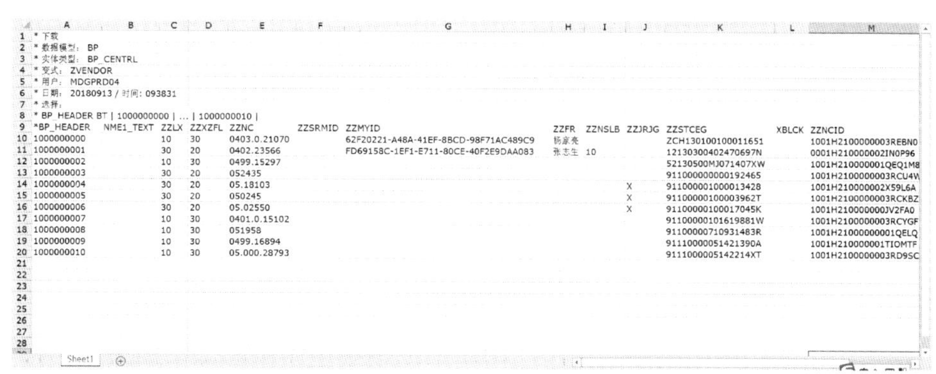

	A	B	C	D	E	F	G	H	I	J	K	L	M
1	* 下载												
2	* 数据模型：BP												
3	* 实体类型：BP_CENTRL												
4	* 变式：ZVENDOR												
5	* 用户：MDGPRD04												
6	* 日期：20180913 / 时间：093831												
7	* 选择：												
8	* BP_HEADER BT | 1000000000 | … | 1000000010 |												
9	*BP_HEADER	NME1_TEXT	ZZLX	ZZXZFL	ZZNC	ZZSRMID	ZZMYID	ZZFR	ZZNSLB	ZZJRJG	ZZSTCEG	XBLCK	ZZNCID
10	1000000000		10	30	0403.0.21070		62F20221-A48A-41EF-8BCD-98F71AC489C9	杨家亮			ZCH130100100011651		1001H2100000003REBN0
11	1000000001		30	20	0402.23566		FD69158C-1EF1-E711-80CE-40F2E9DAA083	张志生	10		12130300402470697N		0001H210000002IN0P96
12	1000000002		10	30	0499.15297						52130500MJ071407XW		1001H210000001QEQ1M8
13	1000000003		30	20	052435						911000000000192465		1001H2100000003RCU4W
14	1000000004		30	20	05.18103					X	911000001000013428		1001H210000002X59L6A
15	1000000005		30	20	050245					X	91100000100003962T		1001H2100000003RCKBZ
16	1000000006		30	20	05.02550					X	91100000100017045K		1001H210000000JV2FA0
17	1000000007		10	30	0401.0.15102						91100000101619881W		1001H2100000003RCYGF
18	1000000008		10	30	051958						91100000710931483R		1001H21000000001QELQ
19	1000000009		10	30	0499.16894						91110000051421390A		1001H210000001TIOMTF
20	1000000010		10	30	05.000.28793						9111000005142214XT		1001H2100000003RD9SC

图8-163　数据格式转换

（2）客制化上传下载页面

1）客制化FPM页面如图8-164所示。

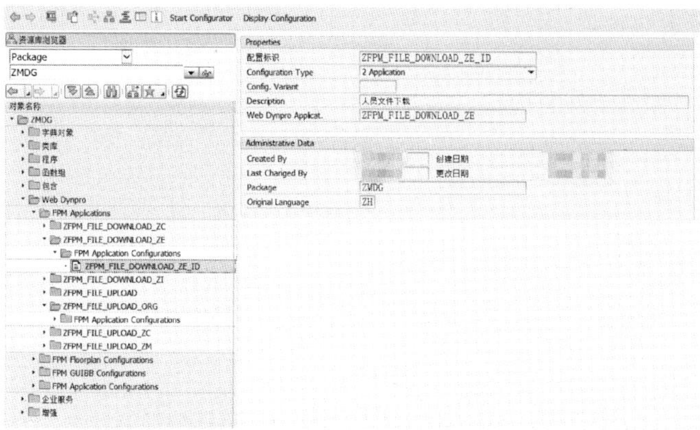

图8-164　客制化FPM页面

2）进行页面与角色绑定设置，如图 8-165 所示。

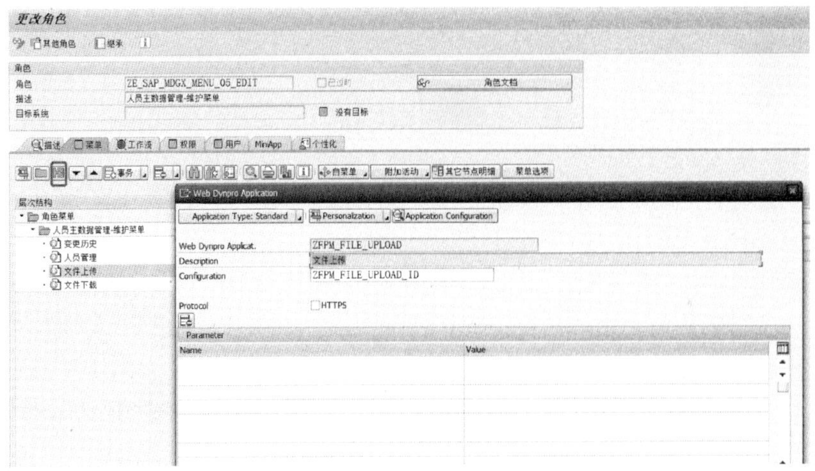

图 8-165　页面与角色绑定

3）进行页面测试，如图 8-166 所示。

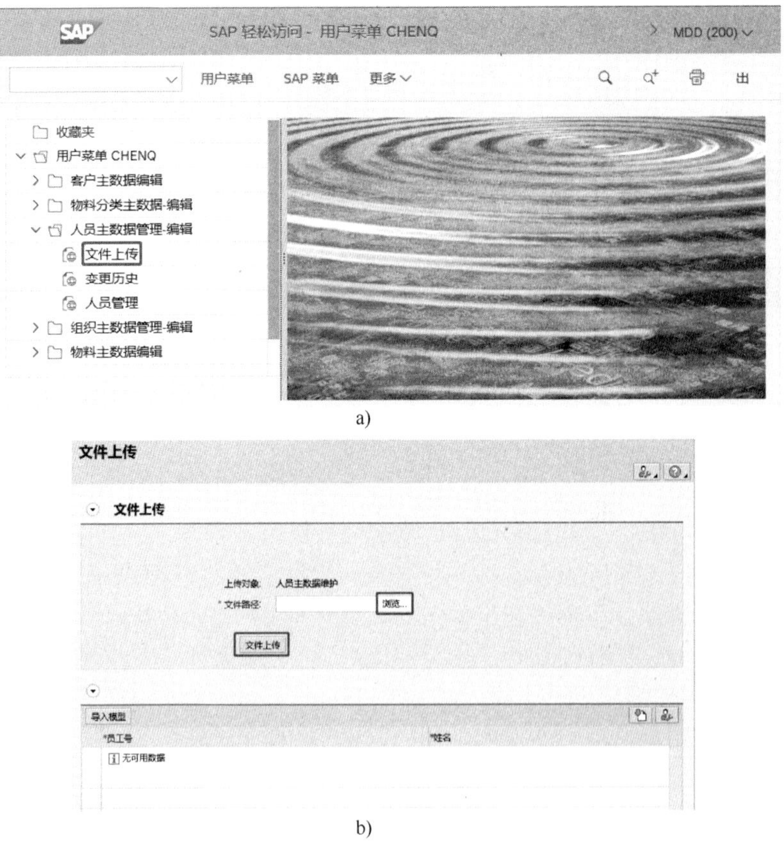

a)

b)

图 8-166　页面测试

4）系统会自动解析模板中的人员信息，在预览框中确认无误后，再单击“导入模型”按钮，如图 8-167 所示。

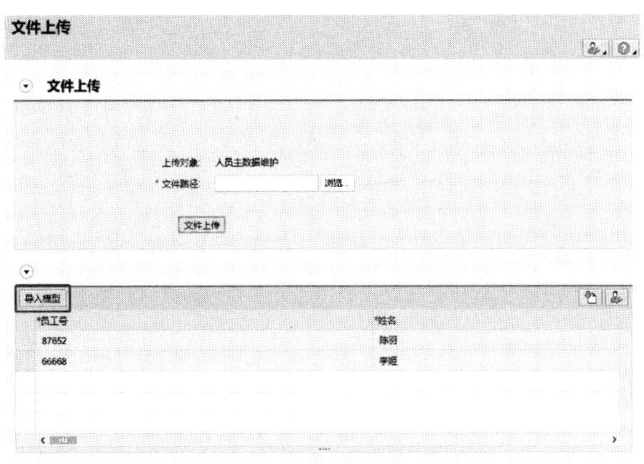

图 8-167　导入模型

5）上传成功，如图 8-168 所示。

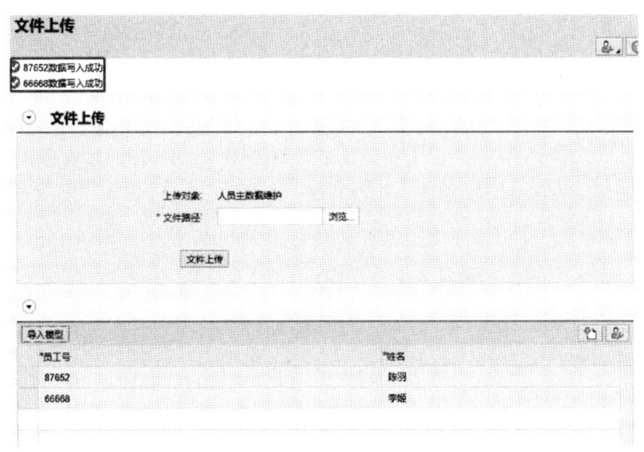

图 8-168　上传成功

6. SAP Fiori 对 SAP MDG 端的应用

为了简化 SAP 用户的用户体验，新的 SAP Fiori UX 技术在所有设备上都提供了相同的界面体现，而且易于采用。下面概述 SAP MDG 9.0 中提供的 SAP Fiori 应用程序。

通过移动设备无缝访问任何应用程序的能力是一个关键需求，特别是对于临时业务用户。为了满足通过移动设备访问 SAP MDG 应用程序的需要，SAP 提供了 SAP Fiori 应用程序，并且在标准内容中提供了多个 SAP Fiori 应用程序。

（1）SAP Fiori

SAP Fiori 是一种基于 HTML5 的用户界面（UI）技术，使用 SAPUI5 插件。SAP Fiori 是下一代 UI 技术，允许用户在各种设备上使用相同的视觉效果，这为所有 SAP 解决方案提供了一致的用户体验。它可以根据设备的不同来适应各种环境。SAP Fiori 启动板提供对

SAP Fiori 应用的访问。应用基于共同的角色定义。启动板是上下文感知的，并且支持简单的书签和协作。启用 SAP Fiori 搜索后用户可以搜索出最近使用/搜索的应用程序。也可以对主页面进行个性化设置以适应不同用户对页面的偏好。应用程序在启动时以平铺的形式显示面板，这样用户可以访问多个应用，并且相应的主题被分配或分组在一个目录或组合中。

SAP Fiori 应用类型包括事务性应用、分析性应用、产品介绍和 SAP 智能业务应用。事务性应用提供基于任务的访问和导航，用来执行创建或维护对象等任务。分析性应用提供对流程或关键绩效指标（KPI）信息的洞察。产品介绍帮助搜索和探索与特定对象相关的信息。SAP MDG 标准内容包括事务性应用程序，SAP Fiori 应用也可以通过 SAP Fiori 移动客户端应用访问。

SAP Fiori 系统架构如图 8-103 所示。后端系统中的主数据和事务数据通过 Restful 应用程序接口（API）作为数据协议（OData）服务开放（OData 可以理解为一种接口协议），基于 HTML5/SAPUI5 的 SAP Fiori 屏幕使用这些服务。要通过 OData 服务暴露数据，需要 SAP 网关服务器或相应的插件。通常在涉及不同类型 SAP 应用程序的系统环境中，需要一个 SAP 网关集线器，以便独立于基础 SAP ERP 系统的版本级别。有了 SAP MDG 系统，SAP MDG 数据可以直接通过 SAP Gateway 公开。SAP Gateway 是一个普通的 SAP ERP 系统，带有 SAP 网关增强组件。每个特定应用或标准的 SAP Fiori UI 也通过 UI 增强组件提供（前端服务器与 SAP 服务器之间通过 OData 服务直接交互），如图 8-169 所示。

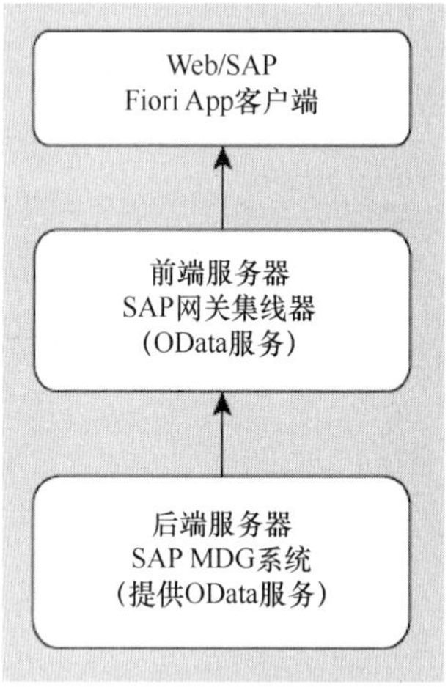

Web/SAP Fiori App客户端

前端服务器
SAP网关集线器
(OData服务)

后端服务器
SAP MDG系统
(提供OData服务)

图 8-169　Fiori 支撑线

同样，SAP MDG UI 插件需要安装在 SAP Fiori 前端。SAP MDG 中 SAP Fiori 应用程序的两个主要前端组件是 UIMDC001 和 UIMDG001。UIMDC001 组件处理合并和批量处理的应用程序，UIMDG001 组件处理中央治理应用程序。

（2）SAP MDG 的 SAP Fiori 应用程序

截至 SAP MDG 9.0 版本，SAP Fiori 应用程序的关键安装组件如下。

1）前端服务器要求：

- SAP NetWeaver 7.31 SP 04 或更高版本。
- SAP Fiori frontend server 2.0（包含 SAP NW GATEWAY FOUNDATION、USER INTERFACE TECHNOLOGY、SAPUIFT 和 UI FOR BASIS APPLICATIONS For SAP NetWeaver 7.5）。
- SAP Fiori for SAP MDG 2.0（包含组件 UIMDC001 和 UIMDG001）。

2）后端服务器：SAP MDG 9.0（包含组件 MDG UX）。

SAP Fiori 应用程序参考库提供关于各种 SAP Fiori 应用的技术和实现信息，可以通过官网访问。环境安装完毕后，需要执行用于设置 SAP Gateway 系统以及与后端服务器进行连接的关键管理操作。这些任务可以单独执行，也可以通过任务管理器执行预定义的任务列表以进行技术配置（事务代码：STC01）。可以分别使用任务列表或事务代码：SICF 激活对应于每个 SAP Fiori 应用程序（SAP UI5 应用程序）的 OData 服务和 Internet 通信框架（ICF）服务。关于 SAP MDG 的主要 SAP Fiori 应用程序就不一一展示了，它们在不同的主数据中都有不同的应用场景，每个应用由 OData 服务、SAPUI5 应用以及业务角色组成。

知识扩展

对数据流程的状态，前端服务器和 SAP 服务器之间是通过 OData 接口方式交互的。使用 SAP Fiori 平台开发相应应用，对数据申请界面与流程进行统一管理；使用 Gateway 服务，遵循 OData 数据标准协议，实现 UI 前端服务与 SAP MDG 之间的数据交互；使用 SAP UI5 技术（跨平台企业级应用的 HTML5 框架，基于开源前端框架 OpenUI5，由 SAP 进一步开发而来），添加应对 SAP 特性的模块，由 HTML5、JavaScript、CSS 三部分组成。其中，HTML 是网页的核心元素，Javascript 编写业务逻辑、相应用户事件，CSS 定义页面元素样式，UI5 的类库包含了开发页面所需的各种空间，包括可通过 OData 的后端系统连接的功能等。根据 SAP UI5 的不同应用环境，类库和程序可以存储在 SAP NetWeaver 应用服务器上或 SAP 云平台中，通过 SAP Gateway 访问 OData 类型的数据。

7. SAP MDG 标准可扩展功能（以 BP 为例）

其具体实现步骤如下。

1）表结构扩展 LFA1-ZZMDG_SUPPLIER_EHP6_TEST_SUPL1 如图 8-170 所示。

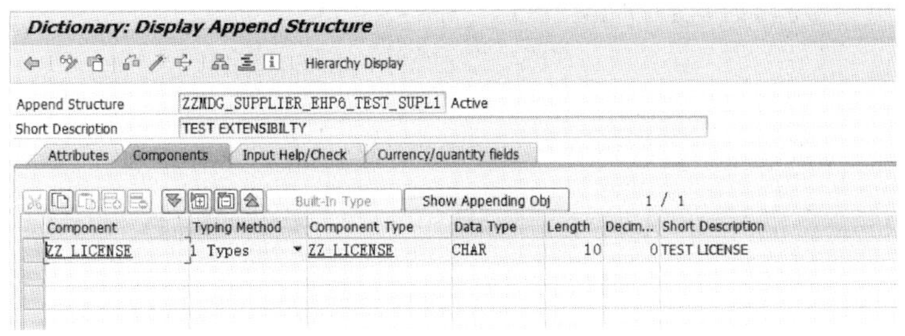

图 8-170　对 LFA1 扩展

2）进入结构 VMDS_EI_VMD_CENTRAL_DATA，并扩展结构 ZMDG_SUPPLIER_EHP6_TEST_SUPL2（针对客户数据的是 CMDS_EI_VMD_CENTRAL_DATA），如图 8-171 所示。

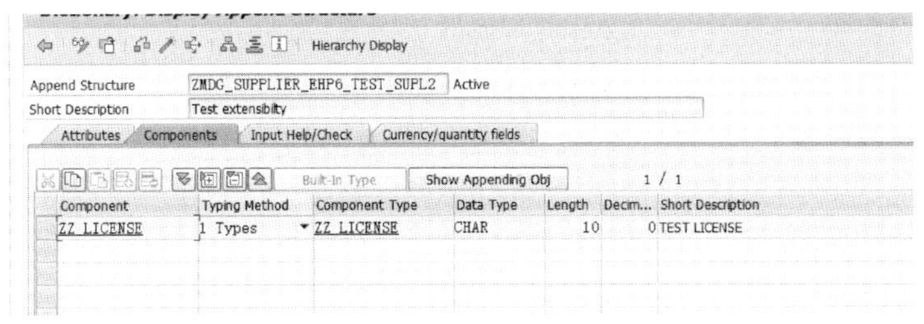

图 8-171　结构扩展

3）进入结构 VMDS_EI_VMD_CENTRAL_DATA_XFLAG，并扩展结构 ZVMDS_EI_VMD_CENTRAL_DATA_XFLAG（针对客户的是 CMDS_EI_VMD_CENTRAL_DATA_XFLAG），如图 8-172 所示。

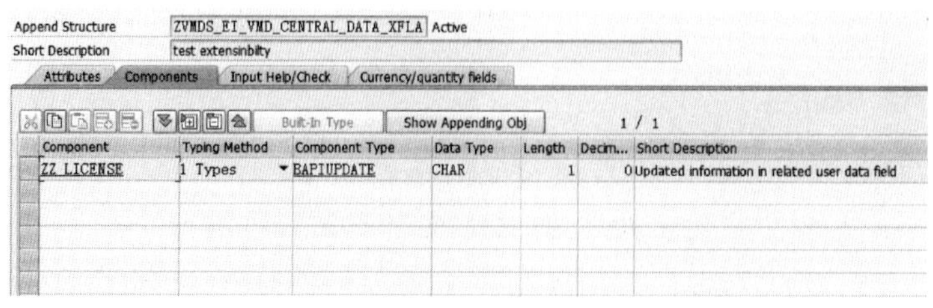

图 8-172　结构扩展 2

4）表结构扩展 BUT000 如图 8-173 所示。

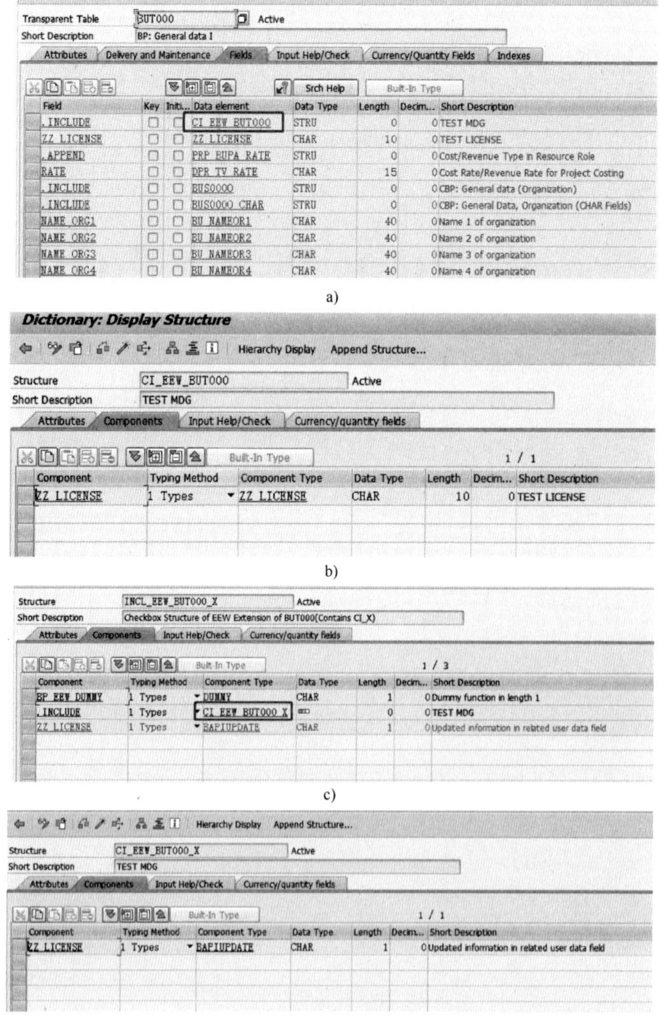

图 8-173　扩展 BUT000

5）扩展数据模型，步骤如下。

① 扩展数据模型属性，如图 8-174 所示。

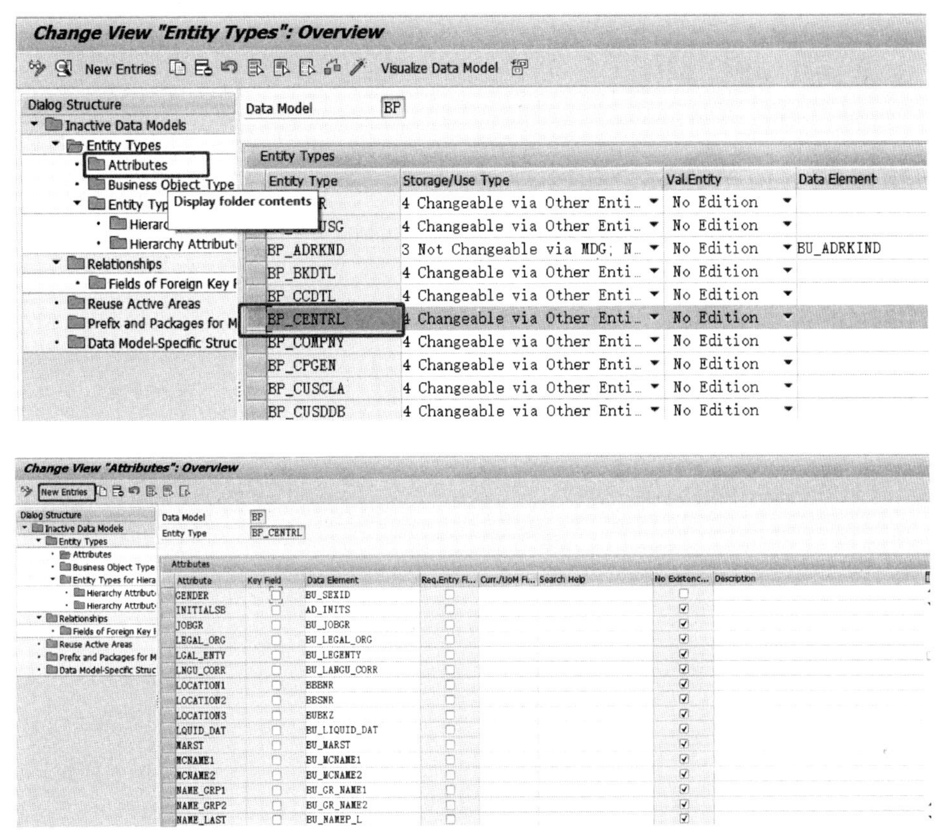

图 8-174　扩展数据模型属性

② 激活扩展数据模型，如图 8-175 所示。

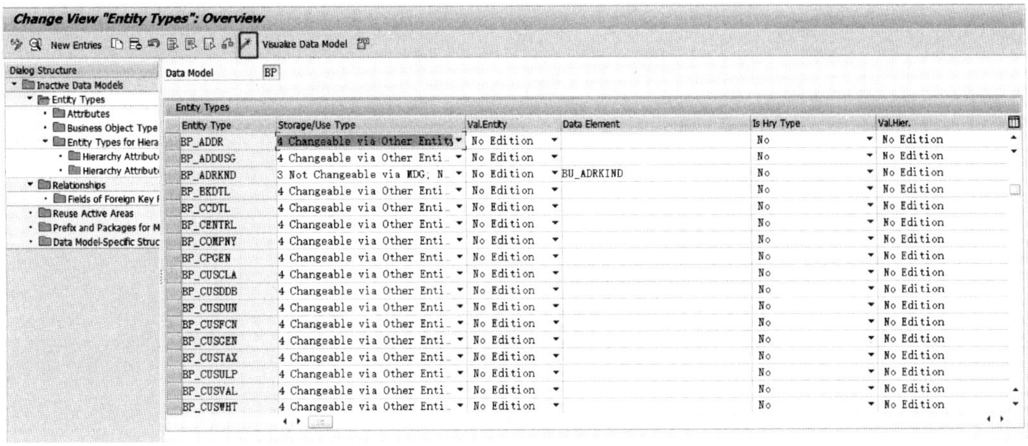

图 8-175　激活扩展数据模型

6）对已经扩展的实体类型重新生成结构，如图 8-176 所示。

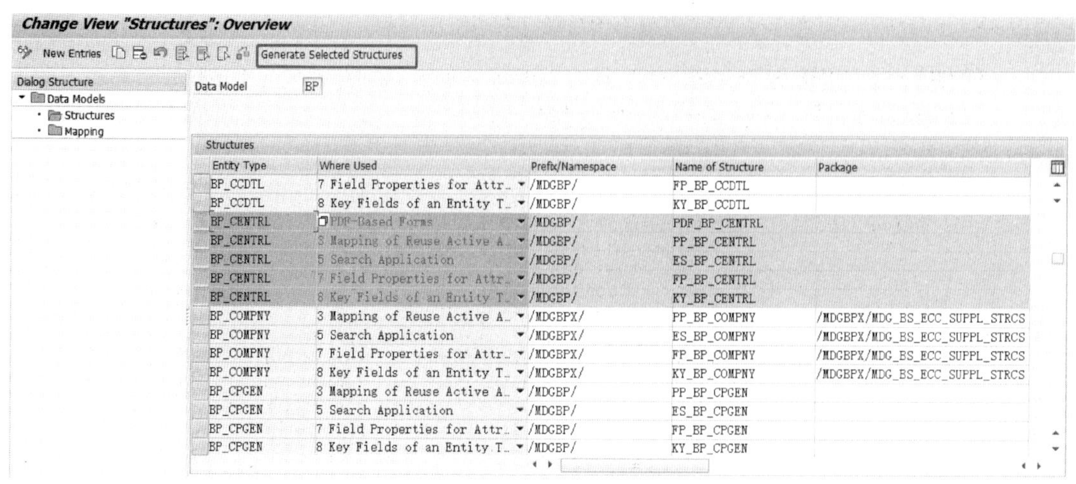

图 8-176　重新生成模型结构

7）定义激活区域与缓存区域之间的映射，如图 8-177 所示。

服务映射工具（SMT）是一个程序，它允许用户使用源结构集填充目标结构，支持简单的映射、带字段转换的映射、复杂的转换和字段检查。

① 编辑映射，如图 8-177 所示。

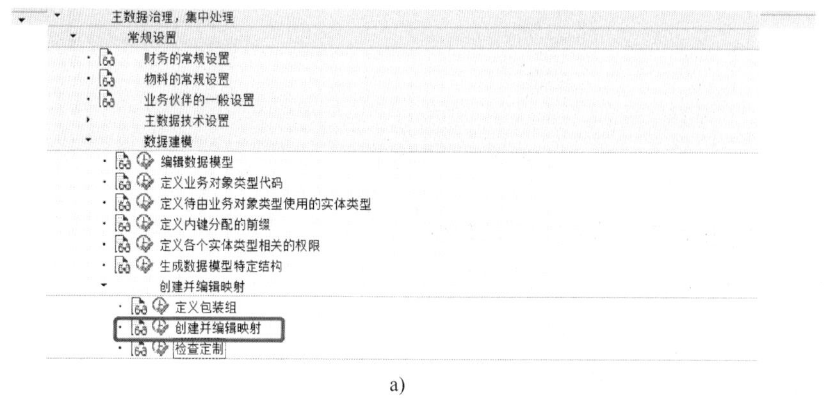

a)

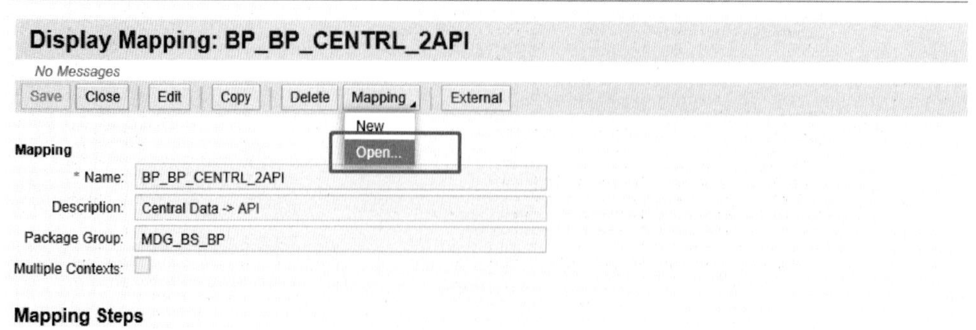

b)

图 8-177　编辑映射

② 根据模型生成结构时的映射关系配置映射，如图 8-178 所示。

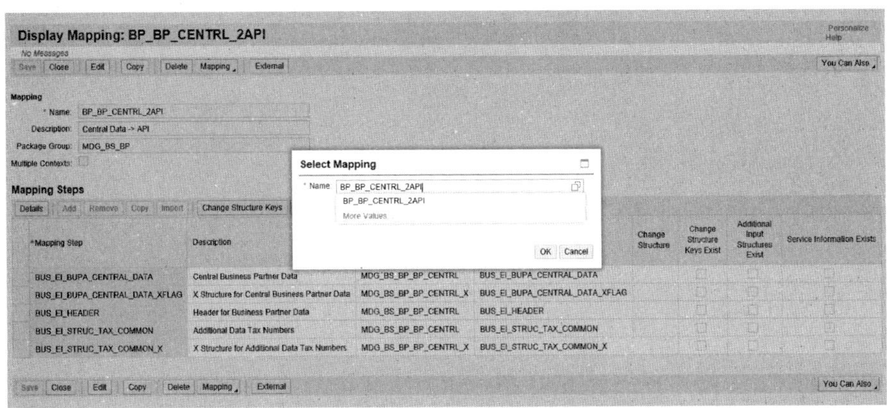

图 8-178　配置映射

③ 将客制化字段从缓存区映射到激活区，操作事务代码 MDGIMG，如图 8-179 所示。

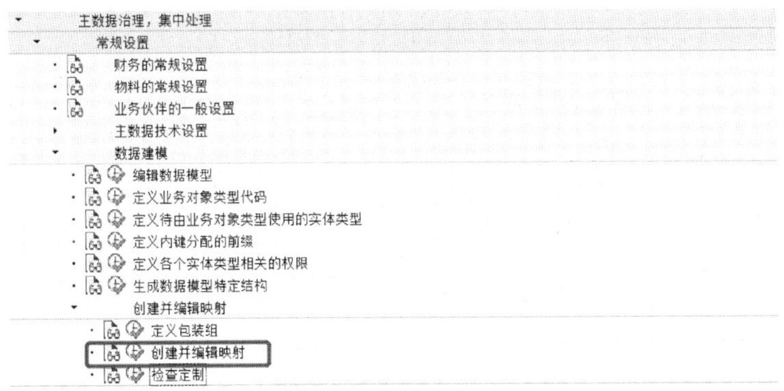

图 8-179　映射到激活区

④ 打开映射 BP_BP_CENTRL _2API，选择 BUS_EI_BUPA_CENTRAL_DATA，如图 8-180 所示。

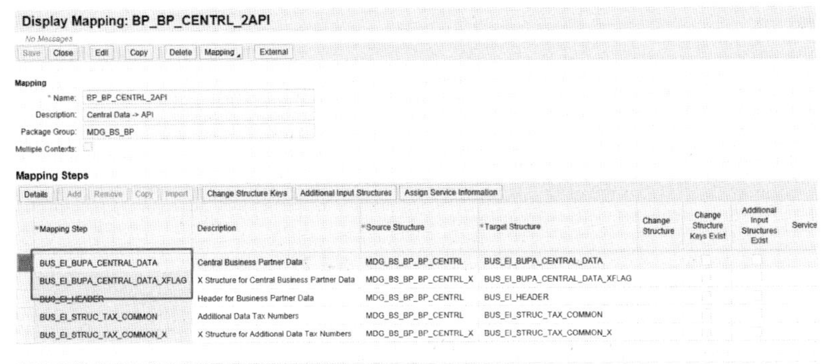

图 8-180　设置映射步骤

⑤ 分别对 BUS_EI_BUPA_CENTRAL_DATA 和 BUS_EI_BUPA_CENTRAL_DATA_XFLAG 进行操作（前者包含实际属性字段，后者包含标识字段），如图 8-181 所示。

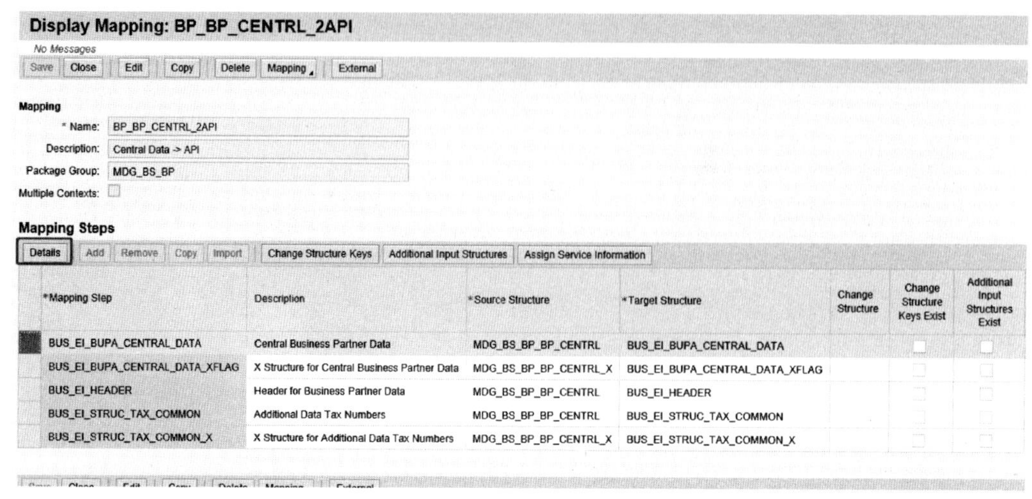

图 8-181　详细步骤

⑥ 添加属性信息，如图 8-182 所示。

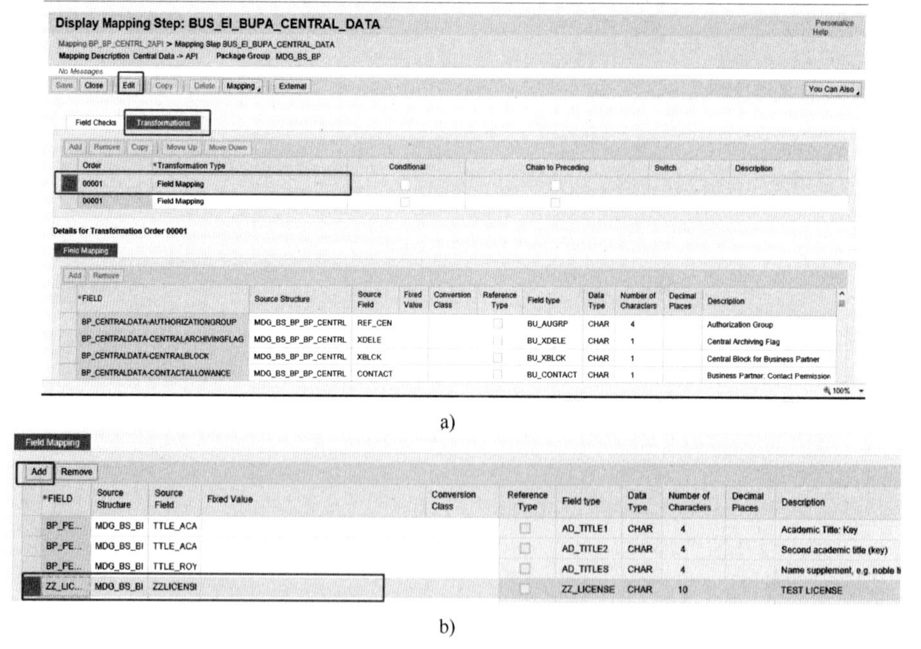

a)

b)

图 8-182　添加属性信息

⑦ 操作标志字段，如图 8-183 和图 8-184 所示。

8）进行其他 UI 配置，步骤如下。

① 首先运行事务 SE80（或 MDGIMG 中的用户界面管理），然后打开 Web Dynpro 组件

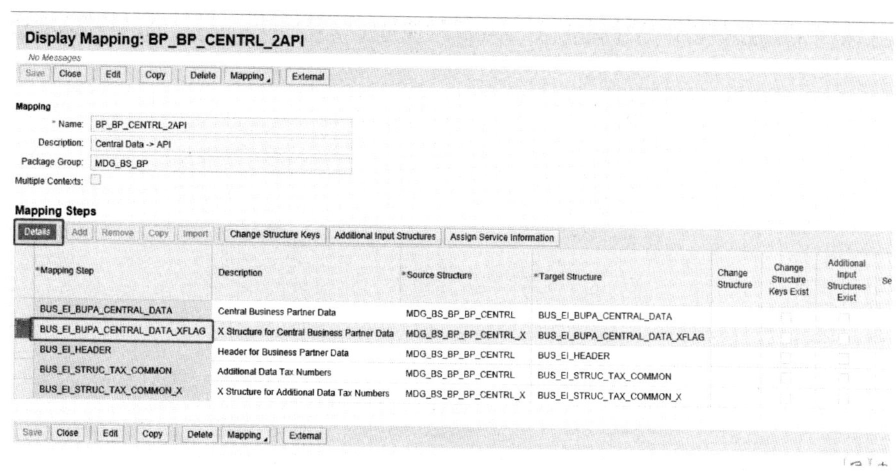

图 8-183　标志字段设置 1

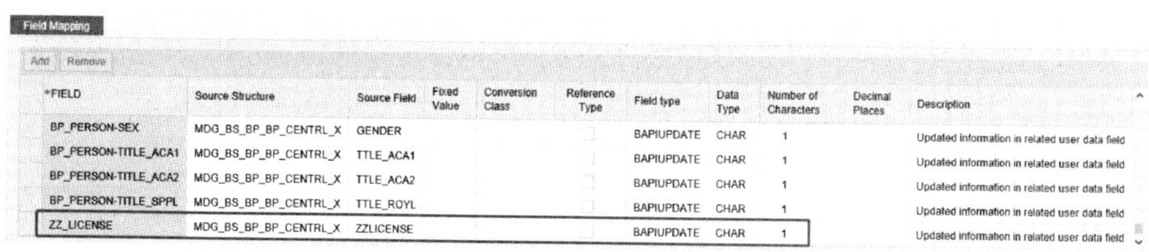

图 8-184　标志字段设置 2

WDR_CFGE_EDITOR，最后打开客制化组件（Customize_component）Web Dynpro 应用，如图 8-185 所示。

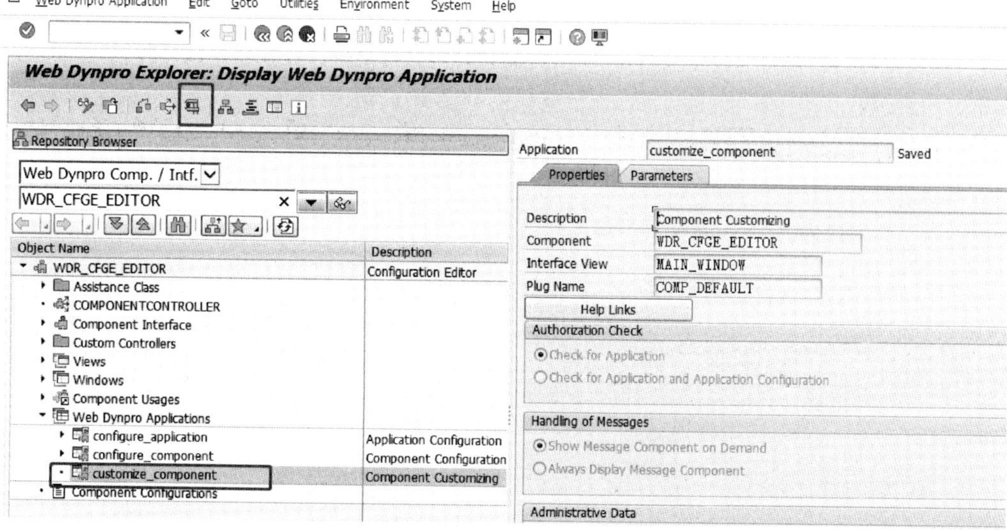

图 8-185　打开组件

② 编辑页面，如图 8-186 所示。

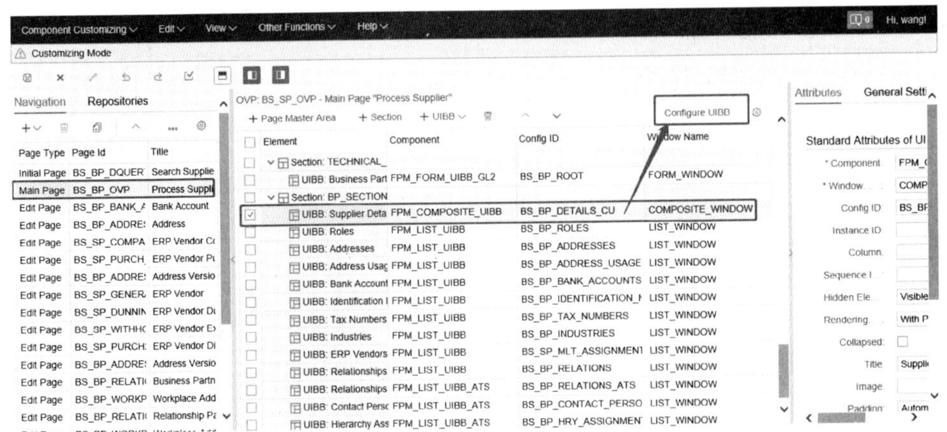

图 8-186　编辑页面

③ 单击 "Configure UIBB" 按钮，即对 UIBB 进行配置，如图 8-187 和图 8-188 所示。

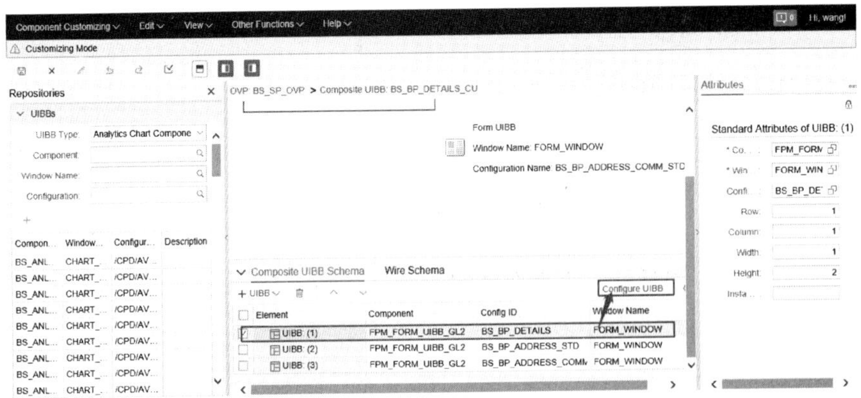

图 8-187　"Configure UIBB" 按钮

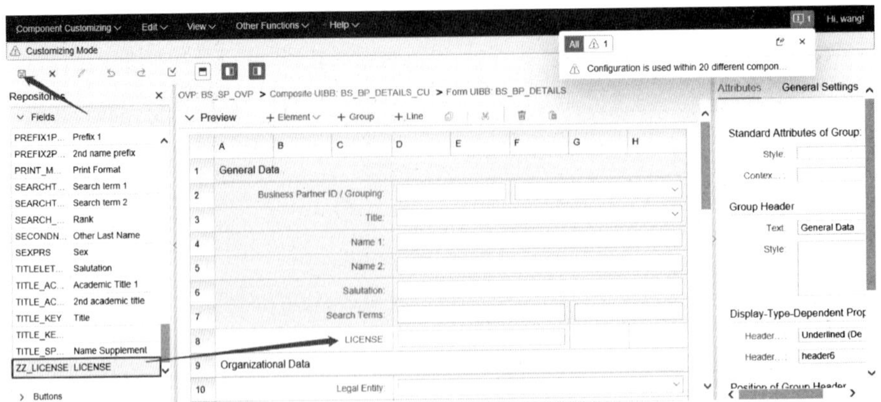

图 8-188　配置 UIBB

④ 保存后可以在 NWBC 上测试，另外上述界面为 BP 的供应商界面，如果在 ERP VENDOR 界面，那么需要配置的就不是 BS_SP_OVP，如图 8-189 所示。

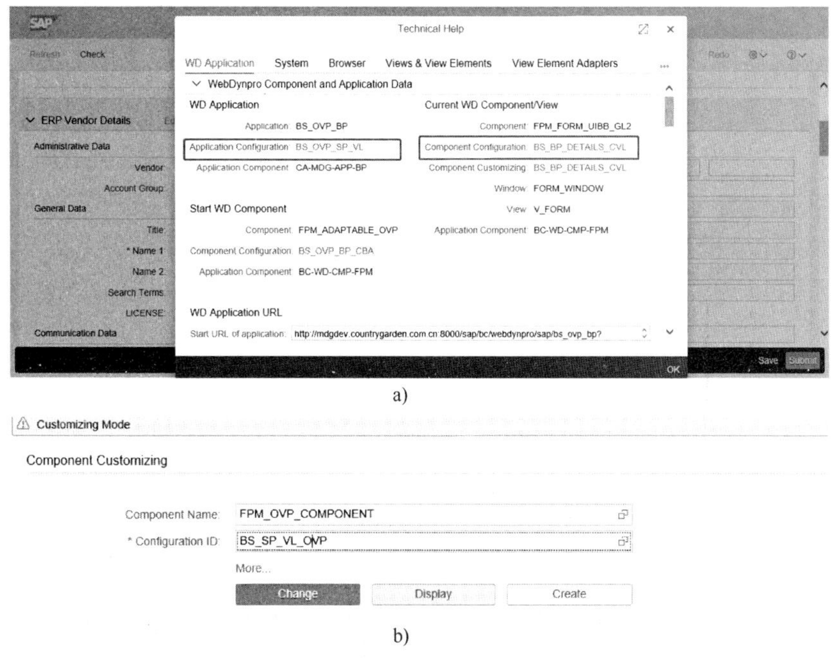

图 8-189 ERP VENDOR 页面配置

注：这里填入 BS_SP_VL_OVP 的原因，如图 8-190 所示。

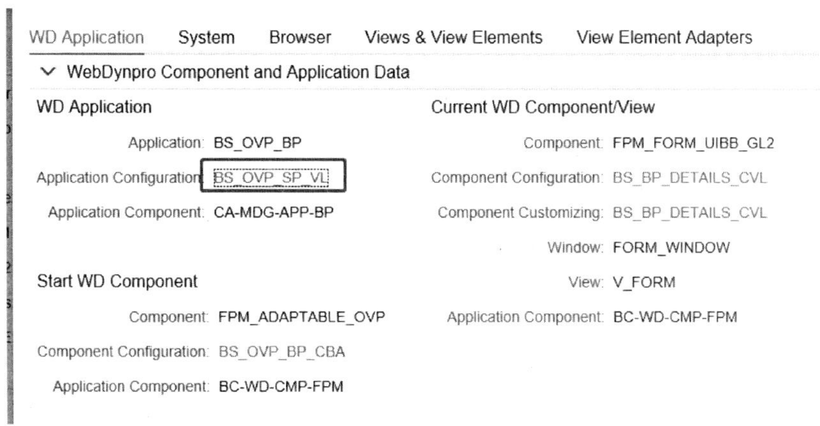

图 8-190 页面配置信息

对这部分进行 UIBB 配置后，如果界面无法展示且有错误，那么可以运行程序 USMD_ADJUST_STAGING 来解决。

⑤ 最后实现 BADI：CVI_CUSTOM_MAPPER 测试，如图 8-191 所示。

添加代码映射，选择增强实现 ZZ_EXTENSIBILITY_TEST1 和类 ZZ_EXTENSIBILITY_

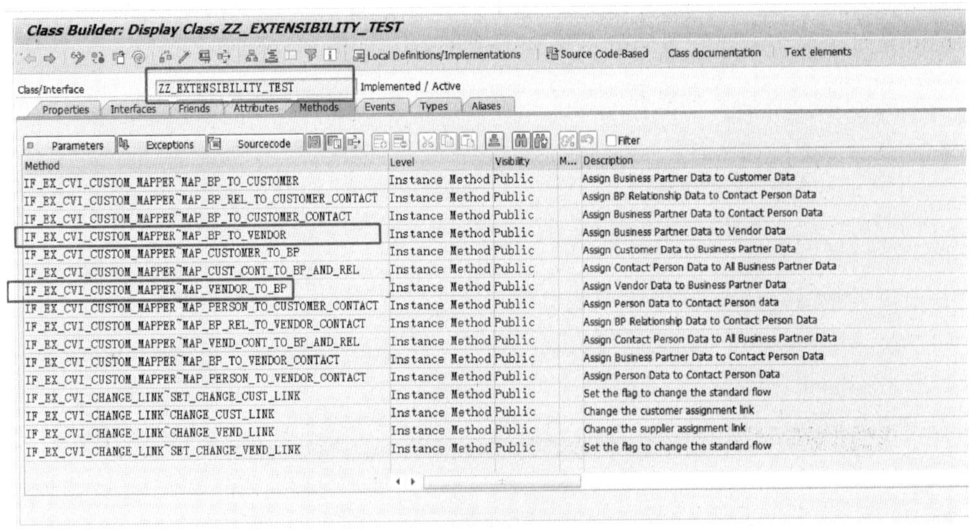

图 8-191 最终技术增强实现测试

TEST1。

示例如下。

- BP to Vendor：

c_vendor-central_data-central-data-zz_license = i_partner-central_data-common-data-zz_license.

c_vendor-central_data-central-datax-zz_license = i_partner-central_data-common-datax-zz_license.

- Vendor to BP：

c_partner-central_data-common-data-zz_license = i_vendor-central_data-central-data-zz_license.

c_partner-central_data-common-datax-zz_license = i_vendor-central_data-central-datax-zz_license.

完成后将值存往主数据的相关标准表中。

8. 数据清洗与 SAP Data Service

(1) 数据清洗

数据清洗是企业中为数据质量工程打下基础的一项工作，当企业中将相关数据标准贯彻到各数据源头相关的业务部门或信息化系统时，需要按需、按新标准组织相关业务专家进行数据清洗工作。其旨在分步将企业中各项重要的数据进行质量筛查、重新组合，以为数据管理平台提供可靠的期初数据，而 SAP Data Service 就可配合 SAP MDG 完成此部分工作。

(2) SAP Data Service 简介

SAP Data Service 是一款 SAP 为数据集成、数据质量、数据剖析和文本分析提供数据整合、数据质量管理和数据清理功能的产品，也常被用作 SAP 可视化项目生态链中的 ETL 工具。当然，用户还能通过它从企业的所有结构化和非结构化数据中挖掘价值，将数据转化为随时可用的可靠资源，从中获取业务洞察力，并利用洞察结果简化流程、提高效率。

（3）SAP Data Service 的主要功能

它通过统一的元数据资源库、数据连接层、运行环境和管理控制台管理数据。

- 文本数据处理：集成外部数据源的非结构化数据，挖掘非结构化文本数据的含义，提供更丰富的业务洞察力。
- 即时的可追溯性：帮助用户了解上游数据沿袭和下游数据影响。
- 数据仓库工具：直接在数据提取、转换和加载流程中嵌入数据质量管理相关步骤。
- 通用数据访问：利用内置的本地连接器访问和整合所有企业数据源系统和目标系统（SAP 系统和非 SAP 系统）。
- 轻松规范、纠正和匹配数据：能够减少重复，发现数据间的关系。
- 数据质量仪表盘：显示数据质量问题对所有下游系统或应用的影响。
- 简化的数据治理：利用集中的业务规则库和对象重用功能，转化所有类型的数据。
- 性能和可扩展性：支持并行处理、网格计算和批量数据加载，满足大规模数据处理需求。

（4）SAP Data Service 对于数据清洗的意义

目前企业运营相关的数据面临日益庞大、复杂且质量不一的问题，通常情况下这些信息要么分散在不同业务系统中，要么保存在电子邮件或线下电子表格里，甚至存储在数据集市、数据仓库、数据库和企业应用中，定位、分类、清洗和编目这些数据已成为一个难题，SAP Data Services 可以直接访问异构数据源和应用，清洗相关数据并提升数据质量。

首先前文已经介绍，SAP Data Services 是一款主要用于数据集成和数据质量的产品。SAP Data Services 还可与 SAP 提供的众多补充数据管理产品共同使用，其中包括 SAP HANA 设备软件、SAP BW 组件、SAP Rapid Marts 软件包 和 SAP Test Data Migration Server 软件。SAP Data Services 与 SAP BusinessObjects Business Intelligence（BI）解决方案和 SAP Business Suite 软件深度集成后，现有的 SAP 客户能够显著提升 IT 效率。另外，借助 SAP Data Services，用户可以在本地访问 SAP Business Suite 中的内容提取程序，让使用 SAP NetWeaver BW 的客户借助单一的 ETL 工具便可定义任意数据源数据在加载至数据仓库过程中的所有提取、验证和清洗规则。其他客户无需通过数据仓库即可获取 SAP Business Suite 的本地访问权限，所以可将 SAP Data Services 与 SAP BusinessObjects BI 解决方案、SAP Data Services 与 SAP Solution Manager 应用管理解决方案集成，帮助用户监控作业的 CPU 使用率和内存占用情况，并检查批处理作业所用的时间。SAP Data Services 支持对包括自由格式、结构化和非结构化数据等几乎所有数据的集成、处理和清理。用户可以对非结构化文档和不完全结构化数据进行深度语言提取。SAP Data Services 是数据资产分析、元数据管理、商务术语库、验证规则和数据剖析的中央资源库，它实现了数据管理团队所有成员的相互协作，无需通过电子表格或在应用之间导入数据就可实现报表共享。高管、经理和 IT 专家可以查看和共享治理和数据质量指标的相关信息，同时跟踪质量目标的实现进度，员工可以通过简洁的分析工具了解较差数据的负面影响，并得到良好的用户体验。

8.6 SAP MDG 关键实施指南

8.6.1 产品硬件环境需求示例

针对 SAP MDG 产品的硬件环境需求，本书整理了以下几个部分的内容。

- 针对 S/4 HANA MDG 的版本——S/4 HANA：SAP S/4 HANA ON-PREMISE 1709，包含 SAP MDG 9.1 的功能。
- 针对 S/4 HANA 1709 版本——HANA 部分：如果利用现有 SAP ERP 的 HANA 硬件环境，建议通过在现有 ERP HANA 系统中创建租户数据库，或在现有 HANA 硬件中创建另一独立 HANA 系统的方式来实现。硬件架构可沿用现有架构，HANA 硬件数量可不增加，但需根据现有 ERP 的 HANA 使用情况以及 MDG 未来所需内存的预估结果进行适当的硬件 CPU、内存和磁盘扩展。一般企业在 MDG 需求上对硬件的扩展量很小，故若 ERP 的使用量和未来增长预期不大，可以考虑直接利用现有 HANA 硬件，短期内不必额外增加。但若企业考虑独立采购 HANA 硬件，且计划对生产系统进行高可用保护，则建议至少采购 3 台 HANA 一体机，2 台作为 HANA 生产的集群，1 台作为开发测试 HANA 使用。
- 针对 S/4 HANA 1709 版本——应用层部分：MDG 应用层建议部署在独立主机上，在虚拟机上实现开发、测试、生产。应用实例应各自部署在独立的虚拟主机上，生产机如考虑高可用保护，则至少需要配置双虚拟主机。如果企业计划重新购买，则建议购买两台 512GB 服务器（服务器 1：MDG 开发和 MDG 生产主机；服务器 2：MDG 测试和 MDG 生产备机）。

SAP MDG 的部署方式上，SAP MDG 作为 SAP 商务套件的自然延伸，可以直接以插件形式部署在其 ERP 组件上，既不需要独立的服务器进行安装，也不需要建立新的应用实例。当然，企业也可以将 SAP MDG 作为独立的主数据管理系统实例进行部署，所以 SAP MDG 的部署方式可分为独立部署与集中部署两种。

（1）独立部署（见图 8-192）

在这种方式中，SAP MDG 作为独立的主数据治理系统进行部署，分发主数据到所有需要正式数据的业务系统中（包含 SAP 或非 SAP 系统）。

（2）集中部署（或集成部署）（见图 8-193）

在此种方式中，SAP MDG 部署到 SAP ERP 实例中（一般会在 SAP ERP 项目实施时启用 SAP MDG 组件），分发主数据到其他需要正式数据的业务系统中。

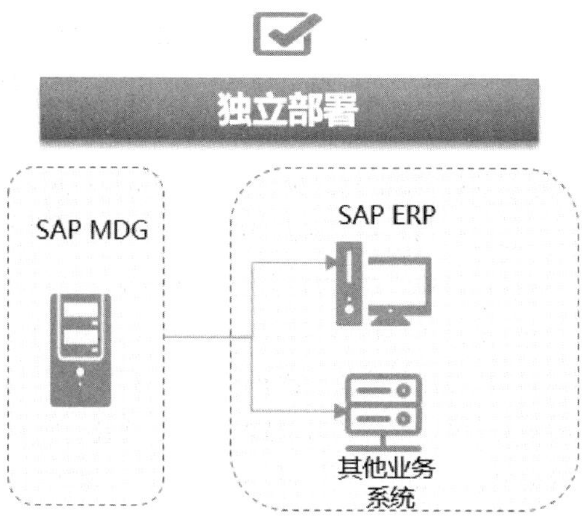

图 8-192 独立部署示例

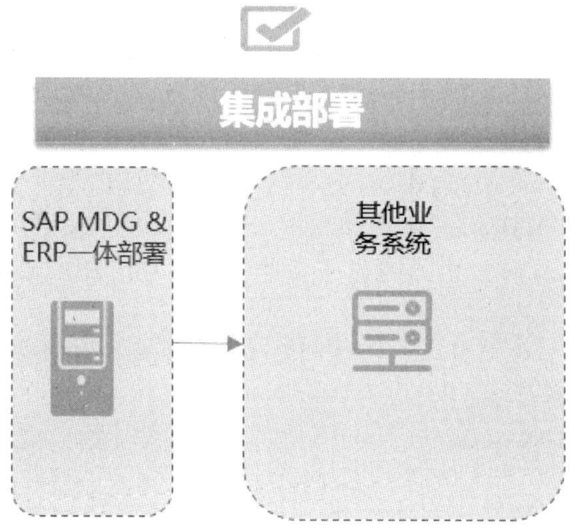

图 8-193 集成部署示例

8.6.2 SAP MDG 系统初始化配置指南

1. 激活业务功能

当需要启用 SAP 标准数据模型与功能时，需要激活相关的业务功能（Business Function）具体如下。

- Master Data Governance, Generic Functions（MDG_FOUNDATION）。
- Master Data Governance, Generic Functions 2（MDG_FOUNDATION_2）。

- Master Data Governance, Generic Functions 3 (MDG_FOUNDATION_3)。
- Master Data Governance, Generic Functions 7.0 (MDG_FOUNDATION_4)。
- Master Data Governance, Generic Functions 7.0 Feature Pack (MDG_FOUNDATION_5)。
- Master Data Governance, Generic Functions 8.0 (MDG_FOUNDATION_6)。
- Master Data Governance, Generic Functions 9.0 (MDG_FOUNDATION_7)。
- Master Data Governance, Generic Functions 9.1 (MDG_FOUNDATION_8)。
- Master Data Governance for Material (MDG_MATERIAL)。
- Master Data Governance for Material 2 (MDG_MATERIAL_2)。
- Master Data Governance for Material 3 (MDG_MATERIAL_3)。
- Master Data Governance for Material 7.0 (MDG_MATERIAL_4)。
- Master Data Governance for Material 7.0 Feature Pack (MDG_MATERIAL_5)。
- Master Data Governance for Material 8.0 (MDG_MATERIAL_6)。
- Master Data Governance for Material 9.1 (MDG_MATERIAL_7)。
- Master Data Governance for Material (MDG_MATERIAL)。
- Master Data Governance for Material 2 (MDG_MATERIAL_2)。
- Master Data Governance for Material 3 (MDG_MATERIAL_3)。
- Master Data Governance for Material 7.0 (MDG_MATERIAL_4)。
- Master Data Governance for Material 7.0 Feature Pack (MDG_MATERIAL_5)。
- Master Data Governance for Material 8.0 (MDG_MATERIAL_6)。
- Master Data Governance for Material 9.1 (MDG_MATERIAL_7)。

业务伙伴、客商以及财务相关的业务功能（MDG-BP/MDG-C/MDG-S）就不一一列举了。

激活业务功能的事务代码为 SFW5，如图 8-194 所示。

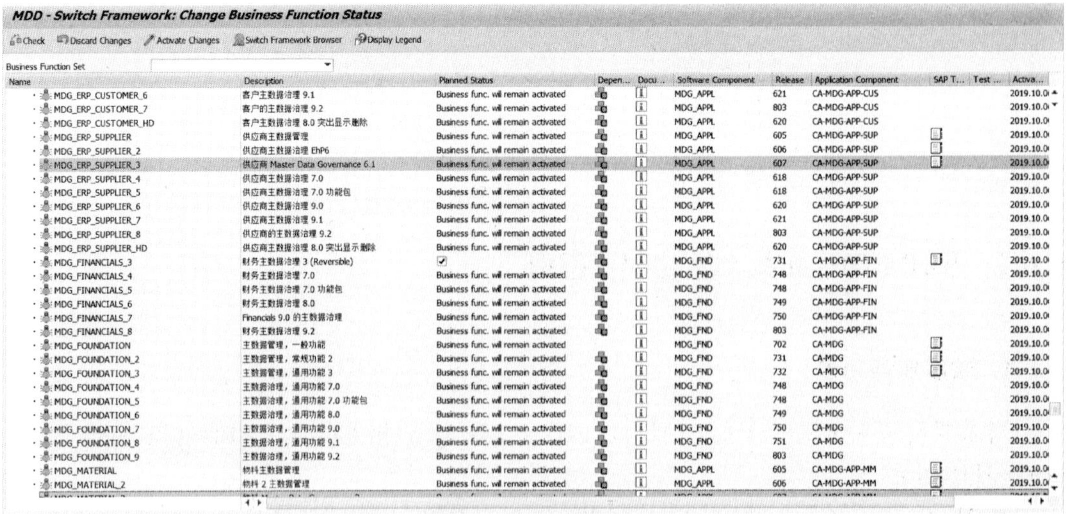

图 8-194　激活业务功能

2. 调整配置参数

这里的参数调整与配置主要针对“自动工作流定制”的相关内容，其决定了未来更改请求被发起时，系统流程是否能正常按配置进行，包括运行时环境的 RFC 目标、工作流代理系统的管理员与用户权限、决策任务更改为常规任务等工作。

调整配置参数的事务代码为 SWU3，进入的主页面如图 8-195 所示。

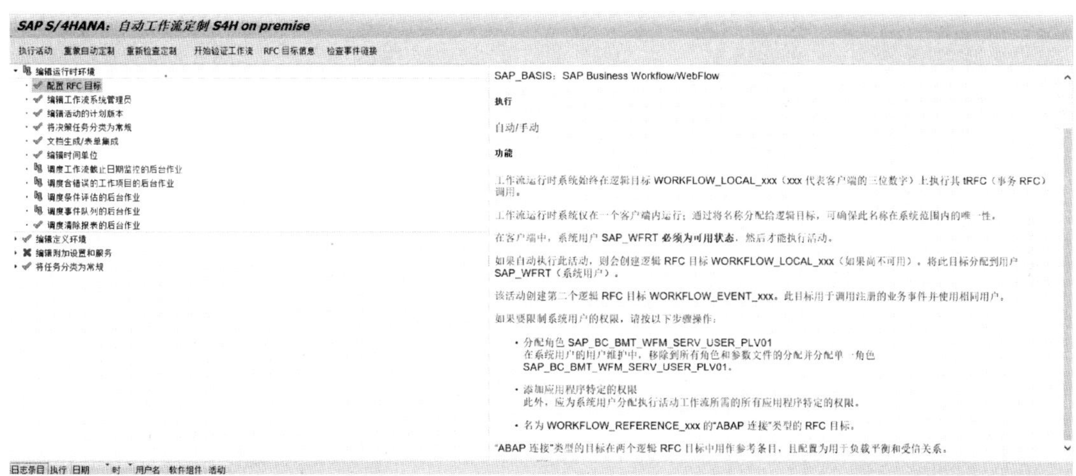

图 8-195　调整配置参数并执行活动

3. 激活 Web 服务

SAP 中，很多功能与页面的启用与否均与相关的服务是否启用有关。在 SAP MDG 中，有基础服务，也有各标准模块的不同支持服务，详细可见《Master Data Governance for Financials》《Master Data Governance for Material》《SAP_MDG_Configuration_Supplier》等官方基础文档中的 Services to be Activated for MDG Web Dynpro Applications 章节服务示例，如图 8-196 所示。

4. 定义工作流初始参数

此项工作旨在配置工作流任务，因为工作流发起的前提是对工作流程进行必要的常规设置，如对象类型 BUS2250 中，对于事件 CREATED、ACTIVATED 和 ROLLED_BACK，“活动类型链接”标识是否处于激活状态。另外，需要检查“启用事件队列”指示器是否对 ACTIVATED 和 ROLLED_BACK 事件处于激活状态，但对于事件 CREATED 处于非活动状态。

1）激活事件类型链接，路径：常规设置- > 流程建模- > 工作流- > 激活事件类型链接。如图 8-197 所示。

Service	Name	MDG-C / MDG-S / MDG-BP	MDG-M	MDG-F	MDG-CO
APB_LAUNCHPAD	Launchpad	X	X	X	X
BS_OVP_BP	Web Dynpro Component for BP OVP	X			
BS_OVP_BP_MRP	Business Partner Multi Objects Processing Application	X			
BS_OVP_CC	Cleansing Case Application	X			
CONFIGURE_APPLICATION	Configure Component	X	X	X	X
CONFIGURE_COMPONENT	Component Configurator for the Administrator Layer	X	X	X	X
CUSTOMIZE_COMPONENT	Adhoc Replication Model	X	X	X	X
DRF_ADHOC_REPLICATION	Filter Criteria	X	X	X	X
DRF_FILTER_POWL_AC	Application Config-uration for Filter POWL	X	X	X	X
DRF_FILTER_POWL_QAF_AC	Filter Maintenance POWL	X	X	X	X
DRF_FPM_OIF_MONITORING	Monitoring Web Dynpro Application	X	X	X	X
DRF_FPM_SEG_FLTR_POPUP_AC	Application config-uration for the popup	X	X	X	X
DRF_MANUAL_REPLICATION	Manual Replication	X	X	X	X
FPM_CFG_HIERARCHY_BROWSER	FPM Application Hierarchy Browser	X	X	X	X
IBO_WDA_INBOX	Lean Workflow Inbox Application	X	X	X	X
MDG_ANLY_CR_REJ_REASON	Change Request Rejection reason				X
MDG_BS_CONVERTOR	Master Data File Convertor	X			
MDG_BS_DATALOAD_MONITOR	Reprocessing	X	X	X	X
MDG_BS_DL_DISPLAY_LOG	Web Dynpro Application MDG_BS_DL_DISPLAY_LOG	X	X	X	X
MDG_BS_DL_MONITOR_CONF	Data Load Monitor	X	X	X	X
MDG_BS_FILE_IMPORT	Application for File Import	X	X	X	X
MDG_BS_GEN_MC_OVP	Generic Mass Change Application				X
MDG_BS_MAT	MDG-M: UI (entry point)		X		
MDG_BS_MAT_MC	MDG-M: Mass Change UI		X		
MDG_BS_MAT_OVP	MDG-M: UI with CBA		X		
MDG_BS_MAT_SEARCH	MDG-M: UI, Search		X		
MDG_BS_WD_ANALYSE_IDM	Analyse ID Web Dynpro	X	X	X	X
MDG_BS_WD_ID_MATCH_SERVICE	Web Dynpro Application MDG_BS_WD_ID_MATCH_SERVICE	X	X	X	X
MDG_BS_WD_RSI_DISPLAY	Display Replication Status Display				
MDG_CREQUEST_GRAPH_ANALYSI	Application for Flash		X		
MDG_CR_PROCESTIME_TREE	Processing Time				X

a)

Service	Name	MDG-C / MDG-S / MDG-BP	MDG-M	MDG-F	MDG-CO
MDG_DATALOAD_EXPORT_WDA	Export Master Data and Mapping Information	X			
MDG_DISPLAY_COLORS	Cell Colors used for Highlighting Changes	X	X	X	X
MDG_DQR_OVP	OVP for MDG Data Quality Remediation	X	X	X	X
MDG_EXTR_FPM_CMP	E tractor	X			
MDG_FILE_UPLOAD_CMP	File Uploader	X			
MDG_MONITOR_CR_PROCESTIME	Application Config-uration for Monitoring CR Processing Time	X	X		X
MDG_TRANSFORMER_FPM_CMP	Transformer component for FPM	X			
MDGF_OVP_GEN	MDG-F Application			X	
OIF_CFG_CENTER	BCV Configuration Center (FPM)				X
POWL	Personal Object Work List			X	
USMD_APPLICATION_LOG	Web Dynpro Application USMD_APPLICATION_LOG	X	X	X	
USMD_BRFPLUS_CATALOG_BROW	BRFplus Catalog Browser	X	X	X	X
USMD_CHANGE_DOCUMENT	Change Documents	X	X	X	X
USMD_CREQUEST_CREATE	Create Change Request	X	X	X	X
USMD_CREQUEST_PROCESS	USMD_CREQUEST_PROCESS	X	X	X	X
USMD_CREQUEST_PROTOCOL2	Workflow Information	X	X	X	X
USMD_DISTRIBUTE	Web Dynpro Application USMD_DISTRIBUTE / Component FPM_OIF_COMPONENT			X	X
USMD_EDITION	Edition			X	
USMD_EDITION_COMPARE	Edition Comparison			X	
USMD_EDITION_CREQUEST	Display of Change Requests of an Edition	X	X	X	X
USMD_EDITION_HISTORY2	Edition History			X	
USMD_ENTITY	Collective Processing of an Entity	X	X	X	X
USMD_ENTITY_SEARCH	Search for Entities			X	X
USMD_ENTITY_VALUE2	Single Processing of an Entity			X	X
USMD_FILE_DOWNLOAD	File Download	X	X	X	X
USMD_FILE_UPLOAD	File Upload	X	X	X	X
USMD_ISR_PROCESS	ISR Processing of a Change Request			X	X
USMD_MASS_CHANGE	Mass Change	X	X	X	X
USMD_OVP_GEN	MDG: Application for Custom Objects	X	X	X	X
USMD_REMOTE_WHERE_USED	Remote Where-Used List			X	

b)

图 8-196　所需激活的服务示例

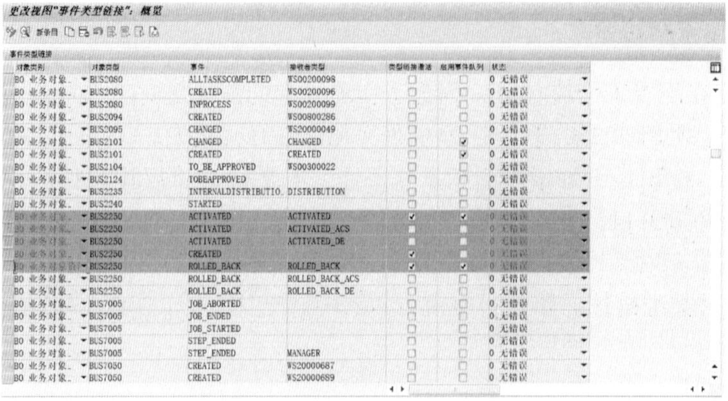

更改视图"事件类型链接"：概览

新条目

事件类型链接

对象类别	对象类型	事件	接收者类型	类型链接激活	启用事件队列	状态
BO 业务对象…	BUS2080	ALLTASKSCOMPLETED	WS00200098			0 无错误
BO 业务对象…	BUS2080	CREATED	WS00200096			0 无错误
BO 业务对象…	BUS2080	INPROCESS	WS00200099			0 无错误
BO 业务对象…	BUS2094	CREATED	WS00800286			0 无错误
BO 业务对象…	BUS2095	CHANGED	WS20000049			0 无错误
BO 业务对象…	BUS2101	CHANGED	CHANGED		✓	0 无错误
BO 业务对象…	BUS2101	CREATED	CREATED		✓	0 无错误
BO 业务对象…	BUS2104	TO_BE_APPROVED	WS00300022			0 无错误
BO 业务对象…	BUS2124	TOBEAPPROVED				0 无错误
BO 业务对象…	BUS2235	INTERNALDISTRIBUTIO…	DISTRIBUTION			0 无错误
BO 业务对象…	BUS2240	STARTED				0 无错误
BO 业务对象…	BUS2250	ACTIVATED	ACTIVATED	✓	✓	0 无错误
BO 业务对象…	BUS2250	ACTIVATED	ACTIVATED_ACS			0 无错误
BO 业务对象…	BUS2250	ACTIVATED	ACTIVATED_DE			0 无错误
BO 业务对象…	BUS2250	CREATED		✓		0 无错误
BO 业务对象…	BUS2250	ROLLED_BACK	ROLLED_BACK	✓	✓	0 无错误
BO 业务对象…	BUS2250	ROLLED_BACK	ROLLED_BACK_ACS			0 无错误
BO 业务对象…	BUS2250	ROLLED_BACK	ROLLED_BACK_DE			0 无错误
BO 业务对象…	BUS7005	JOB_ABORTED				0 无错误
BO 业务对象…	BUS7005	JOB_ENDED				0 无错误
BO 业务对象…	BUS7005	JOB_STARTED				0 无错误
BO 业务对象…	BUS7005	STEP_ENDED				0 无错误
BO 业务对象…	BUS7005	STEP_ENDED	MANAGER			0 无错误
BO 业务对象…	BUS7050	CREATED	WS20000687			0 无错误
BO 业务对象…	BUS7050	CREATED	WS20000689			0 无错误

图 8-197　激活事件类型链接

2）进行详细设置，如图 8-198 所示。

更改视图"事件类型链接"：详细信息

新条目

对象类别	BO 业务对象资源库对象类型
对象类型	BUS2250
事件	ACTIVATED
接收方类型	ACTIVATED

链接设置（事件接收者）

接收者调用	函数模块
接收者函数模块	MDG_BS_CC_CREQUEST_FINALIZED
检查函数模块	
接收者类型函数模块	
接收者的目标	
事件交付	使用 tRFC（缺省）

☑链接已激活

☑启用事件队列

错误反馈时的行为	0 系统缺省值
接收方状态	0 无错误

图 8-198　详细设置

3）配置工作流任务，事务代码：MDGIMG。详细路径：常规设置- > 流程建模- > 工作流- > 配置工作流任务，如图 8-199 所示。

图 8-199　配置工作流任务

4）设置一般任务，如图 8-200 所示。

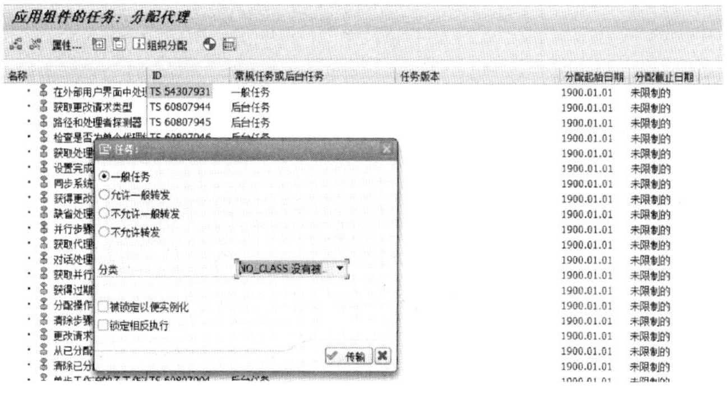

图 8-200　设置一般任务

5）对其他子项进行同样的设置，如图 8-201 所示。

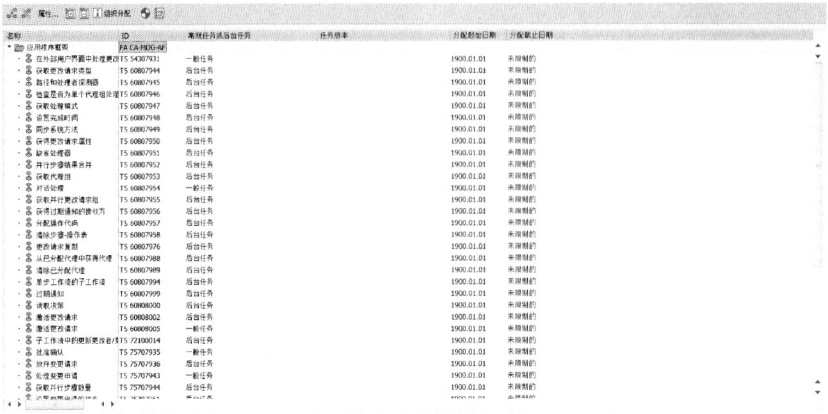

属性... 组织分配

名称	ID	常规任务或后台任务	任务版本	分配起始日期	分配截止日期
应用程序框架	FA CA-MDG-AF				
在外部用户界面中处理更改	TS 54307931	一般任务		1900.01.01	未限制的
获取更改请求类型	TS 60807944	后台任务		1900.01.01	未限制的
路径和处理者探测器	TS 60807945	后台任务		1900.01.01	未限制的
检查是否为单个代理组处理	TS 60807946	后台任务		1900.01.01	未限制的
获取处理模式	TS 60807947	后台任务		1900.01.01	未限制的
设置完成时间	TS 60807948	后台任务		1900.01.01	未限制的
同步系统方法	TS 60807949	后台任务		1900.01.01	未限制的
获得更改请求属性	TS 60807950	后台任务		1900.01.01	未限制的
缺省处理器	TS 60807951	后台任务		1900.01.01	未限制的
并行步骤结果合并	TS 60807952	后台任务		1900.01.01	未限制的
获取代理组	TS 60807953	后台任务		1900.01.01	未限制的
对话处理	TS 60807954	一般任务		1900.01.01	未限制的
获取并行更改请求组	TS 60807955	后台任务		1900.01.01	未限制的
获得过期通知的接收方	TS 60807956	后台任务		1900.01.01	未限制的
分配操作代码	TS 60807957	后台任务		1900.01.01	未限制的
清除步骤-操作表	TS 60807958	后台任务		1900.01.01	未限制的
更改请求复制	TS 60807976	后台任务		1900.01.01	未限制的
从已分配代理中获得代理	TS 60807988	后台任务		1900.01.01	未限制的
清除已分配代理	TS 60807989	后台任务		1900.01.01	未限制的
单步工作流的子工作流	TS 60807994	后台任务		1900.01.01	未限制的
过期通知	TS 60807999	后台任务		1900.01.01	未限制的
读取决策	TS 60808000	后台任务		1900.01.01	未限制的
激活更改请求	TS 60808002	后台任务		1900.01.01	未限制的
激活更改请求	TS 60808005	一般任务		1900.01.01	未限制的
子工作流中的更新更改者/	TS 72100014	后台任务		1900.01.01	未限制的
批准确认	TS 75707935	一般任务		1900.01.01	未限制的
放弃变更请求	TS 75707936	后台任务		1900.01.01	未限制的
处理变更申请	TS 75707943	一般任务		1900.01.01	未限制的
获取并行步骤数量	TS 75707944	后台任务		1900.01.01	未限制的

a）

应用组件编写	应用组件描述	代理分配	事件链接
CA-MDG	主数据管理		
CA-MDG-EE	主数据治理合并		
CA-MDG-DT	设计时间		
CA-MDG-DQ	数据质量	分配代理	激活事件链接
CA-MDG-COB	自定义对象		
CA-MDG-ANR	分析和报告		
CA-MDG-AF	应用程序框架	分配代理	激活事件链接
CA-MDG-ADQ	数据质量的分析和修复		
CA-MDG-HP	层次结构处理		
CA-MDG-RIF	复制接口框架		
CA-MDG-ML	批量加载		
EOP3000041	EOP3000041		
CA-MDG-APP	Applications	分配代理	激活事件链接
EOP3000011	EOP3000011		
CA-MDG-APP-ISS	内部自助服务	分配代理	激活事件链接
CA-MDG-APP-CLF	MDG 分类		
CA-MDG-APP-BPC	Business Partner (Central Parts)		
CA-MDG-APP-MM	MDG 物料	分配代理	激活事件链接
CA-MDG-APP-CUS	客户主数据管理（中心部分）	分配代理	激活事件链接
CA-MDG-APP-BP	MDG 业务合作伙伴（中央部分）	分配代理	激活事件链接
CA-MDG-APP-FIN	财务的主数据管理	分配代理	激活事件链接
CA-MDG-APP-SUP	MDG Supplier (Central Parts)	分配代理	激活事件链接

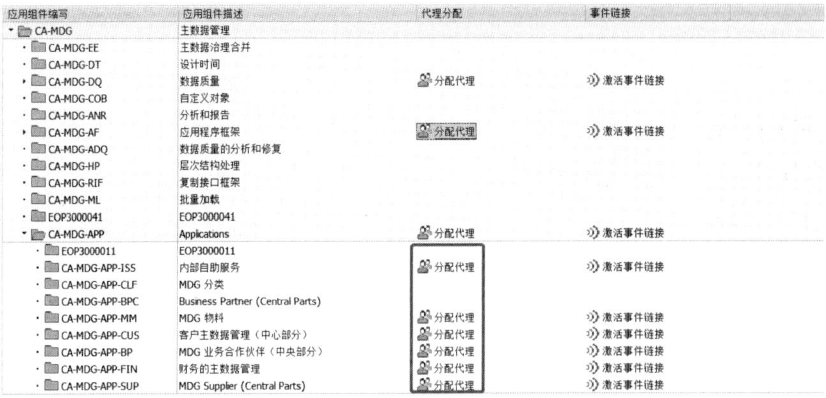

b）

图 8-201　工作流初始参数设置

SAP MDG 系统功能配置指南如下。

1. SAP MDG 模型配置示例

SAP MDG 标准包含了物料、客商、财务相关数据项的标准数据模型，针对这部分标准模型，只需要进行相关预导入与基本界面、流程与权限的配置即可使用，所以如下模型配置过程针对客制化模型。

（1）预导入操作（以业务伙伴为例）

事务代码：MDGIMG；详细路径：常规设置- > 业务伙伴的主数据治理- > 导入预定义的变更请求类型。打开的界面如图 8-202 所示。

（2）模型基本配置

通过配置工作台进行，事务代码：MDGDT。单击“新建”按钮后，界面如图 8-203 所示。

- 数据模型：数据模型代码，符合 SAP 标准命名规则（前缀 Z 或 Y）。
- 激活区域：在 8.4 节中已经介绍了 SAP MDG 的两种激活区域模式，客制化模型使用 SAP MDG 主数据管理提供的激活区域（即 Flex 模式）。

The change request types have an SAP business workflow or a rule-based workflow. For all change request types of a rule-based workflow, a link to BRFplus applications and the change request steps are defined. You can configure the rule-based workflow BRFplus rules in the Customizing activity **Configure Rule-Based Workflow**

Requirements

The data model BP must be activated

Standard settings

The following change request types are delivered with the BC Set:

- Create Business Partner (BP1P1)
- Process Business Partner (BP2P1)
- Block/Unblock Business Partner (BP5P1)
- Mark Business Partner for Deletion (BP6P1)
- Process Business Partner Cleansing Case (BPCC1)
- Process Business Partner Hierarchies (BPHP2)
- Business Partner Initial Load (BPLP2)
- Business Partner Mass Maintenance (BPMP2)
- Create Bus. Partner w. Hry. Assignment (BP1P2)
- Process Bus. Partner w. Hry. Assignment (BP2P2)

Activities

1. Select the BC Set *MDG Change Request Types (Business Partner) MDG 9.1* CA-MDG-APP-BP_VC_USMD110_C04.
2. Choose *Activate BC Set*

Notes

You can choose to use the delivered change request types for your master data governance process, or you can define your own change request types. To create your own change request types, run the Customizing activity Create Change Request Type.

You can create your own SAP business workflow using the *Workflow Builder*.

For more information on SAP Business workflows or rule-based workflows, see the SAP Library.

Further notes

The business function *MDG BP Foundation Switch MDG 9.0* (SAP Master Data Governance 9.0) includes the BC Set *MDG Change Request Types (Business Partner) MDG 9.0* CA-MDG-APP-BP_VC_USMD110_C03.

The business function *MDG BP Foundation Switch MDG 7.0 FP* (SAP Master Data Governance 7.0 Feature Pack) includes the BC Set *MDG Change Request Types (Business Partner) MDG 7.0 FP*

a)

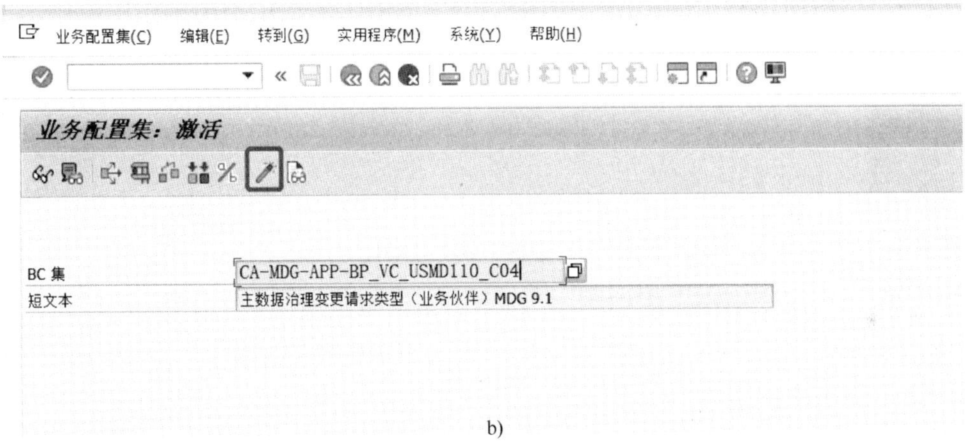

业务配置集(C)　编辑(E)　转到(G)　实用程序(M)　系统(Y)　帮助(H)

业务配置集：激活

BC 集　CA-MDG-APP-BP_VC_USMD110_C04

短文本　主数据治理变更请求类型（业务伙伴）MDG 9.1

b)

图 8-202　预导入设置

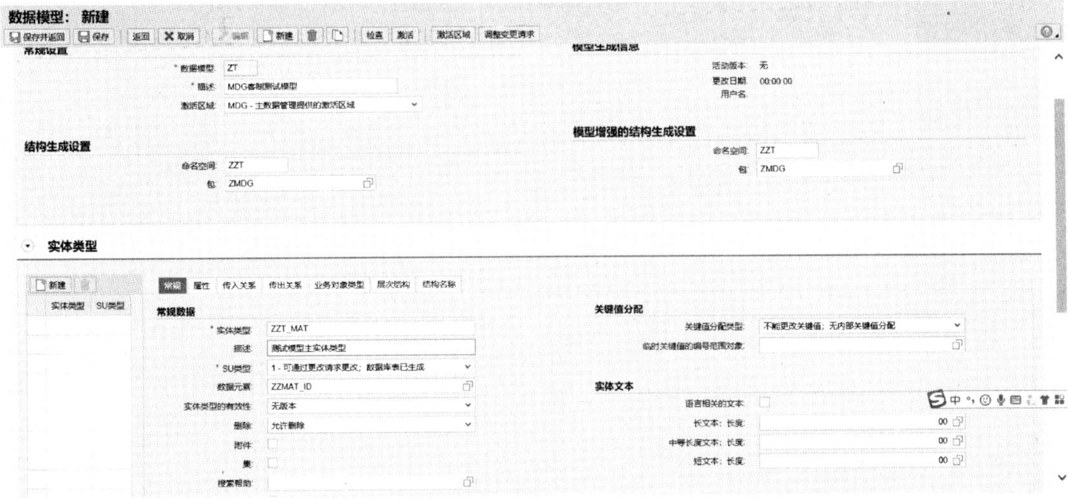

图 8-203　模型工作台设置

- 实体类型与存储/使用类型：ZZT_MAT 为主实体类型，存储/使用类型为“1-可通过更改请求更改，数据库表已生成”。

（3）模型实体与属性信息填写和激活（见图 8-204）

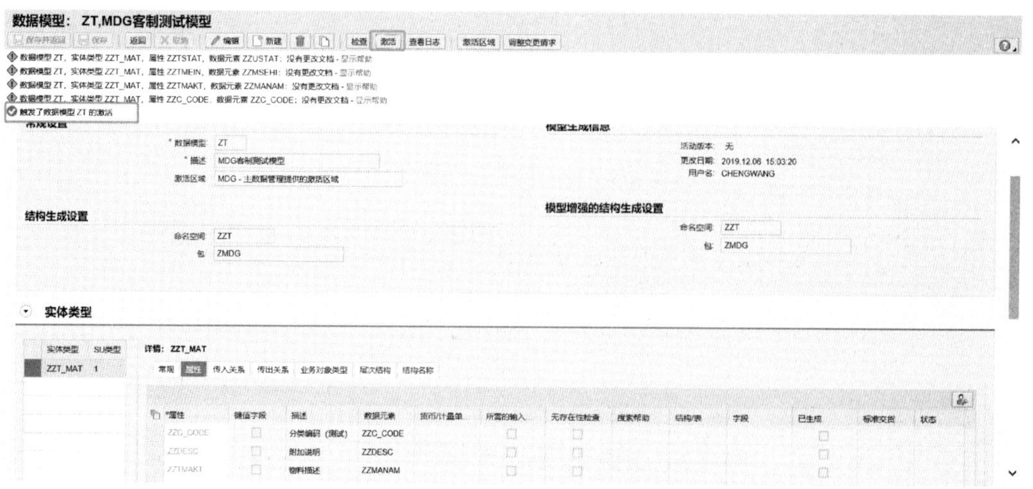

图 8-204　模型实体与属性信息填写和激活

（4）确认已生成

事务代码：MDG_DATA_MODEL，如图 8-205 所示。

图 8-205　确认模型已生成

(5) 生成结构

详细路径：常规设置- > 数据建模- > 生成数据模型特定结构，如图 8-206 所示。

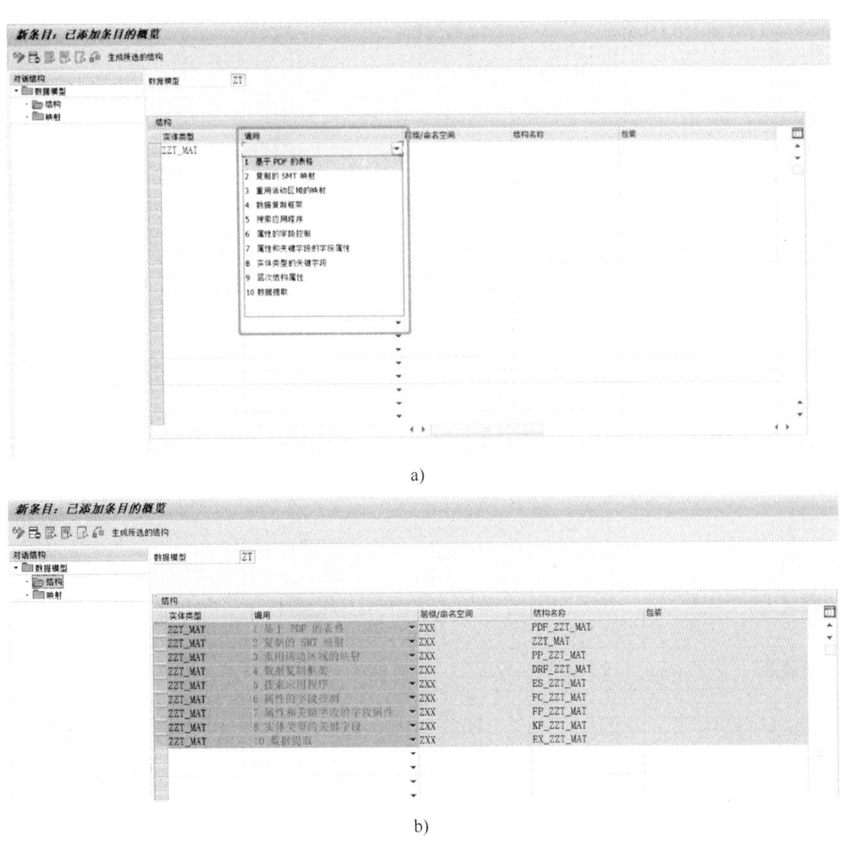

a)

b)

图 8-206　选择结构类型并逐个按需生成

(6) 生成并激活（见图 8-207）

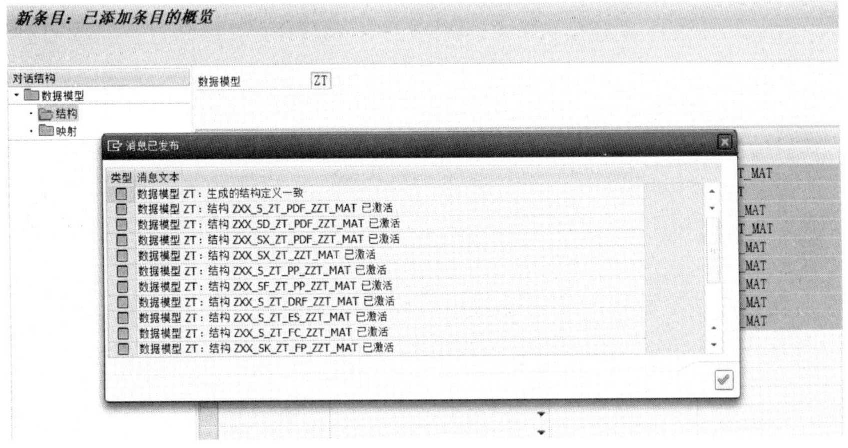

图 8-207　生成模型结构

（7）定义对象类型代码与绑定模型

绑定操作详细路径：主数据治理->数据建模->定义业务对象类型代码->创建业务对象类型。

然后编辑数据类型：主数据治理->数据建模->编辑数据模型，如图 8-208 所示。

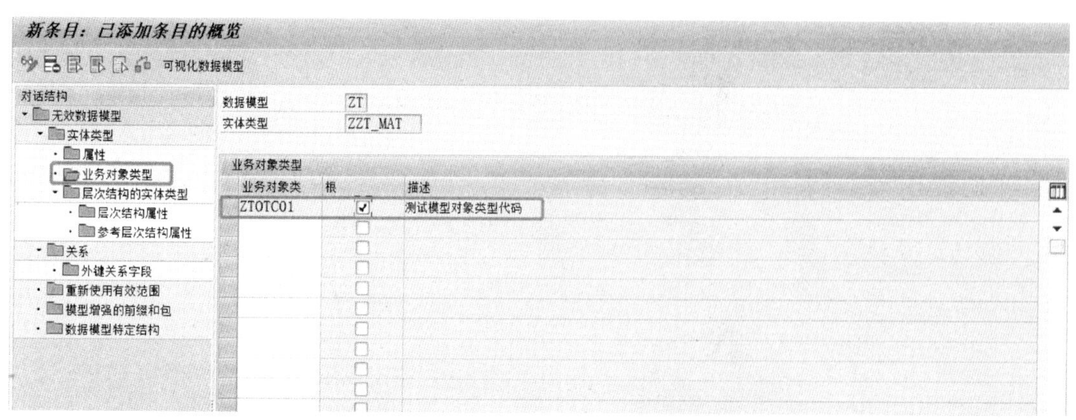

图 8-208　定义对象类型代码与绑定模型

保存后重新激活模型。至此，一个只包含主实体的简易模型已完成配置。

2. 流程配置

当模型基础搭建好后，需要对流程进行相关搭建，流程搭建是连接 UI 端与模型的桥梁以及工作流程的载体。操作路径：常规设置->流程建模->创建业务活动->创建业务活动与更改请求，如图 8-209 所示。

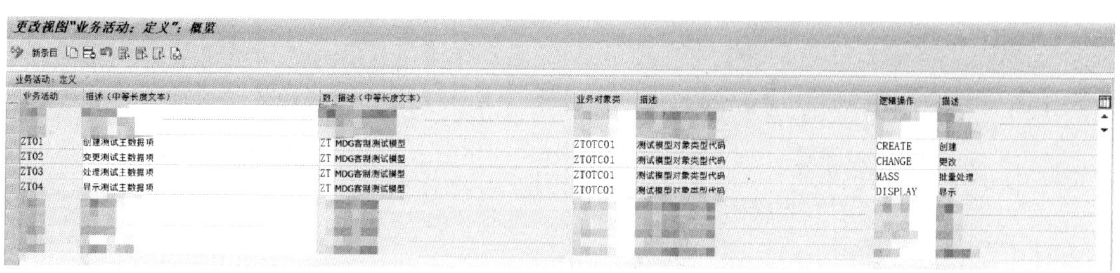

图 8-209　业务活动与更改请求配置

再通过流程建模->变更申请->创建更改请求类型绑定业务活动与更改请求的关系，如图 8-210 所示。

保存后，创建此项主数据的流程基础已搭建完毕。修改、显示、批量处理流程配置基本同上，仅业务活动不同。

3. UI 配置

SAP MDG 的 UI 配置大体可分三部分，即应用（APPLICATION）层、表单（FORM）层和组件（COMPONENT）层。UI 设置步骤如下。

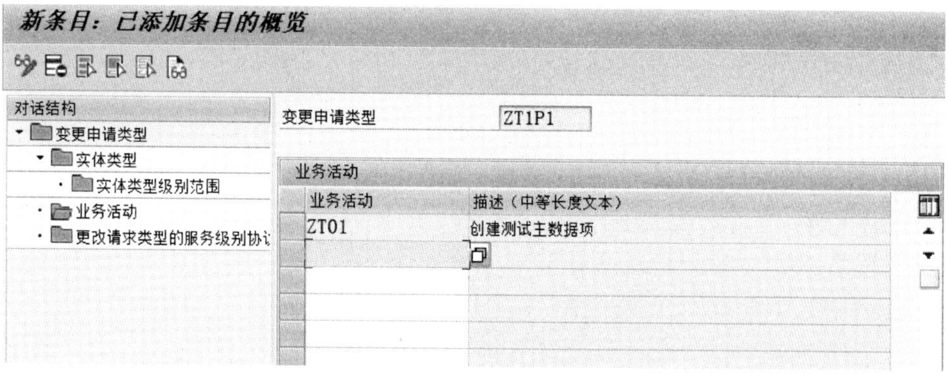

图 8-210　业务活动与更改请求配置

1）管理 UI 配置，详细路径：常规设置->用户界面建模->管理 UI 配置，如图 8-211 所示。

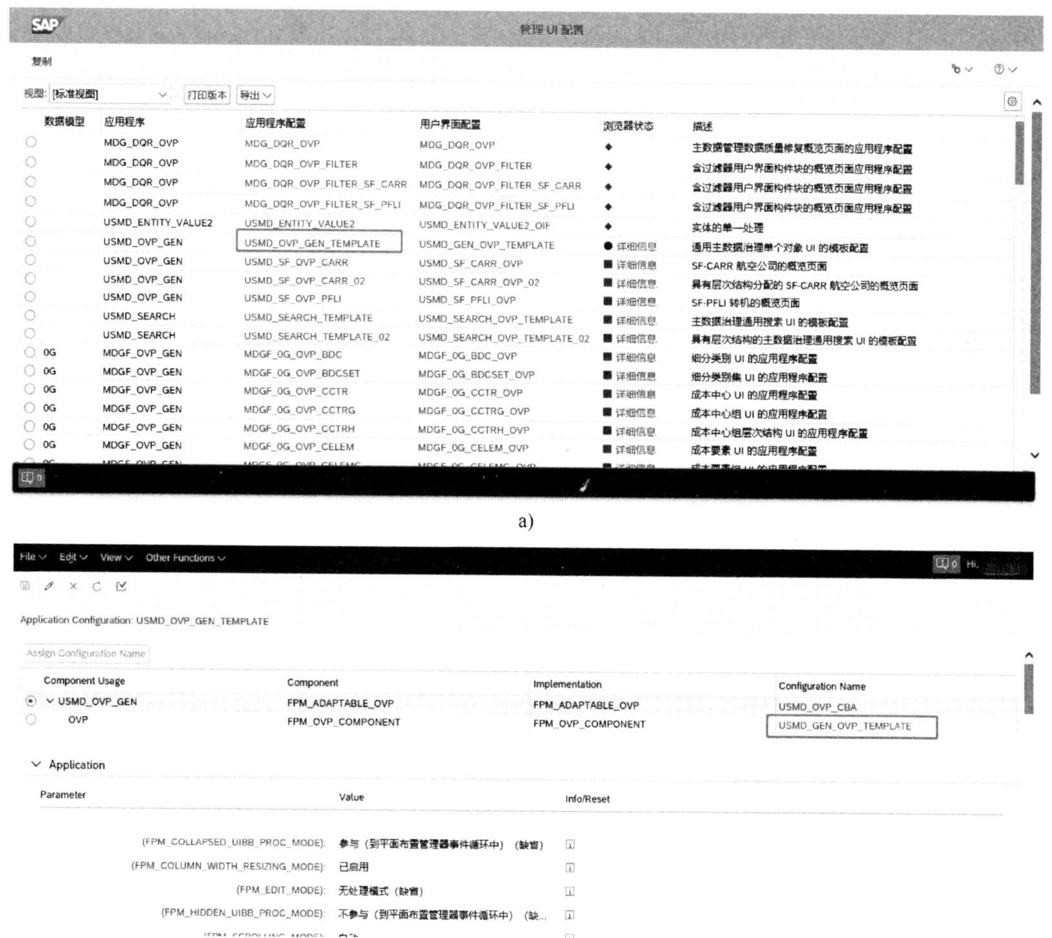

a)

b)

图 8-211　管理 UI 配置

2）选择深度复制功能，如图 8-212 所示。

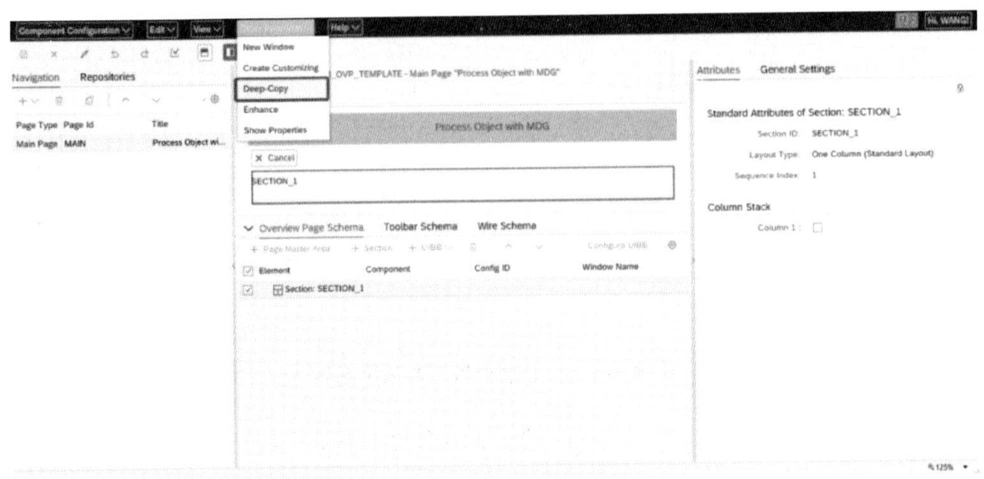

图 8-212 深度复制

3）填入各配置 ID 并单击“Start Deep Copy”按钮，如图 8-213 所示。

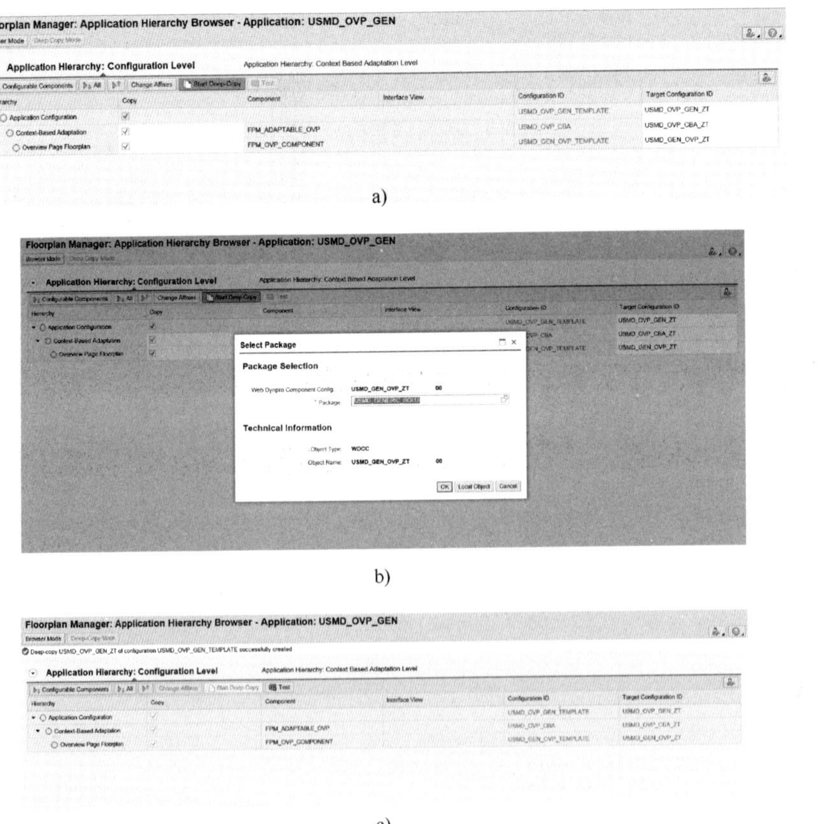

图 8-213 复制成功

4）选择应用配置，如图 8-214 所示。

管理 UI 配置

复制

视图：[标准视图]　打印版本　导出

数据模型	应用程序	应用程序配置	用户界面配置	浏览器状态	描述
	USMD_OVP_GEN	USMD_OVP_GEN_TEMPLATE	USMD_GEN_OVP_TEMPLATE	详细信息	通用主数据治理单个对象 UI 的模板配置
	USMD_OVP_GEN	USMD_OVP_GEN_ZT	USMD_GEN_OVP_ZT	详细信息	通用主数据治理单个对象 UI 的模板配置
	USMD_OVP_GEN	USMD_OVP_GEN_ZT1	USMD_GEN_OVP_ZT1	详细信息	通用主数据治理单个对象 UI 的模板配置
	USMD_OVP_GEN	USMD_SF_OVP_CARR	USMD_SF_CARR_OVP	详细信息	SF-CARR 航空公司的概览页面
	USMD_OVP_GEN	USMD_SF_OVP_CARR_02	USMD_SF_CARR_OVP_02	详细信息	具有层次结构分配的 SF-CARR 航空公司的概览页面
	USMD_OVP_GEN	USMD_SF_OVP_PFLI	USMD_SF_PFLI_OVP	详细信息	SF-PFLI 转机的概览页面
	USMD_SEARCH	USMD_SEARCH_TEMPLATE	USMD_SEARCH_OVP_TEMPLATE	详细信息	主数据治理通用搜索 UI 的模板配置
	USMD_SEARCH	USMD_SEARCH_TEMPLATE_02	USMD_SEARCH_OVP_TEMPLATE_02	详细信息	具有层次结构的主数据治理通用搜索 UI 的模板配置
0G	MDGF_OVP_GEN	MDGF_0G_OVP_BDC	MDGF_0G_BDC_OVP	详细信息	细分类别 UI 的应用程序配置
0G	MDGF_OVP_GEN	MDGF_0G_OVP_BDCSET	MDGF_0G_BDCSET_OVP	详细信息	细分类别集 UI 的应用程序配置
0G	MDGF_OVP_GEN	MDGF_0G_OVP_CCTR	MDGF_0G_CCTR_OVP	详细信息	成本中心 UI 的应用程序配置

图 8-214　选择应用配置

5）填入业务对象类型代码，如图 8-215 所示。

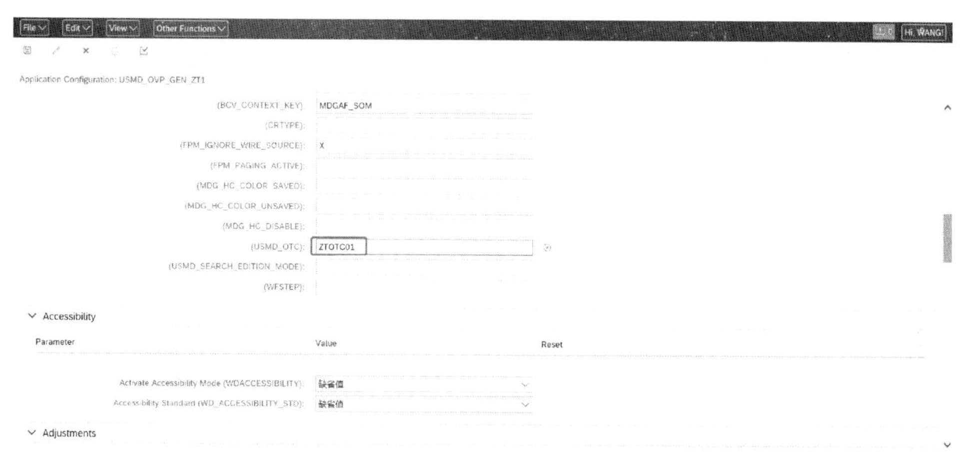

图 8-215　填入业务对象类型代码

6）选择配置名进行页面配置，如图 8-216 所示。

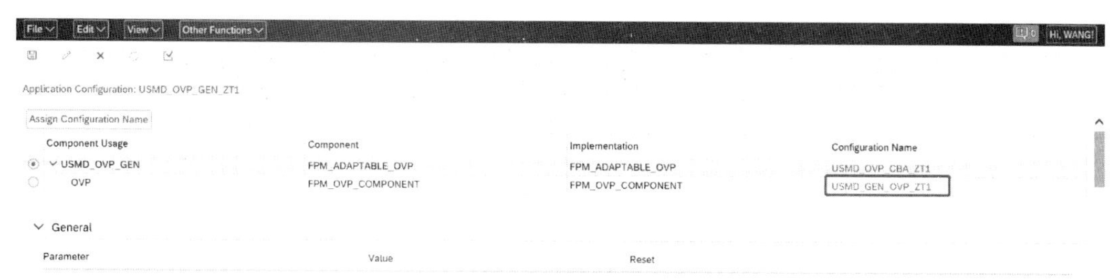

图 8-216　选择配置名称

7）选择表单组件（这里以表单组件进行测试，实际项目中可能是其他组件类型），如图 8-217 所示。

图 8-217　选择表单组件

8）配置 UIBB，如图 8-218 所示。

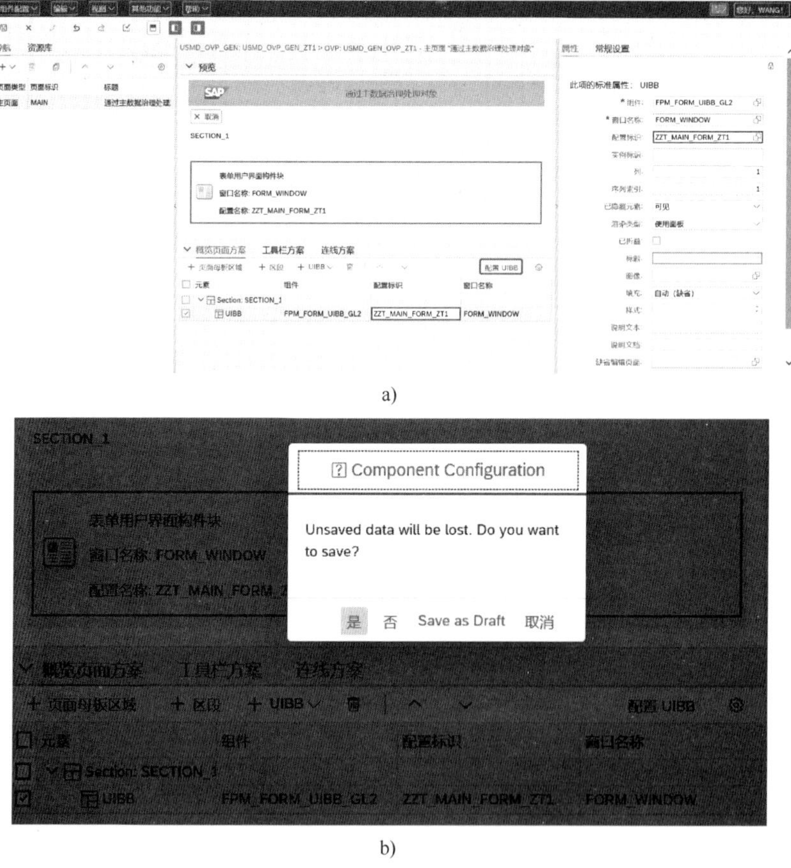

a)

b)

图 8-218　配置 UIBB

9）选择包 USMD_GENERIC_BOLUI 进行存储，如图 8-219 所示。

10）填入 Feeder 类，如图 8-220 所示。

11）设置属性（模型生成结构后此处才能选到相应属性），如图 8-221 所示。

选择包

包选择

Web Dynpro Component C...: ZZT_MAIN_FORM_ZT1 00

* 包: USMD_GENERIC_BOLUI

技术信息

对象类型: WDCC

对象名称: ZZT_MAIN_FORM_ZT1 00

确定 本地对象 取消

图 8-219 包选择与存储

编辑 Feeder 类

全部 ① 1 ☑ 1

① 输入有效 feeder 类

☑ Configuration "ZZT_MAIN_FORM_ZT1" created

Feeder 类

* Feeder 类: CL_MDG_BS_GUIBB_FORM

确定 取消

a)

编辑参数

Feeder 类

Feeder 类: CL_MDG_BS_GUIBB_FORM BOL feeder class GUIBB form for MDG

参数

* 组件: ZSP_ZT

* 对象名称: ZZT_MAT

可编辑: ☑

连接结构

插入子项

连接... *关系... *组件 *已... 后缀 暗 端口...

缺省可见性: 可见

Morph Entry With UIBB Terminus

确定 取消

b)

图 8-220 Feeder 类设置

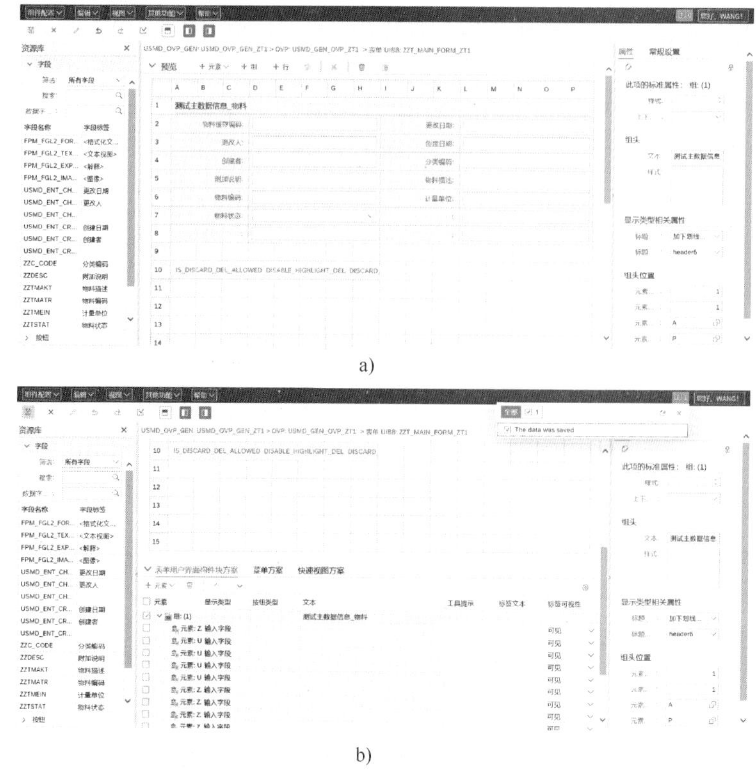

a)

b)

图 8-221　属性设置

12）设置按钮，如图 8-222 所示。

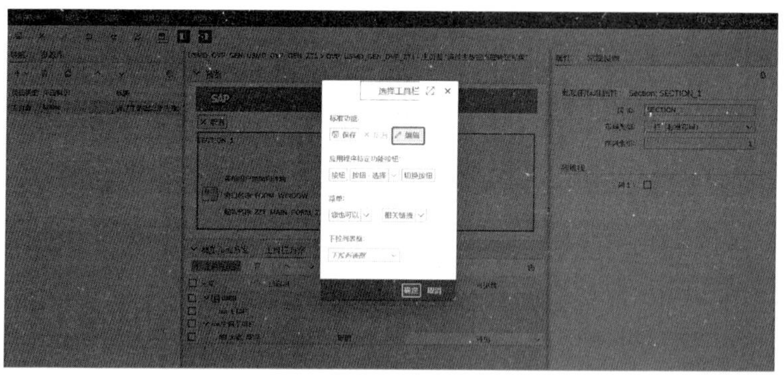

图 8-222　按钮设置

13）设置连线方案，如图 8-223 所示。

连接器类：CL_USMD_CONNECTOR_BOL_QRY。

14）选择界面组件配置，如图 8-224 所示。

15）创建组件，如图 8-225 所示。

16）设置连线，如图 8-226 所示。

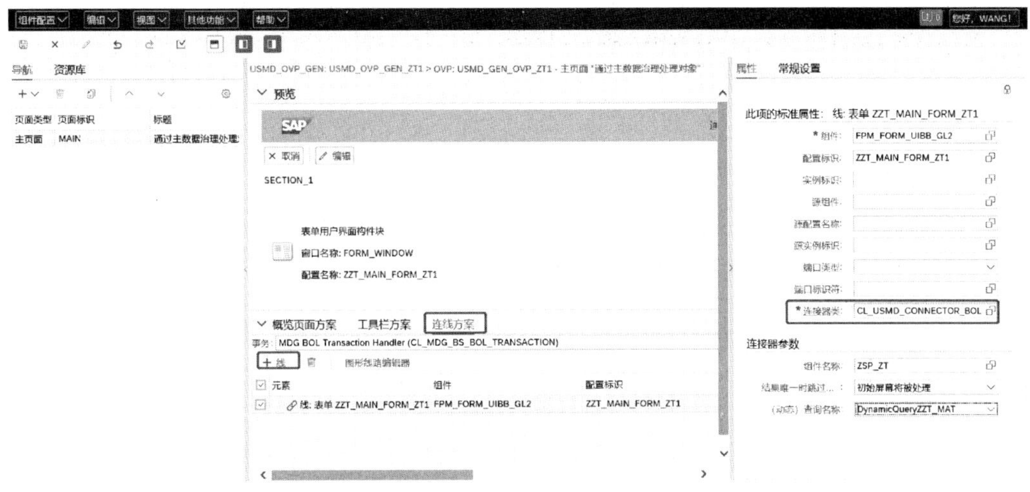

图 8-223　连线方案设置

图 8-224　界面组件配置选择

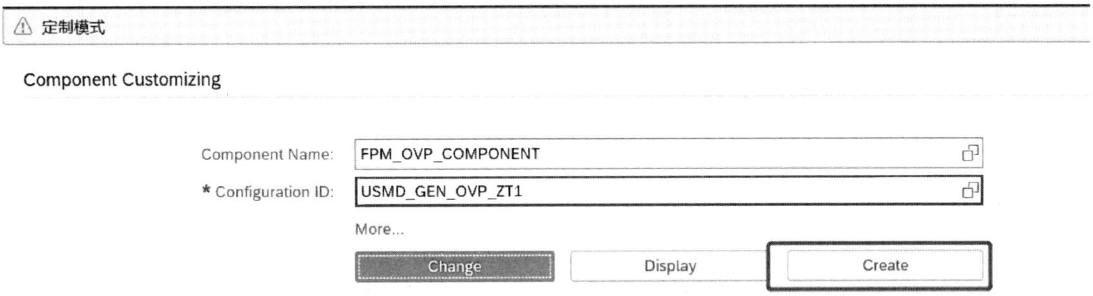

⚠ 定制模式

Component Customizing

Component Name: FPM_OVP_COMPONENT

* Configuration ID: USMD_GEN_OVP_ZT1

More...

Change　Display　Create

图 8-225　组件创建

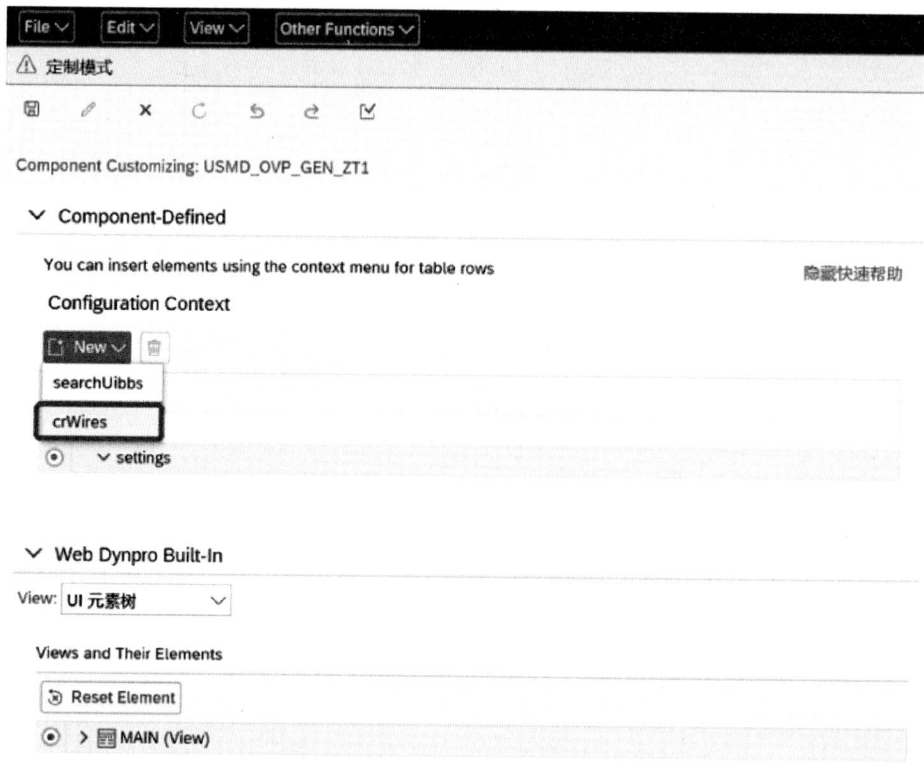

图 8-226　连线设置

17）填写连线详细信息，如图 8-227 所示。

图 8-227　连线详细信息填写

18）自定义流程配置链接，路径：常规设置- > 流程建模- > UI 应用程序和业务活动的连接逻辑操作，如图 8-228 所示。

维护导航

业务对象类	逻辑操作	当前用户界面应用程序名称	当前用户界面配置	目标用户界面应用程序名称	目标用户界面配置	业务活动
ZTOTC01	CHANGE	*	*	USMD_OVP_GEN	USMD_OVP_GEN_ZT1	ZT02
ZTOTC01	CREATE	*	*	USMD_OVP_GEN	USMD_OVP_GEN_ZT1	ZT01
ZTOTC01	DISPLAY	*	*	USMD_OVP_GEN	USMD_OVP_GEN_ZT1	ZT03
ZTOTC01	MASS	*	*	USMD_OVP_GEN	USMD_OVP_GEN_ZT1	ZT04

图 8-228　流程链接设置

19）自定义业务活动链接，路径为常规设置- > 流程建模- > 业务活动链接定义，如图 8-229 所示。

业务活动：确定

用户界面应用程序名称	用户界面配置	逻辑操作	描述	业...	描述（中等长度文本）
USMD_OVP_GEN	USMD_OVP_GEN_ZT1	CHANGE	更改	ZT02	变更测试主数据项
USMD_OVP_GEN	USMD_OVP_GEN_ZT1	CREATE	创建	ZT01	创建测试主数据项
USMD_OVP_GEN	USMD_OVP_GEN_ZT1	DISPLAY	显示	ZT03	处理测试主数据项
USMD_OVP_GEN	USMD_OVP_GEN_ZT1	MASS	批量处理	ZT04	显示测试主数据项

图 8-229　业务活动自定义链接设置

4. 用户菜单设置

进入事务代码 PFCG，复制标准角色 SAP_MDGX_MENU_05，如图 8-230 所示。

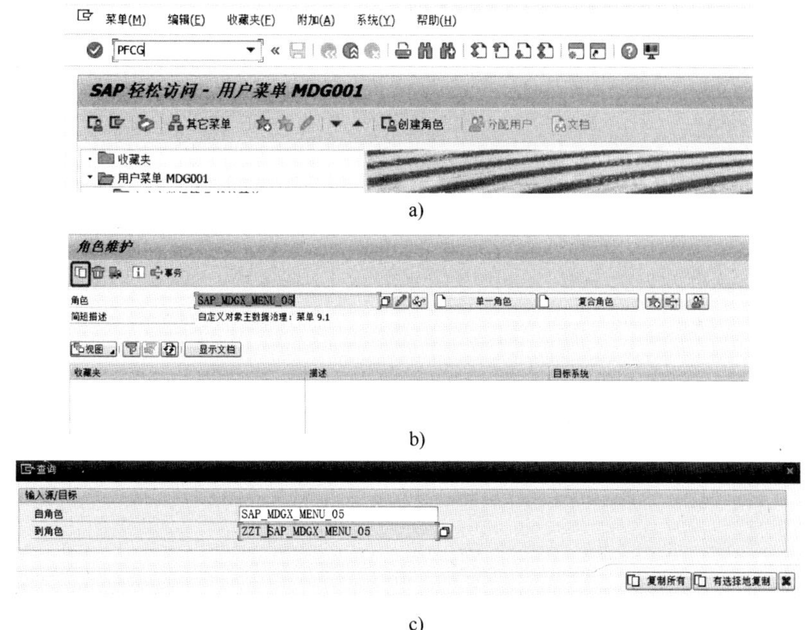

图 8-230　进入用户菜单设置

1）配置权限参数，如图 8-231 所示。

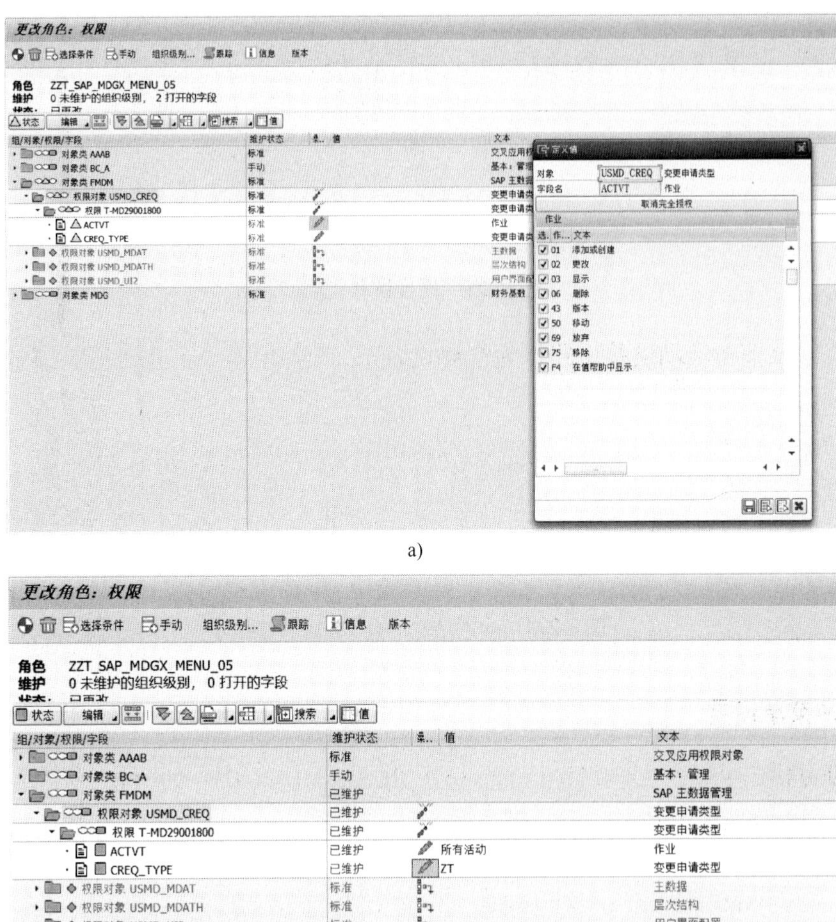

a)

b)

图 8-231　权限参数配置

2）生成权限参数文件，如图 8-232 所示。

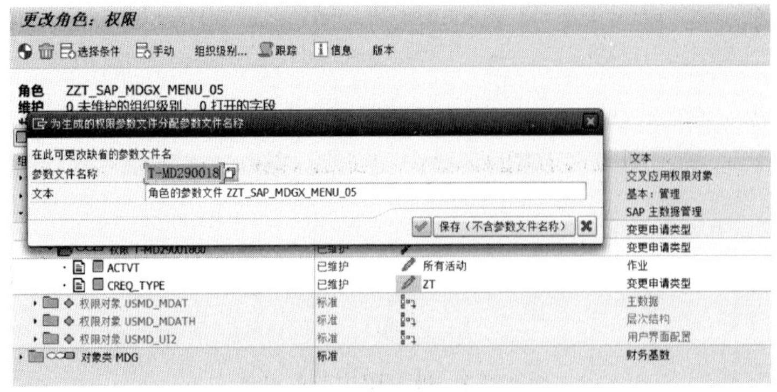

图 8-232　权限参数文件生成

3）配置角色页面链接，如图8-233所示。

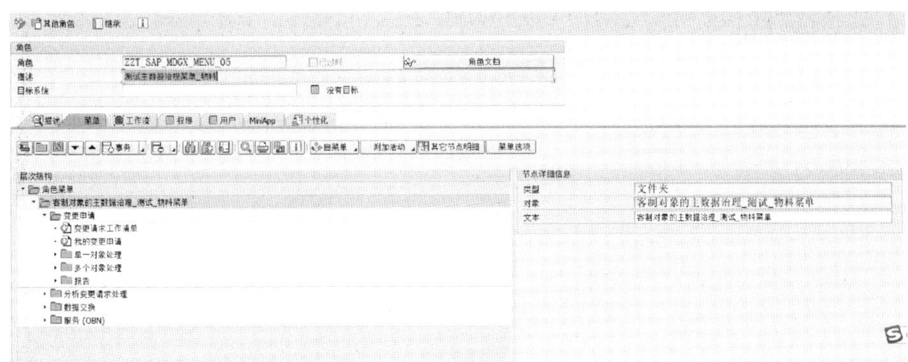

图8-233　角色页面链接配置

4）绑定业务对象类型代码与角色菜单，如图8-234所示。

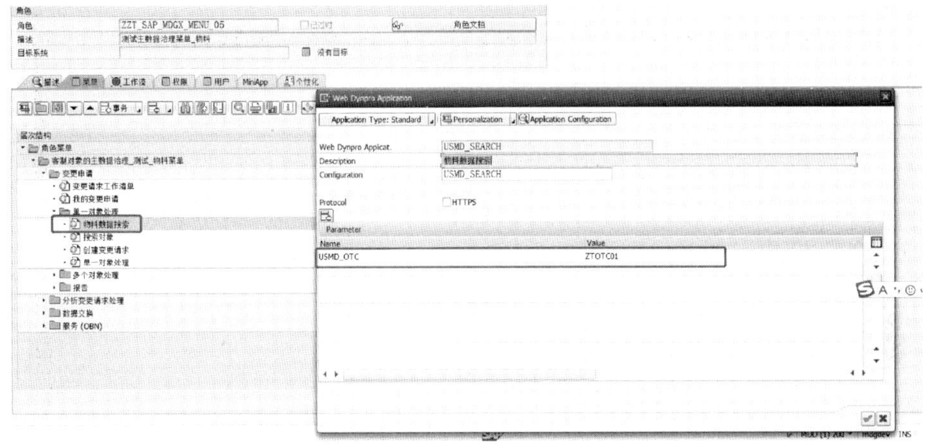

图8-234　角色菜单与业务对象类型代码绑定

5）通过NWBC查看界面，如图8-235所示。

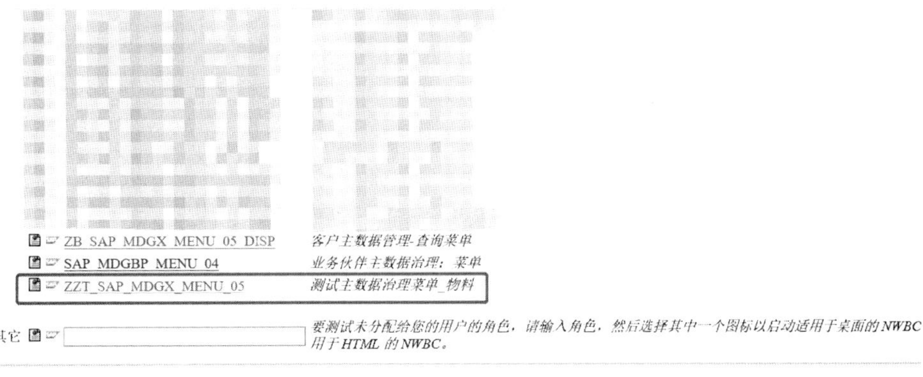

图8-235　NWBC端查看

6）进入详细页面，如图 8-236 所示。

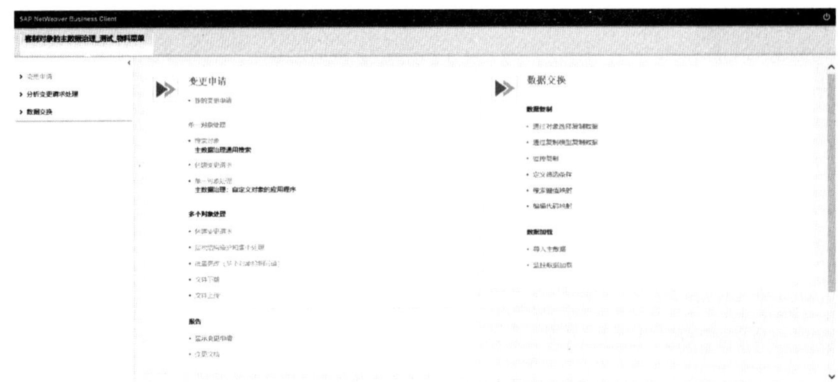

图 8-236　自定义详细页面显示

7）测试数据流程，如图 8-237 所示。

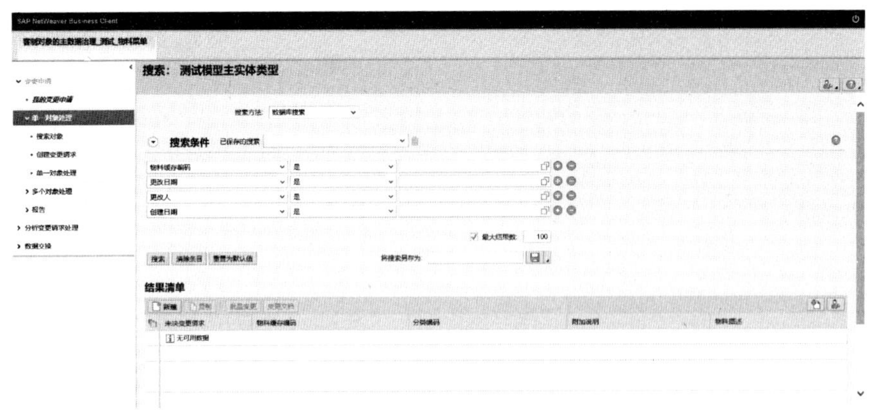

图 8-237　数据流程测试

8）单击“新建”按钮后，界面如图 8-238 所示。

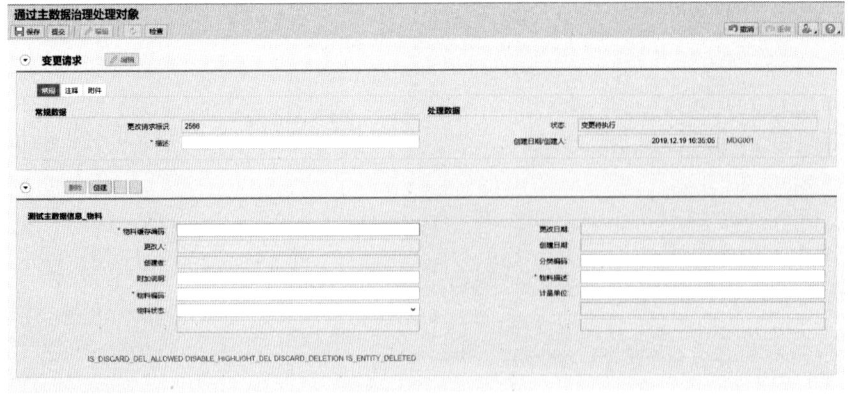

图 8-238　界面显示

至此，一个基本页面已被客制化显示。

5. 分发模型配置

SAP MDG 的分发框架是以数据模型为核心的一整套体系，为数据对象配置分发框架所需的各个节点后，标准主数据域（客商、财务、物料）数据发生正常最终审批激活操作时，数据会通过系统自带的分发框架对外端业务系统执行分发检查，对客制数据域，则在系统对分发框架进行客制化配置，并在分发函数中已针对外部提供的接口写好相关程序后，可以同样起到自动 & 手动进行数据分发的效果。

（1）GUI 端分发操作示例

操作事务代码：DRFOUT，如图 8-239 所示。

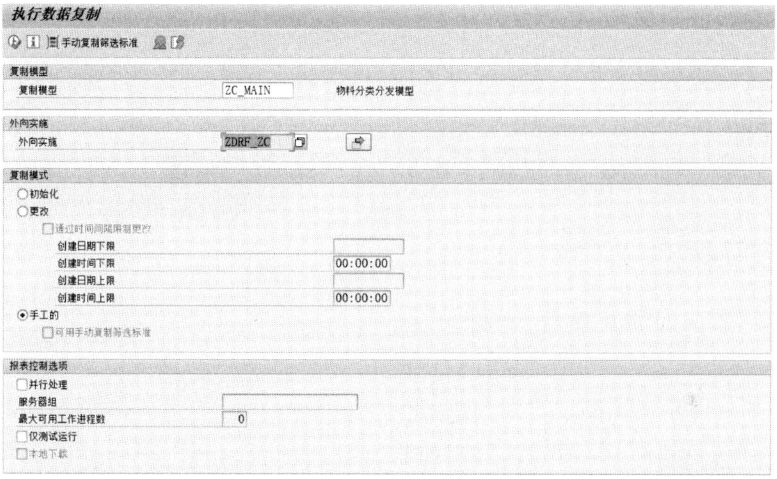

a)

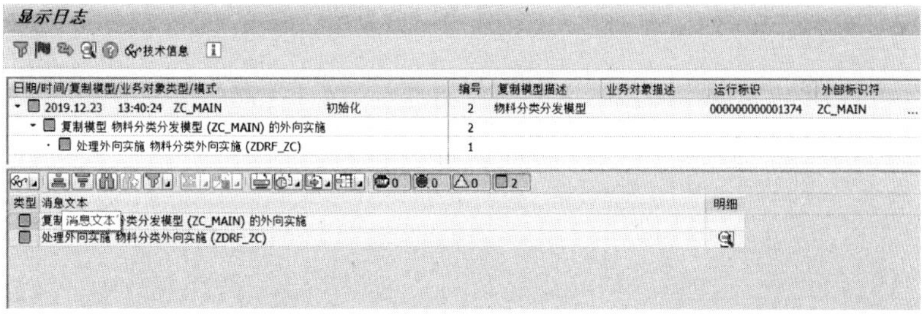

b)

c)

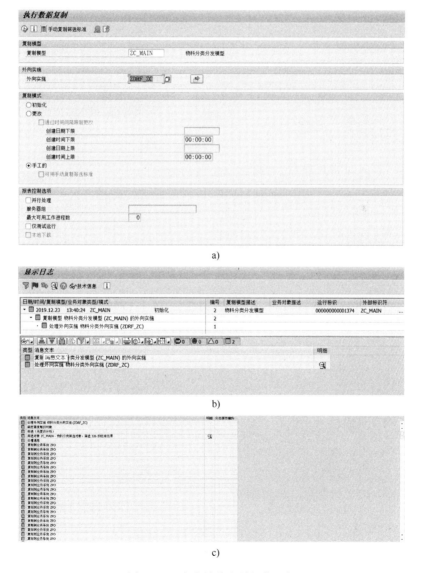

图 8-239　客户端分发端操作示例

(2) MDG UI 端分发操作示例

选中某物料，单击“复制”按钮，如图 8-240 所示。

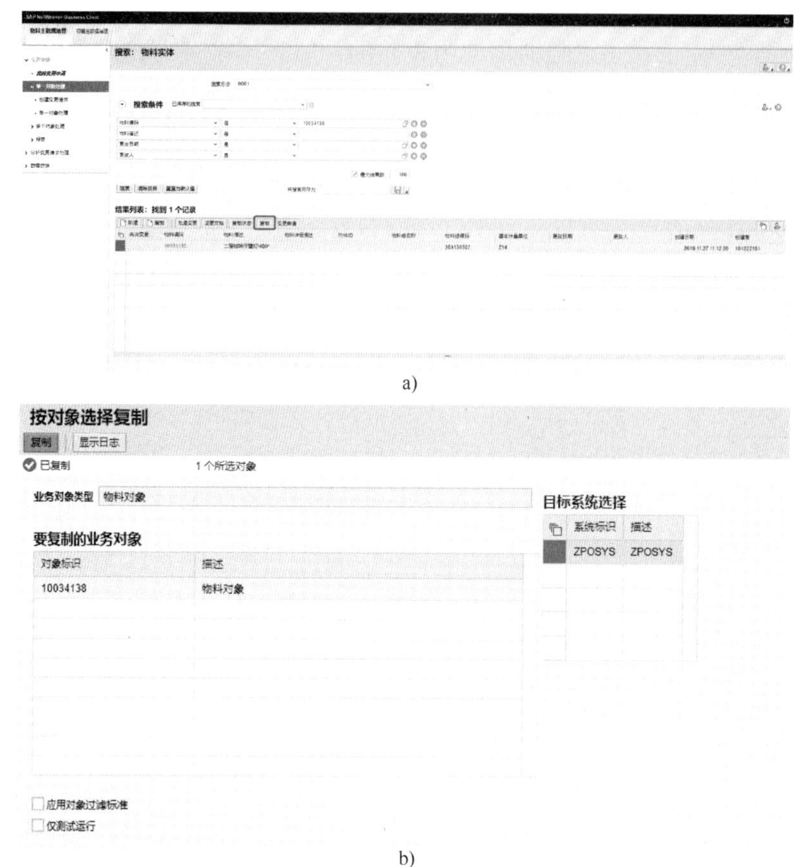

a)

b)

图 8-240　UI 端分发操作

(3) 常见规则设置与增强场景

1) 进入链接常规设置- > 数据质量与搜索- > 确认和富集- > 定义确认和派生规则，如 8-241 所示。

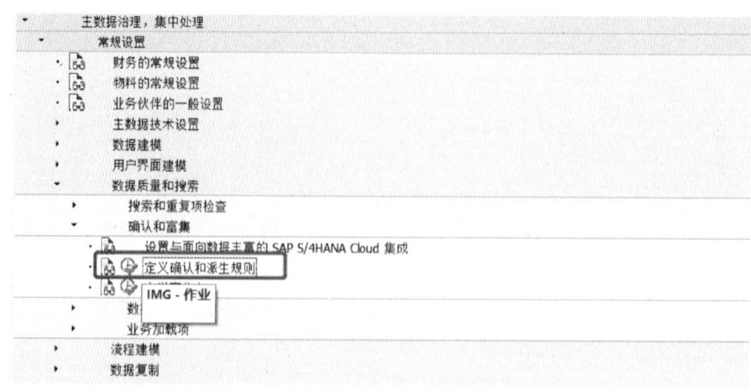

图 8-241　进入规则设置页面

2）选择需要校验的数据模型，如图 8-242 所示。

图 8-242　选择需要校验的数据模型

3）选择“检查实体”→“创建对象节点”→“创建函数”，如图 8-243 所示。

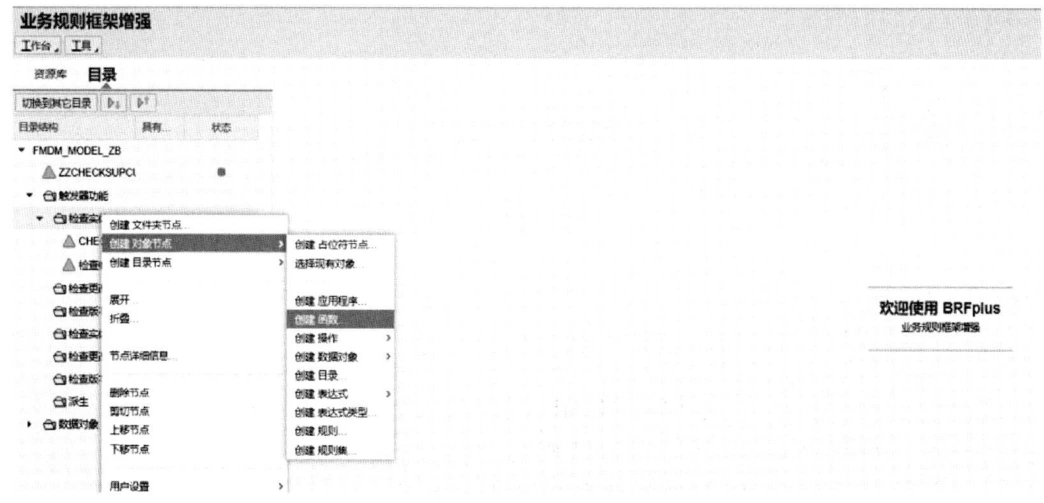

图 8-243　创建函数

注：名称一定要录入 CHECK_实体类（校验属性所在的实体类），如图 8-243 所示。

4）添加实体类与分配规则集，如图 8-244 所示。

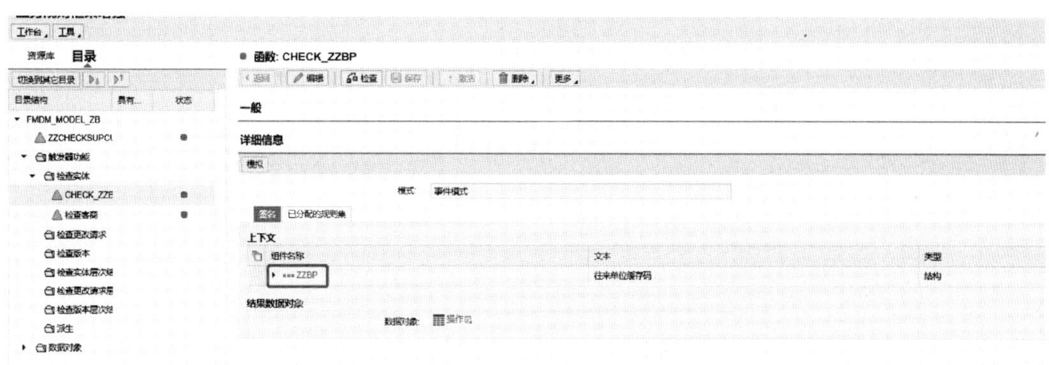

图 8-244　添加实体类

5）插入规则，如图 8-245 所示。

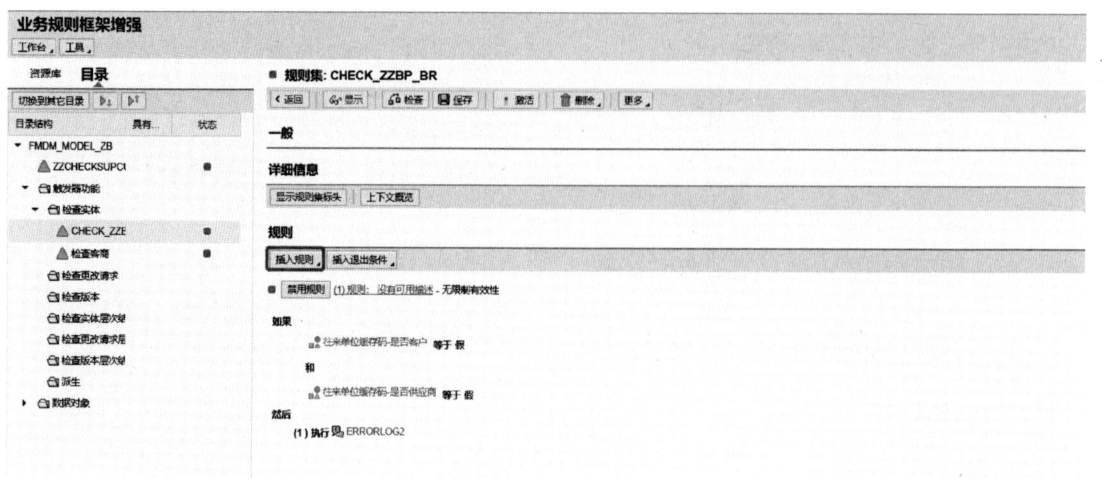

图 8-245　插入规则

6）修改其提示信息，并激活。

8.7　小结

本章通过对主数据产品尤其是 SAP MDG 主数据治理平台进行了相关讲解，尤其是其适用企业、数据模型对象、工作方式以及相关功能示例等内容，也对 SAP MDG 实施配置上的关键步骤做了详细陈述。主数据平台作为数据治理框架下主数据管理部分的主要线上工具，在企业中可以集中管控和分发业务系统中的主数据，并具有主数据合并与批量处理、主数据业务流程分析等主数据治理功能，能够为主数据管理分散等业务痛点提供解决方案，从而有效解决异构系统间的主数据唯一性、一致性和共享性问题。

第9章 企业数字化转型 & 大数据平台与应用

前文用一定的篇幅阐述了数据治理与大数据之间的关系和数据治理框架以及其中包含的管理维度和管理方式，然后重点讲述了数据管理中的重点，即主数据管理的措施与方案以及相关主数据产品的组成剖析，但是还未讲述大数据平台的相关内容。接下来，本章将阐述数字化转型的重点与大数据平台建设的相关内容。

9.1 背景

如今数字化浪潮正在推动商业社会真正进入数字经济时代，企业数字化转型需求也日益强烈。与此同时，大数据、互联网、人工智能等技术的发展给企业的数字化转型带来了新契机，驱动企业加速构建企业数字体系，实现从粗放式管理向精细化运营、从单一模式向技术驱动、从经验主义向数据决策的转换。流程精益、数据互通以及平台共享也让企业的业务运转更加优化，数据洞察把多业态多系统产生的数据进行统一和分析，真正为业务赋能，为管理决策提供有力支撑。

由此，基于业务中台、数据中台，衍生了由业务部门主导的多种 SaaS 层应用，落实应用创新、一线赋能等具体 IT 价值的实现应运而生。业务数据化、用户数据化、内容数据化、场景数据化促使传统业态升级，从而通过智能化推动产品力提升、运营力提升与数据价值输出。

而头部企业在数字化转型的过程中，也逐渐通过应用数据分析来提升运营效率，以大数据分析和应用来辅助商业决策。对此，企业需要从自身实际业务需求出发，做好标准顶层设计，搭建统一智能化标准平台，然后进行适当的强管控统一大数据平台建设，并在此基础上鼓励多种数据应用，严格执行各环节，落实到各业务场景中，最终建立全业态整体解决方案。

9.2 什么是数字化转型

如今数字化转型的概念很火热，而世界知名互联网巨头、咨询公司对它的解读都不尽相同。微软曾提出数字化转型包括客户交互、员工赋能、优化运营、产品转型等方面的内容，IBM 聚焦的是数字化转型与数字化重塑的整体架构，头部咨询公司麦肯锡把数字化转型分成了战略与创新、客户决策旅程、流程自动化、组织变革、技术发展、数据与分析六大方面，而国内设备与信息服务巨头华为对数字化转型的定义是通过新一代数字技术的深入运用，构建一个全感知、全连接、全场景、全智能的数字世界，进而优化和再造企业业务，并对传统管理模式、业务模式、商业模式进行创新和重塑，实现业务创新的成功。由此可见，各个公司都会从自身角度去定义数字化转型，而从相应角度来看，这些定义也都是对的。

笔者认为，数字化转型就是利用数字化技术来推动企业组织转变业务模式以及组织架构等方面的变革措施。而归根结底，数字化转型的目的在于利用各种新型技术，如移动设备、Web、社交软件、大数据、机器学习、人工智能、物联网、云计算、区块链等来提升效率、降低成本、实现业务创新，并为企业交付新型、差异化的价值。采取数字化转型的企业一般都会去追寻新的收入来源、新的产品和服务、新的商业模式。技术是手段、是工具，好的、顺手的工具能够极大地提升效率、提升生产力。而如今物联网、移动设备、社交软件等在改变着人们的生活习惯，计算、存储、网络带宽成本的降低也促进了新型互联网数字化技术（如大数据、机器学习、人工智能、云计算等）的蓬勃发展。技术层面，传统单体应用系统或单体-集成方式已经难以适应新业务发展和创新的要求。新的技术之间相互促进，以数据融合为纽带，以技术融合为手段，以业务融合为支撑，提升企业的生存能力、业务创新能力，从而适应新的环境要求，实现业务变革和效率提升。业务层面，它们改变了用户体验，使得客户群体和习惯也在发生变化，而企业内部的增值环节也需要由过往的“以生产能力来决定市场销售，吆喝什么卖什么，要卖什么就产什么”转变为“市场需要什么，企业就要想办法来调整产业结构和产能”，获取市场需求、定位目标群体、掌握销售趋势等急切需要都推动了企业在业务模式、组织架构等方面的革新，处于数字化转型阶段的企业需要追寻新的业务机遇、产品服务和商业模式。

因此，数字化转型是技术与业务模式的深度融合，数字化转型的最终结果是业务商业模式的变革。

9.3 企业数字化转型和企业信息化的区别

有读者会有疑问，数字化和以往的企业信息化的区别是什么？信息化是企业进行资源管理规范化的重要方式，其强调计算机在企业管理过程当中的重要性，同时它也是企业网络化的基础。企业的信息化是指将企业在生产经营过程中所发生的业务信息进行记录、储存和管控，让人们了解动态业务信息，如“现在业务情况如何”“流程进展到什么阶段”，也让企业资源得到合理配置。例如常见的ERP系统、OA办公系统、CRM系统、MES系统等。企业信息化本质上是一种管理手段，侧重于业务信息的搭建与管理。此时，业务流程是核心，信息系统是工具，过程中产生的数据只是一种副产品。信息化仍是采用物理世界的思维模式进行的（***注1***）企业活动。它将企业整个经营管理业务以数据的形式记录下来，而这些信息化的过程也推动了数字化的发展，因为企业信息化建设到一定程度，往往各个信息系统之间缺乏互通，形成了信息孤岛，而构建数字化运营模式的基础就是打通各个信息孤岛，让数据得以共享连接，然后通过对这些被治理与按主题集合的数据进行综合、多维的挖掘与分析以及相关数字建模、大数据分析部署与智能应用等，一并服务于企业的日常运营。所以数字化是信息化的高级阶段，是信息化的深入运用，是从收集数据、分析数据到预测数据、经营数据的延伸，脱离了信息化的支撑而空谈数字化是不稳定的。

关于企业数字化转型与企业信息化的区别方面，在企业正常的信息化历程中会有这样的现象：为完成一个正常的业务活动，企业的业务人员要打开多个IT系统，进行数十步的操作，如绝大多数的企业员工出差时需要填写出差申请、预订机票、预订酒店，可能还要申请备用金和请假，原来这些功能型的电子流程并不是面向客户和用户的。另外一个问题就是信息孤岛导致数据的准确性、全面性和连通性无法很好地实现，所以数字化转型的基础是数据，如果信息孤岛的问题不能解决，数字化转型更无从谈起了。

注1扩展：

虽然目前市场已经从过去信息化历程中以ERP为核心的需求逐渐往外围应用端倾斜，但以ERP为主的业务管理系统仍是未来信息化过程中的核心套件，一方面是大型厂商（如SAP）的ERP产品作为业务后台对企业核心业务流程的理解与经验短时间内难有其他应用可以超越，另一方面，这种成熟产品的全面性和稳定性对比很多自研应用也有非常大的优势，所以在移动互联网技术不断革新的今天，核心管理套件仍然会存在并持续作为企业业务后台的核心，但前端业务入口、分析型应用等均在不断创新以适应如今不断变更的商业模式，预计核心信息化产品也将发生模式上的转变。

9.4 数字化转型的根本

技术当然是数字化转型的重要手段，但一个可持续发展的架构并不是简单的技术应用，更重要的是能够解决客户的什么问题、解决业务的什么问题，所以数字化转型的实质是以客户为中心、以商业为中心，再加上业务驱动、用户驱动、技术驱动，使业务重塑。数字化转型首要的任务是把所有业务系统中的数据打通。它利用现有的数字化技术与工具，赋能业务以获得创新能力。人是创造者，是关键，需要从思想上认识到数字化转型的必要性，他们也是数字化旅程中调整企业组织结构和企业文化以适应数字化转型的重要驱动力。

9.5 数字化转型的几个方面

数字化转型主要可以从领导力转型、运行转型、数据转型、管理转型以及资源转型几个方面着手。

1. 领导力转型

企业高层领导需要对数字化转型有明确的愿景、投入和决心，业务分管部门将数字化转型加入部门的发展规划之中。其中包括但不限于数字化智能、数字化服务创新、生态系统建设、数字化风险承受、核心业务数字化转型等内容。

2. 运行转型

企业以营销为驱动力，全方位重塑消费者、合作伙伴的体验，利用数字化工具和手段，创造并尝试新鲜的服务与体验。其中包括但不限于数字化营销、数字化全渠道、数字化门店、数字化产品/服务以及数字化供应链等方面的内容。

3. 数据转型

企业将收集的数据和信息进行直接或间接的变现（数据资产化），通过数据分析与整合把握全局、产生洞见、知悉未来、助力决策。其中包括但不限于大数据战略与规划的构建、数据资产化与应用场景识别、数据分析驱动以及保障与支撑体系等方面的内容。

4. 管理转型

企业由管理部门推动，将产品、服务、资产、流程等以数据的方式存储、关联与互动，让企业运营更加快速与高效。其中包括但不限于数字化资产的管理、数字化流程的梳理与完善、产品生命周期的优化调整、高效的流程服务以及网络化结构的整合。

5. 资源转型

在数字化时代，企业应转变获取、部署以及整合内部资源（如全职和兼职员工）和外部资源（如合同工、自由职业者等）的方式。其中包括但不限于数字化人才的培养、数字化学习机制的建立、组织架构调整、创新的激励机制以及管理人员数字化思维的完善等。

其中，数据转型是重中之重，只有立足数据，才能洞悉数据中的价值，从而可以延伸业务，实现大数据战略愿景，为数字化转型赋能。

9.6 数字化转型的基础——数据资产

数字化转型的基础还是在于数据，企业要通过各种前端应用平台、各种技术手段收集日常业务运营中的各类业务数据、客户使用产品或服务的体验数据、市场现状和变化数据、企业经营指标数据等，以形成企业运营全景图、客户全景图等，从而提升企业运营效率，从数据中洞悉企业现状和未来发展方向，发现问题并改善问题，甚至发现新的业务模式。

“数据是企业有价值的资产，且必须得到有效的管理”也已成为各方的共识，因为数据的质量直接决定了数字化的能力和上限。这也是前文中一再强调数据治理或主数据管理重要性的原因。把数据提升到企业的核心资产上来，也是因为高质量的数据能使企业受益无穷，所以将数据资产进行有效的管理和使用，是数字化转型的重点和基础。

当然数据资产并非是指全部数据，而是那些能为企业带来实际经济利益的数据资源，其最显著的特征是往往通过较好的组织形式，以标签及标签类目的方式予以体现。

在数字经济时代，数据资产化已经是大势所趋，数据已经成为经济社会转型升级的重要资产，数据资产运营能力越来越成为企业核心能力的重要组成部分，关乎企业的生存与发展，而数据资产评估是数据资产化的核心，促进流通融合、激活数据价值、释放数字红利，推动数字经济建设。

很多企业目前正开始或处于数字化转型期，它们中有的已经开始推进数据整合工作，也建立了集团级数据架构与标准，但未对数据进行全面治理，导致海量运营数据仍分散于不同的系统中，还不能被有效地应用于战略决策，无法发挥出聚合效应。数据资产目录不完善，数据流向、血缘关系均还不全面，业务部门希望挖掘数据价值但无法从中找出相应规律，不知如何利用数据来促进业务发展。总而言之，“数据驱动业务”还未实现。那么此时，可以通过梳理数据资产并建设企业级数据中台为业务赋能，提高企业数字化水平。

1. 如何梳理数据资产

在企业构建整个数据资产化的架构思路时，首先需要树立正确的数据观，需要对客户、业务痛点和数据进行前期调研，进而进行标签及类目体系的设计。而对于资产化方法论来讲，其实现步骤依次为**识别根目录、构建数据类目体系、设计标签及类目体系。**

元数据是用来描述文件特征的系统数据，包含对某个数据的多维度解释，如数据从哪里获取、数据何时获取、谁能操作或查看这些数据、数据如何被使用，而数据资产目录就是对它们的整合管理，即元数据的管理。它为数据的访问提供了一个信息目录。

2. 数据资产目录的价值

1）提供数据准确说明，提高数据可信性（企业、系统数据地图；血缘关系和实体关联分析；强大的数据检索引擎；追踪数据定义的变化）。

2）提高数据质量（记录统一的数据定义；记录数据生成的动态情况；保存数据校验规则）。

3）提高系统运行可靠性（提供数据和系统间的相关性；提供系统运营的整体情况；建立报警、监控机制；出现故障时能及时发现问题）。

4）降低企业 IT 系统的维护成本（提供系统文档、知识库；减少员工换岗的影响；减少员工培训的支出；指导系统升级、规划）。

5）支持数据利用，提升监控、决策能力（方便找到需要的数据；方便比较各种口径的数据、多角度分析业务数据；保存各种业务规则，展示业务关联特征；支持可持续的数据挖掘过程）。

9.7 数字化共享服务平台构建

业务系统能力是指通过集成信息数据流、业务流、资金流、物流、知识流等企业资源，实现流程化、信息化管理的能力，具体涵盖跨业务单元、跨部门、跨地区的横向集成，以及前线市场与后方管理的纵向集成。而目前很多企业内部系统整合能力薄弱，流程复杂、效率低下、模块之间有效连接不足、产供销协调有些还通过人工实现，各自为战、资源内耗等现象突出，所以势必要快速推进有数字化共享服务的相关平台建设落地，一方面可以打通跨组织业务流程，实现端到端全流程可视化管理，充分挖掘沉淀数据的潜在价值，另一方面可以支撑业务实现快速响应、智慧决策、前瞻推演。企业高层需要下定决心解决这个问题以实现全集团所有业务的数字化、可视化，如图 9-1 所示。

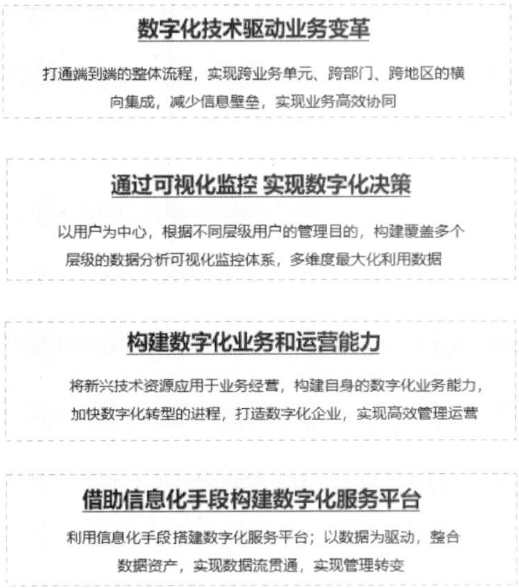

数字化技术驱动业务变革

打通端到端的整体流程，实现跨业务单元、跨部门、跨地区的横向集成，减少信息壁垒，实现业务高效协同

通过可视化监控 实现数字化决策

以用户为中心，根据不同层级用户的管理目的，构建覆盖多个层级的数据分析可视化监控体系，多维度最大化利用数据

构建数字化业务和运营能力

将新兴技术资源应用于业务经营，构建自身的数字化业务能力，加快数字化转型的进程，打造数字化企业，实现高效管理运营

借助信息化手段构建数字化服务平台

利用信息化手段搭建数字化服务平台；以数据为驱动，整合数据资产，实现数据流贯通，实现管理转变

图 9-1　数字化驱动业务变革示例

当然，通过打造拥有数字化共享服务的相关平台，企业可以实现各管理层级流程贯穿、数据打通、决策透明，如图 9-2 所示。

图 9-2　数字化共享服务平台的价值

9.8 小结

企业通过数字化转型过程，将收集的数据和信息进行资产化，完成大数据战略与规划的构建、应用场景识别、数据分析驱动以及保障与支撑体系构建等工作，为数字化共享服务平台的提供更好的支撑。而如今众所周知的中台，便是一种典型的数字化共享服务平台，在下一章“企业中台”中将进一步阐述。

第10章　企业中台

企业在过去的信息化历程中形成了大量的生产经营及专业业务应用成果，同时也积累了大量的数据资产。系统管理独立，数据存储分散，横向的数据共享和分析应用仅由具体业务驱动，难以对全局数据开展价值挖掘，从规模上和效果上都无法真正体现集团庞大数据资产的价值。由此，中台应运而生。本章将对从中台架构、业务中台与数据中台的概念与特点等维度对当下火热的中台进行阐述。

10.1　关于中台

从业务架构的角度看，中台设计确实是企业级业务架构规划的结果之一。作为中国互联网头部企业之一，阿里巴巴集团于2018年启动中台战略，从集团层面推动了以搭建中台为目标的组织架构变革（**注1**），构建符合数字时代的更具创新性、灵活性的“大中台，小前台”组织架构和业务机制，从而更快速地适应瞬息万变的市场。中台将集合整个集团的数据运营能力、产品技术能力，对前台业务形成强力支撑。那么中台具体是什么呢？阿里巴巴对企业中台的定义是：由业务中台和数据中台构建起数据闭环的运营体系，以数字化资产形态构建企业核心差异化竞争力。

企业中台其实是将企业业务或数据的共性需求进行抽象化，并打造成平台化、组件化的系统能力，以接口、组件、服务的形式共享给业务单元使用，使企业可以针对特定需求快速灵活地调用资源构建解决方案，为业务创新赋能的平台。其目的是降低数字化建设成本、实现企业数字能力共享平台并推动企业大数据应用向智能化的方向发展。中台作为企业IT资源的综合调度单元，以统一的标准与流程规范帮助企业实现业务互联互通、资源协调和信息共享。

企业中台主要包含业务中台和数据中台，而中台都具有三大特征（**注2**）：去重沉淀、复用共享以及业务对接。中台的战略核心是数据服务的共享。中台战略并不是搭建一个数据平台，但是中台的大部分服务都是围绕数据而生的，数据中台是围绕向上层应用提供数据服务而构建的，中台战略让数据在数据平台和业务系统之间形成了一个良性的闭环，也就是实现了应用与数据之间的解耦，并实现了紧密交互。

注1扩展：

企业推进中台战略时涉及业务形态和交付形态的变革。实际上，在企业中台的建设过程中，大多数是IT部门、技术团队主导或参与比重更大，但如果缺少相关业务领域专家的参与，那么势必会在建设过程中与相关业务部门之间沟通不畅，继而衍生一系列的矛盾，成为典型的“吃力不讨好”的任务。所以业务先行是中台建设的关键，举个例子：当年阿里巴巴在已有淘宝事业部后，又成立了一个B2C的天猫事业部，因在业务架构层面，两个事业部一方面是完全独立的体系，另一方面又有商品、交易、评价、用户管理、支付、物流等方面的共同点，所以催生了阿里共享业务事业部，将两个平台中公共通用的业务功能沉淀到共享业务事业部，以避免功能重复建设，合理利用技术资源。这在形式上和中台的思想已经趋于一致，但初始时组织架构上共享事业部和业务部门完全独立，因为缺少了专门的业务领域专家和两个业务事业部的人员参与，导致共享事业部在两个业务事业部的各种需求下很难得到良好的沟通和支持。后来聚划算平台出现（淘宝和天猫的商品在聚划算平台会有很大的销售数据），集团要求其他两个事业部对接聚划算时必须经过共享业务事业部，这让共享业务事业部有了很多的业务专家和推手，奠定了共享业务事业部的共享平台成为阿里核心业务平台的基础。这个共享平台支撑前端业务（淘宝、天猫、聚划算、菜鸟物流、1688等）中公共通用的业务沉淀，包含用户中心、商品中心、交易中心、订单中心、评价中心等多个相关组件模块，后端以阿里云技术平台为支撑。

在这个演变过程中可以看出阿里的中台是一个累积的过程，这也符合大多数人对架构的认知：大型架构、好的架构都不是一蹴而就的设计，而是随着需求变化和长久磨合调整而形成的稳定架构。

阿里的中台大约包含十几个共享业务单元，包括用户中心、商品中心、交易中心等。淘宝、天猫、聚划算等25个大型业务应用是由中台的共享单元支持的。共享业务单元的划分原则需要综合设计，遵循“高内聚、低耦合”以及“业务可运营”的原则。阿里在划分共享业务单元时很重视其业务价值和基于业务的设计，而且每个共享单元都设有专门的业务架构师，并将其视为非常稀缺的复合型人才。但总体来讲，业务架构师仍然是领域性的。阿里系统需要解决的核心问题是高并发和可扩展，规模带来的复杂度对阿里的挑战不言而喻。因此，阿里采用去中心化的HSF分布式服务框架，以支持服务的点对点调用，用于解决ESB可能产生的瓶颈问题；采用微服务设计方式来提高变化响应，并积极研究领域驱动的设计开发模式，以提升设计效率；自研设计了分布式数据层框架（TDDL）以及分布式数据库DRDS；研发了支持分布式事务处理的Aliware TXC；支持高效故障定位和运维监控的鹰眼平台，实现了限流、降级设计，以及全链路压测平台业务一致性平台等。这是一套完整的基础设施，针对电商的业务特点提供支撑。尤其是阿里在发展过程中是主动进行去IOE化的，因为其业务规模的迅猛增长导致了效率问题。

总结：阿里的中台是在其业务不断发展过程中磨砺而出的架构，以厚重的共享中心支持灵活的前端应用，既体现了电商的业务特点，也包含了完整的技术支持体系，实现了业务和技术的充分融合。由于其具有灵活支持和快速响应的能力，所以成为了互联网企业架构的标杆。

注2扩展：

中台首先解决的是企业内数据孤岛的问题，将不同系统中的数据进行全面汇集和管理，通过数据提炼分析集中化管理，形成企业数据资产和洞察力，服务于业务。在业务层面，通过对各个业务线的去重和沉淀，杜绝重复造轮子，共享通用模块，让前台的业务更加便捷地面向市场，提升业务响应能力。在技术层面，避免重复开发，按需求扩展升级服务，让整个技术架构更加灵活轻便。

第9章曾提到数字化转型中的几个重要部分，如数据转型以及数字化共享平台搭建过程中企业如何实现各管理层级的流程贯穿、数据打通和决策透明。中台的主要价值之一便是形成数据资产，以沉淀数据、流程和逻辑，加速各类数据向数据资产的转变，解决数据不一致的问题，不断发挥数据价值，进而支持业务的决策和优化。所以，中台使业务数据化、数据资产化、资产价值化，实现数据的存、管、供，同时为企业形成数据化思维，统一规范和治理，达到提效降本、避免重复建设的目标。

10.2 业务中台

业务中台是企业管理与运营一体化的体现，可为前端提供数据服务的支撑，通过一个统一的管理平台将企业各个业务领域或部门进行数字化的高度一体化管理，为一线部门提供强力的支持服务。同时，为了实现前端业务的快速响应方式，业务中台把需要公用的应用打包并且做到标准化、可抽离，以便让其他业务也可以使用，从而使前台业务敏捷推进，后台业务稳固支持。

业务中台更多偏向于业务流程管控，将业务中共性的服务抽象出来，形成通用的服务能力，如物资采购平台中，用户管理、订单管理、交易管理、商品管理、购物车等模块在多种业务模式中都是可抽象化的服务。

10.3 数据中台

数据中台实质上是一个在企业数据战略中支撑数据生产、加工、运营的服务平台体系，是为了应对内部众多业务部门千变万化的数据需求和时效性要求而成长起来的整合平台。它既要满足业务部门多个业务前台的日常数据需求，又要应对大规模数据的线性可扩展问题、复杂活动场景下业务系统的解耦问题，它是在技术、组织架构等方面采取的一些变革。

数据中台是实现数据智能化与共享化的最佳实践之一，一般来讲，它是由数据中台方法论 + 组织 + 工具所组成的。数据中台方法论即采用实现企业数据的全局规划设计，通过前期的数据治理框架设计形成统一的数据标准、计算口径，统一保障数据质量，面向数据分析场景构建数据模型，使通用计算和数据能得到沉淀和复用，提升计算效能。

数据中台的建设实施必须有能与之配合的组织，不仅仅相应岗位的人员要配备齐全，而且组织架构建设也需要对应，由一个数据技术部门统筹企业的数字化转型，在数据赋能业务中形成业务模式，在推进数字化转型中实现价值；从落地层面看，数据中台由一系列的数据构建、数据管理、商业智能等工具组成。

数据中台的主要目的是解决应用开发快于数据开发的效率问题、数据开发与数据产生价值的协作问题以及加速从数据到价值服务的产生过程。目前各企业的数据中台落地一般指数据共享中心建设。

从目前企业的实践经验来看，数据中台解决方案一般是以大数据存储和计算平台为载体，以统一数据构建及管理方法论为主干、数据资产化为核心，实现全域链接、标签萃取、立体画像，以数据资产管理为导向、数据应用服务为辅助的松耦性整体解决方案。其强调数据服务的理念与业务模式在推进数字化转型中实现价值。所以，数据中台建设成果主要体现在两方面：一个是数据技术能力，另一个是数据资产。通过数据技术，对海量数据进行采集、计算、存储、加工，同时统一标准和口径。数据中台把数据统一之后，会形成标准数据层，然后进行存储（含大数据分布式框架与存储），从而形成大数据资产层，进而为业务端提供高效、可复用的数据服务，最终降低重复建设与烟囱式协作的成本，达到降本增效的目的。

10.3.1 数据中台的定位与核心价值

数据中台定位于计算后台和业务前台之间，其关键职能与核心价值是大数据从业务视角而非纯技术视角出发，智能化构建数据、管理数据与提供数据调用、数据监控、数据分析、数据展现等多种服务。承技术启业务是建设智能数据和催生数据智能的引擎，而以数据中台内核价值为中段的数据中台业务模式不是纯数据、不是纯技术，也不是纯业务，它同时关注着与大数据能力相关的上下游，以大数据为中轴线，基于技术而又深入业务。它数据产品 + 数据技术 + 方法论 + 场景实现的综合性输出，同时为智能化数据、技术极致提升和数据智能化业务负责。

数据中台一方面专注于从业务视角建设标准统一、融会贯通、资产化、服务化、闭环自优化的智能数据体系，同时极致追求技术上的降本提效。另一方面，它致力于智能数据与业务场景深度融合的业务数据化与数据业务化中的各类智能化价值创新。

目前数据中台建设的基础仍是数据仓库和数据中心，只是数仓模型从原来由核心业务系统依次加载到 ODS、EDW 层，最后加载到数据集市的目标逐渐转化成了统一多维度模型数仓。共享体系之下建立的多维度统一模型在企业中可以体现出巨大的应用价值。

数据中台一般包括数据模型和数据资产管理、数据服务开放、上层的数据类应用和标签管理等。从构成上看，数据中台一般包括以下几个部分的内容。

- 数据仓库：用来存储、转换、加工数据，包括结构化数据和非结构化数据、离线数据、实时数据等。
- 大数据框架：包含大数据分布式计算服务、存储、大数据研发套件、数据分析及展现工具。
- 数据资产管理：按照阿里的体系应该分为垂直数据、公共数据和萃取数据三层。

所以这种数据中台就是一个数据共享能力提供中心（《企业 IT 架构转型之道：阿里巴巴中台战略思想与架构实战》中有详细论述），在前期可以是一个基于大数据技术构建的分布式 ODS 库，后期可以发展到数据仓库和大数据分析，底层的核心仍然是数据建模。数据中台的出现解决的是数据存储、连通和使用中所遇到的种种问题，如数据孤岛、数据治理、数据共享等。通过打通多源异构数据，统一治理、管理企业数据，数据中台可以让数据高效可用，为企业业务提供支持、为客户提供高效服务。数据中台诞生的初衷是解决组织膨胀所造成的效率下降问题。具体业务的开展需要技术、产品、市场等各个方面的支持，对于大型公司来说，这些基础支持工作会有很大程度上的重复。部门内部、部门间的协调颇为费力，不仅信息无法共享，资源也会被浪费。一个数据全面、技术能力过硬、可以统一调用的数据中台，能够为业务线提供统一支持，同时帮助企业精简业务团队配置，实现扁平化，管理效率和组织运作效率都可以得到提升，业务也更加敏捷。数据中台提供的关键支撑如图 10-1 所示。

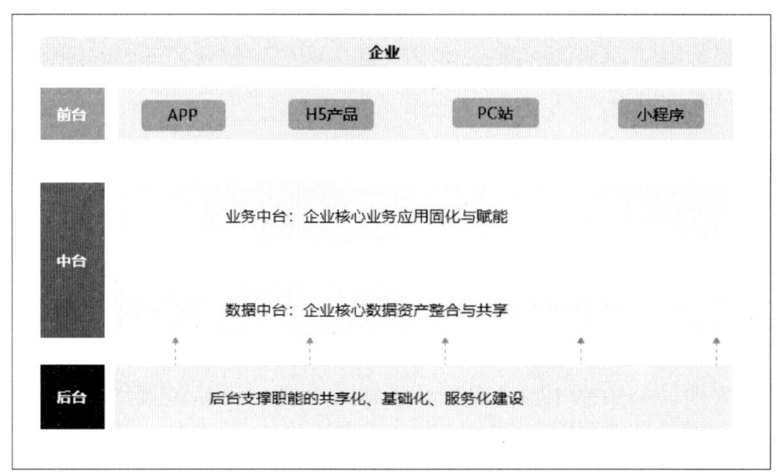

图 10-1　数据中台提供的关键支撑

10.3.2　数据中台架构

从架构上看，数据中台是通过企业内外部多源异构的数据采集、治理、建模、分析、应用使数据对内优化管理、提高业务，对外实现数据合作、价值释放，成为企业数据资产的管理中枢。数据中台建立后，会形成数据 API 为企业和客户提供各种高效的数据服务。图 10-2 所示为数据中台架构。

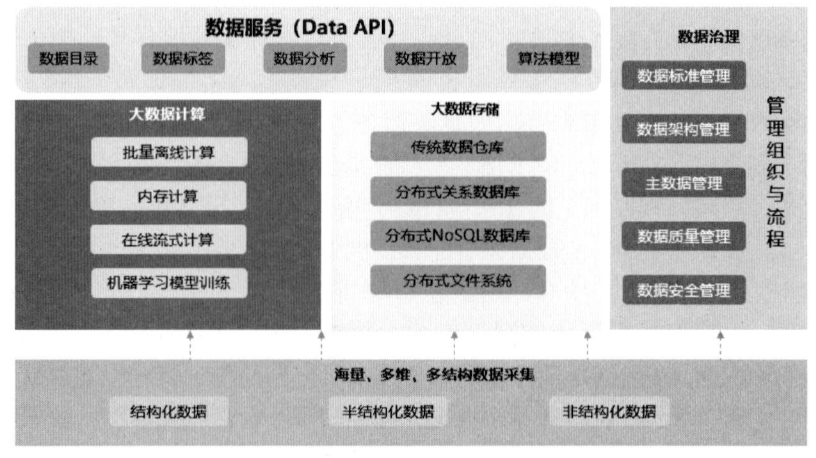

图 10-2　数据中台架构图

10.3.3 数据库、数据仓库与数据中台的关系与区别

企业中的业务数据一般都存储在各自的业务系统数据库中（如 Oracle、MySQL、SQL Server 等），而要建立数据存储集合时，就需要建立数据仓库。数据仓库可以为企业的分析性报告和决策支持提供数据支撑，也能为企业提供一定的 BI（商业智能）能力，并对业务流程进行改进，为监视时间、成本、质量控制提供一定的支持。ETL（Extract Transform Load）技术作为使用数据仓库时不可或缺的手段之一，则是将数据从数据源中抽取、转换、加载至数据仓库的过程。一般会在数据库和数据仓库之间设置一种过渡数据形式，即 ODS（Operational Data Store），ODS 与数据仓库在物理结构上有所差异。ODS 存储的是当前的数据情况，为使用者提供当前的状态，以及即时性的、操作性的、集成的全部信息，并提供高性能的响应时间。ODS 中的数据是“实时值”，而数据仓库的数据是“历史值”，一般 ODS 中存储的数据时间周期短，而数据仓库存储企业未来数年使用或周期更久的数据。ODS 中的数据最终流向数据仓库。数据集市是为了特定的应用目的或应用范围从数据仓库中独立出来的一部分数据，也可称为部门数据或主题数据。在数据仓库的实施过程中往往可以从一个部门的数据集市着手，之后再用几个数据集市组成一个完整的数据仓库。需要注意的是，在构建不同的数据集市时，同一含义的字段定义一定要相容，这样在以后实施数据仓库时才不会造成大麻烦。

知识扩展：

有的读者也许会对这些关于数据存储的对象存在疑问，如数据库、数据仓库等在数据存储上的实质区别到底是什么？

要回答上述问题，首先要熟悉数据处理的过程，它分为两大类，即联机事务处理过程和联机分析处理过程，也就是常见的 OLTP（On-Line Transaction Processing）与 OLAP（On-Line Analytical Processing）。其中，OLTP 是传统的关系型数据库的主要应用，多用于基本的、日常的事务处理，如银行交易，它适用于数据增删改管理，强调数据库的内存效率与并发操作；OLAP 是数据仓库系统的主要应用，方便对数据进行复杂的统计分析操作，侧重决策支持，并且能提供直观、易懂的查询结果。

有很多企业在信息化的道路上经历过业务数据库到数据仓库的转换阶段。企业最早建立信息化系统时，项目启动非常容易，门槛低。有的系统做了一个简易的前端，再搭建几台服务器和一套数据库，就能正常使用。但随着企业的客户和订单增多，业务变的愈发复杂，普通查询已经开始有压力，这时候就需要升级架构变成多台服务器和多个业务数据库（量大 + 分库分表）以适应日益复杂的业务，这个阶段的业务数据和指标还可以勉强从业务数据库里查询。初步进入工业化。

但随着业务的指数级增长，数据量陡增，公司组织架构与角色也开始日益复杂，各个角色需要面临的问题也愈发复杂和深入，这时企业决策者们关心的问题从最初非常粗放的“昨天的收入和利润分别是多少”“上个月的业绩是多少”，逐渐演化到精细化的用户集群分析，如“某类商品的购买行为与公司进行的促销活动方案之间的关系”、“财务成本和某业务指标

之间的波动关系”等。这些关于数据之间联系的越来越具体的需求，和能够对公司决策起到关键性作用的问题，已经很难从各个业务数据库里直接获取。原因在于：业务数据库中的数据结构是为了完成交易而设计的（OLTP），而不是为了查询和统计分析（OLAP），即业务数据库大多是读写优化，为完成实际业务操作而设计，对大量数据的读取（查询指标一般是复杂的只读类型查询）是支持不足的。所以，基于OLTP的数据处理方便完成业务操作，但是在大批量统计分析上能力有限。为了解决此类需求，就需要建立数据仓库，企业开始正式进入信息化阶段。而数据仓库正是基于OLAP的数据处理模式而设计的，它的优势在于：

- 数据结构适合分析和查询。
- 只读优化的数据库不需要写入速度很快，只要进行大量的复杂数据查询工作时速度够快就可以了（把自身目标实现即可，不负责具体的业务）。

OLTP（读写都优化）对应业务性数据库，OLAP对应分析性数据库，即数据仓库。OLTP与OLAP之间的区别见表10-1。

表10-1　OLTP和OLAP的区别

维　　度	OLTP	OLAP
用户	业务操作人员，一般管理人员	决策人员，高层
功能	日常业务操作处理	分析决策
数据库设计	面向应用	面向主题
数据	当前最新的数据，二维	历史聚集的数据，多维集成，统一
读写	读写数据量一般	读取百万级数据，用于统计分析
工作单位	简单事务	复杂查询分析
用户数	千级	百万级
内存大小	MB ~ GB	GB ~ TB
主要应用	各业务系统数据库	数据仓库

数据仓库（Data Warehouse）是一个面向主题、集成、相对稳定、反映历史变化的数据集合，主要用于支持管理决策和信息的全局共享。企业级数据仓库中存储的数据一般来源于多个数据源（业务系统）的集成，原始数据来自不同的数据源（数据来源主要是业务数据库，数据格式也是以结构化数据为主），存储方式各不相同，需要从数据源经过抽取、清洗、转换的一系列过程将分散的数据整合成为最终的数据集合。

企业建立数据仓库后，希望通过其分主题的数据模型整合企业内部的所有数据，以期形成企业“唯一真实”的数据来源，支撑管理决策，进而为数据分析应用（BI、预测、计划）等打好基础，确保数据源的独立性并能支持未知分析。

但随着大数据时代的到来，过去的经验和方式又会受到新的挑战，无论是数据类型、数据规模、数据的变化速度还是业务部门的期望都发生了显著的变化。在数据类型上，当前更多强调的是结构化数据和非结构化数据的结合。在数据的规模上，衡量指标已经不是TB，而是PB和ZB。数据的类型上也呈现出多样化的趋势。在数据的变化速度上，随着物联网的到来，出现了更多实时的数据和应用场景，新的技术也随着时代在进步，业务部门的期望也自然在逐步提升。他们迫切期望更实时、更智能、更高效、更便捷的数据访问。

所以，数据仓库就有了向大数据方向演变以及打通企业数据间各方面壁垒的需求。而为了融合整个企业的全部数据，打通数据之间的隔阂，消除数据标准和口径不一致的问题以充分利用这些数据、挖掘大数据内在的价值，数据中台通常会对来自多方面的基础数据进行清洗，建立多个以事物为主的主题域，如用户主题域、商品主题域、渠道主题域、门店主题域等。数据中台可以将大数据管理平台作为数据存储和计算的载体，实现数据的加工和处理，更多地实现数据的管理，强调利用数据以及数据开发和高效使用的能力，而数据中台的数据资产管理也可以对数据湖中的数据按照数据域方式进行管理，并结合业务逻辑实现整个数据模型的加工和开发。

总结：数据中台是指集数据采集交换、共享融合、组织处理、建模分析、管理治理和服务应用于一体的综合性数据能力平台，能更好地支撑数据预测分析、跨领域分析、主动分析、实时分析、多元结构化数据分析，在大数据生态中处于承上启下的位置，提供面向数据应用的支撑能力。

知识扩展：

数据中台与传数仓也有很多明显的区别。在服务对象方面，传统的数仓只是满足领导数据决策的需要，因此更多地体现在 BI 报表或图像输出上，使用者以小部分的业务人员和决策层为主，新需求的开发周期以月甚至年为计。而数据中台由于起家于互联网企业，其使用对象扩大到了一线服务人员和商家，业务需求更繁杂，很难用一套报表系统满足需求，因此催生出一个生态的数据服务。其次是体系架构上，数据中台由多个系统组成，除了计算平台外，其方案由多个分布式服务系统提供，以满足不同的业务需求和高并发、系统自动扩容需求。除了大数据存储和计算平台外，它还包含数仓建设、工作台开发 IDE、任务调度、数据同步服务、对外统一数据服务、资产管理系统、实时数据流计算平台和开发平台、计算和查询模块、敏捷 BI 报表开发等多个组件，通过多个维度的组件组成一整套方案。最后，在服务表现形式上数据中台更多样化，不仅能提供报表基础服务功能，而且为了满足各个业务部门的不同需求，还会提供领导决策、行业分析、业务洞察、业务重塑，自助查询等多个功能，满足领导层、业务人员、开发人员等各类用户的需求。

10.3.4 业务中台与数据中台的区别与联系

前文说过，**业务中台是抽象业务流程的共性来形成通用的业务服务能力，而数据中台则是抽象数据能力的共性形成通用的数据服务能力**。如原始业务数据通过资产化、服务化形成客户画像服务，这个服务可用于电商平台的商品推荐，也可用于金融领域的信用评价、金融信贷管理的风险控制管理支撑。所以，同一个服务在应用层展现的内容可能有所差异，但是底层的数据体系与数据算法却是一致的。

数据中台与业务中台同时存在时，其作用也必然相辅相成。业务中台中沉淀的业务数据进入数据中台进行体系化管理与加工，再以服务化的方式支撑业务中台的应用，而这些应用产生的新数据又流转到数据中台，数据中台在提升数据开发效率、降低开发成本的同时也让整个数据闭环场景更为智能化。

所以，业务中台与数据中台相互促进能为企业业务的发展与高层决策的应用提供广泛的支持。其中，业务中台的存在是为了围绕公司业务运营进行服务，将获取的多维度数据传递给数据中台，由数据中台挖掘新的价值反馈给业务，以优化业务运营。

10.4 什么样的企业适合建立中台

当然，并不是所有企业都适合建立中台。中台的建立一方面需要企业具有一定的业务体量，即内部有了多条业务线且其信息化达到了比较好的水平，有了非常多的原始业务数据积累；另一方面，需要企业已具备多种管理系统，有打通系统壁垒的需求或过往信息化单元中有或多或少的重复建设功能点。从性价比方面看，是否需要建设中台也与企业所属行业、阶段、数据成熟度有关。中台的建立需要投入较多的资源，对于信息化、业务发展、数据质量与标准、流程等方面皆不成熟的企业，短期内不适合建立中台。

10.5 关于微服务

微服务最初由 Martin Fowler 提出，微服务架构就是将单一程序开发成一个微服务，每个微服务运行在自己的进程中，并使用轻量级的机制通信（如 HTTP、Restful、Feign）。这些服务围绕业务能力来划分，并通过自动化部署机制独立部署。它们可以使用不同的编程语言和数据库以保证最低限度的集中式管理要求。微服务是一种软件架构风格，可利用模块化、组件化的方式组合出复杂的大型应用程序，各功能模块使用与编程语言无关的 API 集相互通信。其实现方法也多种多样，每个组成部分使用微服务的出发点也不尽相同。通常情况下，一个微服务只负责一个系统下的某一个功能，如电商系统一般可以分为用户服务、商品服务、订单服务、支付服务和物流服务；银行系统的每一个服务只负责一个领域模型中所需完成的任务。这样可以轻松实现整个微服务系统的松耦合和较强的可维护性。

随着互联网的发展，系统应用的规模逐渐扩展。需求的激增带来的是技术上的压力，系统架构也因此不断地演进、升级、迭代，从单体架构到 SOA（当然，还有分布式架构），以及现在火热的微服务架构。企业应用架构的变迁如图 10-3 所示。

图 10-3　企业应用架构的变迁

1. 单体架构及分布式架构

在架构设计中，通常会将应用分为三层，即表现层、业务逻辑层、数据访问层。一个典型的单体架构就是将这三层放在一个工程中，打包部署到一个服务器。单体架构如图 10-4 所示。

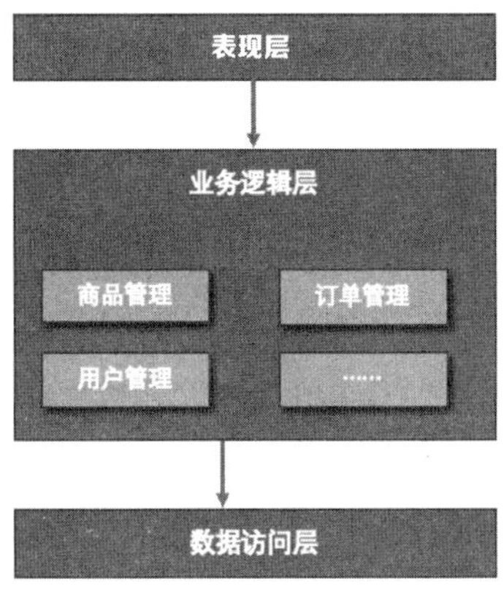

图 10-4　单体架构

单体架构存在代码耦合、开发维护困难、无法针对不同模块进行优化、无法实现水平扩展、单点容错率低、并发能力差等相关问题，所以后来在部分大体量单体架构项目中开始出现以单体结构规模的项目为单位进行垂直划分的项目，即将一个大项目拆分成一个个单体结构项目。这种模式下，项目与项目之间存在数据冗余、耦合性较大，比如都存在商品信息和用户信息；项目之间的接口多为数据同步功能，如数据库之间的数据库、通过网络接口进行数据库同步。这种架构称为分布式架构，如图 10-5 所示。

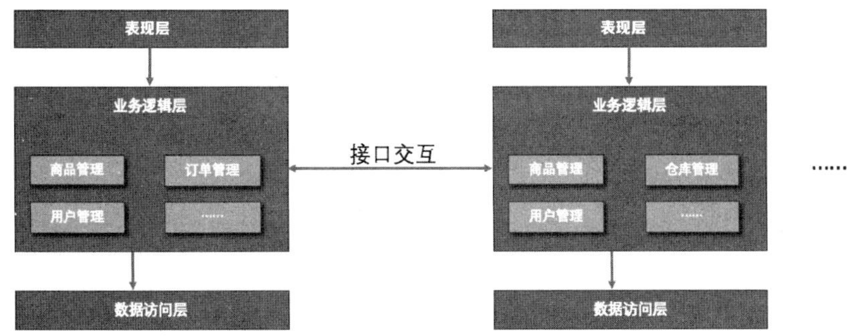

图 10-5　分布式架构（垂直拆分）

优点：

1）通过垂直拆分，让单体架构获得灵活的扩充。

2）不同项目可以采用不同的技术，灵活采用新颖的技术栈。

3）架构简单，拆分成本低，开发成本低，周期短。

缺点：

1）系统性能扩展只能通过集群实现，添加集群节点成本高、有瓶颈。

2）对于单个工程，所有功能在一个应用中，对大型项目来说，不易开发，扩展性和维护性低。

2. SOA架构

SOA架构是将可以复用的功能抽取为公用组件，以服务的方式给各个系统提供支持。项目系统与服务之间采用WebService、RPC等方式进行通信。企业服务总线作为项目与服务之间通信的桥梁。SOA架构如图10-6所示。

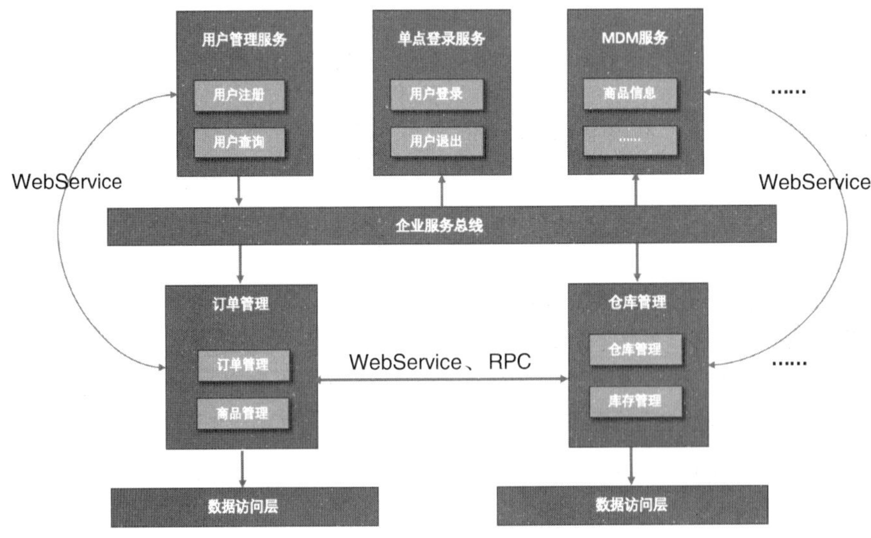

图10-6　SOA架构示例

优点：

1）采用企业服务总线减少系统间接口耦合。

2）可以针对不同的服务特点指定集群和优化方案，每个系统独立扩展。

3）将可以复用的功能抽取为公用组件，提高了开发效率，提供系统复用性、可维护性。

缺点：

1）虽然采用了企业服务总线，但是服务的接口协议不固定，种类繁多，增加了系统维护难度。

2）系统与服务之间的界限模糊，不利于开发和维护。

3）复用功能的抽取颗粒度太大，系统与服务间耦合性高，不利于系统与服务之间的维护。

3. 微服务架构

在前文中已经对微服务架构进行了简单阐述，这里再进行一些讲解。

微服务架构将系统拆分成小而自治的服务，通过去中心化实现灵活的扩展能力。每个服务管理自己独立的事情，整个系统富有弹性，扩展自如，风险可控。服务间使用轻量级API调用，服务需要保证良好的高可用性。

优点：

1）微服务可以由三五人的小团队独立开发，提高交付效率。

2）每个微服务管理的内容很少，能将指定的业务场景聚焦，代码更容易理解，团队能够更清晰地关注到项目成果，提高交付质量。

2）微服务间松耦合，在开发阶段、测试阶段、部署阶段都是相对独立的。

3）每个微服务可以使用自己的开发语言，微服务系统能将不同开发语言进行整合。

4）微服务能更好地融合最新技术能力，将更好的技术能力更快速地应用到系统。

缺点：

1）大大提高了运维难度，需要结合 DevOps 技巧。

2）分布式系统更加复杂，管理难度加大，问题跟踪困难。

3）当存在分布式事务时，事务一致性控制将会是一大难题。

4. 使用微服务化的原因

在传统单体或SOA架构下，应用如果频繁升级更新，开发团队非常痛苦。企业的业务应用经过多年建设，系统非常庞大，要改动其中任何一个部分，都需要重新部署整个应用，敏捷开发和快速交付更是难上加难。

而微服务是将企业通用服务按业务划分成一个个单体服务，可用性增强、服务易扩展、开发成本减少、服务发布对整个平台的影响减少。微服务是一种思想，其实现有很多方式，企业由单个系统转向微服务系统要考虑很多问题，比如技术选型、业务拆分、高可用、服务通信、服务发现和治理、集群容错、配置管理、数据一致性、康威定律、分布式调用跟踪、CI/CD、微服务测试，以及调度和部署等，这并非一些简单方法就能化解。微服务框架必须达到借助虚拟化平台，能够按需创建机器并调整大小，借助基础设施的自动化从一台机器扩展到多台机器，拥有业务监控预警、异常熔断等功能。现有框架有Dubbo和Spring Cloud。Dubbo是RPC服务治理框架，与Spring Cloud一样具备服务注册、发现、路由、负载均衡等能力，可以做到应用独立开发、部署与发布，实现去中心化的管理而且支持高并发、高可用，企业可以根据需要灵活选择。

微服务可以单独部署，特定的重新部署与发布不影响整体系统的稳定，风险小，成本压力小，并可快速交付满足需求；扩展升级较容易，可弹性伸缩并适应云环境；数据管理层面，能实现去中心化数据管理，每一个微服务都可以有自己的数据库。

但一个业务的复杂度不会因为拆分而减少，相反还会增加额外的技术成本、协作成本，整体复杂度是升高而不是降低的，开发效率是降低而不是升高的。所以微服务在解决了快速响应和弹性伸缩等方面问题的同时，又给带来了很多问题：首先是部署、测试和监控的成本上升问题；其次是分布式事务和CAP（一致性、可用性、分区容错性）的相关问题。系统应用由原来的单体变成多个（大量）不同的工程，会产生服务间互相依赖、服务拆封、内部接口规范、数据传递等方面的问题，尤其是服务拆分，需要团队熟悉业务流程、懂得取舍，要保证拆分的粒度既符合“高内聚，低耦合”的基本原则，又兼顾业务的发展以及公司的愿景使得资源投入上在多方之间取得平衡。拆分是业务复杂到一定程度时的需求，对简单业务强推微服务框架不只开发成本高昂，而且运维性价比低下。

10.6 微服务与中台的联系

微服务去中心化、天然分布式的特点与中台思想类似。中台架构如前所述，就是企业级业务层到数据层能力的复用，而微服务是可独立开发、维护、部署的小型业务单元，是一种技术架构，所以中台和微服务是有交集的两个领域的概念，中台更偏于业务，微服务更偏于技术实现。

当中台服务足够强大时，新业务可以调用中台的各个公共组件采用类似积木的方式进行快速搭建，前台系统只需要投入少量的人力成本，就可以快速完成新产品的研发和上线，并根据市场反馈再做调整。当系统可以采用“组件化”，也就是微服务化进行拆分时，各个子系统独立部署，而针对前端，可以构建一套组件库，支持自定义组件，不同系统采用不同的组件服务，前端组件包括基础组件、业务组件，统一部署。

10.7 小结

企业建立了中台就会更好吗？不是的。因为工欲善其事必先利其器。中台是企业治理与信息技术的融合尝试，首先要融合技术与业务的专长，认识到自身的组织架构与发展趋势。某些企业忽视了技术的发展和人才的培养，甚至在没有快速迭代与重建项目的能力、缺乏真正把技术和业务结合起来的建设策略时，盲目跟风建设中台，这显然不是明智之举。当企业成长有限、体量不大、业务有限时，要正确选择符合自身发展的IT建设之路。中台建立更多的是做出适合企业发展的组织架构，组织架构是重点，系统建设是后续任务。目前很多企业存在的问题是业务驱动式开发带来的低效，如何改变这种模式也是当下所有业内人员需要探索的方面。

第 11 章　大数据平台规划与建设

企业大数据平台建设是数字化转型中关键的一步，是业务和技术深度协作的关键所在。大数据平台建设的重点是管理数据、分析数据、应用数据。前文已经讲过大数据平台建设路径中的基础条件包括通过数据治理框架体系的内容逐步实现数据的标准统一与管理流程等基础的搭建，继而到各业务专题应用再到全面的数据管控与业务主数据平台的完善，使各类数据成为可访问、高质量、可洞察的数据。而本章要讲述的是如何打造拥有高效海量数据计算能力的大数据平台。大数据平台未来需要承载的是整个集团以及下属子公司、各事业部各个业务之间分散的数据，需要将各类数据源进行整合加工，最后深化数据应用携手业务创新。

11.1　大数据平台整体规划与框架体系

大数据应用以企业大数据为载体，使用专业的数据统计算法和分析技术，充分挖掘潜藏在复杂数据背后的价值，辅助企业的经营和决策。企业规划大数据应用通常遵循从简单入手、从价值最大化出发的原则，有针对性地拓展海量数据收集、处理、加工，以及大数据挖掘与分析功能。大数据平台框架体系如图 11-1 所示。

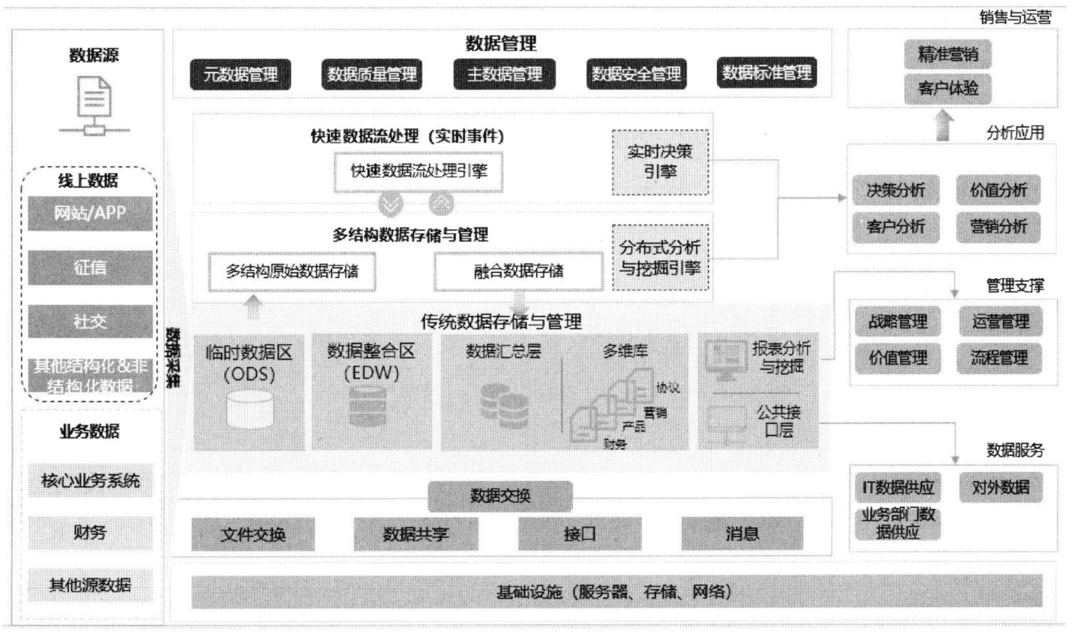

图 11-1　大数据平台框架体系

大数据平台框架体系是大数据业务价值创造的技术载体，数据架构、数据采集、存储和处理、模型、数据管控（治理）都是构成平台的关键技术要素。大数据平台的建设是一个持续的过程，已有平台需要不断优化，规划工程的落地也需要随着调研的逐步深入和企业业务的创新循序渐进。

数据仓库技术更多地用于将结构化数据进行管理并将其服务于应用。大数据技术更倾向于应用驱动，尤其是对半结构化、非结构化数据的分析应用。基于 Hadoop 构建的数据仓库极大地提高了数据加工效率，效率的提升将使数据仓库的应用范围得到扩充。而基于全量数据分析的能力，能够全面改善数据统计与数据挖掘方式，提供更完整、精确的分析结果。

11.2 业务诉求与建设方向

合理的业务需求是大数据平台建设方向的重要依据。确定需求时应梳理从高层领导到数据应用人员在日常工作中的哪些场景需要从数据应用中获取信息以支持决策或进行智能化操作，必须充分考虑到各业务线、各职级、各岗位员工的不同诉求，确定各阶段建设目标的优先级。

11.3 大数据关键技术与人才建设

11.3.1 大数据关键技术

大数据并不单指数据本身，而是数据域、大数据技术的融合。大数据技术是指与大数据采集、处理、应用一整套流程相关的技术，是一系列新型工具对大量结构化、非结构化且多来源的数据进行处理、分析的技术。其主要包括数据采集、数据存储与管理、数据分析等方面的内容。

1. 数据采集

利用 ETL 工具将分布、异构数据源（关系数据库或其他数据文件）中的数据加载到临时中间层进行清洗、转换后加载到数据仓库或数据集市的过程。

2. 数据存储与管理

利用分布式文件系统（HDFS）、数据仓库、关系数据库、NoSQL 数据库、云数据库等，实现结构化、非结构化海量数据的存储管理。

3. 数据分析

利用分布式模型和计算框架，结合机器学习与数据挖掘算法，实现对海量数据的分析处理，并对分析结果进行可视化，帮助用户更深层次地理解数据的含义。

11.3.2 大数据人才建设

企业中数据团队的好坏直接影响企业的数据资产能否被有效利用。要高效利用企业数据资产，就需要对数据现状与业务需求有充分的调研，还要有专业的数据团队和技术团队等。并不是所有企业都具备这样的条件，所以目前很多企业构建大数据平台是采用外部供应商（咨询公司、IT 实施商）配合内部数据团队的模式（部分大型企业内部已有稳定的数据团队）进行个性化开发。其中，内部数据团队可以在方案建立、组织与流程的有效建立以及平台搭建的过程中充分参与，结合自身的优势壮大内部团队，培养出企业自己的业务专家和技术专家，为企业数据战略中的后续应用搭建打下坚实基础。大数据平台建设团队可由以下几个部分组成。

- 技术平台组：负责数据仓库、大数据平台等系统的搭建、调优和数据维护，保证数据的稳定性和准确性。
- 大数据开发组：负责数据清洗、加工、分类等开发工作，并能随时响应数据分析人员对数据提取的要求。
- 大数据分析组：面向各业务条线，与业务部门融合，处理企业业务相关数据、专项数据的业务逻辑分析和数据挖掘，挖掘用户需求，定位目标客户，制订业务优化方案。负责构建数据挖掘模型。
- 算法组：使用数据挖掘、统计学习、机器学习等技术，以及进行专项数据的业务逻辑分析、自然语言处理等。
- 业务需求人员：主要是业务部门，负责深入业务，制订业务指标、从数据中反馈业务问题，利用数据为企业产品或业务提供决策支持。

11.4 数据仓库平台规划

一般来讲，数据仓库由五个部分组成，即数据源层、贴源层、数据整合层、数据服务层以及数据应用层。

- 数据源层：数据中心需要采集、抽取、转换各个业务系统的数据并进行整合。
- 数据贴源层（缓冲区以及 ODS 区）：按照各个业务系统（数据源系统）的数据颗粒度进行存放，并进行历史数据保存。因为 ODS 一般没有进行转换，且时效性较强，所以负责时效报表、实时查询以及下游消费系统的日常数据、实施数据支持。
- 数据整合层（PDM 应用汇总/LDM 逻辑模型、指标层和语义层）：数据中心的核心数据存储区域，按照预定义的数据模型进行整合存放。汇总层负责数据分析、实时查询、数据挖掘、数据探索、数据汇总。指标层则负责企业整体运营管理、业务分析触发及公共指标体系规划，并建立企业级指标分类框架，梳理和编制指标定义，反哺指标定义标准，制订指标定义流程。数据中心实现公共指标层的计算、存储、接口访问，做到一次计算多处使用。指标体系要能够根据需要不断扩展，扩展时不对下游应用造成大的影响。语义层是为了满足业务分析人员灵活多变的分析需求，通过宽表来屏蔽后台复杂的业务逻辑，让业务人员利用各种 BI 工具就能简单而高效地访问后台数据（如管理驾驶舱和数据大屏）。

- 数据服务层：为了充分利用数据仓库平台快速处理的性能，更好地为下游提供一些私有指标，在数据仓库内部建立面向特殊应用的数据集市。
- 数据应用层：数据中心的所有数据都通过用户和应用接口向外提供数据服务。

图 11-2 所示的架构中，对数据进行了三次结构转换，先从核心业务系统加载到 ODS，然后从 ODS 中转换架构后加载到 EDW 层，最后加载到数据集市。对一般用户来说，真正用到的是数据集市层，它能帮助用户了解数据的实际内容（但部分数据分析型系统也可以直接从 ODS 拿到相关数据经过指标提炼形成可视化应用）。这个模式相对来说比较成熟，但建设成本高，有时候花费甚多却达不到数据分析的目标，而且对技术人员的能力要求比较高，ETL 过程难以管控，最主要的是业务与技术很难从一个维度进行沟通。业务人员将数据从源系统导入，然后从分析型系统中将数据提取出来，中间的 ODS、EDW 对业务人员来说只相当于一个功能盒，中间的信息转换完全取决于技术人员对业务的理解，当业务人员对数据质量产生疑问时，很难找到解决问题的方法。

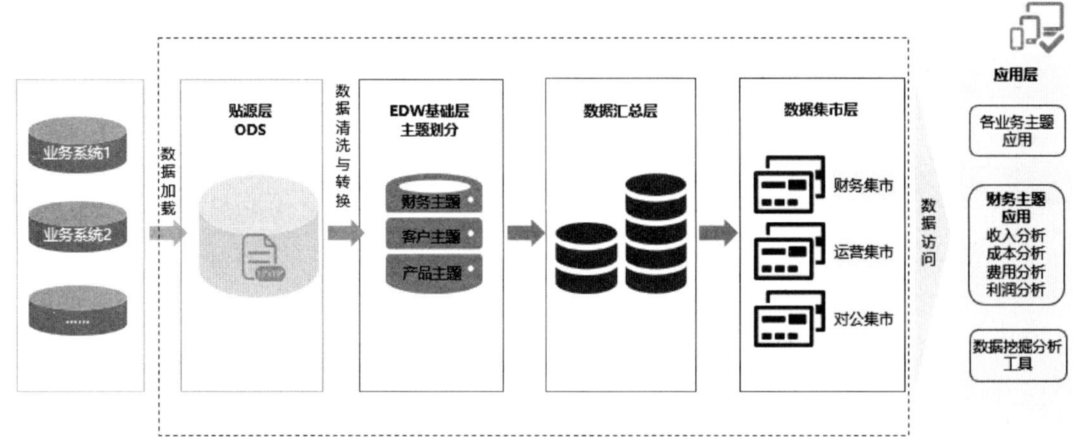

图 11-2　传统数据仓库架构

所以针对上述问题衍生出了优化型的数据仓库架构，如图 11-3 所示。

优化后的架构最主要的就是中间集市层的模型维度发生了变化。传统型的数据仓库架构中，数据需要转化三次才能为业务所用，而业务人员对其本身（无论是 ODS 层还是整合层内部）都不了解，也不理解其中的数据状态。而新型架构中，经过统一维度建模，数据由贴源层加载导入后直接按照预定的统一维度模型进行分类存储，如项目数据由不同指标构成（如收入指标、成本指标等），而每个指标都有对应的日期、科目、项目、机构、币种等维度的信息，而业务关注的也就是不同维度下的指标数据情况。再比如财务总账数据，统一维度模型下，数据直接以总账事实（凭证信息）为基础结构，按照科目、日期、机构、事实场景、币种等维度进行统一维度模型存储（相当于直接建立了一个多维度的大

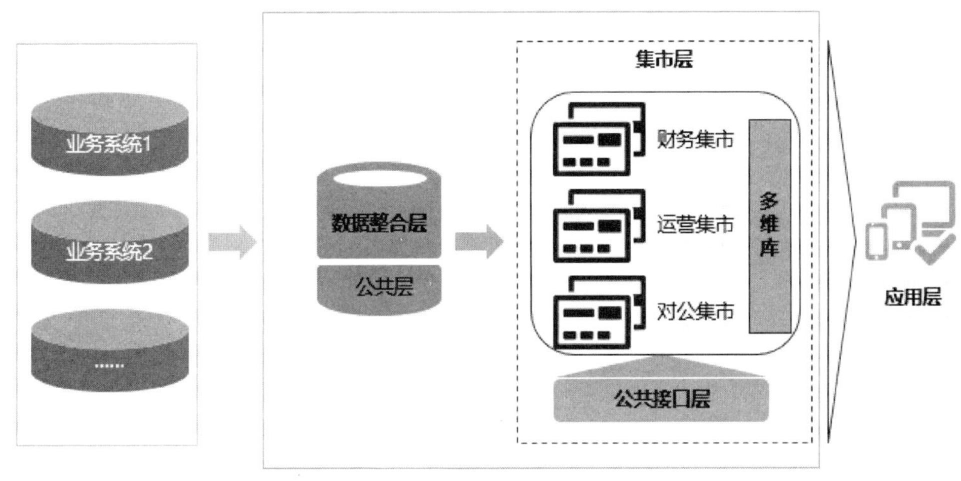

图 11-3 统一维度模型数据仓库

星形宽表)。这种类型的存储对前期业务人员梳理数据颗粒度的要求比较高，因为数据颗粒度一旦发生变更，后期相关库表要面临大的改造，所以这个问题比较依赖于设计人员的经验，也就是能不能抓住业务的本质，根据实际业务处理流程的关键因素来确认数据颗粒度。一旦颗粒度得到确认并经得起推敲，其适应能力就能够维持长久运行。

11.5 Hadoop 大数据处理平台

Hadoop 是一款开源的通用大数据分布式处理平台，其提供了分布式存储和分布式离线计算功能，适合大规模数据、流式数据，不适合低延时的访问、大量的小文件以及频繁修改的文件。它由分布式文件系统 HDFS、资源管理器 YARN 以及分布式离线计算框架 MapReduce 组成。

在业务上，为了满足各大企业日益增长的业务与数据带来的需求变化，可以采用 Hadoop 大数据平台等开源大数据计算引擎打造适合自身且能为企业运营和产品开发提供决策支持的数据类应用。

下面介绍 Hadoop 技术上的特点。

1. Hadoop 的特点

1）高速度：通过在 Hadoop 集群中分化数据并行处理，使得处理速度非常快。

2）高扩展（动态扩容）：能够存储和处理千兆字节的数据（PB），能够动态增加和卸载节点，提升存储能力（能够达到上千个节点）。

3）低成本：只需要普通的 PC 机就能实现，不依赖高端存储设备和服务器。

4）容错与安全：在有较高数据处理效率的同时，也具有很好的容错性和可伸缩性，支持大规模数据的分布式存储，其冗余数据存储的方式很好地保证了数据的安全性。

5）可靠性：数据有多份副本，并且在任务失败后能自动重新部署。

6）运行在 Linux 平台上：Hadoop 是基于 Java 语言开发的，可以较好地运行在 Linux 平台上，且支持多种编程语言。

2. Hadoop 的使用场景

1）日志分析，将数据分片后进行并行计算处理。

2）基于海量数据的在线应用。

3）推荐系统，精准营销。

4）搜索引擎。

3. 常见的 Hadoop 平台结构（见图 11-4）

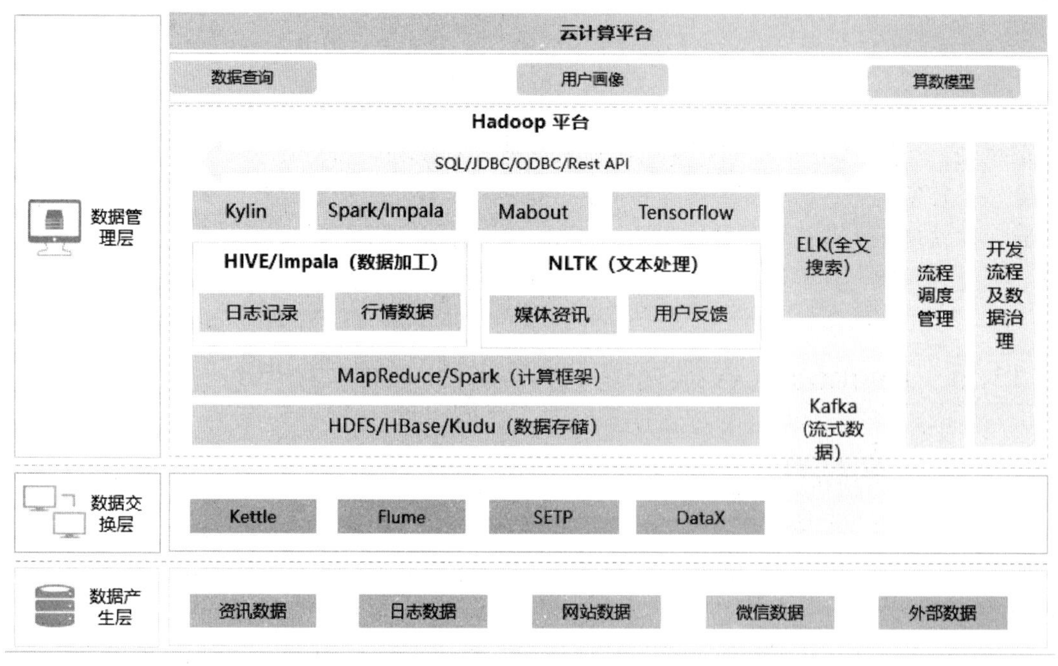

图 11-4　Hadoop 平台架构

- 处理对象：各类结构化、非结构化数据以及日志文件数据等。
- 实现功能：采用 NLP 等技术处理文本等非结构化数据以及离线批处理日志文件。
- 技术手段：使用爬虫从互联网收集各种数据；使用 SFTP 文件批量传输日志文件；使用 MapReduce 批处理日志数据；使用 NLTK/CoreNLP 处理数据。

对 Hadoop 平台架构中的一些内容介绍如下。

（1）HDFS

HDFS 是 Hadoop 体系中的分布式文件系统（Hadoop Distributed File System），也是 Hadoop 的核心之一。它具有处理海量数据、流式数据并对服务器要求不高的特点。HDFS 在访问应用程序数据时可以具有很高的吞吐率，因此对于超大数据集的应用程序而言，选择其作为底层数据存储是较好的选择。HDFS 是针对大规模数据存储而设计的，主要用于处理大规模文件，如 TB 级别的文件，处理过小的文件不仅无法充分发挥其优势，而且会严重影响系统的扩展与性能。HDFS 具有高容错性，可构建在廉价机器上，适合批处理和大数据与流式文件访问，但不支持低延迟访问和小文件存储以及并发写入与修改。

（2）HBase

HBase 是一种高可靠性、高性能、可伸缩、实时读写、分布式的列式存储数据库，主要用来存储非结构化数据和半结构化数据。HBase 具有强大的非结构化数据存储能力，且具有良好的横向扩展能力，可以通过不断增加服务器节点来增加存储能力，一般采用 HDFS 作为其底层数据存储，所以 HBase 是建立在 Hadoop 文件系统之上的，它利用 Hadoop HDFS 作为文件存储系统，利用 Hadoop MapReduce 来处理 HBase 中的海量数据。HBase 与传统关系型数据库的区别主要是：关系型数据库采用关系模型，具有丰富的数据类型和存储方式，HBase 则采用了更加简单的数据模型，它把数据存储为未经解释的字符串，用户可以把不同的结构化数据和非结构化数据都序列化为字符串保存到 HBase 中，然后自己编写程序把字符串解析成不同的数据类型；数据操作方面，关系数据库中包含了增删查改等操作，其中会涉及复杂的多表连接，通常是借助多个表之间的主外键关联来实现，而 HBase 操作则不存在复杂的表关联，只有简单地插入、查询、删除与清空。

（3）MapReduce

Hadoop MapReduce 用于大规模数据集的并行运算，它将复杂的运行于大规模集群上的并行计算过程高度地抽象到了两个函数中（Map 和 Reduce），并且允许用户在不了解分布式系统底层细节的情况下开发并行程序，完成海量数据的处理。

MapReduce 的优点：易于编程，有良好的可扩展性和容错性，适合 PB 级别以上的大数据分布式离线批处理。

（4）Hive

Hive 是基于 Hadoop 的一个数据仓库工具，可以将结构化的数据文件映射为一张数据库表，并提供简易的 SQL 查询功能，可以将 SQL 语句转换为 MapReduce 任务加以运行，这套 SQL 简称 HQL。其优点是学习成本低，可以通过类 SQL 语句快速 实现简单的 MapReduce 统计，不必开发专门的 MapReduce 应用，十分适合数据仓库的统计分析，使不熟悉 MapReduce 的用户也能很方便地查询、汇总和分析数据。MapReduce 开发人员也可以把自己写的 Mapper 和 Reducer 作为插件来支持 Hive 做更复杂的数据分析。

Hive 是建立在 Hadoop 大数据框架上的数据仓库基础架构，它提供了一系列的工具，可以用来进行数据提取、转换和加载，是一种可以存储和分析 Hadoop 中大规模数据的机制。其主要特点如下。

- 支持索引，数据查询速度快。
- 支持不同的存储类型，如纯文本文件、HBase 中的文件。
- 将元数据保存在关系型数据库中，大大减少了在查询过程中执行语义检查的时间。
- 可以直接使用存储在 Hadoop 文件系统中的数据。
- 内置大量函数来操作时间、字符串和其他的数据挖掘工具，支持定义用户扩展函数来完成内置函数无法实现的操作。

- 采用类 SQL 的查询方式，将 SQL 查询转换为 MapReduce 的任务在 Hadoop 集群上执行。

(5) 云计算平台

利用数据仓库、Hadoop 平台的数据以及云计算平台的计算能力建立全面的标签库和模型库，通过有效的数据分析、挖掘模型为应用层提供易用可靠的数据，并可通过容器技术 Docker 分配调度资源由微服务技术提供服务集成和外部服务 API 调用。

(6) 数据治理中心

数据标准是数据治理的核心，数据模型是数据治理的基础，而制度和规范是数据治理的保障，如图 11-5 右侧所示。

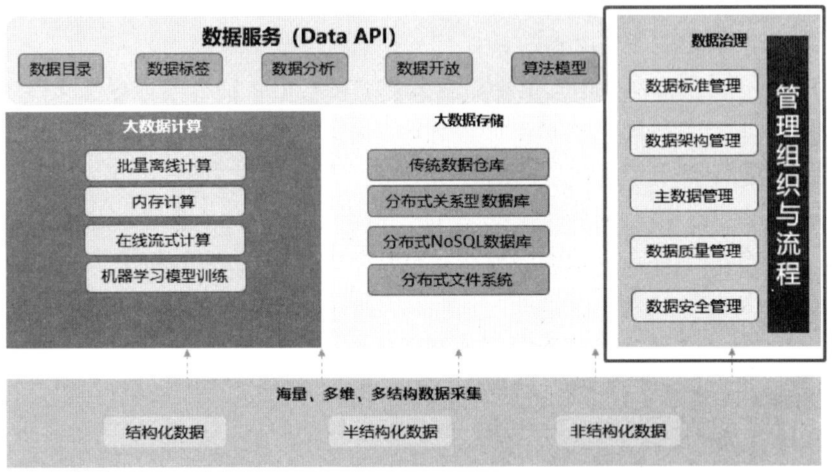

图 11-5　数据治理中心

11.6　实时数据中心与业务应用接口中心

实时数据中心对生产系统中的实时交易数据以及各类其他网络数据源产生的数据实现数据同步和实时数据计算，并可通过相关工具进行实时消息传输。实时数据库采用 Redis (**注 1**)，并用 HBase 保存实时结果数据，用 ELK (ElasticSearch + Logstash + Kibana) 实时检索明细数据。

注 1 扩展:

通常将数据库分为 SQL/NoSQL 或关系型数据库、键值数据库等，Redis 本质上是一种键值数据库，但它在保持键值数据库简单快捷特点的同时，又吸收了部分关系型数据库的优点，从而使它的位置处于关系型数据库和键值数据库之间。它是一个完全开源的免费内存数据库，不仅能保存字符串类型的数据，而且能保存列表类型（有序）和集合类型（无序）的数据，还能完成排序（SORT）等高级功能，在实现 INCR、SETNX 等功能的时候，能保证操作的原子性。除此以外，它还支持主从复制等功能。Redis 使用 ANSI 语言编写，支持网络，可基于内存亦可持久化的日志型数据库，并提供多种语言的 API。

这种实时数据库有以下特点。

1）支持多种数据结构，如 string（字符串）、list（双向链表）、dict（哈希表）、set（集合）、zset（有序集合）、hyperloglog（基数估算），所以也被称为数据结构服务器。

2）支持持久化操作，可以通过 AOF 和 RDB 机制完成，从而进行数据备份或数据恢复等操作，防止数据丢失的发生。

3）支持通过 Replication 进行数据复制，通过主从（master-slave）机制可以进行数据的同步复制，支持多级复制和增量复制。主从机制是 Redis 实现高可用（HA）的重要手段。

4）采用单进程请求，所有命令串行执行，并发情况下不需要考虑数据一致性问题。

5）性能极高，对小数据量的高性能操作速度极快。

6）Redis 目前只能进行小数据量存储（全部数据能够加载在内存中），海量数据存储并不是 Redis 所擅长的领域。

业务应用接口中心对数据仓库平台下发给各消费系统的文件以及 Hadoop 平台下发给下游系统的文件等，实现数据采集并生成数据文件，将数据传输到数据交换平台建立目录以及共享并开放给各自的下游系统。技术上一般采用批量采集，用于大数据源时以 SFTP 协议批量传输数据文件，不落地传输，用户可开发 Java 等应用程序调用大数据源 API。

11.7 大数据应用层规划

大数据已经在企业生产和日常生活中得到了广泛应用，对人类社会的发展与进步起着关键作用。以下将从大数据在企业或其他场景中的应用层面认识一下大数据对社会某些方面的影响与价值。图 11-6 所示为大数据分析类应用在各类场景中的规划。

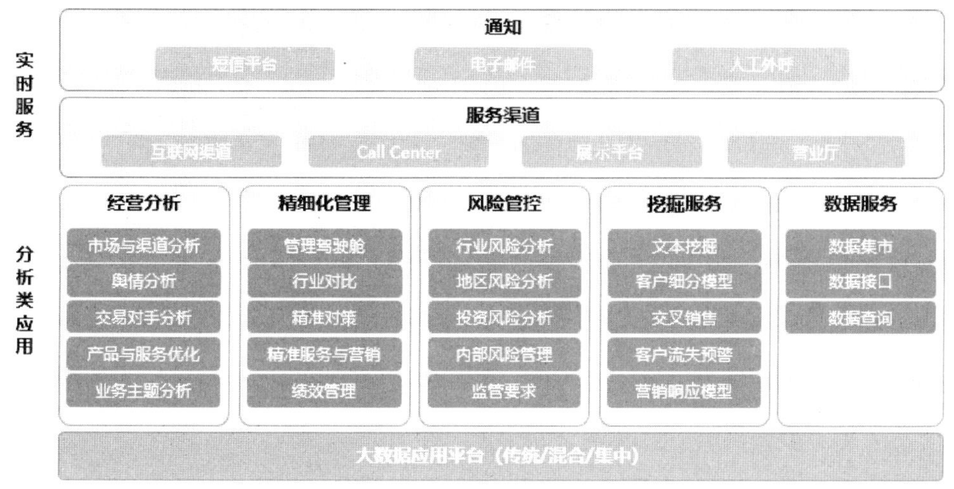

图 11-6　大数据应用平台规划

11.7.1 逐层实现标准化，提升可共享度

整体上，以贴源层汇聚数据，在基础层分类整合，再到中间层进行颗粒化与标签化，为应用的多样化提供完整支撑。

1. 贴源层——汇聚数据特点

1）分别处理离线与实时数据、结构化与非结构化数据。

2）数据集中存储。

3）数据质量与数据标准核查。

2. 基础层——分类整合、拉通共享

1）对各源头系统的数据按主题业务分类整合。

2）形成易于理解的数据模型。

3）统一模型与数据加工口径。

3. 中间层——一份数据多样服务，敏捷交付

1）业务数据颗粒化。

2）指标标签标准化。

4. 应用层——应用系统分析提炼

1）指标数据图像化。

2）各前端应用业务中台化。

3）各应用功能调用服务灵活化。

4）应用架构实例化。

某些大数据分析型应用，如画像分析或热图系统，其数据源一般来源于各应用系统的后台数据库，根据画像对数据的时效性要求以及是否需要复杂数据加工，除了需要遵循公司对数据流向的规划需求外，一切遵循比较简洁的数据接入方式。

需要的数据一部分通过加工，在 Hadoop 平台（后文有详细介绍）由贴源数据按主题分类聚合成各主题数据，再根据指标梳理形成画像标签层数，形成数据集市，然后通过统一数据交换平台或批量提供数据服务，由各类应用展示层系统对数据进行引用展示。全程可依赖 ETL 调度与监控实现预警处理。从逻辑架构层面，各类主题与标签数据形成数据存储层，向上赋能各系统功能模块作为应用支撑层，再由各类应用模块获取应用支撑以完成数据展示。

11.7.2 数据挖掘与分析型可视化应用

目前对数据挖掘和分析型可视化应用很多，有成熟的大数据类产品，如某些企业的

“全景大屏”，主要是在经过数据运营咨询规划后建设的相关挖掘和分析型应用（附录中将详细阐述），也有分析型的成熟产品和基于大数据框架开发的各类热图类应用，方便企业管理决策人员对企业经营现状的关键信息或企业内部的数据资产价值进行直观的获取。这些应用多服务于政府机关、企业等广泛主体的对外宣传、对内管控类业务场景。对企业而言，在一定程度上这类应用确实能推动营造“业务驱动数据，数据反哺业务”的良好氛围，实现企业级数据资产“可见、可知、可感”，真正发挥大数据价值，推进企业数字化转型，为企业未来发展提供战略意义。目前企业中常见的有直接汇聚业务系统数据仓库的传统型 BI、管理驾驶舱、数据大屏等。

BI 是利用相关数据可视化技术将数据转化为各种可视化报表或图形，用以支撑企业决策、发掘商业价值的一套解决方案的统称。BI 分析系统一般以数据为中心，其核心功能主要有数据仓库、数据 ETL、多维数据分析、数据可视化，通过多维分析与仪表盘的结合快速获取数据并进行展示。目前，传统 BI 已结合数据挖掘和大数据等相关技术朝着自助式实时探索、分析和展现一体化的平台发展。

管理驾驶舱是专门为企业管理而设计的高级决策支持系统，是为企业高层创建的虚拟办公场景。它是一个看板式的综合信息展示板，可根据丰富的指标体系与数据，以图形化工具的形式向管理者显示企业的各种综合信息，让他们据此有效判断当前企业的经营指标状态，方便做出决策，能够为企业决策提供有效的支撑。管理驾驶舱一般服务于企业中的管理角色，并对不同角色展现不同的关注程度和关键信息。驾驶舱系统可以用来创建各种驾驶舱，如集团高层领导可以关注通用全视角驾驶舱，销售部门领导可以关注销售管理驾驶舱，财务部门领导可以关注营运资金管理驾驶舱。

数据大屏是以大屏为展示载体的数据可视化应用。其借助丰富的图形化手段形象地揭示数据内在信息和规律，透过大屏面积特点营造出宏大的空间感与设计感，为数据受众带来强烈的感官冲击、宏大的视野体验与高度情感共鸣。它能提供企业运营实时全景概览，协助管理层快速解读企业经营全貌，为快速响应和决策分析提供依据。其一般服务于政府机关、企业等广泛主体对外宣传、对内管控类的业务场景。

但另一方面，面向企业或其他机构的数据分析本身是一个大的概念，大数据应用只是其中的一部分，从一般企业自身来讲，必须要先懂业务与数据分析的关系，懂数据运营机制，才能知道大数据分析能做什么事情。每个企业的发展阶段不同，如果盲目追随别人的脚步，其实也会将自己原来建设的一些东西都浪费了，笔者认为结构化数据是一个内核，是任何企业描述自身核心业务的数据，是一个最佳突破口。大数据是派生的、复杂的，需要持续优化完善。结构化数据依赖于数据治理，且必须得到治理。小企业的专业能力必然会有欠缺，无法构造一个完整的脉络去完成这个战略，但是良好的沟通机制能够弥补这样的缺陷，因为小企业部门之间的沟通一般比大集团更加顺畅，所以数据治理要以适度的规范化为目标。

11.7.3 互联网推荐型应用

相信很多读者对推荐型应用已经有了比较详细的了解，但在这里还是简单讲述一下。

用户通过互联网获取信息一般是借助搜索引擎，用户可以从海量信息中找到自己所需的信息。但通过搜索引擎查找内容是以用户的明确需求为前提的，用户需要将其需求转化为相关的关键词进行搜索。因此，当用户需求很明确时，搜索引擎确实能够很好地满足，但用户没有明确自身需求时，搜索引擎就有点无力了。如用户想看一个自己喜欢的电影却不知道看什么、用户想买点东西却不知具体看哪一类等，这时候用户更想要的可能是一个了解自己的自动化搜索推荐工具。它可以对用户的喜好进行分析、了解其所想所需，从庞大的互联网中找到可能项供其选择，此时用户的满意度自然得到了很大的提升。

推荐系统就是这样一种自动联系用户与服务（商品）的工具，与搜索引擎相比，推荐系统通过研究和挖掘用户的兴趣、偏好进行个性化计算，辅助用户从海量信息中发掘自己的潜在需求。

一个完整的推荐系统通常包括三个模块，即用户建模模块、推荐对象建模模块、推荐算法模块。推荐系统首先对用户进行建模，获取用户全景画像，根据用户行为数据与其他属性数据来分析用户的兴趣与需求，同时也会对推荐对象（商品或服务）进行建模，然后基于用户特征与商品（服务）特征，采用推荐算法计算得到用户可能感兴趣的对象，之后根据推荐场景对推荐结果进行一定的过滤与调整后展示给用户。推荐系统一般需要处理庞大的数据量，既要考虑推荐的准确度，也要考虑计算推荐结果所需要的时间。因此，推荐系统一般可细分成离线计算与实时计算。离线计算对于数据量、算法复杂度与时间限制的要求较低，可以得出较高准确度的推荐结果，而在线计算部分需要快速响应推荐请求，能容忍相对较低的推荐准确度。通过将实时推荐结果与离线推荐结果相结合的方式，可以为用户提供高质量的推荐结果。

如今此类应用在电子商务（根据用户的浏览历史记录分析并推荐用户未浏览过但可能需要购买的商品）、在线视频与音乐（根据用户的习惯推荐电影与歌曲）、社交网站（如有的交友网站直接根据用户职业、家乡、性格等各种维度的数据分析为用户匹配最佳的聊天对象，以免用户大海捞针）、旅游出行（根据用户的旅程数据直接分析用户想要的行程）领域有广泛的应用，甚至如今在输入法中也嵌入了推荐系统。

11.7.4 智慧医疗应用

目前我国医疗资源分布仍十分不均，虽然随着经济的不断发展，医疗资源无论是在经济发达区域还是在落后区域均有了长足的提高，但优质的资源基本集中在中心城市。这一方面导致了北上广深等地患者扎堆，另一方面也导致了落后地区患者太少、样本不够，限制了各项配套设施的发展。直接在小地方建大医院显然不现实。那么，是否可以通过将大数据应用于医疗的方式，使这种困顿局面有所改善呢？

答案是肯定的。通过智慧医疗，一方面可以将社区医院、乡镇医院通过在线的方式连接到中心城市医院，实时获取专家的建议，用远程医疗器械实现远程医疗监护（甚至5G推广后，远程手术都会有一定的可行性），这样就不需要患者扎堆去中心城市医院，便可实现有效的远程问诊、医护与治疗，而另一方面，可以解决医疗数据共享问题。以往患者在各个医院就诊均需要新建医疗档案、病历信息和重复检查，耗时耗力又耗财，如将医疗大数据有效利用，实现不同医疗机构之间的数据共享，则只需通过证件编码便可立即获取患者的所有信息（当然，安全隐私是前提），包括既往病史、检查结果、光学影像数据、治疗记录、用药情况等，既能做到信息互通，又能做到智能分析病症给予医生辅助决策等。这类应用既可以对患者病症治疗进行实时监测，防止医生误诊、护士误用药，还可以通过患者全景医学画像自动诊断病人的可能病症，并综合输入的问诊情况，预测此病人后续可能的并发症。此外，通过对病人睡眠等生活习惯数据的获取，还能为医生输出更多的辅助医疗措施建议。

11.8 小结

本章对企业数字化转型中的关键步骤——大数据平台规划与建设方面做了一定的阐述，包括从数据汇聚、中间层处理到应用端深化的各个环境中从需求到技术的应用等。其实，大数据平台建设是一项管理、业务、技术协同配合的工程，部分企业往往过于强调对技术的应用，而忽视了横向数据的拉通、整合与共享，很多企业目前即使使用大数据技术开展了各类应用的搭建，但数据上还是在闭门造车，未与企业中其他环节产生过多的交集、整合。这种现象也不能归结于高层没有正确的思路，企业中很多弊端的形成也不是一蹴而就的，而是需要结合企业现状与组织架构的特点，进行深入梳理与优化，最终实现组织与业务、技术的纵向闭合，为企业进行数字化转型并最终赋能于业务的创新发展提供长足的动力。

第12章 浅谈商业银行的数字化发展之道

随着互联网、云计算、大数据、人工智能在金融科技行业中的飞速发展，银行业也已认识到金融科技正在对传统业务模式带来的颠覆性改变。其中，大数据已经在部分银行（各大银行都已进入规划甚至深度引用阶段）、证券（山西证券也在深圳福田注册了中国证券行业第一家金融科技类子公司）等行业铺开阵仗。众多商业银行正在共享平台、生物识别、支付结算、人机互动类智能虚拟客服、智能理财助手以及智慧风控等诸多场景中发挥着积极作用。大数据应用以判断各行资产质量最为核心，主要包括客户画像、精准营销、行业预测、数据服务，利用大数据技术汇总行内外或互联网、社交、征信、舆情、工商等数据综合评估资产源质量的征信与风控应用，包括反欺诈、模型开发与输出、信用验证、联合信贷、助贷运营、贷后预警与管理。而各类金融智能应用中，客户分析管理、量化投资、高频交易和绩效评估等方面的场景也正在实现产品与服务的升级。

综合来看，目前各大商业银行的大数据管理与应用工作已经取得了比较大的成功，但总体来说还需要在基础建设和业务应用上快速推进。随着我国经济发展重心朝科技方面转移，新一轮基础建设也陆续朝着5G基建、特高压、城际高速铁路、充电桩、大数据中心、人工智能、工业互联网等板块建设。在此大环境下，国内科技与业务不断在深度和广度上协同发展，将促使我国银行业向智慧银行转型，尤其是在大数据基础建设和分析应用上取得丰硕的成果。本章将对商业银行在新形势下的数字化发展趋势与方式进行阐述。

12.1 业务发展趋势

目前，无论是我国宏观层还是银行业都处于重大转型期，新的业务模式快速涌现，以现代金融科技为支撑的新金融生态系统正在重新定义银行的运营模式与业务模式，但银行业生态发展的总趋势仍然是以客户的期望为核心，围绕客户体验。客户对银行的期望值越来越高，新一代客户群体快速走向数字化生活，对品牌的忠诚度降低。而在新的形势下，监管部门对风险、合规、内部稽核与安全的要求也进一步加强。金融行业的大客户直接通过资本市场进行融资的比例逐渐增高，利率市场化步伐加快，传统银行与新的参与者之间竞争日益激烈，其中互联网金融异军突起，各种颠覆传统银行模式的融资、理财和金融平台层出不穷，所以未来银行将不再是客户现场处理金融资产问题的去处，智慧银行将会让客户有随时可得的各类服务。商业银行需要拥有合作与协作、敏捷、创新、分析以及数字化等多方面的能力，才能成为未来银行生态系统的参与者，借助大数据分析技术驱动新型业务模式，打造未来银行的核心竞争力，如图12-1所示。

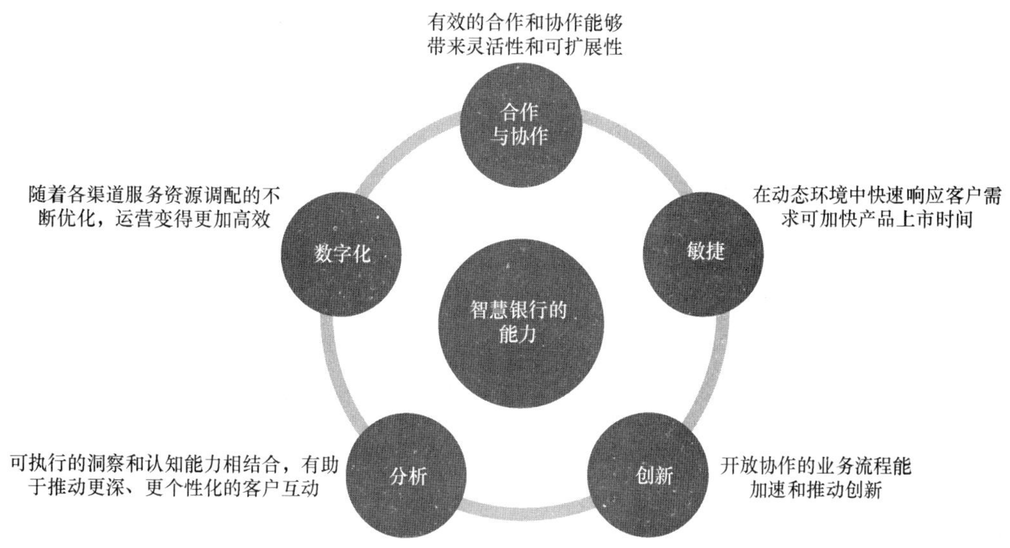

图 12-1　新时代智慧银行的基本能力

通过图 12-1 可以看出，在这些关键能力中，大数据分析已经成为未来智慧银行发展的重要基础条件。数据应用将从分散、被动、辅助的地位上升到能够引领银行业务转型的源泉。通过数字化整合与共享，银行将所有合作组织进行灵活的连接交互。大数据应用将极大地改善传统的业务分析模式，对客户营销、风险管控、运营优化、产品创新以及监管合规等多方面带来新的变革。目前部分头部银行的实践经验表明，大数据在业绩提升、风险管理、效能优化与管理改善等领域发挥了重要的价值，尤其在决策支持、信用风险、精准营销与差别定价等领域创造的价值最大。例如，欧洲某大型银行自 2015 年初分批启动了包含按揭、信用卡、小企业受理、日常作业等七个领域的大数据应用项目，大幅改善了运营效率，按揭处理时间缩短了 40%，筹资转化率提升了 2 倍，财富管理账户开户时间从 1 周缩短至 1 天，信用卡在线申请审批不超过 90 秒等。

12.2　大数据工程发展措施与环境分析

前文讲解了大数据应用带给银行业各方面的契机，在大数据发展方向与举措方面，第一是应围绕以客户为中心的体验式战略，其次便是数据信息资源获取，因为只有获取了充分、庞大的源头数据，才能构建完整、全面的客户视图，否则是无法准确把握与理解客户需求的。目前，银行可供使用的数据源一般只是为了解决经营管理与决策的问题，缺乏业务层面深入的应用数据支持，如客户行为分析方面，只有客户在银行的账户信息必然是不够的，至少还应有客户的位置、流量、社交、支付等各类信息，否则难以完整准确地描绘客户画像。这方面，目前国内的几家互联网巨头相对银行做得更好、更多，包括在数据源头获取、集成、管理、应用等方面。

如百度拥有以搜索为核心的各类用户数据，因为搜索衍生出的生态圈可以充分哺育资产、运营，形成资金到基础服务一体的百度金融生态圈。阿里则拥有以电商为核心的信用、支付等核心金融数据，配合阿里先进的云计算、大数据与信用体系等基础平台，其拥有了极强的大数据变现能力，同时也为各类泛金融应用如支付宝、微贷、花呗、网上银行、基金等提供了极为庞大且可供挖掘的客户全景画像。腾讯自然不会落后，其拥有 QQ、微信等数年构建的庞大社交帝国，拥有用户社交、关系、游戏等易于分析用户生活习惯与行为的商业价值信息，为其金融板块内各类应用提供了极为广泛、高价值的海量数据源。而美团、字节跳动等后起之秀，同样拥有各自迅速壮大的金融类业务与应用，它们本身核心的业务便可直接获取用户在消费倾向层面的贴源数据，自然就能很方便地实现数据“喂养”。所以，银行面对互联网金融在获取用户大数据方面的天然优势，更应该花大力气去迎接这个巨大的挑战，即以客户需求核心提供便捷的客户体验，提高客户黏性，通过数字化从根本上赢回客户的信任。

当然，这也催生了一系列创业公司的契机，如很多小微企业没有成为银行的愿景，但他们能大力发展与客户之间的关系，通过大数据技术充分获取各行各业的用户数据，直接开发相应的工具或系统与银行进行系统或数据源层的合作，达成数据的直接变现。

12.2.1 明确数字化发展战略

如今数字化技术正在通过侵蚀银行业务不断获取客户份额，撬动客户关系，数字化技术成本低、透明化的特点正大幅度降低银行业务的利润水平，银行不得不通过降价来维系客户，但同时还要背负巨大的运营成本。因此，数字化冲击对银行利润的影响将大于对其收入的影响。以受冲击最大的零售银行业务为例，预计未来几年，消费金融、支付、财富管理和房产抵押贷款业务的利润均会有不少下滑，而目前我国互联网金融浪潮面对的是一个还在发展阶段的银行业和资本市场，潜在冲击可能更具颠覆性。此外，以 BAT 为代表的互联网巨头建立了强大的数字化基础和大数据分析能力，具有连接多个场景的获客能力与客户黏性，正在与传统商业银行进行激烈的客户抢夺大战。如何与互联网企业合作发展、留住客户关系将成为银行业亟需解决的问题。

所以银行首先必须将客户放在核心位置，思考全行数字化战略，明确将金融与信息技术的相互融合作为未来业务模式改革的重点方向，通过数字化改造逐步转型成为低成本的敏捷组织以重新赢回客户的青睐。银行应能够创造新的业务模式与流程以及金融产品，对金融市场、机构、服务的提供方式要形成有价值的成果。所以，业务创新与数字化运营是银行转型的方向。

其次，商业银行必须建立规模化的数字能力，构造能够支撑未来银行转型的 IT 组织与大数据架构，建立高效低成本的运营体系，打造以机器学习为基础的风险管理体系，构建以大数据分析驱动的营销流程，把大数据应用于决策流程。

最后，银行必须搭建能够激发创新、支持创新和管理创新的组织架构，从驱动银行内部数字化转型、孵化新型数字业务和跨业务扩展等维度推进银行全面数字化转型。

大数据技术正是银行深入挖掘既有数据、找准市场定位、明确资源配置方向、推动业务创新的重要手段。通过大数据应用和分析，银行能够准确定位内部管理缺陷、制订有针对性的改进措施、构建符合自身特点的管理模式，以降低内部运营管理成本、风险控制成本、营销成本。大数据提供了全新的沟通渠道和营销手段，可以让银行更好地了解客户的消费习惯和行为特征，及时、准确地把握市场方向，如果对大数据应用得当，还可以提升银行各个业务流程（包括各项增值业务以及内部合规控制等）的风险控制能力。

12.2.2 筑稳数据与共享基础

在筑稳数据基础的过程中，将遇到如下问题。

1. 数据使用效率低

数据的加工和使用强依赖于 IT 人员，不能提供自助式数据服务。

2. 外部数据杂乱

外部数据源越来越多，如微博、新闻媒体、电商数据等，如何将这些外部数据整理、加工成可供行内正常使用的真实、准确的数据需进一步探索。

3. 数据类型复杂

数据资源非结构化数据占有很大比重，且数据类型越来越复杂，如视频文件、音频文件、图片文件、邮件等，传统的 Oracle、SQL Server 等数据库不能满足这些数据的存储、搜索和分析需求。

4. 存在大量的数据孤岛

银行等金融机构存在不同类型的应用系统，数据被分散在各个应用系统的数据库和文件系统中，不能有效地共享；跨系统、综合性的数据搜索、分析困难等。

5. 扩充数据源存在瓶颈

银行在外界数据源方面目前无法做到如头部互联网公司获取广泛的客户信息同等的便捷，仍需要在数据源获取方面付出较大的代价。

通过如上问题分析可以知道，在数据基础层面，目前银行在信息管理、服务、支撑能力与整体战略上仍存在较大的差距。

一方面，各银行要对现状有深刻的认识。虽然数据源方面银行比互联网企业存在先天弱势，但这类问题目前还没有上升为最严峻的问题。因为目前各级银行最缺乏的不是可供收集的数据，而是对于大数据收集和共享、大数据分析与应用手段的认识，以及银行大数据平台相关的数据治理方案（包括数据管理体系、运营体系等制度，系统业务协同体系，数据集市、中台等共享体系）。另一方面，数据源确实有待拓展。目前商业银行可供使用的大部分数据只是解决了经营管理与决策的日常工作问题，缺少深化引用方面的数据支持。再者，数据质量也有待进一步提高。目前银行手机信息系统的信息以客户账户信息为主，该类信息的全面性、时效性和准确性均不足以在数字化战略铺开后完成相应的客户扩展、提升等工作，因为数据质量、数据共享性和整合性、大数据分析团队的能力等方面都需要协同提高，才能真正拥有提炼海量数据的能力。

12.2.3 业务与技术融合持续发展架构

谈到业务与技术的融合性，其实在一定程度上，目前各大商业银行都还没有真正完全依靠大数据来支持业务发展的场景和应用，包括数据分析与业务应用的融合度都亟待提升，从大数据应用的需求受理、数据分析、建模开发到落地应用周期较长，模型成果尚未充分共享，与大数据分析结果全面应用到业务管理、经营活动、风险监控和市场营销等多个领域的最终成功还有比较大的差距。尽管各个银行已经创建了自己的数据中心，包括数据治理、数据中台、数据挖掘、数据工具等各类组织、团队，在一定程度上将银行各类数据或外部离线与实时数据进行了集中存储加工，对数据质量与数据标准进行了核查，并已经建设相关的数据集市团队来负责整体业务数据和指标标签，但在充分利用数据以对精准营销、风险识别、绩效考核以及市场拓展等形成强有力的支撑上，还有非常大的进步空间。

12.2.4 建立稳定的数据应用体系

银行数字化应用的最终落地大体包含基础建设和业务应用两个层面的内容。在基础建设层将大数据发展战略目标分解至具体的落地项目，并将所有外部源头的数据与银行内部（或银行上级集团层）数据进行整合应用；在业务应用层，从推动大数据应用促进业务发展和业务模式转型方面，努力实现数据管理与应用之间的良性循环，实现全行数据标准统一，推动大数据在精准营销、风险识别、绩效考核、市场拓展等领域的全面应用。

为了建立稳定的数据应用能力，建议从以下几个步骤推进。

1. 构建共享和基础管理体系

以业务需求为导向，加快同业、大资管、大投行等还未实现数据入库共享的业务数据入库管理，根据场景需要，加快引入外部流量数据、电商数据、社交数据、征信数据、司法数据、舆情数据、工商数据等并进行整合。将各类内部、外部、集团数据按照行内业务主体分类整合存储，做到统一模型与数据加工口径，实现拉通共享，拓宽知识库与应用渠道。

2. 建立大数据挖掘平台与工具类应用

依据全行各业务部门的自身业务特点以及对智能化工具和大数据挖掘平台的需求特点，在传统数据查询分析的基础和数据实时且基于多维度模型的数据分析能力，构建部门共享乃至全行共享的数据挖掘、机器学习平台，以提升银行的数据应用能力，优化、完善数据应用环境与工具体系，覆盖数据洞察、数字营销以及数字风控、数字运营的全新金融数字化生态。

知识扩展：构建部门共享详细解析

为什么部门级别的共享（未到全行共享）也是目标实现的表现？

其中涉及整体性架构。涉及业务架构时，任何产品经理都希望能够通盘考虑整个负责的业务部门乃至全行，模型中凡是公用的部分都应该照顾到所有利益相关方的需求，凡是已实现的功能都应该对新的需求方开放并支持必要的扩展，这是企业级设计应该追求的目标。但是这样实现起来往往事与愿违，因为无论是银行还是普通企业，一旦系统的设计边界跨越了单个部门的职能范围，就会出现部门利益问题，无非是企业规模、业务特点差异造成了一些协调难度的差别。

在企业内部，部门利益是部门需求的天然边界，即便要做企业级，各方肯定也要先说清楚自己的诉求，再去考虑别人的想法。首先需要满足的是自己所在部门的业务需求，系统层面如此，数据层面同样如此，而数据层面的边界往往更严格，尤其是涉及风控内审等方面的数据。

这就对业务架构的设计者提出了更高的要求，以便满足所有部门的需求，而不是单纯采用折中方案。所以对沟通方式和沟通方法有了要求。众所周知，大企业的内部沟通效率一般不高，最常见的正式沟通方式就是开会。有时候针对一个目标，可能会同时开展多个项目，或项目集乃至项目群组，沟通方面的挑战就更加凸显了。如果会议效率得不到保证，导致一个问题长久得不到解决，要么项目组因担心延期而直接修改架构，要么采用线下非正式沟通的方式解决问题。其实这两种方式都可能无法满足方案要求，到落地层面时往往还会困难重重。但无论如何，这些问题最终的解决之道只能以“转型”二字来回答，而各方面的转型又需要时间来适应。而这一切都需要有领导层的支持才能得到适当的推进，然后配合自身相关部门或咨询公司梳理出匹配的战略与方案，继而再到后续业务和技术通过业务架构设计过程互相影响、协作和改变，方可构建真正上层的共享机制。

12.2.5 探索示例——客户全景画像

客户全景画像是从以往传统的客户画像扩充而来的，它利用大数据技术通过各类数据源对客户信息进行充分采集、分析处理并进行一定的挖掘，将客户基本信息如名称、证件信息、地址与其他联系方式、关系数据、交易记录等，以及非结构化的电信数据、征信数据、邮件、社交媒体以及其他互联网媒介数据等特征信息进行标签化，以形成全景视图，深入挖掘其中与银行业务相关的行为数据以充分认识客户，以达到精准营销的目的。通过大数据平台内置的客户统一画像，根据获取的实时数据，来实现客户精准画像，并通过迁移学习、机器学习理论，对客户实现360度画像，分析客户行为习惯，智能推送优质客户资源，严格控制风险，如图12-2所示。

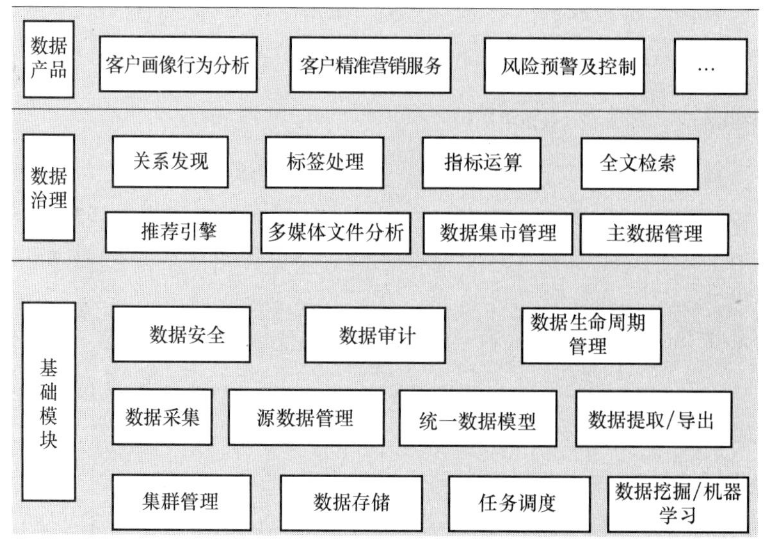

图 12-2　银行大数据平台产品应用

12.2.6　探索示例——人机互动

人机互动是目前各大银行都有一定成果的应用方式，如各大银行 APP 中的智能助手、理财助手，其实是一种低成本的人性化数字交互方式，是大数据与人工智能的应用结合。它具有易于管理、扩展性强、准确率高等诸多优点。人机互动式应用使用自然语言处理技术，基于交流记录进行自我学习与识别，适合在标准化程度高的银行业务中直接替代人工达到降本增效的目的。除了应用于银行增值业务外，还可以广泛应用于银行内部管控（如稽核内审、法规等条线）作为业务工具使用。

12.2.7　探索示例——智慧风控

风控是银行业务的一大重点，风控能力是金融机构的核心竞争力，因为银行核心业务中，信贷流程的贷前、贷中、贷后各个阶段对风险的识别与审批都是核心内容。风控直接左右的客户是否拥有获取银行资金业务的基本资格。

如果以大数据技术对风控模型进行有效的开发与配置，那么智能化的审核、审批相关特点将使授信、放款等方面的流程效率得到大幅度提升。如平安银行的 KYB（Know Your Business，中小企业数据征信）系统，也就是中小企业数据贷系统。它是平安银行针对中小企业客户发行的线上网络融资产品，摒弃了中小企业贷款的固有模式，构建了一套高标准、重实用性的数据融资服务体系。KYB 体系不再强调企业财务报表和流水表现，而更多关注通过第三方渠道获取的真实、有价值的企业经营数据。其利用大数据建立数理模型，判断企业的违约概率，从而对客户授信做出风险判断，实现线上申请和系统自动审批。事实上，KYB 系统不仅实现了便捷的线上服务、提高了银行竞争力，而且为破解中小企业融资缺少抵押物的难题引入了新的模式。以大数据模型为基础，将企业的日常信用有效地转化为企业获得贷款的重要参考，将无形变有形，弥补了商业银行仅通过抵押品进行企业评估的短板。这不仅让中小企业获得贷款的概率大大增加，其全流程的线上服务模式也为银行降低了大量成本，对于银行业有着重要的借鉴意义。

一般来说，大数据风控平台是一款集大数据处理、OLAP分析、在线分析、离线分析、数据挖掘、数据可视化于一体的综合性大数据分析平台，它提供了基于Hadoop存储、数据立方体预计算的OLAP可视化分析功能，使用户通过拖拉拽的简单操作即可在亚秒级时间内完成多维度、全方位的数据分析，并以多种可视化方式展示分析结果，集成了主流的数据挖掘算法和工具，帮助用户快速建立数据挖掘模型。

大数据风控平台的基本特征主要有三个。

1）大数据风控平台能够处理的数据种类多、维度广，不仅重视传统的信贷变量，还可以分析借款主体的社交网络等信息，能够为信贷信息，缺失的群体提供基本金融服务。

2）大数据风控平台不仅仅关注历史财务数据，还更加关注借款主体的行为数据，能够在充分考察借款人借款行为背后的线索和线索之间的关联性基础上进行数据分析，降低贷款违约率。

3）大数据风控平台中的模型可以不断迭代和动态调整。机器学习技术使得大数据风控平台的风控模型可以将原始数据转化成指标需要进行不断的迭代，不同模型的权重值可以根据样本进行动态调整，反过来也能不断改进模型的评测效果。

1. 大数据风控的服务方式、流程和应用

金融科技企业运用大数据资源和技术，广泛应用多渠道的政府相关数据，主要依托分析技术和丰富的数据来源，为金融机构提供各种类型的第三方风控服务，包括输出模型、联合建模、服务代理、部署智能审批平台、提供数据管理方案等，服务形式可以是直接部署或通过云服务部署，如图12-3所示。

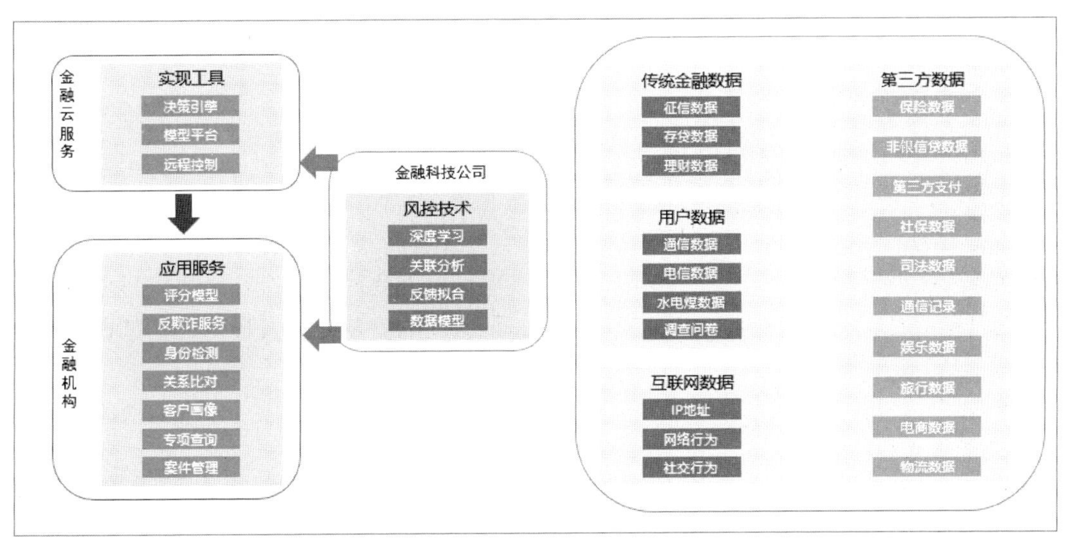

图12-3 风控服务方式

金融科技公司与金融机构合作，提供全流程助贷运营支持或合作放贷，可补充传统信贷产品，如消费贷、现金贷、小额经营贷。大数据风控的技术支撑包括各类大数据的接入、整合、测试，风控模型和策略的开发和配置，智能化审批与高性能引擎，创新摸索阶段的快速迭代更新。大数据风控发挥渠道获客优势，在产品设计、风险策略、客户筛选、欺诈防范、贷后支持等环节全流程参与银行风控。

银行建立大数据风控平台可用于信贷客户的反欺诈分析、信用等级评估、贷后风险监测预警与催收等环节，严格进行风险防范；重点关注个人客户或企业客户在银行体系内外的负面信息。银行体系内的负面信息包括信用卡逾期、贷款逾期、黑名单信息等；银行体系外的负面信息包括小贷公司等的黑名单信息、公检法的诉讼信息、国家行政机关处罚信息（工商、税务、一行两会等）以及网上负面舆情（虚假宣传、误导消费者）等。从这些数据出发，全面评估客户在银行的风险等级，为银行的风险防范提供决策支持。

通过汇集信息，按照大数据风控流程完成各个节点的严格控制，如图12-4所示。

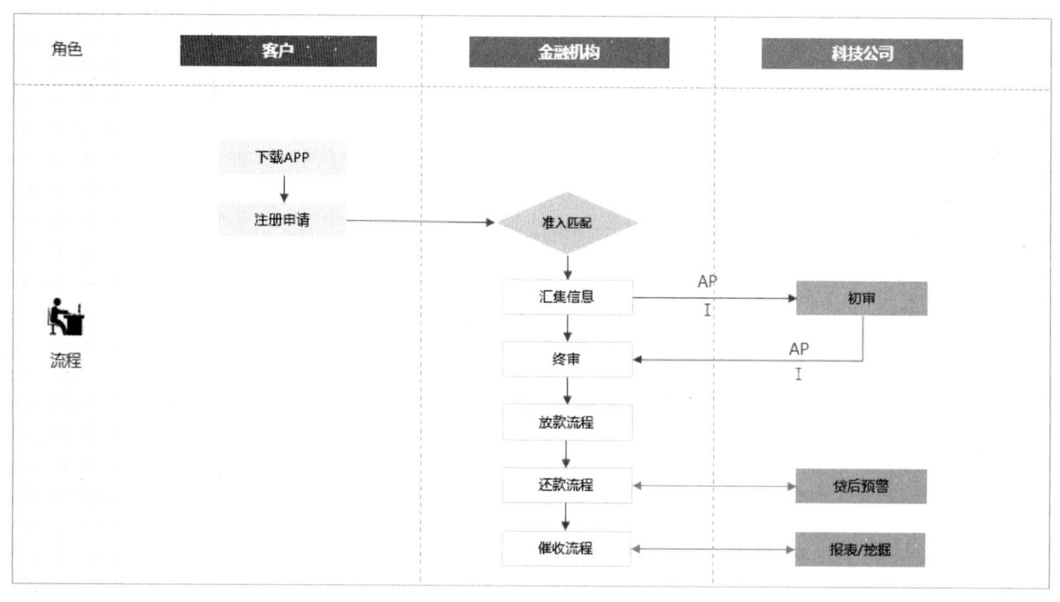

图12-4　大数据风控流程

下面再讲一下大数据风控的具体应用。企业客户通常存在固定的资金往来对象，这些交易方是否为潜在的银行客户群？哪些潜在的客户更值得营销？如何识别客户之间的相互影响关系？哪些客户对其他客户的影响力更大一些？企业之间的资金往来可以形成以资金交易为基础的社交网络，银行可以通过该网络来改善对客户的管理及服务。例如以下几个方面。

- 客户营销：在衡量客户价值时增加对客户影响力价值的考虑，分析及预测客户可能感兴趣的产品，同时考虑客户对产品的营销传播能力。
- 客户挽留：对重要客户相关的行内客户且相关性比较高的，在发生客户流失前采取挽留行动。

- 客户信息视图：增加客户之间的关系属性信息，特别是从资金交易中提取社交网络特征。
- 客户风险管理：基于识别的特定客户社交圈，对社交圈中已经发生违约的客户进行实时风险预警管理。

以上各种视图管理均基于成熟的客户画像及用户行为分析。下面就对这部分内容进行详细阐述。

2. 客户画像及用户行为分析

通过大数据风控平台将结构化数据、非结构化数据、半结构化数据统一存放在数据模型中，并将外部数据与内部数据尽可能地匹配，实现对现有客户视图更加全面、充分、详尽的分析。银行客户画像所含范围一般如图 12-5 所示。

图 12-5 银行客户画像所含范围

为了满足线上营销和线下营销相结合的场景，数据的使用根据营销方式分为实时数据处理、批量数据处理、画像指标数据运算、复杂关系网络体系构建和客户智能信用分模型创建。

- 实时数据处理：将客户线上行为的日志数据信息实时推送到大数据平台，存入数据模型之中，实现数据标准化、统一化工作，并且对实时数据进行线上行为实时分析。
- 批量数据处理：每日定时将数据汇总到大数据平台，存入数据模型库中，实现数据标准化、统一化的工作，并对数据进行加工。
- 画像、指标数据运算：根据预设的场景进行客户信息的全面画像和各项指标运算，从而获得客户的全面特征，以及产品特征。

- 复杂关系网络体系构建：实现线上各业务通道场景互通，主要实现理财平台、三方支付平台、电商/O2O平台、游戏平台、银行网申平台的互通。
- 客户智能信用分模型创建：以全网大数据为基础，结合大数据风控平台，以诸多业务驱动为导向，创建客户智能信用分。输入：身份证号、手机号；输出：信用评分。

根据客户的负债信息、稳定性、负面信息、行为偏好、还款能力、还款意愿等六个维度，结合客户的旅游、社交、支付、保险、理财、电商、非银信贷、O2O、银行信息等全网各类数据信息，依据不同权重，建立客户智能信用分。

3. 精准营销分析

采用深度学习和迁移学习技术对客户进行精准分析，获取客户源，并进行理财产品的精准推荐。

（1）线上实时营销

使用数学模型根据客户或客户群的线上连续行为，自动校正客户画像或产品画像之间的关联情况分析结果，从而形成线上产品的推荐服务。产品推荐可将客户可能关心的内容放在醒目位置并自动排序，从而有效提升客户体验。

（2）线上交叉营销

将不同产品或业务交叉推荐，根据客户的交易记录分析、识别小微企业客户，然后用远程银行来实施交叉营销。

（3）线上个性化推荐

根据客户的理财偏好、资产规模、年龄、职业等维度，分析其潜在的金融服务需求，进行有针对性的营销推广。

（4）线下营销

除了内部交叉营销、客户忠诚度分析、向上销售等传统的分析性内容外，还需要利用大数据平台将行内数据与外部数据整合，建立精准营销的数学模型，寻找更多的营销机会。

（5）精准营销模型建立

1）寻找理财客户：利用大数据平台筛选客户资金在5万及以上的储蓄客户，不定时推送理财产品信息；对于行外客户，借助第三方平台推送的白名单客户，可以为其提供理财服务，将资金留在本行。

2）寻找贷款客户：结合行内数据、第三方房产网数据以及移动设备位置信息，通过数据平台寻找可能购房或购车的客户群体，为其提供金融服务。

（6）产品创新

通过对特定数据的分析和提取、产品核算，对比各类客户的产品使用率、收益率，结合互联网舆情信息，对不同客户群设计差异化的创新产品。

（7）产品评价体系

根据产品评价指标建设评价模型，实现对产品的系统评分，获取每个产品指标数据；可采用登记评分法对数据进行处理，反映每个产品每项指标在产品组内的排序。

12.3 银行端案例——小微企业普惠金融解决方案

小微企业作为我国国民经济的重要组成部分，无论是从税收、GDP占比、技术创新还是从创造就业岗位都充当了极其重要的角色。小微企业是推动经济增长、促进就业增加、激发创新活力的重要源泉和引擎。而国家层面，尤其是对于各大银行与相关金融机构，支持好小微企业的发展不仅是应对当前经济挑战，实现稳就业、稳金融、稳外贸、稳外资、稳投资、稳预期的现实需要，也是推动解决新时代发展不平衡的矛盾、促进经济高质量发展的必然要求，也是银行充分利用信贷资源的重要部分。党中央、国务院一直重视普惠金融发展，2015年底印发的《推进普惠金融发展规划（2016—2020年）》（以下简称《规划》）对普惠金融工作进行了顶层设计。随着国内外经济形势的变化，普惠金融更加受到党中央、国务院的高度重视，并得到市场主体、社会大众的高度关注。在经济发展进入新常态以来，在金融供给侧结构性改革的要求下，金融服务供给与小微企业融资需求之间仍然存在差距和不匹配的情况，小微企业融资难、融资贵的问题仍然广泛存在。一方面，金融机构在实践小微企业普惠金融的过程中，最突出的问题是信贷资源投入与产出不成正比。金融机构的贷款门槛高、财务数据要求严谨、审批流程多且周期长，小微企业则大部分属于轻资产、财务数据不规范，很难形成批量化、标准化的贷款流程，最终导致信贷资源投入产出比低。另一方面，与大型企业相比，小微企业具有偿债能力差、财务制度不健全（难以有效评估其真实经营状况）、信用度不高、银行维权难度大、企业内在素质有限、生存力不强等特点。对于金融机构而言，放贷给小微企业存在的信贷风险明显高于大型企业，而且成本、收益与风险系数不对称，这也导致了银行更愿意贷款给大企业，自然限制了小微企业的成长，不利于经济社会的发展。

如何用数据反映企业的真实交易背景、还款能力及还款意愿，才是解决小微企业融资难、融资贵的根本之道。

12.3.1 行业背景与流程概述

如果能够有效加强风险可视度与管理力度，支持精细化管理，那么毫无疑问，金融机构和小微企业都将迎来新一轮的大发展。如今大数据分析技术已经能够为企业信贷风控提供不少帮助，通过收集和分析小微企业的用户日常交易行为数据，判断其业务范围、经营状况、资金需求与行业发展趋势等信息，解决由于其财务制度不健全而无法真正了解其真实经营状况的难题，让银行或其他金融机构对放贷更有信心，则是最终的目标。目前各大银行都有企业风险评估系统、企业风险监控系统，在业务真实性、客户画像、市场运营能力、盈利分析、经营轨迹、风险预警和数据监控等方面为小微企业的运营与发展情况分析提供精准的数据依据以及风险把控，但银行在数据源（尤其是全景企业、客户画像）方面对比各大互联网公司存在明显的弱势，所以如何充分利用现有技术手段来把握业务的可行性成了当务之急。前文中提到了平安银行的 KYB 系统，它在一定程度上发挥了相当大的作用，但其对企业资质方面的要求仍然较高，尤其是对电商领域的小微企业，未能充分利用数据采集手段获取精准信息以建立针对该行业的客户全景画像。图 12-6 所示为银行小微贷流程。

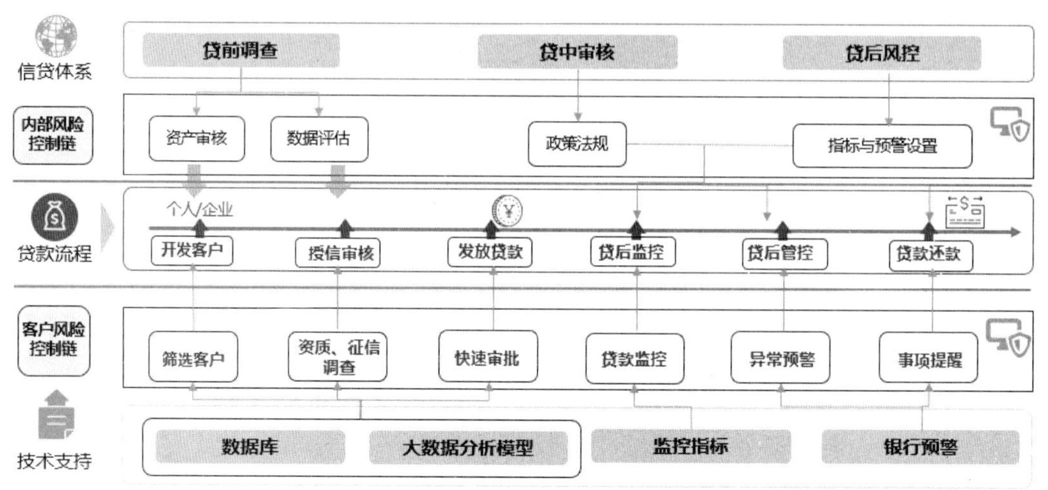

图 12-6　银行小微贷流程

该场景针对的核心对象是客户，所以客户画像是其基本内容，下面是电商领域企业的相关信息。

- 店铺信息：所属平台、店铺类型、开店年限、主营类别、粉丝数、关注人数、购买人数、好评率、关店率、动销率、售后率、退款纠纷率、处罚次数等。
- 企业信息：注册时间、注册地点、主营业务信息、股东数、股份占比、行政处罚、诉讼信息、专利数、商标信息等。
- 其他信息：是否为网商贷黑名单用户、行业销量波动、行业毛利率信息、广告平台投放量等。

本节以下内容以电商为例进行讲解。

12.3.2　小微企业（电商领域）客群分析

在金融产品的客群选择上，应选择数据活跃度强且完整性较高的场景，如电商生态圈，它是所有行业中数字化程度最高的，且交易活跃度很强。国内的企业电商主要集中在天猫、京东、1688 平台，有部分企业电商也入驻了淘宝平台。图 12-7 显示了国内/深圳电商店铺的活跃数量与各开店年限区间的店铺数比例与关店率。

通过图中的信息可以看出，全国电商店铺的关店率随着开店年限的增加而逐步降低，深圳电商店铺的关店率相比全国更低，该区域内店铺经营更加稳定。开店时长 5 ~ 6 年的店铺最多，其中深圳地区开店 4 年以上的店铺经营相比全国更加稳定。随着人们生活水平的提高、购物习惯的改变，国内网络零售交易额增长快速，2019 年的交易规模占全国消

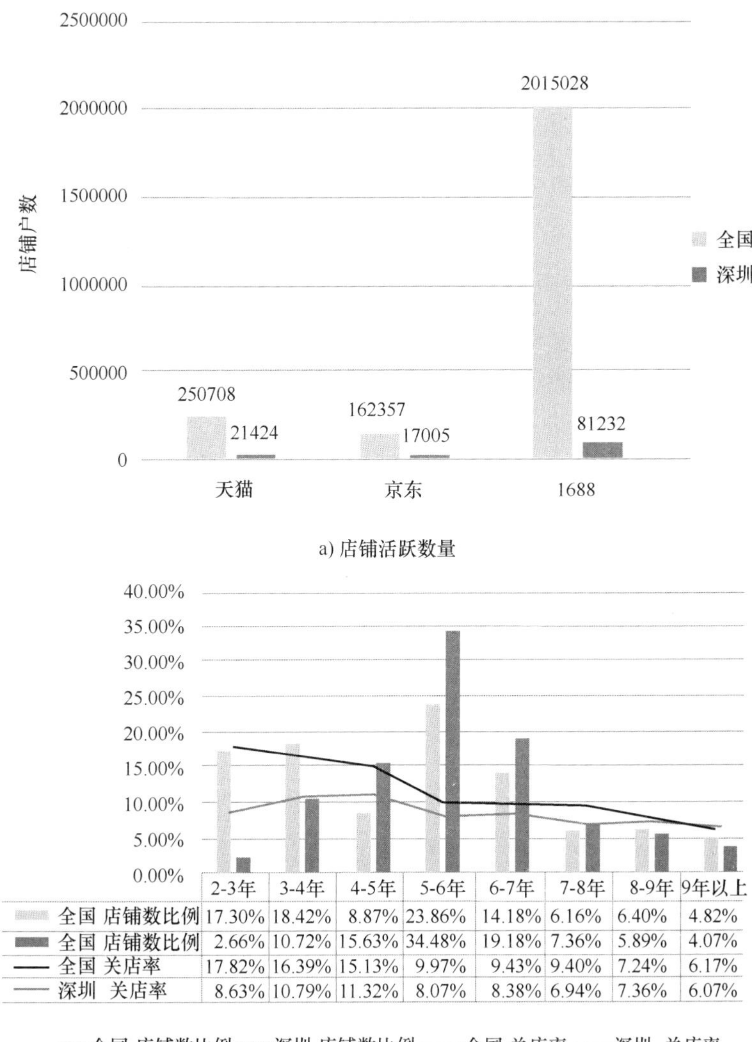

	2-3年	3-4年	4-5年	5-6年	6-7年	7-8年	8-9年	9年以上
全国 店铺数比例	17.30%	18.42%	8.87%	23.86%	14.18%	6.16%	6.40%	4.82%
全国 店铺数比例	2.66%	10.72%	15.63%	34.48%	19.18%	7.36%	5.89%	4.07%
全国 关店率	17.82%	16.39%	15.13%	9.97%	9.43%	9.40%	7.24%	6.17%
深圳 关店率	8.63%	10.79%	11.32%	8.07%	8.38%	6.94%	7.36%	6.07%

b) 店铺数比例与关店率

图 12-7 店铺活跃数量与店铺数比例与关店率

费品零售总额的比重已超过 20%，如图 12-8 所示。

小微企业普惠金融的实施关键在于如何提高信贷资源的投入产出比，如何设计高度标准化的金融产品。在数据时代用数据系统工具赋能金融，将客群数据资产转化成可批量化审批的信贷产品，提高信贷资源的产能，才能形成真正可持续地解决小微企业融资问题的商业模式。基于连续积累的交易数据，针对电商企业主体及细分行业构建立体化数据账户，可以从账户中分析企业的发展轨迹、盈利能力、运营能力、履约意愿及行业风险等。

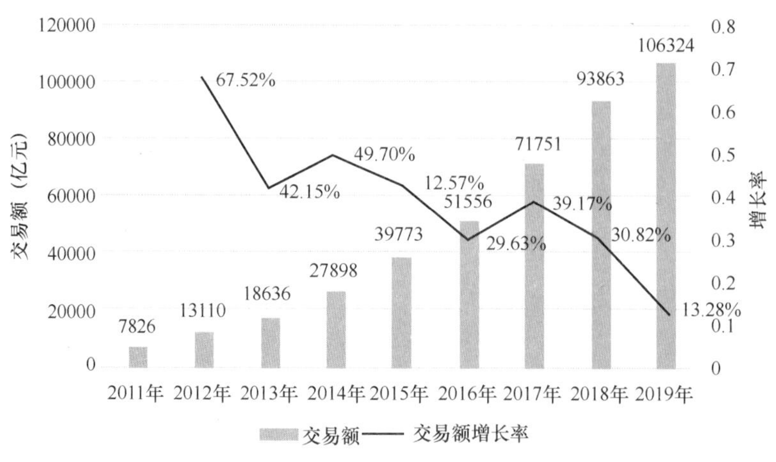

图 12-8　国内网络零售交易额情况

12.3.3　数据源分析

数据源方面，主要以公开页面数据采集和用户授权数据采集为主，具体如下。

1. 公开页面数据采集

电商的公开页面信息对大众用户是开放的，供消费者通过数据筛选找到合适的商品。所有商品公开页面信息都是通过机器加载整理后通过显示屏展示给用户浏览的，可通过大数据分布式采集平台在公开页面采集电商企业的数据并存储，不涉及任何个人隐私数据。图 12-9 所示为商品公开信息，可通过机器自动搜索相关商品，采集红色框中的数据并存储。

图 12-9　商品公开信息

如图 12-10 所示为广告信息，可通过机器自动搜索热点关键词后，在广告展位（红色框标注的地方）处采集并统计各商品的广告数据。

图 12-10　广告信息

2. 用户授权数据采集

通过与各个银行等机构的合作，在用户使用服务时予以授权的情况下，采集协议规定的数据。对于上述内容，需要关注数据的真实性、完整性、安全性以及持续性。

12.3.4　贷前筛选方案

通过对电商客群属性的充分了解，再结合金融机构的风险偏好，共建模型并验证合格后，设置标准的准入门槛。例如设置如下准入门槛。

1）企业入驻平台：天猫、京东、1688、淘宝（国内一线电商平台，且持续运营稳定）。

2）开店年限：2 年以上（电商客群属性的数据表明开店时长 2 年以下的店铺关店率超过 5%，2 年以上的店铺关店率偏低）。

3）近半年未因虚假交易被处罚；因虚假交易被处罚的店铺会被电商平台进行降权，即消费者流量会下降，进而影响销售额。

4）未来 3 个月的正常开店概率大于或等于 89%（通过数学建模对历史关店/开店数据进行分析，模型结果表明当未来 3 个月的正常开店概率小于 89% 的时候，该店铺有极大可能性出现销售滑坡，进入销售低迷状态。

5）店铺主营类别：服饰鞋包、母婴、美容护理、3C 数码、食品、运动户外、家装家饰、家具用品、车品配件、书籍影像、医药健康（金融机构可根据风险偏好自行筛选）。

6）店铺销售额：近 1 年销售额在 100 万元以上（金融机构可根据客群规模偏好，筛选符合目标销售规模的客户）。

7）贷款申请主体及关联企业未出现严重的法律纠纷。

12.3.5 贷中审核方案

通过对借款申请主体的工商数据及其关联的电商店铺经营数据、个人/企业征信数据、金融机构特有数据等信息进行多方交叉验证与评估，核定借款申请主体的风险特性、放款额度、利率、还款方式等。在经营风险特性的评估方面，主要从业务真实性、盈利空间、行业内竞争力水平、市场运营能力、履约行为分析、店铺线上门面价值以及工检法七个维度对电商企业进行分析，再通过层次分析法及神经网络算法进行综合建模得到鹰眼评分模型。各维度均有其完整的模型逻辑，比如业务真实性模型的评估逻辑如下。

业务真实性主要从刷单方面来确认，从刷单的重要特性（宝贝评价）出发（多数刷单供应商会给出评价模版让刷手进行评价），采用文本分类算法，采集全国商家的数十亿条商品评价信息，对其进行分词与向量化建模，通过机器学习算法得到向量之间的相似度，若订单评价向量之间的相似度达到一定阈值，则判定相关订单为虚假交易订单，最后综合店铺所有订单信息生成真实交易订单比例作为业务真实性维度的基础值。在真实交易订单比例的基础值之上，再分析历史销售数据，用近 1 年月销售额与上一年同期销售额进行比对，如果存在某月销售额的同期比大于其他月份同期比的 N 倍，则认为该企业存在刷单的可能性，然后根据销售额同期比的反常程度，对业务真实性基础值进行不同级别的降权。同时结合行业特性，当该店铺的主营行业销售趋势呈现低谷状态，而该店铺的销量呈现大幅上升趋势时，再结合该店铺相应时段在各促销平台的广告投放量进行分析。若店铺与行业趋势相反且广告投放量与店铺销量比值低于正常的比例，则判定存在刷单行为。根据参数的反常程度，对业务真实性基础值再次进行不同级别的降权，最后，综合基础值与各降权参数，得到店铺的业务真实性维度评分。

汇总七大维度得到的鹰眼评分与店铺关店率的映射关系，如图 12-11 所示。

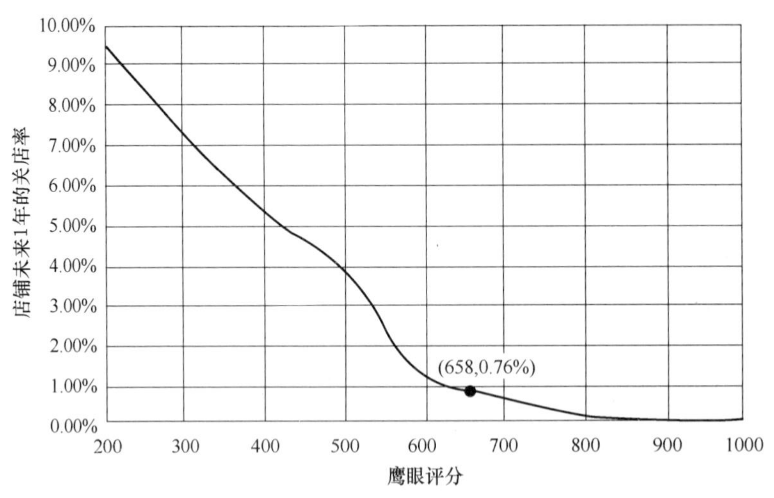

图 12-11　鹰眼评分与店铺关店率的映射关系

每个分数均有对应的关店率模型值，比如模型评分658，店铺未来1年的关店率仅为0.76%。结合店铺近1年的销售额、毛利率、鹰眼评分、店铺线上门面价值综合得到店铺的风险承受能力（还款额度），结合鹰眼评分与关店率的映射关系确认客户的风险级别，确认规则如下。

- A：模型评分≥900。
- B：模型评分≥800且模型评分<900。
- C：模型评分≥700且模型评分<800。
- D：模型评分≥600且模型评分<700。
- EA：模型评分≥500且模型评分<600。
- EB：模型评分≥400且模型评分<500。
- EC：模型评分≥300且模型评分<400。
- F：模型评分<300。

借款主体的最终放款利率可根据其风险级别以某基础利率进行上浮设置，风险越低的主体其上浮率越低，具体基础利率、上浮比例需根据合作机构的情况确定。

12.3.6 贷后管理方案

贷后通过数据系统对企业及其关联店铺进行实时监测，根据监测指标的结果采取不同程度的风险控制措施。监测指标主要分为四个方面。

- 企业主体工商、检察院、法院的相关信息。
- 关联店铺的经营信息。
- 企业主体剩余待还额度与其店铺风险承受额度的对比。
- 监测指标数据的真实完整性，保障贷后监测的持续运作。

根据金融机构的风险偏好，可定制贷后监测指标，同时也需要支持对指标的回测，以保障数据监测指标的有效性。

12.3.7 产品案例

某银行使用线上线下相结合的模式，由其总行批复了5亿元的项目额度，确认了“线上初步审批+线下尽调审核”的合作模式，于2017年初在其深圳分行进行试点运行。

1. 产品适用对象

在天猫、京东等平台上从事B2B、B2C的电子商务经营商户，并在以上平台注册满3年，近1年流水流入量在500万元及以上。企业注册地在深圳境内，且企业法定代表人或股东是深圳户口或拥有深圳房产。

2. 产品基本要素

- 贷款额度：最高100万元。

- 贷款利率：12%（年化）。
- 授信期限：1 年（可循环用信）。
- 还款方式：按日计息、随借随还、等额本息或等额本金。
- 是否抵押：纯数据信用。

3. 产品收费模式

客户只需要向此银行支付利息，不需要支付其他额外费用。数据服务方向此银行按年日均贷款余额的 0.8% 左右收取服务费，银行按月支付费用给数据服务方。

12.3.8 未来趋势

目前很多小微企业或多或少都面临着困境，其中一个非常突出的问题就是资金链紧张。据统计，截至 2019 年底，18 家大中型商业银行的普惠型小微企业贷款余额为 5.55 万亿元，同比增长 31.8%，增速非常可观。贷款平均利率是 5.22%，较上一年下降 0.22 个百分点。其中，5 家大型银行的普惠型小微企业贷款平均利率是 4.4%，较上一年下降了 0.3 个百分点。

2020 年，银保监决定从六个方面支持小微企业渡过难关。

1）努力实现小微企业信贷“增量、扩面、提质、降本”。确保实现单户授信总额 1000 万元以下的普惠型小微企业“两个不低于”：增速不低于各项贷款增速，有贷款余额户数不低于年初水平。着力提高小微企业贷款“首贷户”的占比。适当提高信用贷款和续贷业务比重，进一步降低企业融资成本。

2）落实好贷款延期还本付息政策。实施临时性延期还本付息安排，免收罚息，不下调贷款风险分类，也不影响征信记录，为企业渡过难关创造条件。

3）加大对困境行业和地区小微企业的信贷支持。比如批发零售、住宿餐饮、酒店、物流运输和文化旅游等行业受影响较大，要求银行不得盲目抽贷、断贷、压贷，特别是要下调贷款利率，让利于企业。通过增加信用贷款和中长期贷款的方式，支持企业的业务发展。

4）发挥政策性银行的逆周期调节作用，支持民营、小微企业发展。鼓励政策性银行向中小银行提供低成本资金，以转贷款方式向民营和小微企业发放相对优惠利率的贷款，利率不高于当地普惠型小微企业贷款利率。

5）强化金融科技运用，为中小微企业提供精准便捷服务。鼓励利用大数据、云计算等技术，线上与线下联动服务，通过网络、手机、电话等方式，让广大中小微企业足不出户就能获得金融服务。

6）切实降低企业融资成本。进一步开展银行收费清理，严肃查处“存贷挂钩”“以存定贷”等违规行为，鼓励保险机构提供融资增信。

总的来说，经济稳则金融稳，企业好金融才能好。中小微企业是稳定就业的“主力军”，各方应共同携手，帮助他们过难关。就金融围绕产业链加强服务，主要从五个方面进行完善。

1）鼓励银行机构以核心企业为依托，根据信息流、资金流和物流等信息，为核心企业及上下游的小微企业提供全链条、全方位的金融服务。

2）加大对产业链核心企业的支持力度，增加流动资金贷款和中长期贷款，鼓励核心企业以适当的方式减少对上下游企业的资金占用，为下游企业提供延期付款的便利。针对店大欺客、拖欠货款、有钱不付的情况，监管要求银行加强信贷资金监测，提高对上游企业的支付效率。

3）持续跟进核心上下游中小微企业融资需求，积极发展应收账款、订单、仓单、存货质押融资，创新金融产品和服务。预计2020年将为产业链上的中小微企业提供应收账款融资8000亿元。

4）鼓励银行保险机构强化金融稳外贸的作用，完善跨境金融服务链条，与境外金融机构开展合作，为稳定全球产业链提供信用支持和融资服务。

5）提升产业链的金融服务科技水平，鼓励银行开发专门的信贷软件和信息系统，与核心企业深化合作，在系统对接、信息共享、资金监控等方面加强协调配合。

通过调研了解到，目前从工商银行和建设银行看，已经梳理出来了数千条产业链条，提供全方位金融服务。下一步银保监会将继续推动做深做细做实产业链金融服务，在稳增长基础上防控好风险，推动金融和实体经济实现良性循环。

12.4 浅谈银行业务数据治理

2018年5月21日中国银保监会正式发布的《银行业金融机构数据治理指引》全文共7章55条，强调了数据治理架构的建立，明确了数据管理和数据质量控制的要求，还提出了全面实现数据价值的要求，要求加强监管监督，与银行的监管评级挂钩。至此，数据治理工作不再仅仅是监管报送部门或者信息科技部门的工作，而是全行性的，上至董事会高管层，下至数据采集人员、录入人员，需要做到人人有责，层层把关。银行业金融机构数据治理指引，如图12-12所示。

图12-12 银行业金融机构数据治理指引

12.4.1 银行数据治理面临的挑战与问题

在第 2 章中已经对当前大型企业在数据治理层面面临的挑战与问题做了一定的解析，这里专门就银行业梳理目前数据治理面临的挑战和不足。

1. 数据整合度不高

银行内部数据虽多，涉及各个业务条线、各个部门，但未经系统化的治理，数据分布零散化，搜集整合存在错配，未能实现大数据集中化管理，也缺乏对数据的全口径和全生命周期管理，而且内部各部门天然壁垒十分严重，部分领导只关注当下成绩而未着眼于全局视角考虑数据互通性，忽视了数据基础工作的重要性。部门与部门之间五花八门的应用很多，但数据整合度极差，哪怕是建立了所谓的数据集市、中台、大数据应用，数据基础仍是极差。这也是目前各大银行在数据上面临的最大问题。

2. 数据标准度不高

银行内部缺乏统一的数据标准或统计标准，指标含义不清晰，取数规则各异。未建立数据控制和监测机制，数据的真实性、准确性、连续性等难以保证，数据质量参差不齐。

3. 数据应用难

数据管理部门与银行业务部门之间未能形成良好协同，内部数据碎片化，数据挖掘与数据应用力度不足，与外部数据的隔离造成了数据孤岛效应，导致银行数字化转型阻力重重。

4. 数据治理人才储备不足

从行业整体来看，缺乏专门的数据管理部门和数据分析人才、管理人才、业务人才，难以围绕数据治理形成合力，也未设置针对数据治理的专业队伍以及与之匹配的激励机制。

开展数据治理工作对不同的角色或部门来说都是一项新兴而持久的挑战，具体可以从以下几个方面来看。

1）对合规和内审部门来说，如何规范、标准地开展数据治理评估与审计工作是一个新的课题。从哪些方面进行评估，评估的维度有哪些，评估的标准如何定义，评估的范围如何选择，这些内容急需业内专家共同讨论，逐步细化，明确标准。

2）对数据治理的归口部门或相关的从业人员来说，数据治理是一项长期、动态的工作，而且是类似“装修”的隐蔽工程，是一项“脏活、累活、苦活”。如何将数据治理的价值和成果显性化，将数据治理工作拆分为不同的模块和任务进行逐步推进和落实，如何将数据治理从管控式模式向服务式模式转换，是一项智慧工程。

3）对信息科技部门的人员来说，数据治理的工作涉及信息系统建设的方方面面。信息科技部门在考虑银行整体信息系统架构的同时，还需考虑数据架构如何设计，IT 领域的数据治理工作如何配套开展，如数据管控平台如何定位，数据管控平台与各源系统、数据加工分析平台之间的关系是什么，什么样的信息系统建设流程是符合数据治理要求规范的。

4）对各业务部门来说，数据治理绝不是“与己无关”的一项工作。数据治理工作贯穿于数据产生、使用和销毁的全生命周期中的各个环节。作为主要的业务数据输入端，业务及一线部门扮演着重要的数据质量控制角色。数据质量的好坏直接影响数据分析结果的准确性，而机构层面的数据标准是否建立，各业务和管理领域的数据标准是否一致，也将决定在使用数据的时候需要花多大的代价来进行数据标准的统一。

12.4.2 问题解决之道——实践分析

目前各家银行虽在数据治理领域都有自己的实践，但是对于具体的数据治理顶层设计、数据管理制度体系的制订、如何设置相关的数据治理考核体系、如何制订数据标准保障自身的落地、数据资产目录的梳理、数据管控工具的建设、数据安全如何实践、数据架构如何设计、数据治理与银行正在建设的数据仓库或数据中台有何关系、数据审计如何开展、审计报告如何出具等众多的问题可能都有不同的理解或者还存在相应的困惑。针对这些疑难点，笔者梳理出了以下推进思路。

首先需要逐步建立数据治理架构。建立组织架构健全、职责边界清晰的数据治理架构，明确董事会、高级管理层、监事会和相关部门的职责分工，建立多层次、相互衔接的运行机制，将数据治理纳入银行发展战略，科学规划数据治理发展路线图和实施计划；确定并授权归口管理部门牵头负责数据治理体系建设实施，制订科学有效的数据管理制度，保障数据治理工作有效推进。

其次需要制订统一、明确的数据标准，提升数据质量。坚持数据标准先行，做好行内数据标准制度建设，为实现数据共享打好基础以保证数据的统一性、完整性、真实性和可用性；努力构建数据治理保障机制，明确数据治理的内部权责，在信息系统、法务合规部门、产品开发条线、业务部门以及数据治理部门间建立良好的沟通协调机制；再通过建立考核评价体系和相应的激励机制以便对数据质量进行主动管控。

再者，为弥合外部数据鸿沟，银行需要建立数据交互机制。在数字化生存的社会中，大量的数据散布在社会各个主体之间，为更好地提升数字治理能力，需要逐渐打破各个部门和主体的数字壁垒。首先要从顶层设计角度对数据使用者、控制者、所有者之间的权利义务予以厘清和界定，实现全社会依法合规共享数据；其次还要建立金融业与其他行业的数据交互机制，打通外部数据与银行内部数据之间的关联，完善社会信用体系。

最后需要加强数据分析应用，发挥数据内在价值。在数据治理的基础上，银行业应充分运用数据分析，合理制订风险管理策略、提升风险管理体系的有效性。通过客户数据分析挖掘，准确理解客户需求，实现业务创新、产品创新和服务创新，提供精准产品服务，提升客户服务质量和服务水平。同时，通过网络、移动通信、自助设备、智能终端等渠道，使以前无法覆盖和满足的长尾客户服务能够得以实现，让优质金融服务更便捷地到达客户。当然，所有的推进过程中都需要加强合规意识宣导，以完善客户个人隐私保护机制。

知识扩展：关于银行落实数据治理的组织保障

从实践来看，目前银行开展数据治理评估工作时需要建立以下三道防线来明确职责落实组织保障。

第一道防线强调由数据治理归口管理部门、各业务部门以及分支机构，根据其职责划分或数据归属，开展数据治理自我评估程序。数据治理归口管理部门、各业务部门及分支机构是数据治理工作的主要负责人，通过自我评估、自我检查、自我整改、自我培训来履行数据治理的管理职责。一道防线按照规章制度、流程规范从事业务经营活动，对经营与业务流程中的数据管理主动进行识别、评估和控制，收集并报告所发现的数据治理风险点，针对薄弱环节及时进行整改，实现自我管控。

第二道防线强调承担银行内部控制管理、合规管理的职能部门或专门的数据管控中台部门，他们对一道防线进行自我评估程序的设计和管理，并对其进行指导与监督。本道防线通过制订数据治理自我评估的政策、标准和要求，为一道防线明确数据治理自我评估的方法、工具、流程，促进数据治理工作的一致性和有效性，制订检查计划，就一道防线执行数据治理要求的情况开展检查，并监督整改，建立数据治理管理信息收集、分析和报告制度，评估和监控一道防线的数据治理工作状况，对其工作提供指导。二道防线不是替代一道防线，而是对一道防线实施检查、监督和指导，确保一道防线持续实施检查、监督和指导，确保一道防线数据治理工作的有效性。

第三道防线强调稽核与审计部门（内审）对一道防线和二道防线进行再监督与评价，发现问题并督促其及时采取相应措施。本道防线通过系统化、规范化的方式，审查评价数据治理自我评估的适当性和有效性。稽核与审计部门作为对董事会直接负责的机构，应在第三道防线的视角客观独立地审视一二道防线的履职。

12.5 小结

第 11 章中讲到了大数据工程在数字化转型中重点定位于搭建措施等内容，本章讲解了目前商业银行数字化的发展现状与各种应用场景建议。综合来看，银行等金融机构的组织流程和运营模式是为了防范各种风险而设计、建立起来的，而针对这种核心的设计，也导致了种种转型计划中通常无法将决策权下放，基本都由相关高层领导进行把控。银行管理者的业绩基于短期的交付成果，但完整的数字化转型工程的效果需要数年甚至十年才能实现可视的效益，因此银行管理者的业务需求与数字化转型的完整脉络上存在一定的利益差，从而导致很多银行的数字化转型不完整，或止于表面。所以，银行等金融机构需要从顶层设计开始战略推进，从高层往下认真考量基于全行范围的数字化整合、运营方式。当然，对于数字化转型所面临的各种挑战，各相关方仍需根据银行业务与监管特点摸索并建立适合本行业务生态的可持续发展之道。

第 13 章　数据挖掘可视化应用实例：管理驾驶舱与数据大屏

13.1　管理驾驶舱应用实例——某房地产企业管理驾驶舱（PC 端）

管理驾驶舱是专门为企业管理而设计的高级决策支持系统，是为企业高层创建的虚拟办公场景，包括移动端及计算机端。

特点与优势：它是一个看板式的综合信息展示板，可根据丰富的指标体系与数据以图形化工具的形式向管理者显示企业的各种综合信息，反映当前企业的经营指标状态，方便管理者做出决策，能够为企业决策提供有效的支撑。

管理驾驶舱多服务于企业中的管理角色，并对不同角色展现不同的关注程度和关键信息。驾驶舱系统可以用来创建各种驾驶舱，如集团高层领导可以关注通用全视角驾驶舱，销售部门领导可以关注销售管理驾驶舱，财务部门领导可以关注营运资金管理驾驶舱。

管理驾驶舱应遵循五大原则。

1. 目标明确，体现监控

准确表达战略执行情况；突出体现领导关注的重点。

2. 充分体现管理价值

通过一系列管理场景来表达，比如体现某产品销售情况的长尾效应。

3. 一页纸描述

设计不能过于复杂，能在一页纸、一屏中展示所有核心指标。

4. 表达尽量简洁直观

用简洁的图形展示，表达要直观，一眼就能看出所表达的核心主题。

5. 选择合适的图形

可用指针图、饼图、散点图、线图等来展示，根据所表达的主题（比较、分布、构成、联系等）来选择合适的图形。

关于管理驾驶舱的建设背景及总体思路，某房地产企业的管理驾驶舱秉持服务定位管理层，内容聚焦关键财务战略指标的总体建设思路。

- 解决管理层数据来源问题：长期以来管理层数据严重依赖手工报表/报告，管理驾驶舱可以每日动态更新关键运营指标，提供第一手信息。

- 满足管理层对经营过程的监控：过往受限于数据采集的成本，管理层主要在月末/年底获取经营结果数据进行管理，管理驾驶舱可以提供全面、实时的业务运营数据来支持精细化管理。
- 辅助管理层定位管理重点：管理驾驶舱利用数据可视化技术和专业化管理功能帮助管理层快速获取关注的数据内容。

关于管理驾驶舱的设计原则，该房地产企业的管理驾驶舱设计需要考虑简洁性、可用性、便捷性，主要原则如下。

- 信息为主，功能为辅：考虑到管理者的年龄因素，通过大字号数字直观显示各类指标，使界面简洁明了、重点突出。
- 结论为主，分析为辅：考虑到管理者公务繁忙，尽量以结论方式展现信息，让他们花费最少的时间直接获取信息。
- 简单为主，灵活为辅：考虑到管理者的行为习惯，应尽量降低其学习周期，以简单化的操作方式为领导提供零培训应用。

管理驾驶舱的设计目前主要分为三类。

- 分组型：在一页纸的范围内罗列所有指标，让管理者通过管理驾驶舱一页式设计纵览全局，通过点击不同指标进行钻取，发现问题的根源，追踪责任人。
- 关系型：在驾驶舱上实现指标的勾稽关系，如 EVA 分析、杜邦分析、成本分解等。
- 流程型：根据页面的管理特点，把不同层面的指标进行一页显示，如将描述业务的决策层指标、管理层指标和运营层指标放在一起显示，这样管理者可以在一个页面内发现问题。

管理驾驶舱的设计原型示例如图 13-1 所示。

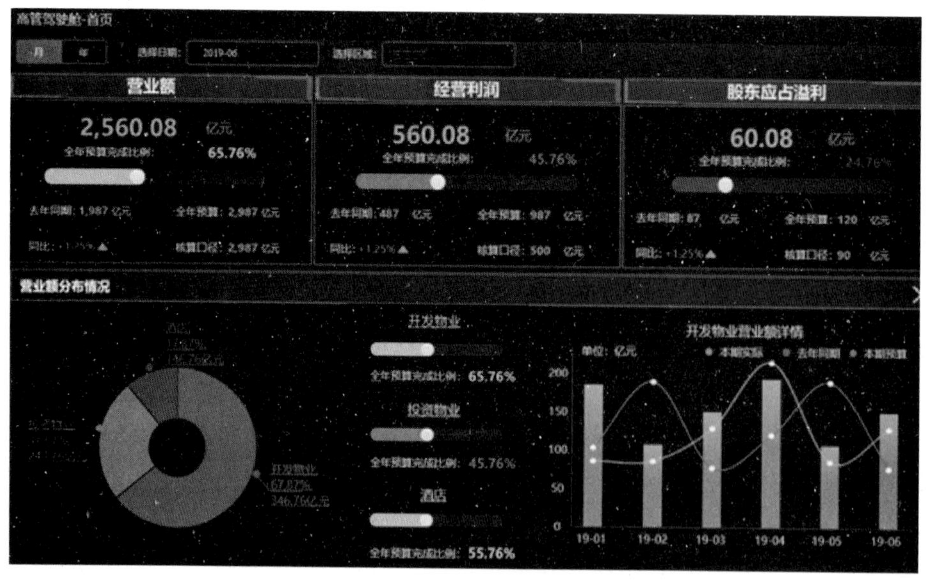

图 13-1　管理驾驶舱原型示例

13.2 数据大屏应用实例——某大型多元化央企可视化大屏

传统的BI在面对数据量大、产生速度快、数据类型多、数据价值密度低的情况时一般因其计算性能低、可扩展性差、数据分析的时间非常漫长，使得用户不能及时地从海量数据中获取有用的数据价值。越来越多的用户迫切希望通过深度分析来获取数据洞察力，不再像传统BI一样交由IT部门去准备数据、输出报告。

伴随着大数据、深度学习、自然语言查询、搜索等技术的不断进步，BI分析发生了重大变革，全面向自助式探索分析、分析和展现一体化平台发展。随着越来越多科学可视化的需求产生，地图、3D物理结构等技术将会被广泛应用。当人类的认知能力越发受到传统可视化形式的限制时，隐藏在大数据背后的价值就越难以得到有效发挥，如果因为展示形式的限制导致数据的可读性和及时性降低，影响用户的理解和决策的快速实施，那么数据可视化将失去其价值，这就对大数据可视化提出了以下几方面的新要求。

（1）快速、工具化

生产力的提升是每个时代必备的发展要素。对于大数据可视化，也要求实现工具化、平台化，能通过简单拖拽、配置的方式就完成可视化分析和展现。可视化工具需要具备快速开发、易于操作的特性，适应互联网时代信息多变的特点。在如今快速变化的时代中，时间往往是最大的成本。

（2）直观、炫酷地展现

随着数据可视化技术的不断发展，数据日趋复杂，人们对视觉呈现力上的要求也越来越高，不再局限于普通统计图表，而要求各种炫酷、动感、形象化、直观的效果。

（3）复杂数据支持

在大数据爆炸式增长的时代，信息技术的成熟化催生了各种复杂的数据，包括按数据格式划分的视频、图片、声音等，按数据业务划分的地理空间数据、关系数据等，按数据来源划分的第三方接口、实时数据等，这就要求数据可视化工具具备多样化数据的接入、处理和呈现能力。

（4）数据交互性

数据的展现无法与以往一样仅使用一个图表就能独立表达出所有信息，而是需要让用户与数据交流，通过数据的传递、联动从多方面来交互式地分析和查看数据。用户不再是信息传播中的接受者，而是数据的管理者和开发者，让用户与数据进行交互，从而方便用户控制数据。因此，可视化与人机交互相结合是可视化研究的一个重要发展方向。

（5）空间大数据

当前地理信息的可视化技术迅猛发展，在可视化领域更多具有实践意义的新做法正在不断涌现。地理空间数据的利用率越来越高，可视化技术能够追踪人和物体的位置，提供基于位置的可视化新服务。

综上所述，可视化设计平台可以将抽象、海量的数据通过不同颜色、形状和组合的图表进行直观、炫酷的展现，真实、丰富、立体地反映数据指标、特性及其关联，便于用户进行可视化决策，同时，通过对各类显示组件的拖拉拽、排列组合和简单设置，可以实现联动、事件等编程逻辑，支持 OLAP、即席查询等，日后业务可视化需求变化时，可以快速配置发布，实现立体数据动态呈现，高性能、海量并发，灵活搭配、快速构建，增强展示效果、降低成本与风险，支持计算机、大屏与移动端显示。

数据大屏就是这种能有效传达企业核心管理信息的重要窗口，为企业形象展示、管理可视化、数字化洞察提供科技载体。

特点与优势：数据大屏是一种以大屏为展示载体的数据可视化应用，借助丰富的图形化手段形象地揭示数据内在信息和规律，透过大屏的大面积特点营造出宏大的空间感与设计感，为数据受众带来强烈的感官冲击、宏大的视野体验与高度的情感共鸣，同时在多维分析、图表分析的基础上，具备丰富的 Web 表单组件，支持丰富而灵活的事件响应机制，旨在帮助企业在瞬息万变的行业红海中，发现数据价值，占得先机。数据大屏多服务于政府机关、企业等广泛主体的对外宣传、对内管控类业务场景。

数据大屏具备三大功能。

(1) 真“屏”实据，一目了然

直观展示企业真实数据，使用户能够快速获取关键信息，提升数据应用能力及工作效率；提供企业运营实时全景概览，协助管理层快速解读企业经营全貌，为快速响应和决策分析提供指导。

(2) 驾驭数据，洞悉价值

聚合海量数据资源，通过实时分析、提炼企业全领域、各级次关键指标，深挖数据资产价值；数据可视化能够为业务发展提供核心引擎，在有效传递业务价值的同时，协助诊断业务问题，形成业务洞察力。

(3) 运筹帷幄，决胜千里

能够推动营造“业务驱动数据，数据反哺业务”的良好氛围，实现企业级数据资产“可见、可知、可感”，真正发挥大数据价值，赋能企业数字化转型，为企业未来发展提供战略优势。

某大型多元化央企经过多年信息化建设，已在报表自动化、部门级数据分析等方面取得丰硕成果，并在信息化建设过程中沉淀了海量数据资产。基于前期建设成果，大屏建设将针对不同的展示场景全盘梳理展示需求，合理呈现业务指标和运营数据。通过大屏的建设，对外展示企业实力，对内呈现经营全貌，充分彰显企业在管理战略方面的先进性及前瞻性，在行业中树立标杆。

随着企业数字化转型的逐步深入，大屏的建设主要依托前期系统的数据基础实现管理可视化，现对项目目标从业务、技术两个层面分别进行阐述。

- 业务层面：以前期系统沉淀的数据资产为基础，全面覆盖财务、生产、物流、安全环保等业务分析主题内容；支持对外宣传和展示，结合业务要点深度挖掘数据价值，着重体现企业核心业务发展能力；支撑内部运营监控需求，展现核心管理指标，为实现可视化管理提供指引及依据。
- 技术层面：基于前期的系统建设成果，构建企业级大屏可视化平台；结合易用、灵活的可视化定制开发技术，进一步发挥数据资产价值；适配微服务架构，提供图表库组件服务；前台数据直观展现，后台数据模型稳定扩展；支持系统安全访问。

关于该企业的数据大屏整体解决方案，下面从总体设计思路、对外形象展示、对内战略监控、基地对内运营监控等方面加以简述。

（1）总体设计思路

结合企业可视化管理诉求，大屏设计从整体视角出发，全盘考虑展示对象的数据需求，并根据不同的服务对象将大屏的应用场景划分为三大类：对外形象展示、对内战略管控、对内运营监控。

（2）对外形象展示

对外形象大屏适用于品牌推广、商业沟通或媒体访问等商务场景，是企业对外展示形象的重要窗口。其主要负责展现企业基本情况、经营业绩、党建党风、生产创新、社会责任等关键信息，重点体现企业的核心业务发展能力及央企先进风貌。

（3）对内战略监控

对内战略管控大屏适用于企业内部的战略管控场景，是企业重要的内部指挥作战室。其着重关注全局产能利用及销售物流情况，同时重视安全环保风险及运营效率监控，呈现经营全貌。

（4）基地对内运营监控

对内运营监控大屏适用于公司实时运营监控、调度及日常分析场景，是企业提升可视化管理水平的重要渠道。其着重关注企业的采购、生产、销售情况，同时重视安全环保风险及运营效率监控，呈现企业的实时经营全貌。

该企业的数据大屏设计原则包含以下几个方面。

（1）设计理念

界面风格以稳重大气为主，兼顾稳重气质与科技感，依据企业各级管理重点划分主次，展现形式力求简洁明晰，便于管理者快速洞察全局，提炼关键信息，辅助管理决策。

（2）整体印象与情感共鸣

- 自然隐喻：利用用户熟悉的事物诠释陌生的数据，降低理解门槛，增强共鸣感。对合适的指标采取自然隐喻可视形式，帮助不熟悉公司数据的受众（如外部访问来宾）更快地理解数据含义。如“排放限值”采取试管的展现形式，形象地表达化学排放含义。
- 动画与过渡：效果统一、简洁，增强画面表现力，融入微交互动画效果与图表过渡效果增强表现力，如实时销量数字跳动效果与销售流向光道效果。

（3）逻辑内涵

- 整体布局：符合管理逻辑，突出管理重点。从横向布局而言，核心内容根据用户视觉习惯排布在页面中央及页面最左侧，辅助内容根据价值链自左向右排布，使逻辑严谨；从纵向布局而言，结合公司垂直管控特点，通过地图交互等方式层层下钻，内容层次分明，关系明确。通过橙红色系突出异常信息（如库龄超过3年的辅材备件占比），引导管理者定位问题。
- 可视形式：清晰、直观、易懂。根据指标的关键可视目的（对比、分布、构成、联系等）与分析维度特点（数量、性质）选取最直观的图表形式，如库龄分布采用条状分布图。

（4）清晰美观

- 整体风格：央企稳重气质与互联网科技观感相互配合。背景色采用体现科技感的深蓝，整体布局与细节雕饰偏向稳重大气。
- 视觉点缀：适当采用留白与光影效果营造空间感，细节点缀注重精致感。各块大屏展示形式错落有致，适度留白增强整体层次感。标题、数字等元素适当添加点缀、突出效果，并通过流动、光影效果提升视觉美感。

该企业数据平台的整体架构是基于大数据技术架构进行数据处理，采用最新的客户端 Web 技术进行平台构建和数据可视化。平台总体架构主要为五大模块。

（1）数据访问接入层

主要负责对各种数据源的接入和数据交换进行适配，包含 RDBMS 类、文本类、Hadoop/Hive 大数据平台以及其他 JDBC 数据源等。同时支持实时数据接口以及第三方 WebService、HTTP、socket 等接口数据。

（2）数据分析处理层

采用大数据分布式实时查询引擎，并基于该引擎进行数据分析、数据处理的能力封装。通过数据集的定义，支持灵活的多维分析、即席查询，支持各种常见的数理统计函数和高级的表计算函数，并提供 GIS Server 引擎和各种基于 GEO 标准的 GIS 应用服务接口。

（3）数据可视化层

提供基于浏览器的图形化编排集成开发环境（IDE）和运行框架，支持可视化页面编排、数据配置、事件交互配置和样式效果配置。内置丰富的 Web 交互组件、统计图表组件、关系图形组件、3D 组件、GIS 组件，使用户可以自由轻松地设计出多样化的可视化场景，并能够在可视化运行框架的支持下，完成页面的解析、数据的加载和转换、事件的执行和图形的渲染等。

（4）集成与管理层

负责整个可视化平台的基础管理、数据管理、作品管理、框架集成。

平台具备实用化、成熟化和多层架构先进性的特点。系统架构按照典型大型 Web 应用平台进行构建，以 MVVM 框架技术为基础，结合数据驱动和事件机制实现系统底层架构。数据驱动实现了应用逻辑用户界面层和数据支持的关注点分离，具有开放、安全、高效、易用的特性。平台遵循分层架构，实现了业务向技术的逐层递进规划，采用功能模块化结构设计，基于统一的数据基础，使得每个模块的功能都独立实现，并通过统一规范的标准接口联系在一起，从而构建更灵活、更迅速、更可靠、更具有复用性的架构体系，既能响应当今的大数据服务理念，也能适应未来的弹性扩展应用。

（5）上层可视化应用

平台创新性地引入了 Web 组件、事件响应机制，使其编排出的页面具备强交互性、数据可感知，可实现多样化的数据查询、数据分析、数据联动。平台可适配多种展示终端，输出多样化的应用形态。

对不同场景下的大屏解决方案，此处简单梳理了以下三类。

1. 对外企业宣传大屏解决方案

（1）设计思路

对外企业宣传旨在更好地进行对外宣传及展示数字化企业，面向政府视察、客户参观、友商来访等对外展示场景，重点展示公司概况信息、业务种类与规模及社会责任信息，辅以生产创新、员工规模、党建党风、产品客服等信息，帮助访客迅速了解公司，给各类访客留下独特的企业印象。

（2）内容分布

对外企业宣传大屏最上方展示公司概况，包括公司 Logo、公司名称，点击 Logo 展现公司简介（公司概况、发展战略、组织架构）、美好愿景、企业使命信息，便于访客迅速了解企业背景。

对外企业宣传大屏中央部分及左上角为核心展示内容——企业业务规模及分布，包括公司核心经营指标（年产量、年销量）、核心财务指标及各业态的业务覆盖版图，便于访客迅速了解公司总体经营情况。

对外企业宣传大屏其他部分自左向右展示企业风貌，包括产品持续创新、先进党建党风、就业员工规模、产品质量、优质客户服务、环保社会责任、安全生产理念及辅助实时信息，使访客充分感受企业风貌。

2. 对内战略管控大屏解决方案

（1）设计思路

面向企业对内战略管控的大屏需求，紧贴公司战略走向，抓住核心经营逻辑，依据公司价值链形成企业全流程、全覆盖的业务经营全貌，助力高管获得战略洞察力，实现可视化，统筹全局。

（2）内容分布

对内战略管控大屏中央部分为核心展示内容——公司业务规模及分布，包括核心销售指标（产量、销量）及各业态的业务范围，便于公司管理层一览企业经营全貌。

对内战略管控大屏左侧展示企业安全环保情况，包括排放限值监控、环保物料处理、能源消耗，便于公司管理层及时识别安全环保风险，进行有效管控。

对内战略管控大屏其他部分展示企业全局产能利用及销售物流情况，依据“产->销->存”价值链逻辑排布，内容包括产量、能耗、销量、价格、物流、采购、库存主题，便于公司管理层迅速掌握企业运营情况。

3. 对内运营监控大屏解决方案

（1）设计思路

面向一线运营监控、公司生产统筹管控的大屏需求，结合一线运营流程，关注公司的生产资源、生产能耗及安全环保监控，辅以库存状态、设备运行、生产质量、进出厂信息，体现一线运营逻辑及生产管理重点。

(2) 内容分析

对内运营监控大屏中央部分为核心展示内容——一线作业流程及各流程节点的关联指标实时情况，包括能耗指标、排放指标、核心生产指标，便于公司及一线管理层迅速掌握总体经营情况，并实时监控各流程节点是否异常、发生预警。

对内运营监控大屏其他部分展示一线进出厂情况，并关注安全环保风险及运营效率，根据一线管理重点，主要依据“安环->进厂->生产->质量->库存->出厂”顺序从左向右排布，内容包括生产运营及成本、关键生产设备运行情况、能耗、库存、质量、出厂等主题，辅以实时进出厂信息及现场视频嵌入，便于一线管理层迅速掌握基地运营情况。